朱子学年鉴 二〇一九

朱子学会 厦门大学国学研究院 编

华东师范大学出版社

上海·2021

图书在版编目（CIP）数据

朱子学年鉴. 2019/朱子学会，厦门大学国学研究院编. —— 上海：华东师范大学出版社，2021
ISBN 978 - 7 - 5760 - 1252 - 1

Ⅰ.①朱… Ⅱ.①朱… ②厦… Ⅲ.①朱熹(1130—1200)-理学-研究-2019-年鉴 Ⅳ.①B244.75-54

中国版本图书馆 CIP 数据核字(2021)第 069157 号

朱子学年鉴（2019）

编　　者　朱子学会　厦门大学国学研究院
项目编辑　吕振宇
特约审读　王莲华
责任校对　王丽平
装帧设计　左筱榛

出版发行　华东师范大学出版社
社　　址　上海市中山北路 3663 号　邮编 200062
网　　址　www.ecnupress.com.cn
电　　话　021 - 60821666　行政传真 021 - 62572105
客服电话　021 - 62865537　门市（邮购）电话 021 - 62869887
地　　址　上海市中山北路 3663 号华东师范大学校内先锋路口
网　　店　http://hdsdcbs.tmall.com/

印 刷 者　上海昌鑫龙印务有限公司
开　　本　787×1092　16 开
印　　张　20.5
字　　数　403 千字
版　　次　2021 年 5 月第 1 版
印　　次　2021 年 5 月第 1 次
书　　号　ISBN 978 - 7 - 5760 - 1252 - 1
定　　价　80.00 元

出版人　王　焰

（如发现本版图书有印订质量问题，请寄回本社客服中心调换或电话 021 - 62865537 联系）

邓庆平(江西师范大学政法学院)

邓联合(山东大学哲学与社会发展学院)

申绪璐(杭州师范大学国学院)

田智忠(北京师范大学哲学与社会学学院)

史甄陶(台湾大学中国文学系)

冯　兵(华侨大学哲学与社会发展学院)

问永宁(深圳大学哲学系)

许家星(南昌大学哲学系)

苏费翔(德国特里尔大学汉学系)

李　典(德国特里尔大学汉学系)

李承贵(南京大学哲学系)

李春颖(中国政法大学国际儒学院)

吴　宁(中山大学博雅学院)

吴吉民(《朱子文化》杂志社)

吴启超(香港中文大学哲学系)

何善蒙(浙江大学哲学系)

张丽华(上海师范大学哲学系)

张品端(武夷学院朱子学研究中心)

张瑞元(西安石油大学思政部)

张锦枝(上海社会科学院哲学研究所)

陆建华(安徽大学哲学系)

陈晨捷(山东大学儒学高等研究院)

板东洋介(日本皇学馆大学)

周元侠(福建省社会科学院哲学研究所)

姜真硕(韩国外国语大学校)

宣炳三(韩国崇实大学哲学系)

徐公喜(上饶师院朱子学研究所)

殷　慧(湖南大学岳麓书院)

殷晓星(日本立命馆大学)

高海波(清华大学哲学系)

郭　齐(四川大学古籍所)

郭晓东(复旦大学哲学学院)

曹海东(华中师范大学文学院)

戚轩铭(美国亚利桑那州州立大学国际语言文化学院)

编 者 说 明

　　《朱子学年鉴》是朱子学会主办的文献性、资料性学术年刊。2019 卷力求如实反映 2019 年朱子学界的研究现状，让广大专家、学者和读者更全面、更深刻地了解和把握当今朱子学研究的重大事件、重要问题和主要趋向。

　　《朱子学年鉴》2019 卷主要内容有："特稿"栏目选登了清华大学国学研究院陈来教授和日本早稻田大学土田健次郎教授的文章，前者将朱子与张栻对《太极图说》的诠释进行比较研究，后者围绕朱熹的帝王学展开了讨论。"朱子学研究新视野"栏目推介了蔡方鹿教授的《朱熹思想的当代价值探析》、吴震教授的《朱子学理气论域中的"生生"观——以"理生气"问题为核心》、何俊教授的《朱子学的研究要素与浙学开拓》、杨立华教授的《所以与必然：朱子天理观的再思考》、杨祖汉教授的《朱子的"明德注"新诠》、蔡家和教授的《朱子与张栻对于〈论语·学而篇〉诠释之比较》、吾妻重二教授的《朱熹〈家礼〉的和刻本》、金世贞教授的《从生态哲学角度看朱熹之理生态主义》等。"全球朱子学研究述评"栏目比较详细地梳理了 2019 年中国台湾、美国、日本、韩国等朱子学的研究现状，介绍了目前全球朱子学研究的最新进展。"朱子学书评"、"朱子学研究论著"、"朱子学研究硕博士论文荟萃"、"朱子学学界概况"、"朱子学学术动态"、"资料辑要"等栏目尽可能全面地展示 2019 年全球朱子学界的最新成果和学术动态。

　　在编辑过程中，编辑部对有关信息进行了反复核实，但其中肯定会有疏漏、不足，我们恳请专家、学者和广大读者批评指正。需要说明的是，鉴于本刊的特点，本卷对所转载或摘登以及被数字出版物收录的相关文献均不再另付稿酬。

　　《朱子学年鉴》2019 卷的编辑出版得到了海内外朱子学界学者、有关科研机构和高校的鼎力支持。对此，我们表示诚挚的谢意！

《朱子学年鉴》编辑部

2020 年 5 月

目录

朱子学研究论著

学术专著

学术论文

朱子学研究硕博士论文荟萃

博士论文

硕士论文

朱子学学界概况

朱子学研究重大课题

朱子学学术动态

会议信息

朱子学
年鉴
（2019）

特

稿

张栻《太极图说解义》及其与朱子解义之比较

陈 来

朱子在乾道己丑春中和新说之悟后,立即着手本体论建构的准备,在当年刊行了《太极通书》的建安本后,开始写作对周敦颐《太极图》说和《太极图说》解的诠解,于次年春天完成初稿。初稿完成后即寄给时在严州的张栻和吕祖谦,相与讨论,并在乾道九年定稿。湖湘学派本来重视周敦颐,胡宏曾作《通书序略》。张栻《通书后跋》显示,张栻在严州时也刊印了朱子编订的建安本《太极通书》。① 在收到朱子《太极解义》初稿后不久,张栻亦自作《太极图说解义》,其后序云:"近岁新安朱熹尝为图传,栻复因之,约以己见,与同志者讲焉。"②这里所说的"图传"即朱子的《太极解义》,因朱子此书当时并未正式定稿刊行,故时人有不同的称谓。③ 由"栻复因之"可见,张栻是在朱子的《太极解义》之后自作了"太极图说解义",时间应在乾道辛卯张栻离开杭州以后。应该说,从南宋道学总体发展来看,朱子的《太极解义》在相当程度上代表了朱子、张栻、吕祖谦经讨论后达成的共识,而张栻的《太极图说解义》则可视为朱子的《太极解义》的补充。两者学术宗旨相同,但诠释表述有异,毕竟朱、张、吕在共识之外还有其个人的认识特点。张栻的《太极图说解义》,三十年前我曾依据北图存宋本《元公周先生濂溪集》作过说明,④近中华书局新印《张栻集》,收入"《太极解义》钩沉",即张栻的《太极图说解义》与《太极图解后序》,现对之作一简要研究,以与朱子《太极解义》相对看。

一、朱张解义之略同者

首先,张栻所用《太极图说》,首句作"无极而太极",与朱子所用本相同,吕

① [宋]胡宏《通书序略》、[宋]张栻《通书后跋》,载[宋]周敦颐《周敦颐集》,北京:中华书局,1990 年,第 109、111 页。

② [宋]张栻:《太极图解后序》,载《张栻集》(五),北京:中华书局,2015 年,第 1610 页。下引该书,仅随文标注书名与页码。

③ 如朱子门人林振亦云:"窃读太极图传云……"([宋]朱熹《答林子玉》,载《朱子文集》卷四十九,收入《朱子全书》第 22 册,上海:上海古籍出版社,合肥:安徽教育出版社,2002 年,第 2281 页),可见朱子《太极解义》亦被其门人简称为图传,不独张栻为然。

④ 参见陈来:《朱子哲学研究》,北京:生活·读书·新知三联书店,2010 年,第 90 页,注 6。

祖谦亦未提出异议，可见首句作"无极而太极"的本子是当时的通行本。即使是后来陆氏兄弟与朱子辩论《太极图说》，也从来没有提出首句的异文。所以，淳熙末年洪迈所用"自无极而为太极"的本子决非通行本，不足以为据，这也是朱子坚决要求洪迈加以改正的原因。

其次，张栻对"无极而太极"的解释，根据"太极本无极"，认为"非太极之上更有所谓无极也，太极本无极，言其无声无臭之可名也"①，这就是说无极只是说无声嗅可以名状，并非太极之上的另一个实体。这与朱子的解释完全一致。

其三，张栻亦以太极为理，如云"太极涵动静之理"、"太极之理未尝不存"，都是把太极解释为理，这也是与朱子相同的。张栻还强调"太极之妙不可以方所求也"（《太极图说解义》，第1605页），太极是理，理本身不是一个独立的实体。

其四，以无极而太极为宇宙的根源。张栻把"无极而太极"解释为"此指夫万化之源而言之也……而必曰无极而太极者，所以明动静之本、著天地之根，兼有无、贯显微、该体用者也"（《太极图说解义》，第1605页）。这些说法也跟朱子的解释差别不大，如张栻所谓"万化之源"、"天地之根"，朱子则谓之"上天之载，无声无臭，而实造化之枢纽、品汇之根柢也"，基本相同。当然，朱子并不采用张栻的"兼有无、贯显微、该体用"的说法，可能朱子认为"兼有无"意味着太极既是有又是无，容易模糊了太极"无形而有理"的特性。

其五，张栻亦采用理气论的分析，他在解释"无极之真，二五之精"时说："非无极为一物，与二五之静相合也。言无极之真未尝不存于其中也。无极而曰真，以理言之也；二五而曰精，以气言之也。"（《太极图说解义》，第1607页）这也是与朱子一致的。朱子言："'真'以理言，'精'以气言。"另外，朱子接受了吕祖谦意见，修改稿中不用相合，而说："此无极、二五所以混融而无间者也，所谓妙合者也。"而张栻更为明确强调不是二者相合，而是理永远存在于气之中。

二、张栻解义之特有者

现在来看张栻解义中属于其特有而为朱子解义中所无者：

（一）莫之为而为

张栻的《太极图说解义》说：

> 曰无极而太极，其立言犹云"莫之为而为之"之辞也。（《太极图说解义》，第1605页）

其意思是说，在本源的问题上，强调无极而太极，如同说"莫之为而为之"。按孟子云"莫之为而为之，天也；莫之至而致之，命也"，意谓看不到做，却做出来的，这是天；没有去求，但自己来的，这是命。真正分析起来，张栻以"莫之为而

① ［宋］张栻：《太极图说解义》，载《张栻集》（五），北京：中华书局，2015年，第1606页。

为之"解释"无极而太极"并不贴切,因为"无极而太极"讲的是太极、理,而"莫之为而为之"讲的是天。太极是根源,天是主宰,《太极图说》强调的是根源是无声无臭的,而不是强调看不见的主宰之手。

（二）两端相感

张栻在注中提出"两端相感,太极之道然也"（《太极图说解义》,第1605页）,两端指动静,以此解释"一动一静互为其根",阐明动能生静,静能生动,并认为这是太极之道使之如此。因此这个说法进一步表达了辩证的动静观及其法则,并归结为"此易之所以为道也",易是变动总体,其根据是太极之道。此种对"易"的强调和把握,为朱子解义所未见。

（三）天地之心

由于张栻的《太极图说解义》在朱子解义之后,与其《洙泗言仁录》的写作约同时,故《洙泗言仁录》中的"天地之心"概念也出现在其《太极图说解义》中：

> 然人也,禀五行之秀,其天地之心之所存,不为气所昏隔,故为最灵。
> （《太极图说解义》,第1607页）

这是主张人心的来源是天地之心,天地之心存于人即为人心,故"最灵"。这种人心即天地之心的思想是太极图说本来所没有的。朱子解义则云：

> 人之所禀独得其秀,故其心为最灵,而有以不失其性之全,所谓天地之心,而人之极也。①

朱子把天地之心和人极作为辅助性观念,而以心、性为主体概念,朱子使用天地之心的观念当是受了张栻的影响,但朱子不直接说人心即天地之心,而把天地之心作为人性的辅助表达,重在性,不重心。

（四）未发已发

由于朱子写作《太极解义》时刚刚结束己丑中和之悟,而《太极图说》是以大易为系统的另一种思想体系,所以并没有将中和之悟的内容写入《太极解义》。两年后张栻作《太极图说解义》时,朱张二人已经在已发未发的理解上达成共识,故张栻把此共识写入了其《太极图说解义》之"五行感动"的部分：

> 五行之性为喜怒忧惧爱恶欲者感动于内,因其所偏,交互而形异,于是有善恶之分,而万事从此出焉。盖原其本始,则天地之心,人与物所公共也。（《太极图说解义》,第1607页）

然后在"君子修之吉"下注：

> 修之之要,其惟敬乎! 程子教人以敬为本,即周子主静之意也。要当于未发之时,即其体而不失其存之之妙;已发之际,循其用而不昧于察之之功。（《太极图说解义》,第1609页）

这就把朱张二人关于中和未发的思想写入了其《太极图说解义》,并且强调

---

① ［宋］周敦颐：《周敦颐集》,第5页。

了程门"以敬为本"的功夫宗旨。朱子的《太极解义》则没有强调相关的内容。

(五) 诚通诚复

周子《通书》诚上第一段说:"元亨,诚之通;利贞,诚之复。"张栻认为这是把元亨利贞四者分成"通"和"复"两个阶段,把宇宙变化看成这两个阶段的反复循环,即由通到复,由复到通,不断循环。

他又在《太极图解后序》中说:

> 先生诚通诚复之说,其至矣乎! 圣人于天地同用,通而复,复而通,一往一来,至诚之无内外,而天命之无终穷也。君子修之,所以戒慎恐惧之严者,正以其须臾不在乎是则窒其通,迷其复,而遏天命之流行故耳。此非用力之深者,孰能体之![1]

张栻的《太极图说解义》就是以此为理论框架,解释太极的动静,认为这个循环也可被看做动和静的反复循环,从而认为,动属于诚之通,静属于诚之复。在朱子的解义中,也很重视周敦颐的诚通诚复之说,但没有像张栻这样以之为贯通整体的框架。另外朱子解释太极动静:"其动也,诚之通也,继之者善,万物所资以始也。其静也,诚之复也,成之者性,万物各正气性命也。"朱子在讲诚通诚复的同时也很重视用继善成性来加以分析,这是张栻所忽视的。

(六) 中仁为体,正义为用

他又说:

> 动为诚之通,静为诚之复。中也,仁也,动而通也,始而亨者也。正也,义也,静而复也,利以贞者也。中见于用,所谓时中者也;仁主乎生,所谓能爱者也,故曰动而通也。正虽因事而可见,然其则先定;义虽以宜而得名,然其方有常,故曰静而复也。中也仁也为体,而周子明其用;正也义也本为用,而周子则明其体。盖道无不有体用,而用之中有体存焉,此正乾始元而终贞之意。动则用行,静则体立,故圣人主静,而动者行焉。动者行而不失其静之妙,此太极之道,圣人所以为全尽之也。(《太极图说解义》,第1608页)

这是认为:中、仁为动之通,属通书所说为元(始)而亨者;而正、义属静而复,属通书所说为利以贞。这样,仁义中正四者,仁中为动,义正为静,这也就是仁义中正分动静。何以如此呢? 按他的解释,仁主于生,生为能爱,所以属于动;中作为时中,在动中见中,故也属于动。正虽然因事之动而见,但正之规则已经先定,定是固定,则属于静;义虽然与"宜"相通,但义的意义乃是有方而常,方是原则,常是恒定,恒定之常属于静。

然而,张栻又认为,就人道的价值关系来说,作为诚通的中仁和作为诚复的正义,不是不断循环交替的关系,而是体用的关系。诚通的中仁是体,诚复的正义是用,而体用不是割裂的。中仁是体而要明其用,义正是用而要明其体,用中

---

[1] [宋]张栻:《太极图解后序》,载《张栻集》(五),第1610页。

有体,体必有用。

不过,张栻这里就有一个矛盾:若按上述所说,诚通为体,诚复为用,则元亨为体,利贞为用,但他却说"乾始而终贞","动则用行,静则体立"。本来中、仁作为动而通者是体,现在作为始,只能属于动则用行,是"用"了。本来,静而复者为用,作为静而复者的义、正是用,现在作为终贞则成为体,这就不一致了。由于动是用,静是体,故圣人要立体主静。他认为,圣人主静,但圣人之动而行,能不失其静之妙,这就是圣人能尽太极之道的地方,这也是他说"太极之未尝不在者,有以通之故也"。

(七) 太极体用

与朱子重视形而上下的区别不同,张栻不强调这种区别,而注重用体用的分别来理解世界,他说:

> 语其体,则无极而太极,冥漠无朕,而动静阴阳之理,无不具于其中。循其用,则动静之为阴阳者,阖辟往来,变化无穷,而太极之体各全于其形器之内。此易之所以为易也。(《太极图说解义》,第 1606 页)

朱子论太极阴阳,其《太极解义》初稿也曾用体用的方法加以展开,后来不再采用了,张栻此处所说,是以太极为体,以阴阳动静为用。朱子则以另一种方式来阐述:"自其著者而观之,则动静不同时、阴阳不同位,而太极无不在焉。自其微者而观之,则冲漠无朕,而动静阴阳之理,以悉具于其中矣。"[1]"自其微者而观之"即是张栻所说的"语其体";"自其著者而观之",就相当于张栻所说的"循其用"。但张栻更强调以"体用一源"的方法分析太极动静的关系,而朱子在修改中则建立起新的诠释方式——"太极者本然之妙,动静者所乘之机"了。这种本然和所乘的关系,开辟了理气关系的一种新的模式。

三、南轩集中论《太极解义》者

张栻文集中保存了他与湖南学者吴晦叔等有关太极论的讨论,这些讨论与朱子的《太极解义》和他自己的《太极图说解义》有关。如:

> 垂喻太极之说,某妄意以为太极所以形性之妙也,性不能不动,太极所以明动静之蕴也。极乃枢极之义,圣人于易特名太极二字,盖以示人以根柢,其义微矣。若只曰性而不曰太极,则只去未发上认之,不见功用,曰太极则性之妙都见矣。体用一源,显微无间,其太极之蕴矣![2]

此书所说的"极乃枢极之义","太极二字,盖以示人以根柢",这些说法皆同于朱子解义,应来自朱子解义。但张栻特别强调太极作为性的意义,这是湖南

---

① [宋]朱熹:《太极图说解》,载《朱子全书》第 13 册,第 72 页。

② [宋]张栻:《答吴晦叔》,载《张栻集》(四),第 1054 页。

学派一直以来的传统。

> 元晦太极之论，太极固是性，然情亦由此出，日性情之妙，似亦不妨……太极之说，某欲下语云：易也者，生生之妙也；太极，所以生生者也。曰易有太极，而体用一源可见矣，不识如何？①

这里所说的"元晦太极之论"表面上似是指朱子的《太极解义》，观其所说，朱子太极论以太极为"性情之妙"，但今本《太极图说解》中并没有这样的表述或说法。查《朱子文集》有答吴晦叔书：

> 夫易，变易也，兼指一动一静、已发未发而言之也。太极者，性情之妙也，乃一动一静、未发已发之理也。故曰"《易》有太极"，言即其动静、阖辟而皆有是理也。若以"易"字专指已发为言，是又以心为已发之说也。此固未当，程先生言之明矣。不审尊意以为如何？②

可知张栻与吴晦叔书所论，是指朱子答吴晦叔书，而此书所论并非直接讨论朱子《太极解义》，而是论易之已发未发等。他又与吴晦叔书云：

> 近连得元晦书，亦寄所解《中庸》草稿来看，犹未及详阅也。伯逢前在城中，颇疑某所解。《太极图》渠亦录去，但其意终疑"物虽昏隔不能以自通，而太极之所以为极者，亦何有亏欠哉"之语，此正是取渠紧要障碍处。盖未知物则有昏隔，而太极则无亏欠故也。③

以上数书，当皆在乾道辛卯、壬辰之间。观此书之意，所说胡伯逢之疑者，应是对张栻的《太极图说解义》而发，"物虽昏隔不能以自通，而太极之所以为极者，亦何有亏欠哉"不是朱子解义的思想，而是张栻的思想，此句见于张栻解义对"惟人也得其秀而最灵"的解释。④

> 天可言配，指形体也。太极不可言合，太极性也。惟圣人能尽其性，太极之所以立也。人虽具太极，然伦胥陷溺之，则谓之太极不立，可也。……既日物莫不皆有太极，则所谓太极者，固万物之所备也。惟其赋是气质而拘隔之，故物止为一物之用，而太极之体则未尝不完也。⑤

此书之意与上书相同。最后来看：

> （无极而太极），此语只作一句玩味。无极而太极存焉，太极本无极也。若日自无生有，则是析为二体矣。⑥

张栻坚持首句既然为无极而太极，则不是自无生有，而是说太极本来是无声无臭的。这与朱子是完全一致的。

---

① ［宋］张栻：《答吴晦叔又》，载《张栻集》（四），第1057页。
② ［宋］朱熹：《答吴晦叔》，载《朱子文集》卷四十二。
③ ［宋］张栻：《与吴晦叔又》，载《张栻集》（四），第1199页。
④ ［宋］张栻：《张栻集》五，第1608页。唯无"不能以自通"数字。
⑤ ［宋］张栻：《答周允升》，载《张栻集》（四），第1133～1135页。
⑥ ［宋］张栻：《答彭子寿》，载《张栻集》（四），第1241页。

结　语

张栻（南轩）是朱子学前期（形成期）的重要创始人之一。他曾从胡宏问学，聪明早慧，在青年时代已在理学上达到了较高的造诣。乾道初年朱子曾数次就理学的中和已发未发问题向张栻请教，以了解湖湘学派在这些问题上的看法和结论。乾道三年朱子到长沙与南轩会面，共论太极中和之义，此后二人成为思想学术交往最深的友人。乾道五年之后，吕祖谦亦参加其中，形成了以朱、张、吕为核心的南宋道学的交往网络，而朱、张、吕的思想主张共同形成了乾淳道学的主流。朱、张、吕三人各有思想体系，但相通、相同处是主要的。张、吕二人在淳熙中早亡，朱子独立支撑南宋道学的后续发展，而终于建构、完成了代表乾淳理学的大体系。

这一体系习惯上以"朱子学"的名义为表达，并在后世历史上传承发展，取得了重大的影响。但我们必须看到，朱子学这一体系，在其形成过程中，张南轩是核心的参与者而且作出了重要的贡献。在这个意义上，以一个不太恰当的例子来比拟，正如"毛泽东思想"与"毛泽东的思想"不同，毛泽东思想是包含了刘少奇、周恩来等共同参与的理论与实践，朱子的思想和"朱子学"也可有类似的差别。在这个意义上说，"朱子学"的成立包含了东南三贤的共同参与，"朱子学"的概念可以有丰富的含义，这是我们今天论及张南轩和朱子学时不可不注意的。目前学界多关注把张南轩作为湖湘学派的代表，这是无可非议的。但也要指出，若只把张南轩定位于此，无形之中可能会只突出了张南轩对地域文化的贡献，成为地域文化的代表，而容易掩盖、忽略他对主流文化——道学的贡献。当然，湖湘学派也可以有两种理解，一种只是作为学术流派的简称，一种则是突出地域文化的特色。我们把张南轩作为朱子学前期创始人之一，把南轩与朱子学联结起来，而不是把他限定在湖湘文化，正是为了突显他对乾淳主流理学的贡献。

就朱子与张栻对《太极图说》的诠释比较而言，朱子《太极解义》注重义理的哲学分析与综合，在本体论上有优势，而张栻《太极图说解义》则注重功夫界定，这是朱子解义有所忽略之处。朱子所争者多在义理之铺陈，故张栻解义为朱子解义之补充，二者相结合乃构成道学在南宋中期的主流认识。

一般所说的朱张会讲，专指乾道丁亥朱子长沙之行。而广义来看，乾道五年至九年朱子与张栻多次由书信往还而进行的学术讨论，亦可谓为朱张会讲的一种形式，如《太极解义》、《知言疑义》、《仁说》之辩等，都是朱张思想交流的重要事件，应一并放在乾道理学建构中予以考察。

（附注：谨以此文纪念朱张会讲850周年。）

（作者单位：清华大学国学研究院，
载于《周易研究》2019年第1期）

朱熹的帝王学

〔日〕土田健次郎

一、士大夫与平天下

朱熹认为,人皆可以成圣,理想的社会就是圣人组成的集体,天下万民各明其明德,平天下就会实现:

> 人皆有以明其明德,则各诚其意,各正其心,各修其身,各亲其亲,各长其长,而天下无不平矣。(《大学或问》,《朱子全书》第6册,第511页[①])

然而,朱熹真的相信这样的世界会到来吗? 即使从上古圣王的时代算起,这样的社会都不曾存在过。所以在朱熹看来,个人修养的完善与社会的安定如何关联在一起,就是一个重要的问题。个人即使成为圣人,天下也不会立刻太平。圣人孔子的时代,"平天下"不也没有实现吗?

如果照字面意思,"平天下"可解释为"安定天下"。每个人都需要成为王者,才可以进行天下的安定统治。但是朱熹的意思并非如此,他在《大学或问》中就此说道:

> 曰:治国平天下者,天子诸侯之事也。卿大夫以下,盖无与焉。今大学之教,乃例以明明德于天下为言。岂不为思出其位,犯非其分,而何以得为为己之学哉。曰:天之明命,有生之所同得,非有我之得私也。是以君子之心,豁然大公,其视天下,无一物而非吾心之所当爱,无一事而非吾职之所当为。虽或势在匹夫之贱,而所以尧舜其君,尧舜其民者,亦未尝不在其分内也。又况大学之教,乃为天子之元子众子,公侯卿大夫士之适子,与国之俊选而设。是皆将有天下国家之责而不可辞者,则其所以素教而预养之者,安得不以天下国家为己事之当然,而预求有以正其本、清其源哉。(《朱子全书》第6册,第513~514页)

"治国"、"平天下"不是天子诸侯之事吗? ——朱熹先提出这个设问,然后做了回答。即所谓"平天下"、"治国",并非指王和诸侯对天下国家的统治,而是说即使是平民百姓,尽到自己的责任,就是对天下安定的贡献。朱熹在说明"性"的

---

① 本文在做引用时,尽量依据现在通行的版本,标明页码和出处。其中朱熹的著作,除《朱子语类》外,均依据朱杰人等主编的《朱子全书》(上海:上海古籍出版社,合肥:安徽教育出版社,2002年),将出处标在引文之后。但是实际上,笔者在研究过程中,更多使用过去的刊本,标点和断句等方面难免与现行本有所不同,这一点请读者见谅。

时候,常常用官职作比喻。尽自己的职责,就意味着尽"性"。

另外,对于"天职",朱熹说道:

> 耳目口鼻之在人,尚各有攸司。况人在天地间,自农商工贾等而上之,不知其几,皆其所当尽者。小大虽异,界限截然。本分当为者,一事有阙,便废天职。居处恭,执事敬,与人忠。推是心以尽其职者,无以易诸公之论。但必知夫所处之职,乃天职之自然,而非出于人为,则各司其职以办其事者,不出于勉强不得已之意矣。(《朱子语类》卷十三第 83 条,第 235~236 页)①

"职"这个词,对于皇帝,对于宰相,都可以使用。

> 臣闻,人主以论相为职,宰相以正君为职。二者各得其职,然后体统正而朝廷尊。(《己酉拟上封事》,《朱子全书》第 20 册,第 623~624 页)

皇帝、宰相、士大夫,都需要各尽其职。

朱熹的思想同时满足了个人的内在完善和社会分工两方面的需要。在他看来,由圣人组成的理想社会像是一个接近无穷大的数字。现实中,他所设立的目标,是在有德之君的手下,贤臣云集,民众也一定程度得到教化。而要实现这个目标,道学为社会所认知、所学习,是必不可少的条件。

二、朱熹的道统论

皇帝的皇位得到认可,在于他的王朝是正统的。在日本,正统与道统之间的界限不明;而在中国,基本上"正统"意味着政权的正统性(Legitimacy),"道统"意味着学理的正统性(Orthodoxy)。不过这只是基本用法,有时也存在将"道统"比喻性地称作"正统"的情况。

"正统"一词,在朱熹之前已有使用。汉代班固的《典引》等古代的作品中,已可见到用例。而到了宋代,如众所知,欧阳修、司马光、苏轼、章望之等人的正统论,更是喧腾一时。②

而"道统"一词,在朱熹之前几乎没有使用。③ 确立"道统"一词的功劳,很

---

① 本文引用《朱子语类》时,均依据黎靖德编,王星贤点校:《朱子语类》,北京:中华书局,1986年,并将页码标在引文之后。

② 有关正统论的研究数量众多,其中饶宗颐的《中国史学上之正统论》(香港:龙门书店,1977年)具有代表性,书中对资料做了搜集,并附有解说。

③ 钱大昕说"道统"始见于李元纲《圣门事业图》(1172 年)"其第一图曰传道正统"(《十驾斋养新录》卷十八);刘子健(James T.C. Liu)举出这一观点之后,认为李心传《建炎以来系年要录》卷一百一(1136 年)所载朱震举荐谢良佐之子克念的文章,才是"道统"最早的用例("How Did a Neo-Confucian School Become the State Orthodoxy?", *Philosophy East and West* 23, no.4, 1973)。这里出现了道统论,却没有使用"道统"一词。另外,朱熹以前虽然有"道统"一词,含义却与理论化的道统论不同。道学道统论的形成过程,见土田健次郎《道学の形成》(东京:创文社,2002年;中文版:朱刚译:《道学之形成》,上海:上海古籍出版社,2010 年)。

大程度还是在朱熹。① 尤其《中庸章句序》的"盖自上古圣神继天立极而道统之传有自来矣……"这段话更是广为人知。有关朱熹的道统论有两个层面：一个是在儒学内部主张道学的正统，另一个是在道学内部主张自己的正统。

下面讨论朱熹的道统论。从上古圣神到尧、舜、禹、汤、文王、武王，都是王者以道相传授。这意味着这一阶段道统与正统相重合，而到了并非王者的孔子，道统与正统相分离，孔子成为了单独的道统继承者。有一种看法认为，孔子未成为帝王，给儒教埋下了怨恨的种子②；但是反过来看，或许这才是儒教的幸运。正因为道统从政权问题中脱离出来，才使得儒教的道不局限于执政者和高官，所有的人都有机会直接参与进来。"人皆可以成圣"这个道学的主张，以人人皆可以接受道统为前提。在这里，儒教的学问与修养不再限于统治层，而是对所有的人都可以提出要求。

余英时指出，继承"道统"的王者们既是圣人，又居天子之位，兼具"内圣外王"两面；并且以《中庸章句序》中的"上古圣神"至周公为"道统"的时代，孔子以后为"道学"的时代。③ 但是笔者认为，孔子以后依然是道统。

这里重要的是，对于正统与道统的具体关系，朱熹几乎从未说起。道统的传人如果必须是王者，那么宋朝皇帝应当继承道统；然而，朱熹虽然要求皇帝理解道，却没有以道统传人作为必要的前提。一度断绝的道统得以重新延续，并非出自皇帝之手，而是有赖于周敦颐和二程。可见，道统的问题脱离了王权而得以独立。

另外，元朝以后出现了治统论，认为皇帝继承了朱子学的道统；日本则出现了皇统论，主张天皇集道统、正统于一身。④ 治统论是将道德上并不完美的皇帝，无条件认定为道统的传人，这就削弱了朱子学原本的道德理想主义特点。朱熹的思想对于政权持严格的道德理想主义态度，而这正是依靠正统与道统的分离而成立的。

对朱熹而言，重要的是，孔子并非王者。最接近孔子的是一介布衣的颜回，士大夫眼中的榜样就是这个颜回。这意味着，"道统"从政治权力中解放出来。圣人纯粹成为心境的问题；圣王之间相传的道统，其核心也是尧舜禹相授受的"人心惟危，道心惟微，惟精惟一，允执厥中"（《书经·大禹谟》）这个道德性的传

① 笔者对于朱熹道统论的看法，见土田健次郎著《道学の形成》。

② 浅野裕一：《孔子神话——宗教としての儒教の形成》，东京：岩波书店，1997 年。

③ 余英时：《朱熹的历史世界——宋代士大夫政治文化的研究》，台北：允晨文化实业股份有限公司，2003 年。笔者对于此书的书评，见土田健次郎《宋代士大夫の营为はいかに研究されるべきか—余英时『朱熹の歴史世界——宋代士大夫政治文化の研究』—をめぐって—》（《中国——社会と文化》，2009 年第 24 期）。

④ 土田健次郎：《"治统"觉书—正统论·道统论との関係から—》，《東洋の思想と宗教》，2006年第 23 期。

授。换句话说，"道统"论的本旨在于，上古圣神相传而来的道就是一个心的问题。这个心的问题可以"平天下"，是题中应有之义；然而侧重点却在于，"平天下"的根本在于人心。

三、朱熹的正统论

下面讨论朱熹的正统论。一般认为宋代的正统论，发端于因修史和制定朝廷仪礼的需要而对五代各朝正统与否所进行的探讨。以后者为例，由于王朝需要配以五行之一，所以探讨五代各朝的正统与否，都联系宋朝所对应的五行，从而奠定宋朝仪礼的总基调。

但是宋朝特色的正统论，则起于认识到政权的正统性与道义性的不一致。苏轼有言："正统之论起于欧阳子，而霸统之说起于章子"（《正统论·辩论二》）[1]，认为欧阳修是这种正统论的发端，此后苏轼的"名"、"实"之论也在此意义上显得重要。朱熹的正统论将王朝的道义性与"正统"概念截然分开，就是这种宋朝式正统论的一次体现。[2]

明确阐述朱熹正统论的，是《资治通鉴纲目凡例》（以下称《凡例》）。一般认为，《凡例》是朱熹亲笔所作，但是也有人持怀疑的态度。归根结底，从现存资料来看，是否为朱熹亲笔确有怀疑余地，然而也难以断定非朱熹所作。[3] 最终留下的疑问是：朱熹对《资治通鉴纲目》（以下称《纲目》）表现出异常的执着，既然是该书的《凡例》，朱熹理应在书信等文章中有所提及，而且门人弟子也应对其有所讨论，然而两者都没有。但不管怎样，《凡例》作为朱子学正统论的明确表

---

① 孔凡礼点校：《苏轼文集》，北京：中华书局，1986 年，第 121 页。

② 笔者对于朱熹正统论的看法，见土田健次郎：《朱子学の正統論·道統論と日本への展開》，吾妻重二主编、黄俊杰副主编：《国際シンポジウム：東アジア世界と儒教》，东京：东方书店，2005 年。

③ 《资治通鉴纲目》一般认为是赵师渊在朱熹的基础之上完成的（七家注所附朱熹致赵师渊的八封信）。但是有关赵师渊的资料太少，具体成书过程无法确定。相对于此，《凡例》一般认为是朱熹的亲笔，但是也有怀疑的意见，如清朝的王懋竑就举出《凡例》经王柏之手才出现，黄榦等门人没有提及这两点，暗示伪作的可能性（《朱子年谱考异》卷一）。近年，汤勤福也主张《凡例》是伪作（《朱熹给赵师渊"八书"考辨》，《史学史研究》，1998 年第 3 期）；对此，郭齐认为这种怀疑可以理解，但是证据不够充分（《关于朱熹编修〈资治通鉴纲目〉的若干问题》，《四川大学学报（哲学社会科学版）》，2001 年第 6 期）。而日本的中砂明德在整理以往的观点并详细调查各种刊本和资料的基础上，认为《凡例》是否为朱熹所作，最终无法断言；即使确为亲笔，依据《凡例》擅自增改"考异"、"考证"而附于《资治通鉴纲目》的工作，也是在朱熹生前居住的建阳进行的（《中国近世の福建人：士大夫と出版人》，名古屋：名古屋大学出版会，2012 年）。《资治通鉴纲目》在朱熹逝世将近 20 年后出版；所有宋刊和元刊的刻本都没有《凡例》，元代程端礼的《程氏家塾读书分年日程》中虽然有所提及，但是中砂明德提醒，这并不意味《凡例》在当时已经普及。总之，这里并不针对朱熹本人，而是在朱子学的范围内进行的讨论。

述受到传承,是不争的事实。

《凡例》的内容直截了当,令人吃惊。成为正统的条件,就是统一天下并维持两代以上。如果取得了天下,而不能传给下一代,则依据"篡贼谓篡位干统而不及传世者"(《凡例·统系》)的规定,只是"篡贼"而已。相反,秦朝虽然焚书坑儒,由于持续了秦始皇、秦二世两代,所以获得正统的认可,隋朝同样也是如此。例如,《纲目》在表述秦始皇去世时,就用了表示天子驾崩的"崩"字(《纲目》卷二,始皇帝三十七年)。

朱子学正统论有一个最大的特点,是将蜀国认定为三国时期的正统。一般容易认为,朱熹这样认定是出于道德上的考量;然而实际上,刘备的德行等与此无关,将蜀汉定为正统,仅仅因为刘备是汉朝王室的后裔。也就是说,统一王朝的继承者,即使沦为地方政权,也视为正统。

这里依据《凡例·统系》,将正统、篡贼、无统整理如下:

正统……周、秦、汉、晋、隋、唐。

篡贼……汉之吕后、王莽、唐之武后之类。

无统……周秦之间、秦汉之间、汉晋之间、晋隋之间、隋唐之间、五代。

即使原则上统一天下并维持两代以上是受天命的标志,将秦、隋这种在儒教的立场上难以接受的朝代也视为正统,终究会让人有所抵触。顺便一提,日本江户时代的朱子学者浅见绚斋指出,如果秦朝王室尚存,即使汉夺得政权,秦依然是正统(《靖献遗言讲义》卷二《三国正统辨》)。①

另一方面,朱熹似乎又持有三国无统论。

> 问:"正统之说,自三代以下,如汉唐亦未纯乎正统,乃变中之正者。如秦西晋隋,则统而不正者。如蜀东晋,则正而不统者。"曰:"何必恁地论。只天下为一,诸侯朝觐狱讼皆归,便是得正统。其有正不正,又是随他做,如何恁地论。有始不得正统,而后方得者,是正统之始。有始得正统,而后不得者,是正统之余。如秦初犹未得正统,及始皇并天下,方始得正统。晋初亦未得正统,自泰康以后,方始得正统。隋初亦未得正统,自灭陈后,方得正统。如本朝至太宗并了太原,方是得正统。又有无统时,如三国南北五代,皆天下分裂,不能相君臣,皆不得正统。(义刚录作:此时便是无统。)某尝作《通鉴纲目》,有无统之说。此书今未及修,后之君子必有取焉。"(《朱子语类》卷一百五第54条,第2626页)

这条语录为陈淳所记,同时黄义刚也在场;根据田中谦二的年代考,这种情况出现在朱熹70至71岁这个人生的最后时期。② 按文中的说法,《纲目》也是三国

---

① 近藤启吾、金本正孝编:《浅见绚斋集》,东京:国书刊行会,1989年,第318～321页。

② 田中谦二:《朱门弟子师事年考》,《田中谦二著作集》第三卷,东京:汲古书院,2001年。该文初刊于《东方学报(京都)》四四,1973年;续作《朱门弟子师事年考续》(《东方学报(京都)》四八,1975年)。《著作集》在此基础上进行了大幅增订,本文引用均依据《著作集》版。

无统论。然而，与此相反，下面的语录显然是蜀汉正统论。

> 温公《通鉴》以魏为主，故书蜀丞相亮寇何地，从魏志也，其理都错。某所作《纲目》以蜀为主。（《朱子语类》卷一百五第 55 条，第 2637 页）

> 问《纲目》主意。曰："主在正统。"问："何以主在正统。"曰："三国当以蜀汉为正，而温公乃云，某年某月诸葛亮入寇，是冠履倒置，何以示训。缘此遂欲起意成书。推此意，修正处极多。若成书，当亦不下《通鉴》许多文字。但恐精力不逮，未必能成耳。若度不能成，则须焚之。"（《朱子语类》卷一百五第 56 条，第 2637 页）

前者语录的记录者不明；后者是余大雅，据田中谦二的年代考，是朱熹 50 至 60 岁之间的语录。① 由此看来，朱熹或是同时兼有蜀汉正统论和无统论，或是由蜀汉正统论变成了无统论。引文后者说，写作《纲目》的动机之一，就是主张蜀汉的正统。现在的《纲目》也是以蜀汉为正统。说他由此变成了无统论，一时让人难以置信。而且如果蜀汉只是"正统之余"，而非"正统"，同样南宋也被金夺去了北方半壁江山，也不能称之为正统了。这个问题不易解答，只有待于他日另考。

对于正统论中的道义性缺失，明代朱子学者方孝孺提出了质疑。其《释统》（《逊志斋集》卷二）一文的内容，表示如下：

正统一	三代、汉、唐、宋
变统三……"取之不以正"	晋、齐、宋、梁
"守之不以仁义"	秦、隋
"夷狄而僭中国，女后而据天位"	符坚、武氏②

这里意识到夷狄政权的问题，可能还是受元朝的影响。朱熹虽然说"唐源流出于夷狄，故闺门失礼之事，不以为异"（《朱子语类》卷一百三十六第 49 条，第 3245 页），但是无意将唐朝视为夷狄的朝代；他的正统论中，华夷之别尚不明显。众所周知，唐王朝出身于武川镇军阀，有浓厚的鲜卑血统。另外，方孝孺的分法，就其结果而言，与区分正统和霸统的章望之《明统论》（载于《经进东坡文集事略》卷十一苏轼《正统论》所附的南宋郎晔注中）相近。③

总之，方孝孺追求朱子学的道德主义，结果对朱熹本人的正统论都进行了批判。然而，如果在正统的条件中要求完美无瑕的道义性，那么即使方孝孺列为正统的汉、唐、宋，其实也不能称为正统（浅见絅斋《靖献遗言讲义》卷八《正统说》）。④

这让人想起朱熹与陈亮的争论。陈亮认为汉、唐是道已显现的时代，而朱

① 田中谦二：《朱门弟子师事年考》，《田中谦二著作集》第三卷。

② 方孝孺撰，徐光大点校：《方孝孺集》，杭州：浙江古籍出版社，2013 年，第 66～68 页。

③ 苏轼撰，郎晔选注，庞石帚校订《经进东坡文集事略》，北京：文学古籍刊行社，1957 年。

④ 近藤启吾、金本正孝编：《浅见絅斋集》，第 362 页。

熹予以否认。在朱熹看来，统一天下之时具备完美道义性的朝代，周之后一个也不存在。所以浅见絅斋为朱熹解释道，他所认为正统的王朝，并不意味道义上也同样完美（浅见絅斋《靖献遗言讲义》卷八《正统说》、《劄录》）①。道义上完美的朝代，就是如此地难得。既然如此，现实中可以期待的，就只有作为政治主体刷新朝政的士大夫，以及通过帝王学对帝王所做的感化。士大夫的力量将在此参与进来，而先决条件即是将其凝聚在一个共同的对象上；所以正统论在此发挥作用，它决定正统的政权并提供忠诚的对象。

四、朱熹的帝王学

朱熹所生活的南宋，已经成为了地方政权；但既然是对于统一王朝北宋的继承，按照朱熹的规定，依然是正统。人们需要向南宋朝廷尽忠，正是由于它是正统的王朝。然而，如前所述，正统的王朝不意味着皇帝就是圣人，所以这里需要帝王学的登场。

朱熹与陈亮之间那场著名争论的焦点，就在于政治的安定是否可以视作道的实现。朱熹在给陈亮的信中，如此写道：

> 夫人只是这个人，道只是这个道，岂有三代汉唐之别？但以儒者之学不传，而尧舜禹汤文武以来转相授受之心不明于天下。故汉唐之君虽或不能无暗合之时，而其全体却只在利欲上。此其所以尧舜三代自尧舜三代，汉祖唐宗自汉祖唐宗，终不能合而为一也。（《朱子文集》卷三十六《答陈同甫》八，《朱子全书》第 21 册，第 1588 页）

陈亮认为，汉唐太平之世就其结果而言，道已经显现；而朱熹认为，不具备对道的理解，就不存在道的实现。理解道的前提，是认识到理解道的必要性。有此认识，才可以逐步向理想的状态前进；无此认识，政治上的成果永远都只是一时偶合而已。"心"对于帝王而言非常重要，就此朱熹说道：

> 臣闻，天下之事，其本在于一人，而一人之身，其主在于一心。故人主之心一正，则天下之事无有不正。人主之心一邪，天下之事无有不邪。（《己酉拟上封事》，《朱子全书》第 20 册，第 618 页）

这篇文章是光宗即位，下诏广求意见（淳熙十六年），60 岁的朱熹应此准备上奏的奏章。结果，朱熹并没有上奏。就其原因，黄榦在《朱子行状》中说道：

> 会执政有指道学为邪气者，力辞新命，除秘阁修撰，仍奉外祠，遂不果上。（《朱子全书》第 27 册，第 550 页）

即因为朝中有道学的敌对势力，所以没有上奏。朱熹意识到敌对势力而放弃上

---

① 《劄录》收录于西顺藏、阿部隆一等校注：《山崎闇斋学派》，《日本思想大系三十一》，东京：岩波书店，1980 年。

奏,反过来看,不正意味着这篇奏章中可能有浓厚的道学色彩吗?

这篇奏章由十条建议组成:

一、讲学以正心

二、修身以齐家

三、远便嬖以近忠直

四、抑私恩以抗公道

五、明义理以绝神奸

六、择师傅以辅皇储

七、精选任以明体统

八、振纲纪以厉风俗

九、节财用以固邦本

十、修政事以攘夷狄(原注:按前总目,此处当有"修政事以攘夷狄"一条,今缺。)

第一、二条是学问与修养,第三条是用人。朱熹究竟在哪些方面对皇帝抱有期待,从中可以清楚地看到。

皇帝致力于学问与修养,意味着他对于道的觉醒。在朱熹看来,皇帝在道上觉醒,任用贤相,进而使民众得到教化,就是安定天下的第一方略。换句话说,拥有最高用人权的皇帝准确地用人,才可以使朝政得到刷新。

皇帝用人的得当与否,取决于皇帝自身的见识。为培养这种见识,士大夫能做的,就是提供帝王学。程颐在《论经筵劄子》三(《程氏文集》卷六)的"贴黄"中说:

臣以为,天下重任,唯宰相与经筵。天下治乱系宰相,君德成就责经筵。由此言之,安得不以为重。①

在这里经筵能与宰相并提,就是因为它是传授帝王学的地方。

朱熹也在《通书解·治第十二》中,对于人才任用有如下强调:

君取人以身,臣道合而从也。(周敦颐原文:"心纯则贤才辅。")

众贤各任其职,则不待人人提耳而教矣。(周敦颐原文:"贤才辅则天下治。")

心不纯,则不能用贤。不用贤,则无以宣化。(周敦颐原文:"纯心要矣,用贤急焉。")②

余英时指出,士大夫的政治实践主要有两种方式。③ 一是进入朝廷的权力

---

① 程颢、程颐著,王孝鱼点校:《二程集》,北京:中华书局,1981年,第540页。

② 周敦颐原文引自周敦颐著,陈克明点校:《周敦颐集》,北京:中华书局,1990年,第23~24页。

③ 余英时:《朱熹的历史世界——宋代士大夫政治文化的研究》,北京:生活·读书·新知三联书店,2000年。

中心,辅佐君主统治天下;二是成为地方官,重建局部的秩序,直接"泽民"。并且朱熹等道学家,原本倾向于后者(余英时又说,道学家也具有在中央辅佐君主的愿望)。朱熹担任地方官时的努力,尤其社仓法的实施等,可谓其代表性事例。然而笔者认为,更应该考虑的是,道学所具有的帝王学的一面。道学家们向皇帝靠近,除了具体政策的实现之外,更为期待的是指引皇帝,让他认识到"平天下"的基础就在于心,从而使得以宰相为首的人选得到合理任用,而各项政策也都从此心的立场出发开展。现实中,程颐等成为皇帝之师的例子,给了道学家鼓舞。他们热衷于向皇帝直言,或是直接奔向帝王的怀抱。

道学以帝王学提供者的方式受到瞩目,促进了其势力的扩大。程颐以崇政殿说书的身份,成为了哲宗的侍讲。旧法党士大夫被王安石排斥出中央之时,他们深刻认识到神宗任用王安石这种人会带来多么巨大的影响。所以当他们重回中央之后,就重视对年幼的哲宗进行帝王学教育,从而将身为布衣的程颐拔擢为侍讲。这为道学在士大夫中间树立帝王学形象奠定了基础。后来程颐的弟子尹焞,也担任了崇政殿说书。

朱熹针对神宗用人的影响之大,如此说道:

> 神宗极聪明,于天下事无不通晓,真不世出之主,只是头头做得不中节拍。如王介甫为相,亦是不世出之资,只缘学术不正当,遂误天下。使神宗得一真儒而用之,那里得来?此亦气数使然。天地生此人,便有所偏了。可惜,可惜。(《朱子语类》卷一百二十七第 15 条,第 3046 页)

朱熹又盛赞神宗为"大有为之主",并说如果任用了程颢,会取得很大的成果。

> 神庙,大有为之主,励精治道,事事要理会过。是时却有许多人才。若专用明道为大臣,当大段有可观。明道天资高,又加以学,诚意感格,声色不动,而事至立断。当时用人参差如此,亦是气数舛逆。(《朱子语类》卷七十二第 75 条,第 1832 页)

在朱熹看来,任用王安石还是程颢,决定了政治的走向。

朱熹的帝王学中具有重要意义的,一个是《书经·大禹谟》的人心道心之传,一个是《大学》。《大禹谟》说明尧、舜、禹帝王之间所相传的是心法,在与陈亮的争论中,这一点也得到了突显。帝王学是磨炼帝王的心法,道学正在这一点上发挥作用。

> 其一所谓讲学以正心者,臣闻天下之事,其本在于一人,而一人之身,其主在于一心。故人主之心一正,则天下之事无有不正。人主之心一邪,则天下之事无有不邪。如表端而影直,源浊而流污,其理有必然者。(《己酉拟上封事》,《朱子全书》第 20 册,第 618 页)

另外,《大学》说"自天子以至于庶人,壹是皆以修身为本",强调的是从天子到平民都需要修身。《大学》是一部象征着从皇帝到平民都经由同样的阶梯,向圣人努力的书。从"格物"、"致知"到"平天下"八条目的路程,皇帝与士大夫一同前行。宁宗即位,朱熹受命担任焕章阁待制兼侍讲,时年65岁,在《行宫便殿奏劄》二(《朱子文集》卷十四)中,向皇帝阐述格物穷理的必要性之后说道:

> 诚能严恭寅畏,常存此心,使其终日俨然,不为物欲之所侵乱,则以之读书,以之观理,将无所往而不通,以之应事,以之接物,将无所处而不当矣。此居敬持志所以为读书之本也。(《朱子全书》第20册,第670页)

在此基础上,又说道:

> 此数语者,皆愚臣平生为学艰难辛苦已试之效。窃意圣贤复生,所以教人不过如此。不独布衣韦带之士所当从事。盖虽帝王之学殆亦无以易之。特以近年以来,风俗薄陋,士大夫间闻此等语,例皆指为道学,必排去之而后已。(《朱子全书》第20册,第670页)

"布衣韦带之士"即普通士人之学,与帝王之学初无二致;对这一点的强调,值得我们注意。朱熹又如下说道:

> 须得人主如穷阎陋巷之士,治心修身,讲明义理,以此应天下之务,用天下之才,方见次第。(《朱子语类》卷七十二第75条,第1832页)

这里"人主"也只与"穷阎陋巷之士"一般;皇帝和士大夫都以同样的方式,进行修养与学问。皇帝学习《大学》,意味着与士大夫共享同一个前进的阶梯;士大夫也好,皇帝也好,都从"格物"出发,走向"平天下"。

朱熹在《己酉拟上封事》中,强调必须上正纲纪、下厉风俗的同时,又指出为此需要的是宰执、台谏、人主都各尽其职。

> 然纲纪之所以振,则以宰执秉持而不敢失,台谏补察而无所私,人主又以其大公至正之心恭己于上而照临之。(《己酉拟上封事》,《朱子全书》第20册,第625页)

每个人都做好自己的角色,政治才可以良好运行。

另外,余英时指出,相对于《大学》,朱熹在给皇帝的奏章中,更多引用尧舜禹"人心"、"道心"之传等《书经》中有关王者的内容。[①] 但是需要注意,"格物"、"正心"在奏章中也有所强调。

绍兴三十二年壬午夏六月,孝宗即位,33岁的朱熹上书了《壬午应诏封事》。文中朱熹先引用《书经·大禹谟》"人心惟危,道心惟微,惟精惟一,允执厥中",说明了王者的基本精神;在此基础上,对于当年重视"记诵华藻",以及老、释的"虚无寂灭"之害做了批评,之后说道:

> 是以古者圣帝明王之学,必将格物致知以极夫事物之变,使事物之过乎前者,义理所存,纤微毕照,了然乎心目之间,不容毫发之隐,则自然意诚心正,而所以应天下之务者,若数一二辨黑白矣。……盖致知格物者,尧舜所谓精一也。正心诚意者,尧舜所谓执中也。自古圣人口授心传而见于行

---

① 余英时:《朱熹的历史世界——宋代士大夫政治文化的研究》。

事者,惟此而已。至于孔子,集厥大成。然进而不得其位以施之天下,故退而笔之以为六经,以示后世之为天下国家者。于其间语其本末终始先后之序尤详且明者,则今见于戴氏之《记》所谓《大学》篇者是也。故承议郎程颢与其弟颐崇政殿说书,近世大儒,实得孔孟以来不传之学,皆以为此篇乃孔氏遗书,学者所当先务。诚至论也。(《朱子全书》第 20 册,第 572 页)

这里朱熹强调了《大学》的"格物致知"在帝王学中的重要性,并说阐明这一点的正是道学。第二年,朱熹又在《癸未垂拱奏劄》中说道:

臣闻大学之道自天子以至于庶人,壹是皆以修身为本,而家之所以齐,国之所以治,天下之所以平,莫不由是出焉。……此所谓大学之道,虽古之大圣人生而知之,亦未有不学乎此者。尧舜相授所谓惟精惟一、允执厥中者,此也。(《朱子全书》第 20 册,第 631 页)

可以看到,《大学》与《书经》中"危微精一"之语直接联系在一起。朱熹 65 岁向宁宗进讲时,虽说出于上意,但所讲内容正是《大学》。实际上对于皇帝而言,帝王学是令人厌烦的;程颐和朱熹做侍讲时,其毫不妥协的态度,分别让哲宗和宁宗最终都疏远了他们。帝王学是向周围旁观的士大夫所做的一种宣传。在皇帝看来,帝王学是一个负担;而在士大夫看来,却令人欢欣鼓舞。

朱熹帝王学的特色在于,正统和道统分开之后,对于道德性得不到保证的皇帝,要求与士大夫从事相同的学问和修养,以此促使皇帝实现道学理想的用人。皇帝与士大夫都从各自的立场,践行《大学》的八条目。这里存在一种分工,但君臣之间又得以产生君臣一体的感觉。朱熹的帝王学,正是从士大夫的角度所构建的帝王学,所以士大夫社会可以显示出其存在感。

(本文译者:刘珉,日本早稻田大学文学学术院博士后期课程在读博士生)

(原载《复旦学报(社会科学版)》2019 年第 1 期,
作者单位:日本早稻田大学文学学术院)

朱子学研究新视野

朱熹思想的当代价值探析

蔡方鹿

朱熹(1130—1200)是中国古代著名哲学家、政治家、教育家。他"致广大,尽精微,综罗百代",是继孔、老之后中国最著名的思想家。朱熹融合儒、释、道三教,并加以时代的改造和创新,集宋代新儒学之大成,对中国后期封建社会和东亚文明产生了重要影响。他的民族文化主体精神,维护国家统一的爱国精神,勤政爱民、经世致用精神,坚守圣人之道、崇尚真理的精神,哲学创新精神,中道和谐精神,综罗百代的兼容心态和开放精神,科学求实精神,求知探索精神,从事书院教育的自由讲学和独立议政精神,不计功名利禄、讲求伦理道德修养和道德自律精神,重感物道情、情理结合和文道合一的精神等方面,集中体现了朱子学的精华。朱熹思想对中国传统文化的哲学、政治、经济、伦理、教育、科举、文学、史学、宗教、科学技术、文献学、文字学等领域产生了广泛而深刻的影响。因而,朱熹在中国文化史上占有举足轻重的地位。同时,他的思想流传海外,对东方各国几乎都带有普遍性的意义。在东亚、欧美及华人文化圈产生了重要影响。

本文就朱熹思想中的求实求理精神、重视经世致用的思想,"理一分殊"思想,兼容并包思想,道统思想,"心统性情"说,知行关系的重行说作一阐述,以探讨朱熹思想的当代价值和现实意义。

一、朱熹求实求理精神、重视经世致用思想的当代价值

朱熹求实求理精神,重视经世致用的思想,具有重要的当代价值。以朱熹为代表的理学家在对佛老和旧汉学的批判、扬弃中,提出了求实、求理的实学和经世致用思想,以理为实,主张于实处求理,充分体现了当时的时代精神。强调讲实学、求实理、致实用,以回应外来文化、宗教思想及理论形态转型的挑战,针砭社会时弊,为解决社会重大问题,重建社会价值体系做出了自己的努力。从而把儒家思想实理化,把儒家经学实学化,完成了理论形态的转型和理性主义的文化超越。不仅创新发展了儒家学说,而且把儒学治国平天下理论发展到一个新阶段。朱熹等理学家联系社会发展实际提出的经世致用思想即是理学精神的集中体现,值得认真探讨并发掘其现代价值,而不应把理学在后期发展过程中出现的流弊过分夸大,将理学片面地视为脱离实际的空谈心性之学。

朱熹反复强调"释氏虚，吾儒实"①，批评"释氏便只是说'空'，老氏便只是说'无'，却不知道莫实于理"②。以理为实，提倡实理，反对佛老的"空"、"无"。认为佛教不明理之本体，于大本处未立，故把批佛的重点放在批判佛教的"空"论上。"空"论是佛教哲学的基本理论之一，佛教各派普遍使用"空"这一基本范畴。虽然各派对"空"的解释有所不同，但"空"的涵义基本是指事物的虚幻不实，或指理体之空寂明净，认为世界一切现象皆是因缘和合而生，刹那生灭，没有质的规定性和独立实体，假有而不实，即为"空"。就佛教大多数流派把整个世界看成是"空"、虚幻不实而言，可以说属于"空"派，朱熹深知"空"论在佛教理论中的重要性，故通过批"空"来求实、求理。他说：

> 佛以空为见，其见已错，所以都错。③

> 儒释言性异处，只是释言空，儒言实；释言无，儒言有。……

> 问："释氏以空寂为本？"曰："释氏说空，不是便不是，但空里面须有道理始得。若只说道我见个空，而不知有个实底道理，却做甚用得？"④

可见，佛教把一切都归于空寂，所以是以空寂为本，其言性、言理，俱为之"空"，为之"无"，而与儒学的"实"、"有"不同。正因为儒学讲"实"，以理为实，以性为实，故与佛教的空寂之说不同。

由此，朱熹指出尽管佛教的"空"论把宇宙万有幻化为虚无，抹煞事物存在的客观性，但事实上万物存在的客观实在性是抹煞不了的。他说：

> 释氏则以天地为幻妄，以四大为假合，则是全无也。

> 若佛家之说都是无，已前也是无，如今眼下也是无，"色即是空，空即是色"。大而万事万物，细而百骸九窍，一齐都归于无。终日吃饭，却道不曾咬着一粒米；满身著衣，却道不曾挂着一条丝。⑤

批评佛教以天地为幻妄，以地、水、火、风之"四大"所造成的一切事物为"假合"的理论，而强调万物的实有，吃饭穿衣均是实有而不得归于空无。

以上表明，朱熹在对佛老空、无思想的批判中，提出了求实、求理的思想。并在批判中加以扬弃，吸取佛老精致的思辨哲学形式，如借鉴华严宗的理本论形式和理事说，吸取佛教的"月印万川"说，借此说明"理一分殊"的道理；借鉴佛教的心性论；又吸取道家、道教的道本论和"道法自然"的思想，为建构自己的理学思想体系服务。朱熹在对佛老的批判中又加以吸取，在扬弃中加以创新，从而超越盛行一时的佛老之说，确立了以儒为本，融合三教的新儒学，即理学思想体系，以其求实、求理的时代精神开创了中国思想文化发展的历史新阶段，亦是

---

① 黎靖德编：《朱子语类》，北京：中华书局，1986 年，第 3015 页。

② 黎靖德编：《朱子语类》，第 2436 页。

③ 黎靖德编：《朱子语类》，第 3040 页。

④ 黎靖德编：《朱子语类》，第 3015 页。

⑤ 黎靖德编：《朱子语类》，第 3012 页。

对儒家重社会人事、轻天命鬼神思想的继承和发展。

与求实、求理的思想相联系，朱熹重视民生，提倡经世致用。为了实现社会治理，保障民生，朱熹力陈复井田、行经界的理由和重要性。他说：

> 本州田税不均，隐漏官物动以万计，公私田土皆为豪宗大姓诡名冒占，而细民产去税存，或更受佃寄之租，困苦狼狈，无所从出。州县既失经常之入，则遂多方擘画，取其所不应取之财，以足岁计。如诸县之科罚、州郡之卖盐是也。上下不法，莫能相正，穷民受害，有使人不忍闻者。熹自到官，盖尝反复讨论，欲救其弊，而隐实郡计，入不支出，乃知若不经界，实无措手之地。①

指出豪强占田无数，而普通农民则产去税存，又遭受地租的剥削，故生活贫困痛苦，狼狈不堪。如此州县亦收不到应得之入，只好采取多种手法，取其不该取的钱财，以维持日常所需。这样，上下不法，又把负担转嫁给农民，使得穷人益穷，令人不堪忍受。朱熹到官后，亲眼目睹了这一弊端，决心实行经界以救其弊。

朱熹不仅提出复井田、行经界的思想，而且还力图将此加以施行。他上《条奏经界状》，奏请在漳州行经界法。他同时令邑人清丈土地，核实田亩，积极条划经界；又将实行经界这件事晓谕漳州人户，告知施行经界之法的目的、宗旨和要求及利害关系等，认为"经界一事，最为民间莫大之利"②，通过行经界为百姓谋福利。朱熹并强调农业生产是满足民众吃饭穿衣基本生存需求的首要之举，而衣食足则是实行道德教化的基础，以达到共同富裕。他说：

> 契勘生民之本，足食为先。是以国家务农重谷，使凡州县守倅皆以劝农为职。每岁二月，载酒出郊，延见父老，喻以课督子弟，竭力耕田之意。盖欲吾民衣食足而知荣辱，仓廪实而知礼节，以共趋于富庶仁寿之域。③

指出"务农重谷"在国家经济生活中占有重要地位，所以州县守皆应以劝农为其基本职责。其宗旨是通过父老劝喻子弟勉力农耕，实现丰衣足食，然后施之以教化，最终达到共同富裕的目的。朱熹在这里提出"以共趋于富庶仁寿之域"，强调的是共富，而不是少数人的为富不仁，这一思想对当代社会仍具有重要的借鉴意义。

朱熹不仅重视农耕，主张通过勉力务农实现共同富裕，而且把食作为民生之本，把农作为足食之本，并将此上升到"理"的高度。他说："窃惟民生之本在食，足食之本在农，此自然之理也。"④既然是自然之理，就只能重视民生之本和农业生产，而不能违背。凡不肯及时用力以治农事者，将难以满足百

---

① 朱熹著，郭齐、尹波点校：《朱熹集》，成都：四川教育出版社，1996 年，第 1198 页。
② 朱熹著，郭齐、尹波点校：《朱熹集》，第 780 页。
③ 朱熹著，郭齐、尹波点校：《朱熹集》，第 5150 页。
④ 朱熹著，郭齐、尹波点校：《朱熹集》，第 5062 页。

姓吃饭穿衣的基本生活需求。可见朱熹对民生和农业生产的重视。朱熹重视民生和农业生产，主张在实践中加以落实施行，这正是理学家经世致用思想的表现。这对当代社会重视民生、经世致用具有重要现实意义而值得借鉴。

二、朱熹"理一分殊"思想的当代价值

朱熹提出"理一分殊"的命题，以此来概括一理与万物、一理与万理的关系。所谓理一分殊，即指天理只有一个，而天理存在于万事万物之中，通过分殊之万物表现出来。可见"万物皆有此理，理皆同出一原。……物物各具此理，而物物各异其用，然莫非一理之流行也。"①指出理是原、是本、是体，万物是末、是用、是发见。理既是宇宙的本体而主宰万物，又是宇宙的本原而派生万物。所谓理是本体，"见天下事无大无小，无一名一件不是此理之发见"②，天下万物都是理的显现和作用。所谓理是本原，即理派生物。他说："此理处处皆浑沦，如一粒粟生为苗，苗便生花，花便结实，又成粟，还复本形。一穗有百粒，每粒个个完全；又将这百粒去种，又各成百粒。生生只管不已，初间只是这一粒分去。物物各有理，总只是一个理。"③理产生物是一个生生不已的过程，每件物都由理派生，但物物之理不是分割的、欠缺的理，而是完整的、浑沦的理。朱熹天理论的理是本体论与生成论统一的范畴。

朱熹的"理一分殊"说具有重要的当代价值，正如韩国建国大学哲学系郑相峰教授所指出："至今数码技术改变了全球的信息结构，以便于磨掉全世界人之间的时空距离。因此我们容易接触到世界各地的文化习俗、伦理规范、宗教信仰，等等。于是自然会发现全球世界各地彼此之间有文化上的差异、规范上的差异、宗教上的差异。所谓'差异'，是指两者之间有所不同，然不加任何主观性的评价给它。同时我们意识到人人皆有所以为人的存在价值。身为存在者的每一个人存在于天地之间，生来具有天赋的权利。在各种人际关系上须是要互相同等对待，不应该受到任何上下优劣的等级区别。不管皮肤色不同、国家民族不同、语言文化不同、教育背景不同、经济状况不同，'差等'或'差别'则在此世界上应当消失掉。同等对待涵盖互相尊重。人与人之间的相爱亦是从此开始的。每一个人都有自己的才质与个性。虽才质与个性不同，但人人有权利受到同等对待。在此我认为我们应该给'理一分殊'的伦理学层次上的涵义予以

---

① 黎靖德编：《朱子语类》，第 398 页。
② 黎靖德编：《朱子语类》，第 2938 页。
③ 黎靖德编：《朱子语类》，第 2374 页。

现代性价值意义。"①对朱熹的"理一分殊"说,可作这样的理解,全体人类是由各个不同肤色,不同国家民族,不同语言文化、教育背景,不同经济状况的个人组成的,虽然每个人都有自己的个性和才质,但人人(每一个个人)都有受到同等对待的权利,得到同等的对待,这就是"理一";"分殊"就是具有不同文化、文明背景的在各方面存在着差异的不同的个人。"理一"存在于"分殊"之中,世界的进步与发展,不能离开不同文明的各个国家民族、每一个个人的发展与进步。由此把每一个个人的发展与整个人类的发展结合起来,以构建人类命运共同体,这体现了朱熹"理一分殊"思想的当代价值。

三、朱熹兼容并包思想的当代价值

朱熹具有兼容并包的精神,主张容纳各家各派的思想,这主要指吸取外来佛教文化及本土宗教道教以及先前思想之长。在批评与出世思想紧密联系的佛教哲学的"空"论、心本论、只内不外等思想的过程中,朱熹又一定程度地吸取借鉴了佛教的理事说、心性论、"宾主说"、修养论等思想。朱熹对道教包括道家的批评主要表现在,批评道教及道家厌世避祸、崇尚空寂以保全其身的思想,并批评其神仙思想和长生不死说。朱熹对道教的吸取主要表现在,借鉴道教之图,以阐发自己的易学及太极说;又考释道书,探讨道教修炼之术,以修养身心,并吸取道教的宇宙生成论等。此外,朱熹作为经学中宋学的代表人物和集大成者,他遍注群经,既以阐发义理为治经之目的,这是他超出汉唐经学之处;又重训诂考据,对诸经详加训释,这是他对汉学的吸取,亦是他对宋学流弊的修正。由此朱熹对传统经学作了全面总结,一方面通过总结二程的"四书"学,以"四书"义理之学取代"六经"训诂之学在经学发展史上的主体地位;另一方面也不废弃训诂考据之学,强调"本之注疏以通其训诂"②,从而对汉、宋学都加以总结吸取,既以宋学为主,又超越汉、宋学之对立,由此发展了传统经学,并对后世的新汉学产生重要影响。不仅如此,朱熹易学既重本义,重象数,又以义理为指导,把义理、卜筮、象数、图书相结合,从而总结发展了传统易学,体现了他融贯象数与义理的精神。

朱熹兼容并包、容纳各家的思想,对于当代社会包容华夏文明与世界文明,构建和谐世界具有重要意义。挖掘包括朱子学在内的中华文明与中国价值的世界意义,将其作为人类共同价值体系的重要组成部分,为世界文明的发展做出新贡献。

---

① 郑相峰:《朱子"理一分殊"与现代意义》,《纪念朱子诞辰888周年暨朱子学与全球化国际学术研讨会论文集》,中国,厦门,2018年10月。
② 朱熹著,郭齐、尹波点校:《朱熹集》,第3925页。

世界文化由多元构成，这是历史形成又延续至今的客观现实。每一种文明、文化都是在本民族、本国生存和发展的历史中产生，并为本国、本民族乃至世界文明的发展做出过各自的贡献，都有它存在的理由和价值。在世界文明发展史上，各文明、文化既有相互差异的一面，又有相互融合、相互沟通的一面，同时保持自身的特色，由此推动了世界文明的不断发展。世界文明之间的差异是客观存在的，应相互尊重，扩大文明的共识，而不应以自己的文明和价值观强加于人。借鉴朱熹兼容并包、容纳各家的思想，有助于化解世界文明之间的差异和矛盾，妥善解决文明之间的冲突矛盾，尊重多样文明、谋求共同发展，从而维护世界和平。朱熹兼容并包、多元开放的思想体现了中国哲学所具有的包容性、开放性的特征，发挥其当代价值，吸取诸家学术之长而发展中国学术文化，与其他地域文明、文化交流互动、交相辉映，对发展包括中华文明在内的世界文明具有重要意义。

四、朱熹道统思想的当代价值

朱熹是中国道统思想的集大成者，朱熹的道统思想是其整个学术思想十分重要的组成部分。他继承二程，推崇周敦颐，梳理确立道的传授系统；提出"十六字心传"，以心法的传授体现道统观；甚重"道统"二字，推广道的传授统绪，从而完善了道统思想体系。朱熹建构精致的道的哲学，以道为形上之天理，提出道兼体用的思想，提高了道统之道的哲学思辨水平，这也是对道统论的发展。朱熹在二程思想的基础上，集注"四书"，以"四书"学发明道统，认为"四书"重于"六经"，并排列"四书"之次第，从而集道统论之大成。朱熹与陈亮之间展开的关于道统的争论，既集中反映了理学道统论的特点和主旨所在，同时也表明在朱熹集道统思想之大成的同时，已有与之对应的思想存在，并对其提出批评。中华道统思想正是在这种相反相成的批评辩难中不断发展和演变的。深入探讨朱熹的道统思想，及其道统与道学的相互关系，对于认识理学道统论的形成和确立及其时代特征，以及在中华道统思想发展史上的地位，具有重要的意义。

朱熹的道统思想以仁义之道作为其理论的根基，这体现了中国文化的人文主义精神；道统思想以中道为重要内涵，这体现了中国文化不偏颇的中道和谐精神，以及持中通变的精神；道统思想重内圣心性之学，讲超越时代的心传说，这有利于挺立民族文化的主体性；道统讲修齐治平之道，重视由内圣而达于外王，体现了注重实践和社会治理的道在日用中的经世精神；道统以道为核心、为最高价值和权威，坚持从道不从君的原则，有利于激励今天的人们坚持道义，为真理而奋斗和献身；道统思想所具有的开放性和包容性，体现了包融涵盖的海纳百川精神，有助于吸收外来文化的先进成分以发展中国文化，而故步自封，自限于中土，则不利于中国社会与中国文化的发展；道统随时代发展而不断创新，以解决社会与文化发展的重大问题,体现了其崇尚文明进步的日新精神,由此推动了中国社会与中国文化的持续发展,至现代又与现代文化接轨,体现了道统思想的时代意义,这有助于人们在批判地继承文化传统的基础上吸取其有价值的思想,为建构新时代的中国文化服务;道统思想中尊王黜霸的王道精神对于推行仁义王道,反对霸道政治和霸权主义具有重要的现实意义,也应在新时代得到传承和创新发展。

朱熹集大成的道统思想为历代先贤志士所重视,在中国历史的发展进程中生生不息,成为中华文化的重要组成部分,并流传海外,它的形成、发展演变与传承对中国文化产生了深远影响,对中华民族精神的形成塑造做出了重要贡献。

孙中山先生对中国道统思想十分重视,1922 年,他在广西桂林回答第三国际代表马林提问"先生革命之基础为何"时指出:"中国有一个道统,尧、舜、禹、汤、文、武、周公、孔子相继不绝。我的思想基础,就是这个道统,我的革命就是继承这个正统思想来发扬光大。"①表明孙中山受到了道统思想的影响,以继承发扬中华道统为己任。

中国大陆改革开放四十年来,发展经济,建设伟大国家,取得了举世瞩目的成就。中国目前已发展成为全球第二大经济体,并超过美国,成为世界第一贸易大国。现在,我们比历史上任何时期都更接近中华民族伟大复兴的目标。我们有信心、有能力用中华优秀文化和精神力量去影响和改变世界,构建美好家园,实现中华民族伟大复兴的中国梦。

中国的崛起,不仅是经济的崛起,而且包括文化的崛起,加强与中国大国地位相应的文化建设是十分必要的。当今时代,深入挖掘和阐发道统思想中所包含的仁义之道、中庸和谐思想,发扬讲仁爱、重民本、尚和合、求大同之优秀文化传统中的时代价值,发扬中华道统思想中有益于社会文化建设的成分,具有重要的时代意义。道统中影响深远的儒家传统价值如中道、和谐精神,重视人的价值的仁爱民本之道,"和而不同"的共生共处之道,"己所不欲,勿施于人"的恕道,提倡人心向善的"率性之谓道",仁义礼智信"五常"之道,修齐治平之道,道在日用中的经世致用之道,以及道家崇尚自然、天人合一之道等人文精神亦是文明对话和文化建设不可或缺的基本原则。这些道统思想中的有益成分理应整理发扬,成为重要价值,而对推动现代化和世界文明的发展做出贡献。值得关注的是,道统思想与现代思想文化的结合,是在当代文化语境中传承和发展中华优秀传统文化,促使其走进新的社会和文化境界的重要途径。

正如杜维明先生所指出:"我们已迈进一个新的轴心时代。西化和现代化理论所预设的以启蒙精神为主的欧美文明被奉为人类进步和发展的典范已受

---

① 陈立夫:《中国文化何以能救世界人类?》,《天府新论》,1994 年第 4 期。

到了置疑。……现代化可以拥有不同的文化形式。"①这与不同的文化形式相关,亦有不同的发展道路,应发扬我中华道统文化几千年来所讲求之"中道"的理念,以区别和超越西方进化论所主张的"物竞天择,适者生存",弱肉强食之丛林野兽法则和世界霸权。挖掘中华文明与中国价值的世界意义,倡导人类命运共同体,探寻人类共同价值体系,这是一个有意义的课题。

在文化传承与道统研究问题上,应处理好继承和创造性发展之间的关系,客观科学地理解和评价道统思想,探讨其对社会的发展和文明进步所具有的意义,并客观指出其流弊,从而扬弃传统,继承和创新其所体现的中华民族精神,为中华民族的伟大复兴,实现中国梦,提供思想文化的资源和借鉴。

我们探讨朱熹道统思想的当代价值,应在吸取以往海内外包括港台学者研究成果的基础上,结合社会发展的需要,力求理论创新,不负时代赋予的责任,以客观立场研究中国道统思想,钩沉索隐,探索未知,其特点和新意在于:深入系统完整地勾勒和再现中国道统思想的历史发展线索,明确界定中国道统的内涵;剖析道统思想的理论构成,并揭示道统思想的基本特征;评价和反思中国道统思想的价值与流弊。为增强文化自信,建设人们的精神家园,弘扬中国精神,传播中国价值,加强中西文明、文化的交流与对话,不断为增强中华优秀传统文化的生命力和影响力提供借鉴和思想资源,以培育民族精神和时代精神,由此体现出朱熹道统思想的当代价值和社会意义。

需要指出,朱熹集大成的道统思想中有价值的思想与科学、民主、法制等现代文化的内涵没有根本的矛盾,主要是由于时代的差距,双方所要解决的问题不同。应使二者有机地结合,而不应互相排斥和互相脱节。通过中西文化的交流,使中国文化在扬弃传统的过程中走向现代并不断发展;同时克服其流弊,加强中外文化的交流与沟通。包括朱熹道统思想在内的任何思想文化既然是时代的产物,就必须适应社会历史不断发展的客观需要,并从中华道统思想中发掘人类的普遍价值,为世界文明的进步和发展增添新的内涵。

五、朱熹"心统性情"说的当代价值

朱熹理学心性论研究的对象和回答的问题主要是人的主体思维与道德理性的关系问题,其中涉及由性而发的情感和情欲问题,以及心、性、情三者的关系问题,由此形成了独具特色的理论,确立了宋代新儒学道德理性的主导地位,使儒家伦理有了本体论的哲学依据,发展了中国哲学的主体思维,使主体意识进一步强化。由此,心性论作为朱熹理学的重要组成部分,与天理论、道统论、格物致知论等共同构成其理学的基本理论体系,历经演变和发展,在思想史上

---

① 杜维明:《文明对话的人文信息》,《中华文化论坛》,2002 年第 1 期。

产生了重要影响。

"心统性情"的思想是朱熹心性之学的纲领和核心。朱熹以其心论、性论及性情关系说为基础,总结和吸取前人的思维成果,与同时代的著名学者张栻等相互交流,创造性地提出了著名的"心统性情"说,对心性理论和心与性情的关系作了深入的论述,提出了精辟而系统的见解。

所谓"心统性情",要而言之,就是强调以理性控制感性,主张以人的理智之心控制和把握人的本性和人的情感,以义理之心统率性情和万物,从而实现内在的自我超越,达到修养性情以符合社会规范的目的。这对中华社会伦理产生深远影响,使道德理性终究能够主导感性欲望,超越感性直观,使整个社会在一个有序的、理性世界的指导下正常运转,避免因感性欲望的过度泛滥而造成社会生活失序。这加强了中华民族重理性,重内在自觉,节制感性欲望的自律精神,以此排除宗教的干扰和感性的影响(亦不离感性),形成了与西方民族不同的特点。在现代社会,随着生产力的发展和社会的进步,既要充分、合理地满足人们的物质利益需求和感性欲望,更应把理性置于优先于感性欲望的位置,把理性、理智与人的本能,包括欲望有机地结合起来。要求人们不断地超越自己,做一个道德高尚和人格完善的人。这正是一个民族延续和发展的基本准则。

朱熹通过与张栻的"中和之辩",尽管亦存在着认识上的分歧,但通过两大理学家的辩论,受张栻思想的影响,两人最终认识到应把存养与察识结合起来。所谓存养,指平时的道德修养工夫,朱熹认为这是保持善性的根本。另一方面,当心为已发,性表现为情时,亦要以心来主宰情,使情符合性善的原则。他说:"心宰则情得正,率乎性之常而不可以欲言矣,心不宰则情流而陷溺其性,专为人欲矣。"①此时的心主宰情是指主于省察,即察识其心。他说:"已发之际是敬也,又常行于省察之间。"②所谓省察,指遇事时察识其心以按道德原则办事,使情不离性善的轨道。朱熹主张把未发已发、存养与省察结合起来,即通过心的主宰,把性与情统一起来。他说:"未发已发,只是一件工夫,无时不涵养,无时不省察耳。"③强调心主宰性情两端,把平时的道德修养与按道德原则办事互相沟通,使之均不离心的统御和把握。

张栻在放弃胡宏性体心用之说的基础上,先于朱熹提出了"心主性情"的思想,这对朱熹产生了重要影响。在辩论中,双方都修正了胡宏"未发只可言性,已发乃可言心",先察识后涵养的思想,最后认识到察识与涵养可以相兼并进,交相助,强调平时的道德修养与临事按道德原则办事是互相依赖、互相促进的。这对于理学心性修养论的丰富与完善具有重要的意义。

此外,张朱"中和之辩"促进了宋代理学思潮中闽学与湖湘学的交流和发

① 朱熹著,郭齐、尹波点校:《朱熹集》,第 3362 页。
② 朱熹著,郭齐、尹波点校:《朱熹集》,第 1404 页。
③ 黎靖德编:《朱子语类》,第 1514 页。

展,开创了自由讲学和不同学术观点互相诘难又互相促进的一代新风。在张朱"中和之辩"后,理学大大地发展起来并走向成熟。后来,朱熹与陆九渊的鹅湖论学方法之争、朱熹与陈亮的"王霸义利之辩"陆续展开,而张栻与朱熹的"中和之辩"具有开风气之先的意义。这对于推动当时文化、教育以及理学自身的发展都是十分有益的。对加强当代社会伦理道德建设,把平时的道德修养与按道德原则办事有机结合起来,形成良风美俗,也无疑具有启示意义和重要的当代价值。

六、朱熹知行关系的重行说的当代价值

朱熹格物致知的认识论,除重点讲"格物只是穷理","致知便在格物中",以说明格物是为了穷理,通过即物穷理来致吾知外,还强调穷理致知的目的是为了力行,将天理的原则贯彻落实到践行中去。他说:"夫学问岂以他求,不过欲明此理而力行之耳。"①"故圣贤教人必以穷理为先,而力行以终之。"②所谓即物穷理属于致吾知的工夫,得到了知,还须力行,由此朱熹展开了关于知行问题的论述。朱熹关于知行关系的重行说在中国哲学史的认识论尤其是知行观上占有重要地位,是对以往知行学说的发展。

在知行关系上,朱熹既强调知先行后,又强调先知其理的目的在于力行,故以行为重,知为轻,要求"为学之功且要行其所知"③,把知落实到行上。他说:"致知力行,论其先后,固当以致知为先。然论其轻重,则当以力行为重。"④虽然知先行后,但行比知却更为重要。并说:"知行常相须,如目无足不行,足无目不见。论先后,知为先;论轻重,行为重。"⑤重视行,强调把知贯彻于行。朱熹的认识论,其认识过程是由格物穷理到致知,由博而反约,以豁然贯通,认识天理;但掌握了对理的认识,还必须贯彻到躬行践履中去,否则致知的目的就没有达到,故力行的重要性胜于致知。

朱熹的知行关系说作为其格物致知论的一部分,主要强调要把格物致知得到的认识贯彻到力行中去,在力行其知的过程中,知行相互促进,从而得到真知,使认识深化发展。也就是说,仅即物穷理致其知尚不全面,知行的结合,既是以行来检验知的真知与否,又是以行来促进知的不断发展,朱熹重行的知行观是其认识论的特点,亦是对程颐格物致知论的丰富和发展。

朱熹的重行思想体现在各个方面,如重农务谷、赈灾济民,重视道德实践,

---

① 朱熹著,郭齐、尹波点校:《朱熹集》,第 2726 页。
② 朱熹著,郭齐、尹波点校:《朱熹集》,第 2727 页。
③ 朱熹著,郭齐、尹波点校:《朱熹集》,第 2213 页。
④ 朱熹著,郭齐、尹波点校:《朱熹集》,第 2452 页。
⑤ 黎靖德编:《朱子语类》,第 148 页。

将所学之忠孝仁义原则贯彻到洒扫应对进退的日常生活中,贯彻爱国主义于治国理政的社会实践中,等等。这种重行的思想在当代尤其具有重要的价值而值得充分肯定和借鉴吸取。

综上所述,朱熹思想中的求实求理精神、重视经世致用的思想,"理—分殊"思想,兼容并包思想,道统思想,"心统性情"说,知行关系的重行说等,具有重要的当代价值和现实意义。其中所体现的中华优秀传统文化的重要内涵和本质特征,至今仍然对当代中国社会与文化及其发展有着重要的影响力和渗透力。

(原载《四川师范大学学报(社会科学版)》2019 年第 4 期,
作者单位:四川师范大学中国哲学与文化研究所)

朱子学理气论域中的"生生"观

——以"理生气"问题为核心

吴 震

按照朱子学理气论的基本预设，理是一种没有意志、不会造作的"洁净空阔"的世界，而气是"凝聚生物"的动力所在；理的活动"如人跨马相似"，必然挂搭在气上，随气动而动，理本身则是不动的。故朱子学的理是"只存有而不活动"（牟宗三语）的，意谓朱子学的理并不具有任何道德创生、润泽万物的能力或动力，在伦理学上也就必然沦为道德他律主义的形态，从而不仅逸出了孔孟原典儒家的传统，而且背离了中国哲学大传统——道德自律主义。

饶有兴味的是，若由异域日本的江户儒学来回看朱子学，则可发现，在17世纪日本德川时代所出现的反理学的"古学派"思潮中，有相当一批古学派日本儒者认定中国朱子学理气二元论的理气观，表现出以理贬气的思想趣向，使得灵动之"气"被枯燥之"理"所压抑，在他们看来，朱子学的"理"只不过是"死理"（荻生徂徕语）或"死字"（伊藤仁斋语）而已，缺乏生机勃勃的动力，因此，只有彻底推翻朱子学的天理形上学，才能重新恢复儒学重视生生的古老传统。① 很显然，上述两种针对朱子学的理论批判属于"闭门造车，出门合辙"的偶发现象，其中并不存在任何思想交涉的痕迹，然而，其结论却有相似之处，即他们几乎一致认为朱子学的理是一种缺乏生生力的"死理"。

本文的主题不在于探讨道德自律或他律的问题以及"只存有而不活动"这一判教设准的理论效力问题，也不在于深究朱子学的理究竟是"死理"抑或"活理"，而是透过对朱子理气论的问题考察，特别是对其"理生气"命题的意义分析，进而窥探朱子哲学中对"生"的问题探讨可能有的而未受重视的思想特质及其理论贡献，认为朱子学运用"生生"观念重建了一套有关太极、动静、阴阳的宇宙论述，推动了北宋以来有关宇宙本体论的理论完善及其发展，值得深入探讨。

一、朱子理气论的基本预设

朱子理气论有一个基本的设定：即"理先气后"和"理在气中"可以同时成立，前者是就形上而言，后者是就形下而说，换种角度讲，前者属于理本体论，后

---

① 参见吴震：《东亚朱子学：中国哲学丰富性的展示》，《哲学动态》，2019年第1期。

者属于理气结构论。至于理气的关系问题,若从本体论和结构论的角度讲,则朱子分别用"不离"和"不杂"这对概念进行归纳。朱子的这个思想最早见诸乾道九年(1173)起稿而在淳熙十五年(1188)定稿的《太极解义》中所表达的一个观点:

> 此所谓无极而太极也,所以动而阳、静而阴之本体也,然非有以离乎阴阳也,即阴阳而指其本体,不杂乎阴阳而为言耳。[1]

这是朱子首次明确地以"本体"概念来诠释"太极",对于建构太极本体论具有标志性意义;其中出现的不离与不杂这对描述性概念,所指的是太极与阴阳之间存在"不离"与"不杂"的关系,在后来朱子建构理气论的过程中,这一描述被归纳为"理气不离"和"理气不杂",用以总结朱子理气论最为根本的特质,是有一定理由的。

所谓"理气不离",盖指理气在现实世界的存在结构中,处在相即不离、浑然一体的状态,任何现实事物的存在结构中都同时具备理和气这两种基本要素,缺一不可;所谓"理气不杂",盖指理是形而上者,气是形而下者,两者毕竟为"二物",而不可互相等同。故朱子在《太极图解》一文中,一方面,明确地以本体释太极,区别于形而下的阴阳,他说:"太极,形而上之道也;阴阳,形而下之器也。"另一方面,朱子又明确指出太极在阴阳动静的过程中,具有"不同时"与"不同位"的表现特征。[2]

这里所讨论的太极、动静、阴阳的关系问题,涉及朱子理学的整个宇宙论乃至太极本体论的建构问题,在下面还会有详细的讨论。朱子的理论目的在于:其一,将"太极动而生阳"的一套宇宙生成论扭转为宇宙本体论,强调太极之所以"动而阳、静而阴"的理据在于太极之本体;其二,作为本体的太极是阴阳动静的所以然,故而存在于阴阳动静的过程之中——"不离",同时,作为"本体"的太极又不能混同于阴阳本身——"不杂";其三,在"太极动而生阳"的宇宙生生不息的过程中,尽管太极在阴阳动静过程中具有无法确定的"不同时"和"不同位"之特征,而太极始终"无不在焉",就太极本体的角度看,虽然它是无形无象、冲漠无朕的,然而,作为阴阳动静之"理"已经"悉具于其中"。[3]

然而,问题是这个作为太极本体的形上之理何以能"动而生"出阴阳的形下之气? 此即"理生气"的问题,这是其一;其二,假设天地万物形成之前就已存在的那个"形上之理",在天地万物毁坏之后——一种大胆的假设,它是否依然如故地"存在"? 此即理的永恒性问题。我们先来看朱子是怎么回答第二个问题的:

---

① 朱熹:《太极图解》,见周敦颐著,陈克明点校:《周敦颐集》卷一《太极图》,北京:中华书局,1990年,第1页。

② 参见朱熹:《太极图说解》,见《周敦颐集》卷一《太极图说》,第3页。

③ 朱熹:《太极图说解》,见《周敦颐集》卷一《太极图说》,第4页。

且如万一山河大地都陷了,毕竟理却只在这里。①

　问:"自开辟以来,至今未万年,不知已前如何?"曰:"已前亦须如此一番明白来。"又问:"天地会坏否?"曰:"不会坏。只是相将人无道极了,便一齐打合,混沌一番,人物都尽,又重新起。"②

这里的两条语录,讲的是同一个问题,后一条的记述更为完备。朱子与其弟子所讨论的问题是:"万一"这个世界崩坏了,"理"将会怎样?从哲学上说,这个问题的实质是:既然理是观念实体,那么,如果天地万物包括我们人类社会等整个世界有朝一日被毁坏殆尽、彻底消失的话,这种观念设定的天理实体究竟何以存在?

朱子的回答很巧妙,主要讲了两点。首先,从原理上说,物质世界是不会消失的,而是永存的,所以,"不会坏";然而,只有在一种极端特殊的情况下——即人道丧尽的情况下(这是在现实世界中,例如改朝换代之际,在中国历史上不断上演的事实),天地万物的气数也许会消亡,这与朱子的"气散尽"说是一致的,但也不必杞人忧天,只要终极实在的"理"还存在,这个世界终究会重头再来一遍。这个观点说明,朱子学的理首先是一种绝对的、永恒的普遍存在,它并不会随着物质世界的消亡而消亡;在这个意义上,朱子学是一种理性主义哲学,它不会赞同任何宗教意义上的"末世论",而是对"理"充满了一种信念,因为理就是终极实体,永恒而超越。

二、"理生气"命题的问题由来

再回到上述的第一个问题——即太极本体的形上之理何以能"动而生"出阴阳的形下之气?这就关涉到朱子的"理生气"命题。表面看,这个问题是一个简单的逻辑推论,既然按照上面朱子理气论的基本设定:"理在气先",那么,就不得不认同作为物质实在的气必在时间上后于形上之理而有,以此推论,结论便是:理可以生出气来。

周敦颐《太极图说》的第二段话,讲的便是"太极动而生阳"的问题,由于太极是理而阴阳是气,由此,便自会得出"理生气"的结论。然而,细细一想,这个结论有点难解:形上之理不是任何一种"东西",它怎么可能会生出一个具体的"东西"出来呢?这岂不违反常识吗?

举例来说,清代中期的反理学急先锋戴震便抓住"理生气"这一点而不放,他指出:朱子在解释《太极图说》"无极而太极,太极动而生阳"这句话时,竟然"释之云:'太极生阴阳,理生气'"。戴震感叹:"求太极于阴阳之所由生,岂孔子

---

① 朱熹著,王星贤点校:《朱子语类》卷一,北京:中华书局,1986 年,第 4 页。

② 朱熹:《朱子语类》卷一,第 7 页。

之言乎！"①意思是说，阴阳"所由生"的原因被归结于太极，这一"理生气"的观点完全违背了孔子作《易》的宗旨，指《易传》"易有太极，是生两仪"，故在戴震看来，朱子之说简直是一派胡言。

然而，戴震的批驳其实并没有展示充分的理据——即并没有深入朱子"理生气"命题的义理脉络来提出质疑，他只不过认定"阴阳之所由生"必定与被诠释为理的太极无关，由此设定出发而得出了上述的判断，因为戴震根本不能认同朱子的"太极即理"说；相反，他截然断定"孔子以太极指气化之阴阳"——此即汉儒以来的以气释太极的传统观点，而且他还认定易学中的"易有太极，是生两仪"的"生"只不过宇宙生成论意义上的"以次生矣"②的意思而已。显然，这一解释对于朱子而言，可谓是风马牛不相及——在哲学基本概念的解释上，发生了严重的错位，对此，只能暂置勿论了。

然而，蹊跷的是，"理生气"三字竟然不见于《朱子语类》、《朱子文集》以及《四书集注》等现存的一般常见的朱子学庞大的文献群当中，于是，引起了当代学者特别是日本学者的考据兴趣，因此，有必要先来解决文献学的问题。好在陈来在1983年写了一篇考证文章，关于"理生气"的出处问题最终获得了解决。③ 这条资料最早见诸南宋末年刻本《元公周先生濂溪集》：

> 太极生阴阳，理生气也。阴阳既生，则太极在其中，理复在气之内也。④

但是，这段话的记录者不明，后被《性理大全》、《周子全书》所引。现在可以确定的是，戴震所使用的应当是明初刻本《性理大全》，其中确有"理生气"这条记录。

但是，问题依然存在。《性理大全》所引的朱子原话的原始出处究竟何在呢？就结论言，根据吕柟《朱子抄释》的记载，该条资料应该出自朱子弟子杨与立编辑的《朱子语略》，而杨与立所录皆在朱子63岁，故应为朱子晚年的思想，已无疑义。⑤ 由于我们目前使用的流行本——即黎靖德汇编的《朱子语类》当中，并没有参用杨与立此书，所以，刊落了"理生气"这句话。好在此书目前已经找到下落，现存于温州市图书馆，另有一部藏于台湾"中央图书馆"，为明弘治四年(1491)重刻本，原刻本应当不晚于淳佑四年(1244)。⑥

既然出处已经找到，可知戴震没有捏造事实，"理生气"确是朱子亲口说的

① 戴震著，何文光点校：《孟子字义疏证》，北京：中华书局，1963年，第22页。
② 戴震：《孟子字义疏证》，北京：中华书局，1982年，第23页。
③ 陈来：《关于程朱理学思想的两条资料的考证》，《中国哲学史研究》，1983年第2期。
④ 周敦颐著，湖南省濂溪学研究会整理：《元公周先生濂溪集》卷二，长沙：岳麓书社，2006年标点本，第22页。
⑤ 参见陈来：《关于程朱理学思想的两条资料的考证》，《中国哲学史研究》，1983年第2期。
⑥ 参见姜义华主编：《胡适学术文集》，北京：中华书局，1991年。

话。那么，我们应当如何理解呢？一个处在"净洁空阔底世界"中的、一无所有的、既"无形迹"也"不会造作"的、"无情意、无计度"的那个看似冷冰冰、毫无生气的"理"，怎么会"生"出一个妙用无穷的活生生的"气"来呢？然后再由这个气"酝酿凝聚生物"①呢？这不仅是戴震百思不得其解的地方，而且也是后世不少儒者在批判朱子理气论之际抓住不放、纠缠不休的一个关键问题——即太极本体何以能从一无所有的世界当中"生"出芸芸众生的大千世界？

三、太极动静问题的核心解释

"理生气"是朱子对周敦颐《太极图说》"太极动而生阳"这段话的一个解释。《太极图说》的第二段话是："太极动而生阳，动极而静，静而生阴，静极复动。一动一静，互为其根；分阴分阳，两仪立焉。"对此，朱子作了长篇大论的解释，这段解释非常重要，被认为是朱子《太极解义》的主导思想，②以下分二段录出：

> 太极之有动静，是天命之流行也，所谓"一阴一阳之谓道"。诚者，圣人之本，物之始终，而命之道也。其动也，诚之通也。继之者善，万物之所资以始也；其静也，诚之复也。成之者性，万物各正其性命也。动极而静，静极复动，一动一静，互为其根，命之所以流行而不已也；动而生阳，静而生阴，分阴分阳，两仪立焉，分之所以一定而不移也。③

朱子在第一段首先承认"太极之有动静"，而且是在"天命之流行"的意义上而言的，至于"天命之流行"则是接续《系辞上传》"一阴一阳之谓道"来讲的；接着朱子利用周敦颐《通书》有关"诚"的思想来解说太极的动静，认为《通书》所说的诚之通和诚之复④的过程所表明的正是天命流行的过程，一动一静分别是诚之通向万物的开启——"万物之所资以始也"以及诚之复归自身的证成——"万物各正其性命也"。可以说，这段话从总体上点明了太极与动静、动静与阴阳、阴阳与万物的基本关系，强调了太极就是"天命之流行"的重要观点，同时太极又是"继之者善"、"成之者性"的本体依据。

> 盖太极者，本然之妙也；动静者，所乘之机也。太极，形而上之道也；阴阳，形而下之器也。是以自其著者而观之，则动静不同时，阴阳不同位，而太极无不在焉；自其微者而观之，则冲漠无朕，而动静阴阳之理，已悉具于其中矣。虽然，推之于前，而不见其始之合；引之于后，而不见其终之离也。

---

① 朱熹：《朱子语类》卷一，第 3 页。
② 参见陈来：《朱子〈太极解义〉的哲学建构》，《哲学研究》，2018 年第 2 期。
③ 朱熹：《太极图说解》，见《周敦颐集》卷一《太极图说》，第 3 页。
④ 周敦颐指出："元、亨，诚之通；利、贞，诚是复。"见周敦颐著，陈克明点校：《周敦颐集》卷二《通书·诚上》，北京：中华书局，1990 年，第 13 页。

故程子曰："动静无端,阴阳无始。"非知道者,孰能识之。①

第二段的开首两句是《太极解义》中最为核心的论点,首先朱子用"本然之妙"和"所乘之机"来解释太极与动静的关系,这是朱子对太极动静问题的创造性诠释。本然之妙是说太极是动静的妙用发动,本体构成了动静的内在原因;所乘之机是说动静是太极得以展现自身的机巧所在。这里的"机",意近"几",按一般理解,易学中的"几"概念是指宇宙万物处在某种"有无之间"、"动而未动"的微妙瞬间②,一动一静就是太极在有无之间得以自身转化的微妙瞬间,重要的是,这一瞬间所象征的动静不是本体的派生现象,而是太极本体的一种内在微妙机制。③ 至于"太极,形而上之道也;阴阳,形而下之器也",则将太极与阴阳的关系作了清楚的形而上下的分别,由此分别,意味着太极概念不能归属于气而只能归属于理了。据此,太极即理的太极本体论也就得以建构起来。

最后,朱子对太极、动静、阴阳三者之间的关系进行了论述,表明了一个重要观点:自太极之"著"的角度看,动静与阴阳尽管处在不同的时间和位置,但是"太极无不在焉";自太极之"微"的角度看,尽管一切都处在冲漠无朕、没有任何征兆或现象,然而,动静阴阳之"理"却已经蕴含于其中;若"推之于前"——"往上推",则太极与阴阳分别为二物,若"引之于后"——就见在事物看,则太极与阴阳已然相即不离。这段话显然又回到了朱子对"无极而太极"一句的解释:太极之本体"非有以离乎阴阳也"而又"不杂乎阴阳而为言耳"。

由上可见,在《太极解义》有关"太极动而生阳"的解释当中,朱子集中阐发了太极与动静的关系问题,并没有对"生"的问题有直接的表述,但须注意的是,"天命流行"一语在整段解释中具有重要的基本的意义,因为这句话才是朱子对太极生生而有阴阳——即"太极动而生阳"——之问题的关键解释。而"天命流行"与朱子后来喜用的"天理流行"一样,是朱子哲学中富有理论解释效力的重要观念。

四、"理之所生"与"无能生有"

尽管在《太极解义》中,朱子并没有就"生"的问题发表直接的论述,更没有用"理生气"来解释"太极动而生阳",但是,在理气观问题上,朱子晚年便不断遇

---

① 朱熹:《太极图说解》,见《周敦颐集》卷一《太极图说》,第3~4页。

② 朱子释《通书》中的"几"概念为"几者,动之微"。朱熹:《通书解》,见《周敦颐集》卷二《通书·诚几德》,第15页。周敦颐则有"诚、神、几,曰圣人"之说,可见其对"几"之概念非常重视,与"诚"、"神"概念具有同等的关键地位。见周敦颐:《周敦颐集》卷二《通书·圣》,第17页。

③ 朱子曾形象地将"机"字比喻为"关捩子":"周贵卿问:'动静者,所乘之机。'曰:'机,是关捩子。踏著动底机,便挑拨得那静底;踏著静底机,便挑拨得那动底。'"见朱熹:《朱子语类》卷九四,第2376页。

到理气之间"生生"的关系问题，这里我们稍举几例来试作说明。

例如，朱子指出："气虽是理之所生，然既生出，则理管他不得"①；"动而生阳，静而生阴，说一'生'字，便是见其自太极来……'无极而太极'，言无能生有也"。② 这些说法其实都在强调理之"生"只是意味着理在气先，所谓"无能生有"尽管也是一种虚拟性的描述，但却是一个带有总结性意味的判断，不可忽视。因为究极而言，太极本体是冲漠无朕、无形无象的，故须用"无极"来加以描述，而"太极生阴阳"却正表明有无之间是可以转化的，此即"无能生有"的真实涵义。

若从宇宙生成论的角度看，那么，太极作为"元气"，它本身具有活动功能，由动而生阳，静而生阴，一动一静、循环往复、周而复始、万物化生；但是，朱子《太极解义》的旨意在于将宇宙生成论扭转至宇宙本体论的轨道上来，故就必须把太极释为理，始能为宇宙万物奠定一个终极实在的基础，相应地，气作为形而下者，只是"自太极而来"，正是在这个意义上，所以，气"是理之所生"，而太极动而生阳或阴阳自太极而来的观点表述则表明太极本体必已内含生生不息、源源不断的动力，由于太极本身是冲漠无朕、无形无象的，故不得已而只能称之为"无能生有"。这里所涉及的是体用论意义上而非生成论意义上的有无之间的转化问题，即在体用论意义上，本体之无如何转化成现象之有的问题。关于其中的义理属于另一层面的问题，此处不赘。

根据上述"自太极来"以及"无能生有"的说法，那么，问题就来了。作为一种终极实在，乃是一超越经验界的形上存在，故其本身无所谓动也无所谓静，那么，何以内含一种生生的动力？ 一般而言，"动静者，时也"，属于一种经验现象界的时间概念，而作为本体存在的理则是绝对"至静"——意谓对动静的超越，用周敦颐的话来说，叫做"动而无动，静而无静，神也"，相比之下，"动而无静，静而无动，物也"。③

对此，朱子有一个非常明确的解释："'动而无动，静而无静'，非不动不静，此言形而上之理也。"④意思是说，从形上之理的角度看，无法用动静概念来加以规定，因为理之本身是超越动静之上的本体存在；另一方面，当太极本体展现出阴阳动静之际，则又表现为"方其动时，未尝不静，故曰'无动'；方其静时，未尝不动，故曰'无静'"。从而呈现为"动中有静、静中有动"的"错综无穷"⑤的样态，而难以用动或静的任何概念来规定太极本体的属性。也正由此，朱子才会说出上引有关"理"的大段描述——其中的三句话最具典型意义："无情意、无计

① 朱熹：《朱子语类》卷四，第71页。
② 朱熹：《朱子语类》卷九四，第2368页。
③ 周敦颐：《周敦颐集》卷二《通书·动静》，第26页。
④ 朱熹：《朱子语类》卷九四，第2403页。
⑤ 朱熹：《朱子语类》卷九四，第2403页。

度、无造作"。

既然如此,那么,朱子为什么会说"理生气"呢? 其中的"生"字又究作何解呢? 若按照宇宙生成论的思路,那么,问题显然变得很简单,此处的"生"无非就是这样一幅图景:太极→动静→阴阳,表明宇宙万物的产生就是从最为根源性的事物当中逐渐化生出众多具体事物之过程而已。然而,这种生成论的解释模式,显然不符合朱子太极本体论的理论构造,因此,其"生"字必定另有他意。其实,中国古人遣词用字,有时需要领会其言外之意、弦外之音,有时也需要注意其所用的字词是"虚指"还是"实指"。事实上,朱子在这里使用的"生"字,便是"虚指"而非"实指"——即:此"生"字并非意指实际地"生"出某种东西,犹如鸡生蛋或母生子一般;而是在"推其所从来"的意义上,由于理在气先,故而气由理生。

五、三种理解角度:形上说、体用说与生生说

具体而言,我们可从以下三个方面进行考察:

(一)"形而上学"说

抽象而言,朱子所谓"理生气",意在强调气是由理"形而上"地"生"出来的。此即说,"理生气"是一本体论命题,其强调的就是"理在气先"的观点而已,并没有任何其他的意思。关于这一点,刘述先早已点明:"故'理生气'只是虚生,'气生物'才是实生,两个'生'字断不可混为一谈。"[1]不过,若按朱子自己的一个分疏,这叫做"抬起说"或"从实理处说"。什么意思呢?

本来,按朱子"理生气"之说,其所针对的是两条资料:周敦颐的"太极动而生阳"以及《易传》"易有太极,是生两仪";就前者言,朱子认为这是"和阴阳滚说",意谓太极动而生阳,静而生阴,"盖太极即在阴阳里";至于上述《易传》之说,便是"抬起说",也就是:

> 先从实理处说,若论其生则俱生,太极依旧在阴阳里;但言其次序,须有这实理,方始有阴阳也。虽然自见在事物而观之,则阴阳函太极,推其本,则太极生阴阳。[2]

这里强调了两种不同角度的视域,一是"自见在事物而观之"的现实世界的视域,一是从"抬起说"、"实理处说"、"次序"说以及"推其本"而言的形上视域。就前者言,"阴阳函太极",就后者言"太极生阴阳"。至此,"理生气"之真实意涵已经明朗,无非就是"理先气后"的意思。

(二)"体用一源"说

还可以运用"体用论"的思维模式来加以说明。按汤用彤对魏晋玄学"体用

———

① 刘述先:《朱子哲学思想的发展与完成》,台北:台湾学生书局,1995年,第644页。

② 朱熹:《朱子语类》卷七五,第1929页。

论"的分析，指出"玄学盖为本体论而汉学则为宇宙论或宇宙构造论"，玄学主张"体用一如，用者依真体而起，故体外无用。体者非于用后别为一物，故亦可言体外无物"，而汉儒则主张万物由"元气"而生，元气被设定为一种永存的"实物"，故就汉儒的宇宙论而言，"万物未形之前，元气已存；万物全毁之后，元气不灭。如此，则似万有之外、之后别有实体。如依此而言体用，则体用分为两截"，所以，汉儒喜用《老子》"有生于无"之说以证其宇宙论；但是，"玄理之所谓生，乃体用关系，而非谓此物生彼，如母生子等"。① 这一体用论的分析工具适可借用过来，用以分析朱子"理生气"这一命题。

理与气，正如同体与用的关系；依照"体用一源，显微无间"（程颐语）这一理学体用观，那么，作为"用"者之"气"必依"理"而起，正与汤用彤所谓"用者依真体而起"之意相吻合。毫无疑问，程颐"体用一源"论应当深深印在朱子的哲学意识中，故其必能熟练地使用体用论思维模式来重建理气论。② 至此，我们终于可以得出一个结论：理生气是指气依理之体而起，由此而推，理生气盖谓理为气之体，绝非"此物生彼，如母生子等"的意思。这应当是对朱子"理生气"说的一项善解。

（三）"生生不息"说

无论是"太极动而生阳"还是"是生两仪"或者"理生气"，其中的"生"可以作"虚指"解，而非指实际地"生"，然而换种角度看，此"生"字亦可作"天地之大德曰生"的正面义来理解，亦即上述朱子所言"先从实理处说，若论其生则俱生，太极依旧在阴阳里"的意思，这是太极本体的内在规定，也是生生不息之理的必然表现。这是朱子哲学的一个重要理论创见，必须正视。以下略作分疏。

朱子在晚年解释"太极生两仪"问题时，曾指出："太极如一木生，上分而为枝干，又分而生花生叶，生生不穷。到得成果子，里面又有生生不穷之理，生将出去，又是无限个太极，更无停息。"即便到开花结果之时，也只是"少歇，不是止"，故《周易》所谓"艮止"，也应当理解为"是生息之意"。③ 这段比喻性的描述，非常生动地阐发了太极与生生的关系，在朱子看来，"生生不穷之理"乃是太极本体的本有属性，也是"太极生两仪"的根据所在。

根据朱子的这个思想，太极自有一种"生将出去"的源源不断的动力，唯有如此，太极本体才会在"见在事物"中表现出"物物一太极"的普遍性，同时又在"人伦世界"中表现出"极善至好"的价值义。因为归根结底，"太极之有动静"的

---

① 汤用彤：《王弼大衍义略释》，见汤用彤：《魏晋玄学论稿及其他》，北京：北京大学出版社，2010 年，第 48～49 页。
② 关于宋明新儒学的体用论问题，参见吴震：《宋明理学视域中的朱子学与阳明学》，《哲学研究》，2019 年第 5 期。
③ 朱熹：《朱子语类》卷七五，第 1931 页。

生生不息，乃是由于"天命之流行"，用朱子哲学的其他术语言之，即"天理流出"①或"天理流行"②，这是天道赋予人物之生等一切存在以价值和意义的动力源泉，所以在这个意义上，朱子强调太极之理又是"天地人物万善至好的表德"。③ 重要的是，这个天道赋予的过程也就是生生不息的过程，也是天道之生"不间断"或"无间断"④的永恒过程。

六、阳明学释"生生"：一理隐显

最后我们谈一谈阳明学。尽管阳明学并没有所谓"理生气"之说，但是，有关"太极动而生阳"的问题，阳明也有重要见解，或可有助于我们从广义宋明理学的视角来了解有关朱子学"理生气"命题的另一种理论解释的可能性。

阳明曾在回答弟子应如何理解"太极动而生阳，静而生阴"的问题时，首先指出这是"太极生生之理，妙用无息，而常体不易"的意思，也就是说，太极本身便是一种"生生之理"；但重要的是，其生阴阳是依理而生，是太极本身的一种"妙用无息"，而非来自外在的动力，这个说法接近上引朱子《太极解义》中的"本然之妙"的意思；另一方面，太极之体的"理"本身在生生过程中却是"常体不易"的，这是朱子《太极解义》中未明言的说法，但也可以包含在朱子有关"理生气"命题的理论内部。阳明是这样说的：

> 太极之生生，即阴阳之生生。就其生生之中，指其妙用无息者而谓之动，谓之阳之生，非谓动而后生阳也；就其生生之中，指其常体不易者而谓之静，谓之阴之生，非谓静而后生阴也。⑤

这段话的意思是说，其一，太极本体之生生即已内含阴阳之生生，不是在太极之外，另有所谓动静运动成为阴阳生生的动力因；其二，在生生过程中，太极本体自有"妙用无息者"，此即所谓"动"；同时，太极又是"常体不易者"，此即所谓"静"，故太极生生之理并不意味着有所动静——如"动而后生阳"、"静而后生阴"一般，而是由太极本体具有的"妙用无息"而有"常体不易"之特质所决定的。借用"体用一源"的说法，阳明所理解的"太极之生生"便是"依体而起"之意，这里的"体"与"起"，即分别指"常体不易"与"妙用无息"，两者均内含于太极本体之本身，是太极本体的一体之两面。

不仅如此，阳明进而指出：假设将太极生生单纯理解为"静而后生阴，动而

① 朱熹：《朱子语类》卷九四，第 2406 页。
② 朱熹：《朱子语类》卷九四，第 2390 页；卷九六，第 2464 页；卷六二，第 1492 页。
③ 朱熹：《朱子语类》卷九四，第 2371 页。
④ 朱熹：《朱子语类》卷一一，第 176 页；卷三六，第 974 页；卷六四，第 1578 页。
⑤ 王阳明著，吴震解读：《中华传统文化百部经典·传习录》第 157 条，北京：国家图书馆出版社，2018 年，第 271 页。

后生阳",那么,必然导致"阴阳动静截然各自为一物矣"的荒唐结论;阳明认为,太极作为本体不能用时间概念的动静来加以规定,然而,一切阴阳动静之现象却又依理而起,此谓"动静一理也",表明动静根源于"一理",反过来说,理之生生就是本体的根源义而非派生义;与此同时,太极生生又是由本体的"妙用无息"和"常体不易"所决定的,这又叫做"一理隐显而为动静"。① 故太极之有动静可以"一理隐显"来加以表述,此即说,一理之隐即为"常体",一理之显即为"妙用"。"体"者不变,故为常体——"隐";"用"以显体,故为妙用——"显"。应当说,阳明的上述解释既是对周敦颐"太极动而生阳"也是对朱子"理生气"之命题的一项具有创新性的善解,是对本体生生思想的理论推进。

要之,尽管阳明对朱子学的本体宇宙论或理气二元论没有直接的讨论,因其理论关怀并不在此,然而,由上所见,可以断定阳明在太极动静以及太极本体等问题上也有深刻的洞见,他用"妙用无息"和"常体不易"以及"动静一理"和"一理隐显"这两对概念,深刻阐发了本体论意义上的生生思想。这一思想不仅是阳明学的一项理论贡献,也应看作是广义宋明理学所能共享的思想资源。

结语:作为本体根源义的"生生"观

综上所述,长久以来,淹没不闻的朱子学"太极生阴阳,理生气也"这句命题含有丰富的意涵,通过我们的重新解读和分析,可以发现其中的关键词:"生"字具有重要的理论意义。

概而言之,从字义上讲,"生"大致有两层含义:一者"生"字是指实际的"生",意近宇宙生成论的含义,如同母生子、鸡生蛋一般,但是,这层意思显然不能用来解释朱子"理生气"命题的意义;二者"生"字则是指表明主语与谓语之间的先后关系,意谓先有理然后有气,依朱子理气论,所谓先后关系则是指形上形下之关系,也就是指存在论的关系而非生成论的关系。按照这里的第二层意思,"理生气"是对理在气先这一本体论命题的一项论证,别无他意。

然而,当将"理生气"置于朱子学的整套理论系统中进行重新审视,我们则可发现更为重要而繁复的义理问题。朱子围绕"理生气"问题有许多不同角度的讲法:1. 从实理处说,则理与气"生则俱生";2. 从次序上说,则先有"这实理"而后"有阴阳";3. 从"见在事物"说,那么,"阴阳函太极";4. 最后从"推其本"说——即形上地说,则必得出"太极生阴阳"的结论。以上四种不同角度的讲法,都是为了解释太极、动静与阴阳的关系问题,其中内含"太极生阴阳,理生气"何以可能的问题,进言之,其中贯穿了太极本体或理本体的"生生"问题的哲学思考。

---

① 王阳明著,吴震解读:《中华传统文化百部经典·传习录》第157条,第272页。

至此可见，朱子理气宇宙论的模式可以表述为两大命题："阴阳函太极"与"太极生阴阳"。前者涵指太极本体表现为"物物一太极"、"无限个太极"；后者涵指太极本体表现为"生生不穷之理"，具有"生将出去"、"更无停息"的动力。然而必须注意的是，根据"动而生阳，静而生阴，说一'生'字，便是见其自太极来"的表述，这里的"生"只是表示阴阳"自太极来"这一本体界的根源义而非现象界的生出义。若就体用一源的角度看，"生"在此体用结构中表示为"依体而起"的本体呈现义而非作用现象义。

总之，从朱子理气论域出发，可以发现朱子学本体宇宙论的理论系统中含有丰富的"生生"理论，应当是毋庸置疑的事实。若结合朱子学的"天命流行"、"天理流行"、"天理流出"以及天道"不间断"等一系列理学的基本观点来看，则可以断定朱子学的天理实体具有根源意义上而非现象作用意义上的动力义、呈现义，此即说，阴阳动静等一切现象必根源于太极本体，在此意义上，"太极生阴阳，理生气"的"生"字是指根源义的内在动力而非现象义的外在推动，由此，"理生气"得以成为理论自洽的思想命题，终极而言，则可说"无能生有"。朱子学的这套说法意味着用"生生"观念将太极、动静、阴阳贯穿起来，形成了以太极为核心、集理气为一体的一套天理实体观的哲学体系。

致敬：谨以此文纪念张岱年先生(1909—2004)诞辰 110 周年！

（原载《清华大学学报（哲学社会科学版）》2019 年第 6 期，
作者单位：复旦大学哲学学院）

朱子学的研究要素与浙学开拓

何　俊

　　长期以来,关于浙学的研究聚焦于宋代事功学、明代阳明学与清代浙东史学,而忽于朱子学的专题研究。由于南宋的政治与文化中心在临安,明代的立国之本也与浙江具有重大关系,尤其在北山一系的后续发展中,作为朱子学正统嫡传的金华朱子学与明代意识形态和学术主流的建立有着内在关联,因此对两浙朱子学的考察无论是对于朱子学的研究,还是浙学的开拓,都具有重要的价值。但是由于朱子学的研究不完全是纯思想的哲学分析,而是涉及后朱熹时代的整个儒学运动,思想史的研究特征相当明显,有必要对相关的研究要素作一些梳理。

一

　　庆元党禁在朱熹去世后两年(1202)开禁,此后在朱学、陆学、浙学的学派调合中,朱子学呈现出融会陆学与浙学而胜出的态势。也许思想巨子之后思想出现裂变是一个常态,后朱熹时代的朱子学也是如此。朱熹一生讲学,虽以闽中为主,但门徒分布仍然很广,清初极力推崇朱子学的重儒李光地的孙子李清馥在意在表彰闽中朱子学的《闽中理学渊源考》中尝指出朱子门人的广泛性:"在闽中者二百余,在吴越、江右、楚黔者亦二百余。"①即便是著名者,分布也很广。晚宋黄震就列举了一批人:

　　　　如闽中则潘谦之、杨志仁、林正卿、林子武、李守约、李公晦,江西则甘吉父、黄去私、张元德,江东则李敬子、胡伯量、蔡元思,浙中则叶味道、潘子善、黄子洪,皆号高弟。②

事实上,至晚宋朱学再传、三传时,朱学实已遍及南宋各地。如果延至元朝,更是"此亦一述朱,彼亦一述朱"了。

　　如何来梳理这一复杂的朱子学传衍,从而呈现出朱子学的丰富性,一直以来便是困难的。一个比较直接的方法,自然就是以地域为依据来进行梳理,前引黄震与李清馥所言,表明自宋至清的一贯做法就是如此;同时辅以师承,按照

---

① 李清馥:《闽中理学渊源考》卷二十六《文肃黄勉斋先生斡学派》,北京:商务印书馆,2019 年。
② 黄震:《黄氏日抄》卷四十《读勉斋先生文集》,北京:中华书局,1970 年。

谱系的观念进行梳理。概言之，地域与师承是研究朱子学的两个天然要素。不过，自黄宗羲撰《明儒学案》，虽然他仍然是以地域与师承来建立大的框架，但他很明显地将自己的思想立场放了进去，力求以思想的特质来构成他对明代儒学的理解。尽管黄震以来，思想也无疑是重要的叙述内容，但黄宗羲显然是将思想的要素摆在第一位。地域与师承的要素没有抛弃，但似乎已降至为梳理的方便而已。黄宗羲原拟贯彻他的思想史方法于宋元儒学，但由于工作仅限于开端，黄宗羲的这个思想史路径在现存的《宋元学案》中没有能够完全得到实现，全祖望的续修增补从根本上使得《宋元学案》成为历史学家的思想史著作，而与思想家的思想史著作《明儒学案》有了显著的区别。作此区别，决无贬低全祖望的工作之意。客观地看，尽管偏重于历史学家的思想史著作，全祖望终究是一个极有识见的历史学家，他仍然希望在事实层面上尽可能提供史料、梳理清楚脉络的同时，能够进入思想层面的判识。比如他对晚宋的朱子学作有这样的说明：

> 晦翁生平不喜浙学，而端平以后，闽中、江右诸弟子，支离舛戾固陋无不有之，其能中振之者，北山师弟为一支，东发为一支，皆浙产也。其亦足以报先正惓惓浙学之意也夫！①

由此而将浙江的朱子学提升为朱子学的正统。但是，要将朱子学的思想实际展开与地域、师承的要素达成完全匹配，实际上总是难以实现的。如果一定要使之相合，则不免于材料上左支右绌，漏洞百出。有鉴于此，我在十多年以前讨论南宋后朱熹时代的朱子学时，曾尝试着跳出师承、地域等外在的限制，直接以思想的特质将晚宋的朱子学勾勒成"思想的形态化及其向生活落实"、"思想的政治化"、"思想的学术化"所构成的思想画卷。②

　　现在回头来看，一方面，我仍然以为自己关于晚宋后朱熹时代的朱子学的这个认知分类大致是可靠的，也是有益的。另一方面，我又深知这个勾勒存在着难以消除的问题。最显见的是，晚宋朱子学的推进虽然有此三个明显的维度，以及具体到每个朱子后学中人也有三维度中的明显取向，但取向决不可能是单一的，充其量只是轻重。比如我把黄榦、陈淳都归于第一个维度，即"思想的形态化及其向生活落实"，这固然是成立的，但决不等于说他们在"思想的学术化"方向上没有建树。无论是具体的朱子后学个体，还是整个后朱熹时代的朱子学，我的分析框架所示的三个维度事实上都是交叠而错综复杂的。换言之，分类的图像虽然有助于认识的清晰，却是以丰富性的丧失为代价的。如果把晚宋朱子学的认识延拓至元代，问题就变得更加复杂。由此，似乎颇能理解全祖望在增补《宋元学案》时为什么要以师承为统绪，辅以区域，虽然这确实是

---

① 黄宗羲、全祖望：《宋元学案》卷八十六《东发学案》，北京：中华书局，2013年。
② 参看拙作《南宋儒学建构》第五章，上海：上海人民出版社，2004年初版、2013年修订版。

学案体的体例所至，却也实在是一个比较稳妥的方法。

以上这样一个简单的梳理，实际上是指出，后朱熹时代的朱子学研究至少有三个要素是必须考虑的，一是师承，二是地域，三是思想。师承构成了朱子学在时间维度上的展开。尽管师承不足以保证思想获得可靠的传衍，况且从道不从人的观念自始便是宋代理学的精神，整个宋代理学本身也宣称是孔孟之道湮没千载后的接续，但是师承构成了学术传衍的客观维系，同时这种维系也是朱子学在时间上展开的见证。地域与师承的时间性相比，在传统的研究上大体只是空间的提供，少有其他的思想涵义，比如特定的场域对于思想的影响等。但是，思想的传播既受制于时间，也受制于场域。在传统时代，场域的影响几乎是与师承完全交织在一起发挥作用的。在师承、地域、思想三要素中，相对而言，思想的要素似乎显得要虚许多，这个虚，主要是指它的呈现方式。但是，在后朱熹时代，思想比以往是要实体化很多了，因为印刷技术的普遍已使得书本传播突破了时间与空间的限制。换言之，思想以书为载体，实现了它对师承与地域的突破。也许可以反过来理解，正是由于书本的流播极大地挑战了师承与地域，因此师承与地域进一步固化以回应挑战。后来清儒总是要讲宋学中的门户标榜，党人习气，想来也决不是无来由的。

二

一旦观察与分析思想史的基本要素达到三项，它的认识复杂度便会骤然巨增，如果再考虑到思想史与所处时代的政治环境的关系是不可回避的内容，因此在某种意义上讲，有效解释几乎是难以实现的。因此要想有效理解后朱熹时代的朱子学，势必在三项基本要素中有所偏重。近年来的思想史研究比较明显地受到社会史的影响，尤其是宋明以降。其中最突出的一个特征就是希望通过士人社群的家族与宗族关系、师承与学侣关系、仕宦与交游关系的梳理来呈现思想流变的因果关系。这对于思想史的认识无疑是颇有助益的，但不可否认的是，关系的梳理终究无法替代思想的阐明。换言之，在思想史的研究中，上述朱子学研究的基本三项要素，思想的维度是最不应该缺失的，否则便不成为作为思想史的朱子学研究。因此，如果必须有所取舍，似乎只能在师承与地域二者中作轻重的处理。依我的考虑，如何处理这二者，取决于研究的重点。如果对朱子学作类似切片式的研究，即限定在一个相对短的具体时段，比如朱熹的及门弟子与二传弟子，那么地域要素应该放在一个比较重要的位置上，由此考察朱子学在不同地域的传衍所呈现出的丰富性；如果对朱子学作长时段的考察，即由及门弟子而延至后来数代人的流变，那么应聚焦于师承为宜，以便彰显传承中所展开的丰富性。事实上，两者之间的选择，又极大程度上受制于整个研究对象的内涵。如果分析后朱熹时代的朱子学是作为整个南宋儒学的一个波段,就会倾向于选择前者,以地域为背景来进行思想类型的切片式分析,比如我在《南宋儒学建构》中所做的那样。但是如果专以后朱熹时代的朱子学为研究对象,那么就容易考虑后者,可以以长时段的观察作为重点,将后朱熹时代延展至整个元代,置朱子学于一个长时段进行观察,而将空间聚焦于两浙地区,但又仅以此空间为背景,而不是将空间作为思想史的分析要素,从而将整个考察聚焦在师承与思想这两个要素上,避免多要素的渗合而导致类型交叉所带来的无法掌控的复杂,甚至混乱。

所谓师统,便是师承的展开;所谓学统,则是思想的传承。当进入长时段的考察中,会很自然地发现,思想的传承一定会发生延异,而固化的师统必无法笼罩思想的溢出,因此学统与师统之间的张力与紧张,乃至矛盾与冲突,自然接踵而至。处于这种关系中,朱子学的每一代学人因为自己所处的位置与关注不同而形成了迥异的思想风格。总的来说,事实与常理还是比较相近的。比如依常理,离朱子越近,师统应该越足以成为学统的保证,事实上也近乎如此,比如朱子的及门弟子辅广与陈埴;或者虽然隔了二代,但师承清晰者,也有益于学统的延续,抑或思想的保守性坚持,比如同为三传的赵顺孙与车垓。相反,离朱子时代已远,师承多源又经过了一番自我研判而皈依朱子者,应该容易倾向于学统独立于师承,黄震与王应麟便佐证了这一点,与此相应,思想的新创也往往开始萌生。当然,事实与常理总是如此合若符节是不可能的。比如北山一系的传承中便呈现出了师统与学统的复杂性,北山一系的师统是清晰可靠的,但他们在思想上的突破反而使他们的学统与普遍师统正确的朱子学出现了某种程度的紧张。可以说,仅就宋元两浙朱子学为例,已足以表征朱子学的复杂性。事实上,这仍然还是仅限于师统与学统两个要素的观察,地域要素实际上并没有真正介入。如果进一步向内(两浙内部的亚区域)、向外(两浙与闽中、江右、楚黔)展开,宋元朱子学的复杂性无疑更为彰显。毫无疑问,决无必要疑虑这种复杂性的存在。从价值评判的意义看,这种复杂性毋宁是朱子学丰富性的实现;从思想洪流的进程看,这样的丰富性既是思想的展开,也是思想转向新境的准备。更何况,这种丰富性的呈现,在极大的程度上也是研究偏重于分析的取径所至。宋元两浙朱子学所呈现的丰富性终究可以被涵摄于师承与思想的纽结中,如果取以综合的考察。

三

当然,当我这样说时,明显地隐含了考察朱子学的另一个重要要素,即政治。朱子学与政治的关系是一个无法绕开的问题,况且所谓的政治,恰恰也是与呈以士人社群与仕宦党群的师统、地域,以及与政治正确相纠结的学统有着扯不断的关系。尤其是,南宋以临安为都,两浙朱子学与宋廷基于地缘而产生的互动,往往是超出今人由有限的史料所窥知的。专门将政治作为分析朱子学的一个重要要素提出来,是因为一旦将政治的要素作为一个分析的重要因素时,时间的要素是我想作进一步讨论的。当我们从时段上来进行思想史的分析时,很容易受到断代史研究的影响,但其实是可以尽量摆脱一点,从思想史本身与政治的关系对思想史的周期性程度的影响来考虑时段的划定。我在前文中,用"思想洪流"这个词来比喻思想蕴涵的丰富性,其实便有着思想史的周期性的考量。就朱子学而言,这是一个尤其值得考虑的问题,因为朱子学成为晚宋以降传统中国的政治与思想的主流,并不仅限于宋理宗,以及后来的元代,而与明清两朝都有着重要的关系。自然,这决不是意味着要将整个明清两朝都括入其中,而是强调要尽量从朱子学自身的周期性来划定时段。

这里,斯波义信先生关于宋代以降的时段划分是极富启发的。他在考察宋代江南经济时,依据上升、平衡、下降之类的周期循环理论,将考察的时段从宋朝开国一直下延到明初,分成七个时期:

第一期　　960—1030 年代,开拓疆土的开国期;

第二期　　1030 年代—1060 年代,上升开始发动期;

第三期　　1060 年代—1127 年,上升期;

第四期　　1127—1206 年,实质性成长期;

第五期　　1207—1279 年,下降始动期;

第六期　　1279—1367 年,下降期;

第七期　　1368—1421 年,上升始动期。

他的整个时段选择与分期划分是多方参照了政治变迁和制度框架的结构变化,比如下限划在 1421 年,便是因为这一年明朝迁都北京。[①] 显然,这一年不仅对江南经济是一个重要的时间节点,对于两浙的朱子学同样是一个重要的时间节点。朱元璋取得天下,与金华士人社群是具有重要关系的。方孝孺的殉难是否意味着启动了两浙朱子学的下降期,乃至为后来浙中王阳明心学的崛起提供了某种思想空间,还有待进一步的研究,但对于两浙朱子学的影响是可以肯定的。

综上所言,两浙朱子学由于所涉内容的复杂,导致决定此一领域的研究要素具有着多维性与交叉性。任何一个学者的具体研究很难既笼罩整个全局,又能作充分的展开。选择师统与学统的调适这一视角,分析两浙朱子学的活动,可以有益地打开朱子学研究的一个重要面相,同时又足以引发我们对朱子学研究要素的进一步思考。我将自己获得的启发尝试着说出,一方面是为了彰显师统与学统的调适所选择的研究视角指向的研究要素,另一方面更是为了说明由这样的研究所蕴藏着的两浙朱子学的其他研究要素。至于两浙朱子学的研究对于浙学的开拓,则因为两浙朱子学的展现而更显得直接,浙学的研究内容将

---

① ［日］斯波义信:《宋代江南经济史研究》,南京:江苏人民出版社,2001 年,第 80～82 页。

难以再简单归约为南宋事功学、明代阳明心学、清代浙东史学。当然，如果回到我对朱子学研究要素的分析，从浙学研究的推进而言，考虑到政治制度规定的变化与权力的实际运行在传统中国是决定思想的重大要素，我很期待未来的研究能够在现有师统与学统研究的基础上，由政治与思想切入，再对宋明的两浙朱子学作出专题研究，从而与师统、学统的专题研究构成双璧。

（原载《浙江社会科学》2019 年第 2 期，
作者单位：复旦大学哲学学院）

所以与必然：朱子天理观的再思考

杨立华

在《四书或问》中，朱子将所穷之理概括为"所当然而不容已，所以然而不可易"①。然而《朱子语类》卷十七又载："或问'格物'章本有'所以然之故'。曰：'后来看得，且要见得'所当然'是要切处。若果见得不容已处，则自可默会矣。'"②由此可知，"所当然"之"不容已"当中已经包含了"所以然而不可易"的意思。在《答陈安卿》三（"泰伯篇"）中，针对陈淳"所以《大学章句》、《或问》论难处，惟专以当然不容已者为言，亦此意"的理解，朱子答曰："《大学》本亦更有'所以然'一句，后来看得且要见得所当然是要切处，若果得不容已处，即自可默会矣。"③这则答问，与前引《语类》一则文字基本一致。按《答陈安卿》三作于1191年④，距《大学或问》成篇已逾十载⑤。朱子对相关问题的思考，已经有了进一步的深化。

所以然、所当然、自然、必然等概念，是理解朱子天理观的关键。考虑到现代汉语语境的巨大变化，重新梳理这些概念在朱子哲学话语中的含义，考察其中的古今之异，对于更深入、准确地把握朱子的天理概念将是不无裨益的。

一、天运有差

认识到天运有差的问题，显然与历法有关。历代制作历法的尝试，都无法做到与天体的运行完全一致。对此，朱子说：

> 只有季通说得好，当初造历，便合并天运所差之度都算在里。几年后差几分，几年后差几度，将这差数都算做正数，直推到尽头，如此庶几历可以正而不差。今人都不曾得个大统正，只管说天之运行有差，造历以求合乎天，而历愈差。元不知天如何会有差，自是天之运行合当如此。此说极

---

① 朱杰人、严佐之、刘永翔主编：《朱子全书》第6册，上海：上海古籍出版社，合肥：安徽教育出版社，2010年，第528页。
② ［宋］黎靖德编，王星贤点校：《朱子语类》，北京：中华书局，1986年，第384页。
③ 朱杰人、严佐之、刘永翔主编：《朱子全书》第23册，第2737页。
④ 陈来：《朱子书信编年考证》，北京：生活·读书·新知三联书店，2007年，第344页。
⑤ 《大学或问》的成篇时间，应该与《论语或问》、《孟子或问》的完成相去不远。参见《朱子全书》第6册，第492页。

是,不知当初因甚不曾算在里。①

这里,值得注意的是,"天运有差"是"天之运行合当如此"。换言之,天行之差是符合天理的。朱子对蔡元定有关历法的观点的评价,《朱子语类》中有另一则记载,与此正好相反:

> 季通尝言:"天之运无常。日月星辰积气,皆动物也。其行度疾速,或过不及,自是不齐。使我之法能运乎天,而不为天之所运,则其疏密迟速,或过不及之间,不出乎我。此虚宽之大数纵有差忒,皆可推而不失矣。何者?以我法之有定而律彼之无定,自无差也。"季通言非是。天运无定,乃其行度如此,其行之差处亦是常度。但后之造历者,其为数窄狭,而不足以包之尔。②

与前引一则不同在于,朱子明确地表达了对蔡元定的批评。但细致比较将会发现,两者的基本思想是一致的:其一,天之运行是有差的;其二,天行之差自有其常度。天运之差既有常度,则造历时将此常度算入其中,就应该可以与天体运行相一致了。但朱子又明确指出"后之造历者"的问题在于"为数窄狭"。关于"阔"和"窄"的问题,朱子曾有过专门的讨论:

> 或问:"康节何以不造历?"曰:"他安肯为此?古人历法疏阔而差少,今历愈密而愈差。"因以两手量桌边云:"且如这许多阔,分作四段,被他界限阔,便有差。不过只在一段界限之内,纵使极差出第二三段,亦只在此四界之内,所以容易推测;便有差,容易见。今之历法于这四界内分作八界,于这八界内又分作十六界,界限愈密,则差数愈远。何故?以界限密而逾越多也。"③

从这则议论可知,朱子并不认为可以完全精确地计算出天行之差,只是要这差误落在预先确定的界限内。这样的好处在于容易推测,差处也易见。天之运行既然无法完全精确地计算,则根本上讲还是无定的。朱子之所以不能完全认同蔡元定"天之运无常"的说法,恐怕还是考虑到了天之运行的确定性对于人类的社会生活的重要性。简单强调"天运无定",有可能从根本上动摇人的生活经验中最具确定性的东西。所以,一方面要看天之行度的无定,又要看到其差错当中的"常度"。事实上,天之运行既在大化流行的总体当中,其"无定"是理所当然的:

> 问:"地何故有差?"曰:"想是天运有差,地随天转而差。今坐于此,但知地之不动耳,安知天运于外,而地不随之以转耶?天运之差,如古今昏旦

---

① [宋]黎靖德编,王星贤点校:《朱子语类》,第2213页。
② [宋]黎靖德编,王星贤点校:《朱子语类》,第25页。
③ [宋]黎靖德编,王星贤点校:《朱子语类》,第2213页。

中星之不同，是也。"①

朱子并不认为地是不动的。地随天而转，只是人在地中，无法觉察其运动而已。天行有差，以致地亦有差。

二、不齐

始终在阴阳的相互作用中的实然世界，自然有种种"不齐"：

> 又问："一阴一阳，宜若停匀，则贤不肖宜均。何故君子常少，而小人常多？"曰："自是他那物事驳杂，如何得齐！且以扑钱譬之：纯者常少，不纯者常多，自是他那气驳杂，或前或后，所以不能得他恰好，如何得均平！且以一日言之：或阴或晴，或风或雨，或寒或热，或清爽，或鹘突，一日之间自有许多变，便可见矣。"又问："虽是驳杂，然毕竟不过只是一阴一阳二气而已，如何会恁地不齐？"曰："便是不如此。若只是两个单底阴阳，则无不齐。缘是他那物事错揉万变，所以不能得他恰好。"②

如果天地间只有"两个单底阴阳"，即使相互作用、感应，也不会生出不齐之物。但天道生生不已，阴阳总在不断相互转化当中，阳之动必生阴之静，阴之静又感应出阳之动，无尽日新的阴阳两体，"错揉万变"，所以不可能有完全"恰好"的物事。

气的世界的"不齐"，有方方面面的体现。当然，最突出的表现还是在德福之间的不一致上：

> 问："夫子不答南宫适之问，似有深意。"曰："如何？"过谓："禹稷之有天下，羿奡不得其死，固是如此。亦有德如禹稷而不有天下者，孔子终身为旅人是也；亦有恶如羿奡而得其终者，盗跖老死于牖下是也。凡事应之必然，有时而或不然。惟夫子之圣，所以能不答。君子之心，亦为其所当为，而不计其效之在彼。"（《蜀录》云："必然之中，或有不然者存。学者之心，惟知为善而已，他不计也。夫子不答，固有深意，非圣人不能如是。"）曰："此意思较好。"③

"必然之中，或有不然者存"不是朱子本人的话，是弟子王过的体会。从朱子的回应看，他是认同王过的观点的。这里的"凡事应之必然，有时而或不然"，提示出道学话语中的"必然"与我们今天所讲的客观规律的必然之间的不同。有一物则必定会产生与之相关联的某一物，或做这事儿就必定会产生某种结果，这样的必然在两宋道学的世界观里是不存在的。现代自然科学的笼罩性影

---

① ［宋］黎靖德编，王星贤点校：《朱子语类》，第 2212 页。

② ［宋］黎靖德编，王星贤点校：《朱子语类》，第 79～80 页。

③ ［宋］黎靖德编，王星贤点校：《朱子语类》，第 1121～1122 页。

响,从根本上宰制了当代人的世界观。自然科学的规律被普遍当作必然的铁律。而实际上,自然科学规律的普遍性和必然性并没有在思理的层面上得到真正意义上的证明。

三、所以与所以然

自程子以"所以"强调性地区分形上、形下,"所以"和"所以然"就成为天理概念的基本内涵。然而,"所以"一词在朱子哲学话语中的具体含义,仍然有含糊之处。"所以"一词在朱子那里,大体上有三种用法:其一,引出某一现象的原因。如,"雪花所以必六出者,盖只是霰下,被猛风拍开,故成六出。如人掷一团烂泥于地,泥必溅开成棱瓣也。又,六者阴数,太阴玄精石亦六棱,盖天地自然之数"①。其二,用以、用来之义。如,"人常读书,庶几可以管摄此心,使之常存。横渠有言:'书所以维持此心。一时放下,则一时德性有懈。'其何可废!"②其三,决定义。如,"耳目之视听,所以视听者即其心也,岂有形象"③。最后这种用法是理解天理概念的关键,但"决定"是在什么意义上的"决定",还有待深思。

在朱子那里,"所以然"基本上都是与知相关联的:

> 如事亲当孝,事兄当弟之类,便是当然之则。然事亲如何却须要孝,从兄如何却须要弟,此即所以然之故。如程子云:"天所以高,地所以厚。"若只言天之高,地之厚,则不是论其所以然矣。④

这则语录中的"所以然"指道德规范的根据和自然现象的原因,是格物致知的目标。在朱子看来,道德实践能否真正落在实处,是由知的深浅决定的。"所以然"更多地指向道德行为背后的根据。"所以然"既然是知的内容,其中虽然包含对天理的认识,但严格说来,我们不能说天理就是万物的所以然。因为天理并不依赖于人的认知。

"所以然"有时也被表达为"所以当然"。在解释《论语》"五十而知天命"时,朱子即将"天命"解释为"事物所以当然之故":

> 又云:"天命处,未消说在人之性。且说是付与万物,乃是事物所以当然之故。如父之慈,子之孝,须知父子只是一个人,慈孝是天之所以与我者。"⑤

既然强调天之"付与","事物所以当然之故"也就有了普遍、决定的意思。

---

① [宋]黎靖德编,王星贤点校:《朱子语类》,第23页。
② [宋]黎靖德编,王星贤点校:《朱子语类》,第176页。
③ [宋]黎靖德编,王星贤点校:《朱子语类》,第87页。
④ [宋]黎靖德编,王星贤点校:《朱子语类》,第414页。
⑤ [宋]黎靖德编,王星贤点校:《朱子语类》,第552页。

四、当然与自然

朱子讲"当然"，常与"自然"关联在一起：

> （炎录云："天下事合恁地处，便是自然之理。"）如"老者安之"，是他自带得安之理来；"朋友信之"，是他自带得信之理来；"少者怀之"，是他自带得怀之理来。圣人为之，初无形迹。季路颜渊便先有自身了，方做去。如穿牛鼻，络马首，都是天理如此，恰似他生下便自带得此理来。①

"合恁地处"即是"当然"。而天下事的"当然"就是"自然之理"的体现。"穿牛鼻，络马首"是对待牛、马的"当然"，同时也就是牛、马的"自然"。"自然"又有"必然"之义：

> （砺录云："毕竟是阳长，将次并进。"）以至于极，则有朋来之道而无咎也。"反复其道，七日来复，天行也"，消长之道自然如此，故曰"天行"。处阴之极，乱者复治，往者复还，凶者复吉，危者复安，天地自然之运也。②

在朱子的哲学中，阴阳消长最具我们今天意义上的客观必然性，因此，此处的"自然"是有着极为突出的必然义的。在后面的讨论中，会有对相关问题的进一步探究。

对于《周易·节卦·彖传》中的"天地节而四时成"，朱子有一段值得注意的阐发：

> 天地转来，到这里相节了，更没去处。今年冬尽了，明年又是春夏秋冬，到这里厮匝了，更去不得。这个折做两截，两截又折做四截，便是春夏秋冬。他是自然之节，初无人使他。圣人则因其自然之节而节之，如"修道之谓教"，"天秩有礼"之类，皆是。天地则和这个都无，只是自然如此。③

"到这里厮匝了"是说进入到了一个往复循环当中。"更去不得"的说法，与朱子讨论无极、太极之"极"时的话基本一致："无极之真是包动静而言，未发之中只以静言。无极只是极至，更无去处了。至高至妙，至精至神，更没去处。濂溪恐人道太极有形，故曰'无极而太极'，是无之中有个至极之理。如'皇极'，亦是中天下而立，四方辐凑，更没去处；移过这边也不是，移过那边也不是，只在中央，四畔合凑到这里。"④天运循环的"更去不得"与太极、无极之"极"的"更没去处"，皆是"自然"。这里的"自然"，无疑更具必然的意味。朱子既强调"自然之节"是"无人使他"的，则"自然"就有不为别的因素支配和影响的意思。这对于我们理解朱子哲学中的必然义和主宰义是极有帮助的。在朱子与其弟子的讨

① ［宋］黎靖德编，王星贤点校：《朱子语类》，第757页。
② ［宋］黎靖德编，王星贤点校：《朱子语类》，第1789页。
③ ［宋］黎靖德编，王星贤点校：《朱子语类》，第1866页。
④ ［宋］黎靖德编，王星贤点校：《朱子语类》，第2369页。

论中,有时也用"合当如此"说"当然":

> 道夫言:"向者先生教思量天地有心无心。近思之,窃谓天地无心,仁便是天地之心。若使其有心,必有思虑,有营为。天地曷尝有思虑来!然其所以'四时行,百物生'者,盖以其合当如此便如此,不待思维,此所以为天地之道。"①

这段话是朱子弟子杨道夫所说。从朱子的回答看,朱子只是对其中"天地无心"的说法有保留。"四时行,百物生"是天道之必然,杨道夫却将其理解为"合当如此"。由此可知,"当然"也有必然义。

五、不容已与必然

朱子说"不容已",大体上有两种含义:其一,不应该不如此;其二,天运自然意义上的不得不如此。后一种含义更具哲学的意义:

> 问:"《或问》云:'天地鬼神之变,鸟兽草木之宜,莫不有以见其所当然而不容已。'所谓'不容已',是如何?"曰:"春生了便秋杀,他住不得。阴极了,阳便生。如人在背后,只管来相趱,如何住得!"②

这里谈到的"不容已"有非常突出的必然含义。这种必然意义上的"不容已"在朱子论及历史的理势时,是与"自然"、"必然"等概念完全等同起来的:

> 问:"其所阙者宜益,其所多者宜损,固事势之必然。但圣人于此处得恰好,其他人则损益过差了。"曰:"圣人便措置一一中理。如周末文极盛,故秦兴必降杀了。周恁地柔弱,故秦必变为强庚;周恁地纤悉周致,故秦兴,一向简易无情,直情径行,皆事势之必变。但秦变得过了。秦既恁地暴虐,汉兴,定是宽大。故云:'独沛公素宽大长者。'秦既鉴封建之弊,改为郡县,虽其宗族,一齐削弱。至汉,遂大封同姓,莫不过制。贾谊已虑其害,晁错遂削一番,主父偃遂以谊之说施之武帝诸侯王,只管削弱。自武帝以下,直至魏末,无非划削宗室,至此可谓极矣。晋武起,尽用宗室,皆是因其事势,不得不然。"贺孙问:"本朝大势是如何?"曰:"本朝监五代,藩镇兵也收了,赏罚刑政,一切都收了。然州郡一齐困弱,靖康之祸,寇盗所过,莫不溃散,亦是失斟酌所致。又如熙宁变法,亦是当苟且惰弛之余,势有不容已者,但变之自不中道。"③

> 又问:"韩柳二家,文体孰正?"曰:"柳文亦自高古,但不甚醇正。"又问:"子厚论封建是否?"曰:"子厚说'封建非圣人意也,势也',亦是。但说到后面有偏处,后人辨之者亦失之太过。如廖氏所论封建,排子厚太过。且封

---

① [宋]黎靖德编,王星贤点校:《朱子语类》,第4页。

② [宋]黎靖德编,王星贤点校:《朱子语类》,第413~414页。

③ [宋]黎靖德编,王星贤点校:《朱子语类》,第599页。

建自古便有，圣人但因自然之理势而封之，乃见圣人之公心。且如周封康叔之类，亦是古有此制。因其有功、有德、有亲，当封而封之，却不是圣人有不得已处。若如子厚所说，乃是圣人欲吞之而不可得，乃无可奈何而为此！不知所谓势者，乃自然之理势，非不得已之势也。"①

这里，特别值得注意的是"不得不然"的"事势"或"自然之理势"与"不得已之势"的区别。"不得已"和"无可奈何"就有个"想做而不能做、不想做却偏又不得不做"的被动意思。之所以有此被动，是仅仅知道历史趋势的无法阻挡，而不知其中的义理之当然。"不得不然"则是真实见到了历史趋势中的"当然"。比如封建，是当时的历史情势下对"有功"者、"有德"者、"有亲"者合当有的德义，不是仅仅出于力所不及和治理的需要才不得已而为之的。至于周末文盛柔弱变而为秦之简易强戾，秦之暴虐转为汉之宽大，则是极则必反的必然之理的体现。到了这里，"更去不得"，所以只能转向相反的方向。

在充满各种"不齐"的气的世界里，阴阳之间的循环消长是"天生自然铁定"②的。天理就是这"一阴一阳循环而不已"的"所以"：

> 问："屈伸往来，气也。程子云'只是理'，何也？"曰："其所以屈伸往来者，是理必如此。'一阴一阳之谓道。'阴阳，气也，其所以一阴一阳循环而不已者，乃道也。"③

> "一阴一阳之谓道"。阴阳是气，不是道，所以为阴阳者，乃道也。若只言"阴阳之谓道"，则阴阳是道。今曰"一阴一阳"，则是所以循环者乃道也。"一阖一辟谓之变"，亦然。④

我们在前面分析过朱子哲学话语中"所以"的几种含义。这里的"所以"应该是决定的意思。朱子特别指出《易传》所说的不是"阴阳之谓道"，而是"一阴一阳之谓道"。形而上的道或理是一阴一阳循环不已的决定者、主宰者。值得深思的是：这里的决定和主宰是什么意义上的呢？理又是如何主宰和决定气的流行的呢？

六、主宰

通过前面的分析，我们可以看到，朱子论及天理的本质的相关概念——"当然"、"自然"、"必然"、"所以"在很多情况下都是交互使用的，且都有与"不容已"和"不得不"的意思关联起来的用法。而这样一种必然的意味又与我们现在所说的客观规律意义上的必然不同：

---

① ［宋］黎靖德编，王星贤点校：《朱子语类》，第 3303 页。
② ［宋］黎靖德编，王星贤点校：《朱子语类》，第 253 页。
③ ［宋］黎靖德编，王星贤点校：《朱子语类》，第 2437～2438 页。
④ ［宋］黎靖德编，王星贤点校：《朱子语类》，第 1896 页。

问:"'道不可离',只言我不可离这道,亦还是有不能离底意思否?"曰:"道是不能离底。纯说是不能离,不成错行也是道!"①

道不是自动实现的客观必然。如果是客观规律意义上的必然,就根本谈不上对错了。朱子所说的"不能离",只能在无法摆脱的形式和倾向的意义上来理解:

问:"'视听、思虑、动作,皆天也,人但于其中要识得真与妄耳。'真、妄是于那发处别识得天理人欲之分。如何?"曰:"皆天也,言视听、思虑、动作皆是天理。其顺发出来,无非当然之理,即所谓真;其妄者,却是反乎天理者也。虽是妄,亦无非天理,只是发得不当地头。譬如一草木合在山上,此是本分,今却移在水中。其为草木固无以异,只是那地头不是。恰如'善固性也,恶亦不可不谓之性'之意。"②

"妄者"也是自然倾向的体现,也具有当然的形式,只是发在了不恰当的地方。当羞恶时全无羞恶之心,不当羞恶处却羞恶了。以行道为志向,却以恶衣恶食为耻。羞恶之心是人普遍的自然倾向、善的具体形式之一,发错了地方,就流为恶了。

基于对"必然"的这种理解,我们可以进一步讨论朱子所说的"主宰"的真正含义:

"不窥密",止"无测未至"。曰:"许多事都是一个心,若见得此心诚实无欺伪,方始能如此。心苟涣散无主,则心皆逐他去了,更无一个主。观此,则求放心处,全在许多事上。将许多事去拦截此心教定。"③

"主"就是不受他者影响和左右,就有个"定"的意思。而"定"就是"不易",也就是保持自身的同一。而"定"和"不易"又不是僵死的、无变化的,反而是在变化当中,方能恒常的。朱子论《恒卦》曰:

恒,非一定之谓,故昼则必夜,夜而复昼;寒则必暑,暑而复寒,若一定,则不能常也。其在人,"冬日则饮汤,夏日则饮水";"可以仕则仕,可以止则止";今日道合便从,明日不合则去。又如孟子辞齐王之金而受薛宋之馈,皆随时变易,故可以为常也。④

恒常贯通于变易。或者说,同一是贯通在差异的不断作用和产生当中的。普遍和必然的同一,不受不断产生的差异的影响和左右。

七、理、神与一

在朱子的哲学里,理是主宰者:

① [宋]黎靖德编,王星贤点校:《朱子语类》,第1498页。
② [宋]黎靖德编,王星贤点校:《朱子语类》,第2452页。
③ [宋]黎靖德编,王星贤点校:《朱子语类》,第2249页。
④ [宋]黎靖德编,王星贤点校:《朱子语类》,第1821页。

问："天地之心,天地之理。理是道理,心是主宰底意否?"曰："心固是主宰底意,然所谓主宰者,即是理也,不是心外别有个理,理外别有个心。"①

问："有是理而后有是气。未有人时,此理何在?"曰："也只在这里。如一海水,或取得一勺,或取得一担,或取得一碗,都是这海水。但是他为主,我为客,他较长久,我得之不久耳。"②

在天或理与人的关系中,人是被动的。这一被动性根本上源自天对人的"付与"。在朱子那里,天或理的主宰义、主动义和恒久义是确定无疑的。理与神是同等层次的概念。当然,这里所说的神不是"鬼神"这个概念层面的神:

问："所谓神者,是天地之造化否?"曰："神,即此理也。"③

理作为形而上者,是"动而无动,静而无静"的:"理则神而莫测,方其动时,未尝不静,故曰'无动';方其静时,未尝不动,故曰'无静'。"④神妙万物。昼夜、阴阳皆为神所变,而神却并不为昼夜、阴阳所变:

问"动而无动,静而无静"。曰："此说'动而生阳,动极而静,静而生阴,静极复动'。此自有个神在其间,不属阴,不属阳,故曰'阴阳不测之谓神'。且如昼动夜静,在昼间神不与之俱动,在夜间神不与之俱静。神又自是神,神却变得昼夜,昼夜却变不得神。神妙万物。如说'水阴根阳,火阳根阴',已是有形象底,是说粗底了。"⑤

神既不为昼夜所变,则是始终如一的。"神又自是神",神贯通于一切对立的两体当中,始终自身同一。朱子对张载的"一物两体"说极为赞赏,以为"'神化'二字,虽程子说得亦不甚分明,惟是横渠推出来"⑥。对于张载的"一故神,两故化",朱子阐发说:

两所以推行乎一也。张子言："一故神,两在故不测;两故化,推行于一。"谓此两在,故一存也。"两不立,则一不可见;一不可见,则两之用或几乎息矣",亦此意也。如事有先后,才有先,便思量到末后一段,此便是两。如寒,则暑便在其中;昼,则夜便在其中;便有一寓焉。⑦

"先"的自身同一,已包含"后"。"寒"的自身同一,已包含"暑"。一切差异皆是对立的两体的体现,而对立的两体在各自的自身同一中,已必定包含了对方。"一"不是独立于相互依存、相互作用的两体之外的"一"。无分别的"一"只能是始终处在无分别的僵死状态,这样的"一"并不存在。"一"只是对立的两体

---

① ［宋］黎靖德编,王星贤点校:《朱子语类》,第4页。
② ［宋］黎靖德编,王星贤点校:《朱子语类》,第2页。
③ ［宋］黎靖德编,王星贤点校:《朱子语类》,第2404页。
④ ［宋］黎靖德编,王星贤点校:《朱子语类》,第2403页。
⑤ ［宋］黎靖德编,王星贤点校:《朱子语类》,第2403页。
⑥ ［宋］黎靖德编,王星贤点校:《朱子语类》,第2512页。
⑦ ［宋］黎靖德编,王星贤点校:《朱子语类》,第2512页。

各自的自身同一。而两体中的任何一方的自身同一，同时就意味着对立一方的存在："阴中有阳，阳中有阴，阳极生阴，阴极生阳，所以神化无穷。"①

动静、阴阳并没有一个开端，所以，程子说："动静无端，阴阳无始。"对此，朱子明确说道："这不可说道有个始。他那有始之前，毕竟是个甚么？他自是做一番天地了，坏了后，又怎地做起来，那个有甚穷尽？"②有形之物即使大如天地，终有坏灭。然而，坏灭并不是一切对立和差别的消失。所以，朱子说："天地始初混沌未分时，想只有水火二者。"③这里所说的"水火"，应该只是阴阳二者。阴中涵阳，则有水之象；阳中涵阴，则有火之象。无穷无尽的大化流行，只是相互依存的对立两体的相互作用和转化的体现。然而两体之"立"，又各是其自身同一的体现："凡天下之事，一不能化，惟两而后能化。且如一阴一阳，始能化生万物。虽是两个，要之亦是推行乎此一尔。"④

阳之自身同一必以阴为条件，反之亦然。所以，对立两体各自的自身同一，又是对立一方的自身同一的根本。由对立的两体构成的无限差异"推行乎此一"。无限的差异各自的自身同一相互感应、作用，就产生出万变"不齐"的世间万有。天理不是别的，就是遍在于对立的两体以及由两体构成的无限差异的"一"，所以朱子说："若理，则只是个洁净空阔底世界，无形迹，他却不会造作；气则能酝酿凝聚生物也。"⑤所谓的"洁净空阔"，就是纯一无杂之义。理不是别有一物，"分付"和"主宰"万物。理只是一切差异和存有的自身同一。实有的世界虽然万变"不齐"，但总体而言又自有其"定"处："若果无心，则须牛生出马，桃树上发李花，他又却自定。"⑥这"定"处，就是万有之自身同一的体现。

八、结语

朱子的形上学思想与程子、周子的渊源，在既往的研究中，已经受到了充分的关注。而关于朱子对张载的本体论的汲取，也许是囿于理本与气本的僵化分别，却并没有引起足够的重视。对于张载的本体论建构，朱子一方面继承了程子对"清虚一大"的批判，另一方面又对"一物两体"的思想做了创造性的深入阐释和发展。而这一深化、发展对于朱子的天理观的形成，产生了根本的影响。

综合前面的分析，我们可以得出如下结论：其一，在朱子的哲学中，气的世界里的具体存有之间并没有确定的必然规律。换言之，气的世界在根本上是

① ［宋］黎靖德编，王星贤点校：《朱子语类》，第2511页。
② ［宋］黎靖德编，王星贤点校：《朱子语类》，第2377页。
③ ［宋］黎靖德编，王星贤点校：《朱子语类》，第2512页。
④ ［宋］黎靖德编，王星贤点校：《朱子语类》，第7页。
⑤ ［宋］黎靖德编，王星贤点校：《朱子语类》，第3页。
⑥ ［宋］黎靖德编，王星贤点校：《朱子语类》，第4页。

"不齐"的。其二,对立的两体(如阴阳、动静)之间的消长、转化的必然性,其实是理的必然性的体现。消长、转化是永恒和必然的,而具体的过程则是或然的、没有确定性的。其三,天理作为形上者,其实就是一切层面的存有和一切存有的层面自身同一的倾向。对立的两体的每一方在维持其自身同一的同时,也在维持其对立面的自身同一。在这个意义上,同一和差异是互为条件的。由此而来的大化流行的统体,才能维持其变化和生生的自身同一,才能永恒变化、生生不已。天理就是"洁净空阔"的"一"。这"一"遍在于一切差异和变化当中。一切差异和变化都是"一"的推行和实现。天理的主宰义和决定义即在于此。"所以"、"当然"、"必然"的根本义涵亦根源于此。

(原载《深圳社会科学》2019 年第 1 期,
作者单位:北京大学哲学系)

朱子的"明德注"新诠

杨祖汉

　　朱子对《大学》"明德"的注解引发了当时及后代儒者许多的讨论,究竟明德是指心或是指性而言?在朱子的有关文献中都可以找出根据。当代牟宗三先生认为依朱子,明德是指性而言,对此他做了非常严谨明白的分疏,又对朱子的注文给出修订。笔者细探"明德注"与《大学或问》、《朱子语类》、《文集》的有关文献,认为明德是心性(理)相关联,而性理在心中呈现之意。明德不能单指心或理(性),而是两者关联在一起。依朱子,固然不能说心即是理,但心为虚灵明觉之知,在此"知"中,本来便有对道德之理的理解或知识存在。可以说,人对于何谓道德,何谓义务,是具有"理性之知识"者。人只要对自己的行为稍加反省,就可以理解到行为所依据的道德法则,或是非之律应该是什么。这种对道德法则或是非之律之知,朱子认为是人所不能否认的,不管人的气禀如何不理想,或欲望习气如何深重,也是不能自昧的。朱子虽然主张心与理为二,但并不否定心对理本有所知,对此朱子是有明确表示的。此种对道德之理的"本知"或"常知"与朱子所理解的明德之义,关系是十分密切的,甚至可以说,人所以有明德,其理由便在于这对道德或仁义礼智的本有所知。因此"明德"是常常表现在日用生活中的,而这就是人能格物穷理,充分实现对于理的理解,由此而诚意,使人能有真正的道德行为的出现的根据。故"明明德"是在肯定本有的"明德"(即对于道德之理的本有之知)的情况下做工夫,于是此一明明德的工夫是有先验的根据的。此应该是朱子诠释明德的原意。本文准备证成此一对明德的理解,并引朱子的文献证明朱子在"明德注"中所说的"因其所发而遂明之"是表示理在心中随时有其流露,故人对于道德之理是本有所知的。本着此对性理的本知或已知,就可以进一步而求真知,故朱子可以说"因其已知之理而益穷之",而所谓"一旦豁然贯通",便有理论上的根据,此是一超越(先验)的根据,故由致知而"豁然贯通",并非"异质的跳跃"①。如此解释,应可以对朱子的成德理论给出一个较为顺当的说明。

---

① 牟宗三先生认为:"一切积习工夫、助缘工夫并不能直线地引至此觉悟。由积习到觉悟是一步异质的跳跃,是突变。光是积习,并不能即引至此跳跃。"见《从陆象山到刘蕺山》,台北:台湾学生书局,1979年,第165页。刘述先教授也用此语,见《朱子哲学思想的发展与完成》,台北:台湾学生书局,1982年,第204页。

一、伊川、朱子可能是从横起纵的实践理论型态

朱子对《大学》十分看重,认为在他一生中,看得最明白的文章就是《大学》①。他借《大学》的三纲八目的内容,给出了儒学成德之教的工夫程序,固然这一设计与铺陈是根据《大学》文本,及承继了程伊川的讲法,但朱子的发明很多。他对《大学》的诠释及有关讨论,纲举目张,很清楚地表达实践成德的工夫与程序,及其根据。朱子此解对后来的影响非常大,可说是南宋以后普遍成为士人作修养工夫的标准教法。虽然对于朱子学的诠释,近世由于牟宗三先生"别子为宗"的衡定,使朱子的思想理论比较不像过去,虽有朱陆异同,及王学盛行,仍无异议地被视为儒学的正宗。但牟先生的朱子诠释也很明显与过去八百年中国乃至于东亚社会尊崇朱子的事实有距离,于是,对于牟先生的诠释,当代是不断有商榷的意见提出的,只是大多数的反对意见不能有严格的哲学论证与对朱子文献的明白诠释作根据,对牟先生的说法于是便不能有所撼动。我近年对此作了一些思考,借着与康德之道德哲学比较,对伊川、朱子的理论型态作了一些新诠。康德肯定通常的理性(一般人)对道德法则有正确的了解,但必须从对法则的一般了解进到哲学的了解,才可以挡住人随顺感性之欲求,对要求人无条件地践德之道德意识给出挑战,而生起的"自然的辩证"②;此意正好可以说明伊川、朱子致知以求真知之义,即说明此主张的用心及其必要性。康德认为对付这自然的辩证,避免人道德的堕落,必须将道德法则从一般经验中抽出来,而明其为先验普遍之理。这一分析,即说明道德法则是根于纯粹理性的。此一康德所谓的道德形而上学或对道德之根本原理的说明,亦如同伊川、朱子对性理之分解,即严格区分心性、理气有形上形下之异之作法。由此可见,程朱的格物穷理,是从人本来便有的对道德之理之了解(本知、常知),进至对道德之理有真知、切感的地步,故由格致可以达致诚意的结果。由是我认为程朱之义理型态并非如牟先生所说为儒门别子,而是可以与陆王并立,同为儒学应有,或甚至必须有的一个成德理论。二系虽有主理及主心的不同,但亦可以会通。③

如果上说可通,则对于牟先生的朱子诠释,我提出两点修改意见:

(一)朱子虽然清楚区分心、理为二,但并非表示心对于理本无所知,而要

① 《语录》载:一日教看《大学》,曰:"我平生精力,尽在此书,先须通此,方可读他书。"又曰:"某一生只看得这文字透,见得前贤所未到处。"[宋]赵顺孙撰,黄坤整理:《大学纂疏·读大学章句纲领》,上海:华东师范大学出版社,1992年,第7页。

② 康德:《道德形上学基本原理》第一章,牟宗三译注《康德的道德哲学》,台北:台湾学生书局,1982年,第31~32页。

③ 见拙文《程伊川、朱子"真知"说新诠——从康德道德哲学的观点看》,《台湾东亚文明研究学刊》第8卷第2期,总第16期,第177~203页。《程朱、陆王二系的会通》(《当代儒学研究》第24期,第47~68页)等论文。

通过格物,从客观存在的事物的然出发追问其所以然的方式,才能了解性理。依朱子可以是认为人对于理本有所知,只是必需从一般的了解进到真知,于是将本知之理抽出来作进一步的理解;格物致知,便是以此本知之理为根据而作进一步求知之工夫。常知与真知之不同,如同康德所说的"对道德的一般理性的理解与哲学的理性的理解"之不同,伊川云:

> 真知与常知异。尝见一田夫,曾被虎伤,有人说虎伤人,众莫不惊,独田夫色动异于众。若虎能伤人,虽三尺童子莫不知之,然未尝真知。真知须如田夫乃是。故人知不善而犹为不善,是亦未尝真知。若真知,决不为矣。①

这一段所说的常知与真知,当然是就对道德之了解,而不是泛就一般知识上说。这从"人知不善而犹为不善,是亦未尝真知"之语可知。故常知与真知,即普通的理解与深切的理解的不同,是专就对道德的理解的不同层次给出之区别。文中所谓的三尺童子莫不知虎能伤人,是譬喻对于何谓道德的善恶是非,是人所共知的;而以谈虎色变来形容的真知,是指对于本有了解的道德之理,达至真切了解的地步。能真知就自然能"见善如不及,见不善如探汤"。②

(二)如果程朱通过格物穷理所了解的理是道德之理,而且对此理有正确的了解,则在了解理的过程中,便会回过头来要求自己行动的意志要按理而行;或严格地讲,要求自己行动的意志只因为理、义的缘故而给出。此是说对于道德之理的理解并不同于认知对象般,只给出了对对象的客观的了解,而不必影响行动的主体之态度;在理解道德之理的过程中,由于是就本知之道德之理、应然之理进一步求了解,在不断深化了解中,也就深化了此理对自己行动的主体的要求,即必须要只因为理、义之故而行动。若是则程朱的致知穷理并不如牟先生所说,心与理的关系只是主客的横摄的、认知的关系,即理只能是客而不是主,是所而不是能("以成其能所之二,认知关系之静摄"③),而应该是在不断深

---

① 程颢、程颐:《二程集》,北京:中华书局,2009 年,第 16 页。

② 孔子语,见《论语·季氏》第十六。此处朱子注曰:"真知善恶而诚好恶之,颜、曾、闵、冉之徒,盖能之矣。"(《四书章句集注》,北京:中华书局,1983 年,第 173 页)表达了真知便能实践之意。程伊川在别处论真知,也可参考:"性本善,循理而行是顺理事,本亦不难,但为人不知,旋安排着,便道难也。知有多少般数,然有深浅。向亲见一人,曾为虎所伤,……盖真知虎者也。学者深知亦如此。……学者须是真知,才知得是,便泰然行将去也。某年二十时,解释经义,与今无异,然思今日,觉得意味与少时自别。"(《二程集·伊川先生语四》卷 18,第 188 页)按此段便明白地用真知义理来解说谈虎色变的意义,可知谈虎色变之喻,确是就对道理的理解的深切来说的,于是也可以证明伊川是认为人对于道德之理是本有了解的,如同三尺小孩对虎之能伤人是本来便知道的。文中"知有多少般数,然有深浅"是说对于理的"知",有不同层次之深浅。此句《二程全书》作"然有深浅",据此则须读作:"知有多少般数?然有深浅。"这是说"知,那有许多不同?但有深浅。"伊川认为人对理的了解,是没有不同的,但有深浅之异。即对于何谓道德之理或对是非善恶的区别,人的了解都是一样的,有共识的,但知之的程度则有深浅。按此解较佳。

③ 牟宗三:《心体与性体》第一册,台北:正中书局,1968 年,第 20 页。

化对于理之知的时候，体证到理是我本有的，是我认可而必须要依之而实践的，这可以说是格物致知之后要反求诸己。理在致知之过程中逐渐成为心要依循的原则，终至心、理为一。程伊川便对格物穷理之后必须"反躬"（《礼记·乐记》："不能反躬，天理灭矣"，即反身以求，回到自己，以实践此理）给出了说明：

> 随事观理，而天下之理得矣。天下之理得，然后可以至于圣人。君子之学，将以反躬而已矣。反躬在致知，致知在格物。
>
> 学莫贵于自得，得非外也，故曰自得。①

由此段可证，伊川是认为明理的过程也就是证明"理是我的理"之过程，愈明理，人就愈能反躬而自得。明于外，有证实此理本来是我之理的效果。故伊川亦说："物我一理，才明彼，即晓此"（《程氏遗书》卷 18）。言理为我本有，既表示了此理是我本知，又表示了此理是我肯定的。对于道德之理，人一旦理解，便会有以上的感受，因为道德之理是理所当然的，越了解其为当然，便越发会肯定，亦越会产生要依此理以实践的要求。如果可以这样说，则致知以格物穷理，是以自己本有的，对道德之理的常知作根据，作进一步的探究，而达到真知的地步。到了真知理，便可以认为此理为我所有，是我所必须肯定，而且必须实践，有真切的要求；于是这种把理当作对象，以心知来深化、了解的活动，虽然是以横摄的认知性的活动而开始，但最后会以反求诸己，给出按性理而行的，也可以说是为义务而义务的道德实践。道德实践是让无条件的为义务而义务的实践具体给出来，那不是为了别的目的而行的，是我自己自发的要求自己按理而行的，这可以说是纵贯的活动。按理而行，似是横摄的活动，但若此理是我本知，越知而越加肯定，且视为我之理，而且要按理而实践，则亦是自发的，由我决定之行为，而这便是纵贯的。即此时之道德行为，虽然是按理而行，但理是我自己肯定的、自发的去依循的理，不是外在的理，故可说亦是意志之自我立法给出的。亦可说是"性发"，而且是"不容已"的。这是上文伊川所说"反躬"及"物我一理"之说可涵之义。故致知明理而诚意反躬，可以说是从横摄而起纵贯的活动。这种从横起纵的活动，在横摄处说，有主客二分、心理为二的情况，但不同于一般的认知活动。一般的认识活动成就的是有关对象的知识，不会因为认知而给出实践的活动，亦不会愈认识而愈证此理为我本有。故可以说这对理之本知、常知，是和依此理而实践相关联的，此对理之知对意志是有要求的，即要求其作去妄存诚之工夫，要主体依理而行，并不能只看作单纯的认知。由于对理有所知，便会有依此理而行动的要求，而若不依此理而行，自己内心一定会感受到不安。如果对于道德法则的认知会有这种效果，则增加明理的程度，就自然会有实践要求的加强。牟先生认定了程朱的心与理为二、以心明理，只能是横摄的认知活动，实践的动力是不能给出来的。如果按上文所说，则牟先生这一

---

① 程颢、程颐：《二程集》卷 25，第 316 页。"学莫贵于自得"，《二程全书》无"贵"字。

论定是可以再商榷的。而人是否可能从对道德法则的清楚了解,而产生真正的道德实践呢？吾人认为是可以的,这除了上面的论述外,又可以用康德"道德法则与自由互相涵蕴"之论来帮助说明:

> 这样,"自由"与"一无条件的实践法则"是互相涵蕴的。现在,在这里,我不问:是否它们两者事实上是不同的,抑或是否一个无条件的法则不宁只是一纯粹实践理性之意识,而此纯粹实践理性之意识又是与积极的自由之概念为同一的;我只问:我们的关于"无条件地实践的东西"之知识从何处开始,是否它是从自由开始,抑或是从实践的法则开始？①

这是所谓康德的"交互论"②,由对道德法则的了解与分析,必须肯定人有意志之自由。由对自由的分析,可知自由意志所遵守的法则是无条件的道德法则。或说自由是道德法则之存在根据,道德法则是自由的认识根据,故曰二者相涵蕴。既然道德法则与自由是"互相涵蕴(互相回溯)"的,则通过对道德法则的深切了解,就会意识到只因为法则的缘故,或被法则直接决定的意志,是人在从事道德的实践时必须要有的。若是则对于道德法则的了解,就会产生纯净化自己意志(力求存心之纯粹)而给出道德行动的要求,这就是上文所说的"从横起纵"的理论根据,这表示的对道德法则的认识,是从本来有的常知而进至真知,而且在这个过程中,会产生要给出真正的道德实践的要求。这在人的日常心理,也是常见的事实。固然人不一定能给出存心纯粹的道德行为,但这种要求纯粹依理而行,要求行动的意志纯粹,是人驱之不去的道德的关切。既然有此关切,则对道德行为的加深了解,自然会相应而生起按道德法则而行的自我要求。那么伊川与朱子所主张的,必须以心明理、格物致知的作法为先,固然是横摄,但并非止于对道德之理有认知上的清楚,而必须反躬实践。这种由对于理的真切了解而要求纯粹实践,应该是人常有的感受。如果此说可通,则牟先生对于程朱为横摄系统,陆王为纵贯系统的区分,固然不错,但这两个系统,是可以会通的。从程朱之横摄,可以给出纵贯的道德实践,而陆王肯定心即理,先给出从本心自发的、直贯的道德创造,也必须回过头来,对于此本心或良知中所含的道德之理,作充分的分解以求明白,如此才可对治道德之存心因感性欲望之反弹而造成之自欺。不然行动的存心如果受感性影响而滑转的话,就容易以情识为良知,而有荡越放肆的流弊。若此说可通,则由程、朱的横摄,固然可以起纵贯;而由陆、王的纵贯,亦须回头作横摄的工夫。这两个系统也可以用《中庸》中的"诚则明矣,明则诚矣"来类比,即明理可以诚身,而诚身也可以有明理

---

① 康德:《实践理性批判》卷一,北京:商务印书馆,2015年,第165页。

② 互相涵蕴(reciprocally imply each other)之义,在 H. E. Allison 的 *Kant's Theory of Freedom*(Cambridge University Press,1990)书中有专章讨论,说是康德的"reciprocity thesis"(p.201-213,陈虎平译为"交互论",见亨利·E.阿利森著,陈虎平译:《康德的自由理论》,沈阳:辽宁教育出版社,2001年,第301～321页。

的后果,两者是不能偏废的。诚明两进,才可以保证真正的道德实践,这也可以说是《中庸》的"交互论"。

二、朱子的"明德说"的主旨

上文是据伊川、朱子的从常知到真知之说作了诠解,而这种根据常知进一步达到真知,在真知的情况下会引发真正道德实践的看法,在朱子对《大学》"明德"的说明处可以清楚看到。朱子所理解的明德虽然以理为主,但一定要关联到心知来说,性理在心而为明德。由于心对于理是本有了解的,故此德之"明"也是本有的,故明德之明,不只是说心知之明,而是说心对于理本来就有了解。也可以说心知与理是分不开的,性理在心知中而呈现其明,心知之知本来就有对理的了解在。明德在朱子固然不能理解为本心,不能说明德如同本心良知般,心的活动就是理的呈现;心不同于理或心与理为二,此一区分在朱子是很清楚的。但心虽不同于理,在心知的活动处就有理的彰显,而说性理(性即理也)时,则一定在人的心知中表现其彰明的内容意义。朱子对明德之规定本已有相当多的讨论,但其意表达得并不截然清楚。虽不截然,但朱子之语意应该就是如此,以下试引原文来证明此意。朱子的《大学章句》,于"在明明德"句下注曰:

> 明,明之也。明德者,人之所得乎天,而虚灵不昧,以具众理而应万事者也。但为气禀所拘,人欲所蔽,则有时而昏;然其本体之明,则有未尝息者。故学者当因其所发而遂明之,以复其初也。[1]

"明明德"的第一个"明"字是动词,是"要去明了或彰明之"之意,这没有问题。但"明德"究竟是指什么呢? 是指心还是性呢? 如果指的是性,性是理,性理本身何以可用"明"来形容呢? 故如果说性理(道德之理)是光明的,则必须关联到"心知"来说。当然如上文所说,人对道德有特别的关切,所以一旦意识到道德法则就感受到这关于道德法则或道德之理的理解,是很特别的。此时会感受到道德之理是光明昭著而与一般所知的对象是迥然不同的。固然就此义就可以说德性之理是光明的,对于人是彰彰明甚的,但也必须关联到心对于理的了解或认知来说。由于心知的理解、认知才明白到性理的特别意义,体会到道德之理是光明正大的德性。而后文"人之所得乎天,而虚灵不昧,以具众理而应万事",则明显是说心,或以心为主来说。因心才能说虚灵,而且才可以具备众理来应对万事。如果是指性理,则用虚灵不昧来形容性理,并不太顺,而且作为明德的性理"具众理而应万事",更不容易说通。故虚灵不昧以下,应该是说心。但朱子能够直接以心作为明德吗? 朱子重视以心知明理的工夫,而并不主张直下相信此心、推扩此心。心要明理才能诚意,才能给出合理的活动。则直接说

---

① 朱熹:《四书章句集注·大学章句》,第3页。

心是明德，似是肯定心即理，而心便是本体，这应该不合朱子的思想。于是据明德注，对于明德所指究竟是心还是性，就不甚明确。朱子本人是有讨论这个问题的，如云：

> 或问："明德便是仁义礼智之性否？"曰："便是。"①

按：这一条明确说明德是就仁义礼智等性理来说的，但如上述，性理而曰明德，必须关联到心来说，故另一条《语录》云：

> 或问："所谓仁义礼智是性，明德是主于心而言？"曰："这个道理在心里光明照澈，无一毫不明。"②

按：此条对明德之规定最为清楚，亦含"理在心才能说德"之意，此对德之规定甚为重要。说这个道理在心里光明照澈，就表示性理所以能名曰明德，是因为理在心中光明照澈。性理所以会以光明的状态存在于心中，当然与心知的作用是分不开的；虽然如此，亦含此性理是十分特别的，人一知道它，便见其为光明之德性，而认识到其权威性，由于心知之明，性理之特性就光明地表现出来。这样的表示，心与理虽然不一，但心中有性理照澈，二者密切地关联在一起。依此意，心知对于性理本有了解之义，就必须肯定。即是说，性理能够说为明德，固然离不开心知的作用，但由于明德是本有的，故心知对于性理的了解，或心知与性理的关联，是有保证的。此可以说性理在心中的光明昭著，与心知对于性理的了解，二者可以说是一事。由于人人都有明德，而且明德未尝息，则据朱子对明德的理解与诠释，心知与性理二者，就必须有关联性，而这种关联不能是经验的、后天的。牟先生由于判定朱子是心与理为二，心性二者平行，心之知理必须是心通过认知的作用而知理，故心的知理是后天的、认知作用的摄取。心与理是后天的、关联的合一。③ 如果是这样，心的知理与心的合理，就没有保证。而现在如果可以说明心本知理，或性理在心中本来照彻而以明德的情况存在，则心知与德性是有必然的关联性的。如果二者没有必然的关联性，朱子就不能够说人人都有明德，此是本体之明，而且更不能说虽然昏昧之极，气禀极差或私欲深重的人，都可以有明德的流露（此意见下文）。若这些说法要成立，则心知的知性理，就必须是先验的，即只有心知对于理有先验之知（或说"理性的知识"），才能说人人都有明德。这从朱子区分心理为二，但又肯定性理在心就是明德，而且明德未尝息，就可以推出心对于理一定本有所知之意。于是在朱子，心与理虽然是二，但在心对于理本有所知而为明德的意义下，此二者又不能截然区分，不能说只能以后天的认识，把二者关联在一起，固然心不即是理，但明德使二者相关联，此二者有先验的关联性。此意见下面一条：

> 问："天之付与人物者为命，人物之受于天者为性，主于身者为心，有得

---

① 朱熹著，黎靖德编，王星贤点校：《朱子语类》卷十四，经上，第260页。
② 朱熹著，黎靖德编，王星贤点校：《朱子语类》卷十四，经上，第260页。
③ 牟宗三：《心体与性体》第二册，台北：正中书局，第285页。

于天而光明正大者为明德否?"曰:"心与性如何分别? 明如何安顿? 受与得又何以异? 人与物与身又何间别? 明德合是心? 合是性?"曰:"性却实。以感应虚明言之,则心之意亦多。"曰:"此两个,说着一个,则一个随到。元不可相离,亦自难与分别。舍心则无以见性,舍性又无以见心。故孟子言心性,每每相随说。仁义礼智是性,又言恻隐之心、羞恶之心、辞逊、是非之心。更细思量。"①

朱子讨论明德的语录不少,上引几段比较有代表性。从这几段看来,明德在朱子是以理为主来说的,但既然是"明"德,需要与心连上关系,故朱子认为明德是理在心中光明照澈,又说此处心性是分不开的,说一个,另外一个就跟着到。可以说心性二者有二而一、一而二的情况。照朱子这些说明,则明德既是性理,而又关联到心来说,虽然明德不是本心,心与理还是有区别的,但心中本来就有性理彰明的存在,心可以根据本具之明德来应万事。如此解说明德,虽然不能像陆王心学的心即理的说法,但可以说心中本有性理的存在,而且对于性理的意义,本来便有了解,不然明德就不好说了。此即表示朱子虽然主张心与理为二,而有心不是理,通过心知可以摄具理之意;但也有虽然心不是理,但心本知理之意。心本知理就有此心之知理是有先验性的之义,心本来就知理,则就可以说人对于道德之理本来就有了解,于是成德的工夫,在朱子虽然是要通过心知之明对于理作充分的认识,但这一致知的工夫,是有心对于性理的本知作为根据的。由于是心对于理有本知而为明德,明德是人人都有的,如上文所说,则致知、明理就有先验的、人人本有的对于道德之理的本知作为根据,于是就可以说,朱子这一成德理论是有先验、或超越根据的。当然,既然心与理是二,何以二者可以有先验的关联性,何以心对于理会有本知(或常知)? 这是不容易说明的。但人心对于如何判别是非,何谓道德法则,何谓义务,本来就有了解,而且这种对道德的理解是很普遍的,一般人对于何谓道德的行为本有了解,其理解亦正确无误。人都会根据道德之理来要求或判别行动是否有道德性。道德行为的存心是为义而行的,是无条件的行所当行,一般人都据此义作道德判断,即无所为而为的行为才是道德行为,而有条件的、有所为而为,就不算是道德行为,一般人对此道理都很了解,是故康德说可以从一般人的对道德的理性的理解开始,来分析道德法则的涵意。② 他认为一般人的这些了解都是可靠

---

① 朱熹:《朱子语类》性理二,第88页。此条及前文所引语录,牟先生在《心体与性体》第三册第五章第二节论明德处(第371~375页),有明白的讨论。说明了明德是以性理为主,但亦关联到心,而且由于人有心知之明,故多少总有明德的彰显,牟先生的分析十分细致,但我认为牟先生之说未必能表达出朱子论明德的原意,即未能表示朱子注语中所含明德是人本有的本体之明之义。如果明德之明是人人本有的,而且要关联到心知来说,则心知与性理需有先验的关联性,而不能只是通过后天的经验认知的关联二者。

② 康德:《道德形上学基本原理》第一章,牟宗三译注《康德的道德哲学》,台北:台湾学生书局,1982年,第30~31页。

的。对于何谓道德行为，何谓道德法则的了解既如此通常，如此普遍，于是吾人可说，朱子虽然不能肯定心与理为一，但肯定心知对于理本有所知，而此对理之知是正确无误，且人皆有之，亦是很有可能，甚至认为是理所当然的。即一般人都有明德作为实践的根据。对于何谓道德，道德价值存在于何处，是在行动的结果，还是行动的存心？人并非没有了解，这应该是朱子所说的"明德"之意的根据。以上是我对朱子所说的"明德"之总的理解，下文拟从牟先生的有关讨论，再引朱子的有关文献展开论证。

三、论牟先生对朱子"明德说"的诠释与朱子的原意

牟宗三先生认为朱子对明德的规定虽然是性关联着心来说，但应该以性理为主，而且心性二者在朱子有截然的区分，性是心的认知对象，心知的活动是认识的作用，由认识性理而为善，心不是自发自律的给出道德行为的本心的作用，性理为心所知的对象，只是存有之理而没有活动性，于是这种心依理而行的实践，并非由性体不容已而自发给出来的实践活动，而为心通过认知的作用，关联到超越的性理，于是依理而行，性理为心所依的对象，故这种道德的实践，是意志的他律的型态。这是牟先生所理解的朱子的实践理论之型态，于是他认为朱子的"明德注"并未能明白表示此意，应该按照上说的朱子确定之意作修改，需要把心性二者作明白的区分，牟先生的说法如下：

> 是故依朱子之说统，其在《大学》中关于明德所作之注语实当修改如下："明德"者，人之所得乎天"而可以由虚灵不昧之心知之明以认知地管摄之"之光明正大之性理之谓也。如此修改，不以"虚灵不昧"为首出之主词，省得摇转不定，而亦与朱子之思想一贯。若如原注语，则很易令人误会为承孟子而来之陆王之讲法。①

牟先生这样修改，就确定地把明德规定为"人所得于天的光明正大的性理"，即"明德"只就性理来说。而虚灵不昧专是就心而言，人的心知以其本有的，虚灵不昧的认知能力管摄性理。如此理解明德，则固然清楚区分心性为二，但亦突显心的知理是通过后天的认识而知之义，于是心的知理是没有保证的，人的心知可以知理也可以不知理。经过牟先生这样明确的规定，朱子论明德时，有些意思就似乎被淘汰掉了。如上文所说的，朱子在论明德时心与性是分不开的，"说一个，另一个随到"，依照朱子这些话，心与性在明德处是分不开的。如果二者是分不开的，则可以说是有先验的关联性。另外，明德的作用是具众理而应万事，此就表示了心统性情之义。心具众理是应万事的根据，故心管摄性理就能够应万事，能应万事是心统性的作用，而应万事的活

---

① 牟宗三：《心体与性体》第三册，第374页。

动就表现了情,故朱子论明德包含了心统性情之义。以此为明德,则心统性情亦是心本有的性能,即心之虚灵本来便可具众理而表现四端来应万事,此心性情三者,在明德中本来是关联在一起的。或可说,由于这三者本来就相关联,于是总起来说明德。如果此说可通,则就不能说心要通过后天的经验认知,才可以关联性理,而表现为四端之情。若依牟先生对"明德注"之修改,心统性情是心之功能,并不能归诸明德。① 即不能从明德说心统性情,心的统性情的作用,是通过心知的后天的作用。如此一来,便削弱了以此明德为人人本具的本体之明之义。即心之虚灵的作用是明德本具的,故曰:"心之体用本来如是",此明是人人原则上有的、本具的妙用,如果这种作用充分发挥,就是心的"全体大用",所谓心的全体大用,应该是就实现心本来的知理之明,表现心统性情的作用。如果是心通过后天的认知作用而关联到性理,则此妙用及明理之"本来如是",即本然义,便去掉了。

故牟先生对"明德注"的修改固然很清楚地表达心性二分,心性情三分的朱子见解,但以此来解释明德注,则心须通过后天经验的认知作用,才能知理,依理而行,此是后天之渐教,心知理及依理而行,是没有保证的;而且心之知理是须通过格物穷理以知之,从存在之然之曲折处明善,即从善之事物处明其所以然,这是从"然"以知其"所以然",这亦不能保证能知道德之理。但牟先生此释于朱子文意,似不甚顺适。因为明德注的原文相当清楚地表示明德是人所得于天,是人人本来便有,而又能虚灵不昧地具众理而应万事,心性二者很密切地关联在一起。牟先生的修改以得于天者是理,虚灵不昧是心,是以心性截然二分的方式来理解明德注。以此一心性二分的格局来说明明德注,虽然很清楚,但不太能表达朱子上文所论明德是"心性相关联,不一不二"之意,亦不能表示明德之"明"未尝息之义。牟先生之修改是见到明德注中似乎以虚灵不昧为主词,但又以性理为实践的客观根据,会产生明德是说心或者是说性的问题,而且如果以明德为心,则心可能就可以往心即理来理解,这不合朱子原意。于是根据他所理解的朱子是心性二分、心性情三分的理论架构,确定的以"性理"为明德,而"虚灵不昧"是心所以能够统摄理的能力,于是明德注就符合心性为二,以心的认知统摄性理而应万事之义,于是就去掉了明德注中原文所含有的心性或心性情本来就先验的相关联之义。牟先生的修改虽然明白,但可能已经把明德注本来含有的一些意思去掉了。

明德以理为主,或甚至直接说是理,如牟先生所说,于朱子文献也有根据,是可以说的。但这明德何以是光明昭著? 则必须说此性理是在心中的理,由于在心中,故表现了光明昭著的意义。如上文所说,这里便须有心与理密切的关

---

① 《大学纂疏》在"虚灵不昧以具众理而应万事"处,引《语类》云:"虚灵不昧,便是心;此理具足于中,无少欠阙,便是性;随感而动,便是情。"(第 14 页)这就用"心统性情"之义来说明具众理而应万事。

联在一起而分不开之意。不必如牟先生对朱子注语所作的修正,而明确的规定心性为二,即明德为性理,而由心之认知来关联之,这可以多引一些朱子的原文来说明。在上文已引的明德注中,朱子说:

> 但为气禀所拘,人欲所蔽,则有时而昏;然其本体之明,则有未尝息者。故学者当因其所发而遂明之,以复其初也。①

文中明确表示明德之明,是"本体之明",即其明是人人本具、不会丧失的。于是人人都可以根据这明德的流露,而充分实现其明,这即是恢复了明德的本体。如果明德只就性理来说,就不容易表示其是"未尝息"的本体之明之意。因为如果是心理为二,心要通过后天的认知才知道性理,则心对于性理的明白是后天产生的,不能说是本体之明,也不能说是此明未尝息。因此如果要满足此注文之文意,必须肯定性理必可以光明地表现出来,而性理的光明与虚灵不昧的心的作用是分不开的。如此则必须说明德是心与性的连接才可以表现其明,故心的知性,或通过心知而把性理光明地表现出来,就有先验性。此即是说人人都本有这种对于性理的了解,性理在人心中都能光明地表现出来。这应该是朱子的明德注所表达的本意,即心性固然为二,但"心性关连而成"的明德,是有本体的性格的。此本体之明是人人都有的,不会丧失的。《朱子语类》对此有如下的讨论:

> 此是本领,不可不如此说破。②

此条《大学纂疏》置于"然其本体之明,则有未尝息者"下。

> 又曰:本是至明物事,终是遮不得。③

按所谓"本领"即是内圣成德的根据,问题是这根据是经验的,还是超越的(先验的)? 根据第二条所说"终是遮不得",可见此明德在日常生活中是随时可以表现出来的,也是人人都可能理解的。故这成德的根据应该是超越的。这才能与"本体之明"之意相应,而若如是,则所谓本领便是成德的超越根据。《语录》又载:

> 明德未尝息,时时发见于日用之间,如见非义而羞恶,见孺子入井而恻隐,见尊贤而恭敬,见善事而叹慕,皆明德之发见也。如此推之极多。④

朱子如此解"明德未尝息",是表示人在日常生活中随时可以感受到、或认知到性理与道德的意义,这一种对理的知与感受,是人随时都有的。这可以证上文"明德"不能只从性理来说之意。退一步说,若只以理说明德,也可以推出此理发见于日用,而为人心所易知之义。这亦可以证明朱子所说的明德是从人对于道德之理的本知或常知来说,此人对道德之理的知是有普遍性与必然性

---

① 朱熹:《四书章句集注·大学章句》,第3页。
② 朱熹:《四书章句集注·大学纂疏》,第14页。
③ 朱熹:《四书章句集注·大学纂疏》,第14页。
④ 朱熹:《四书章句集注·大学纂疏》,第14页。

的，是可以在生活经验上给出证明的。朱子又说：

> 人之明德，未尝不明，虽其昏蔽之极，而其善端之发，终不可绝，但当于其所发之端，而接续光明之，则其全体可以常明。且如人知己德之不明而欲明之，只这"知其不明而欲明之"者，便是明德，就这里便明将去。①

从"昏蔽之极"的人也有明德之发，可证上文所说的此明是本体之明，有普遍性与必然性，任何人都可以发这种道德的明觉之义。虽然这明德不是心即理的本心，而为心与性理的相关联，但由于是人人都有的本体之明，则心知与理的关联就必须是有普遍性与必然性的关联。故心之知性理，可说是先验的知识或"理性的知识"，此知识并非由经验而来。朱子的明德注，有"人之所得乎天"一句，说这是人所得于天的，就表示了这明德是先验的。而如果明德可以从心对于理本有之知来说，则这种知当然也可以说是先验的、理性的知识。而由于是先验的、理性的知识，则就可以理解何以对于道德法则的理解，是很容易的，一般人都能有的。如上文所说，人一旦对自己的行动作出反省，要求自己的行动是道德的行动，那就会很容易看到怎么样的存心给出的行为才是道德的行为。此意是说，人一旦反省自己的行为，而要求自己给出的行为是道德的行为时，他就会以我这行为是不是人人都应该做，我这行为的动机或存心是否为人人都该有的动机或存心来反问自己。只要人作出这种道德性的反省，就会按照行为的存心（行动的主观原则）是否为可普遍的，来判断自己的行为是否为道德行为。虽然此意如果要充分展开，或要说明道德法则的全幅内容，并不容易，如康德之分析。但上述的关于何谓道德的理解，人人都有，而且都很恰当，一般人都能够以道德的行为是普遍而必然的，并不出于个人私利之动机来衡量或判断行为是否为道德、是否有道德的意义，这种对道德的本知与常知，是人人都有的经验。是以朱子对明德的了解，如上文所引的文献所说，应该是合理的。人对道德的理解有本知与常知，顺此知而展开之，便可对道德之义作进一步之理解。如"普遍性"与"必然性"是道德法则之特性，不能认为人主观的、偶然的、可容许有例外的作为是道德的行为；又如孟子所说的"义利之辨"，即道德是无条件地为义而行的行为，且是由仁义行，非行仁义。从道德行为只能是为了义所给出的行为，便须肯定义内，即道德法则是人的意志自己给出的。以上对道德的说明，虽然不算详细，但意义已很深切，是一般人都有的道德意识所含的，是很明白的。一般人都用这对道德的认识或其中所含的原理，来鉴别什么是道德行为，什么是善什么是恶，或道德上的对错是非。这种道德的道理是很清楚的。固然我们对于这个道理很清楚，但不表示我们能无例外地或自然地就按照这个道理去做，道德行为所要求的无条件性，我们现实上的意志、行动的主体往往不能企及。我们在服膺义务的时候固然知道应该为义务而义务，但是同时我们又会想

---

① 朱熹：《四书章句集注·大学纂疏》，第14～15页。

借着义务的行为得一些对自己有利的结果。这是康德所说"自然的辩证"之意，这一生命的问题，是从事实践必会遇到、必须加以解决的。因此对于这个道德之理的了解虽然容易，但实践起来并不容易。虽然实践并不容易，但不妨碍这个道理是很容易被理解的事实。我想这应该就是"明德"之所以是"明"之意。就是说德性的道理，人只要稍加反省，要求自己能够遵循"应该"而行动，就可以明白。此明德之明亦可从道德之理十分特别或奇特上说。道德之理是以定然令式来表示的，要人无条件行所当行，它不会用现实上的好处、感性上之满足来吸引人，但就足以令人不得不信服，而且努力去遵守。所以说这个道理非常特别。我们一般的行动都是有所为而为，为了达到某些目的而考虑、算计再给出行动，但一旦我们意识到何谓道德行动时，就要把所有考虑、算计抛掉，而无条件的只因为是义的缘故而行，这样的要求行动的存心必须是纯粹的道理或原则，是我们自己认为当该遵守的，如果不遵守，就不得不惭愧、内疚。这一种如此特别的道理非常清楚明白地展现在我们心中。因此，虽然明德是要通过我们的心知的理解力，才能清楚地为我们所认识，但我们一旦理解或认识到道德之理时，就会肯定这个道理实在十分清楚、明白，是不容置疑的，于是"明"也必须是道德之理本具的特征，即光明昭著是道德之理本身的特性。德性之理本来就是清楚明白，所以很容易被了解，不同于人通过后天经验而认识到的，有关世界的种种知识道理。我想朱子在界定明德时，一定是考虑到道德之理具备上述的特征，而以此特征来理解明德的"明"之意义。明德是指道德之理，即性理，而由于道德之理有上述清楚、明白，又容易被知的性格，所以可以说明德，又可以说虚灵不昧。虚灵虽然是从心知的作用讲，但不昧是重在性理上说的，即是说对于这种非常清楚明白，人不能不承认的道理，是不能够硬说不明白的，即此理是不容自昧的。对于这个道理你若说不明白，那就是自昧甚至是自欺了。但这一种对于性理的清楚明白，只能是上文所说的常知，而不是真知。必须根据此常知进一步对性理做彻底的了解，才可以说是真知。能真知理就能够诚意。所谓诚意，如同朱子在诚意处的注解："实其心之所发，欲其一于善而无自欺也。"[1]所谓"一于善"是把道德上的善作为自己一心一意的行为目标，也可以说是为了善而为善，没有想到为了其他，而这样才可以说是无自欺，就可以无例外地给出道德行为。此即要自己的心完全合于理。

如果此说可通，则明德是性理在于心，也就是仁义礼智在心知中，于是这性理本身清楚明白，人可以在日常生活中很容易就看到这理的彰显。人只要反省一下自己对行动存心的要求，就很容易清楚地看到这理的存在。这样讲明德，就表达了人有一种无论是智或愚都能有的对德性的清楚了解，而这就是人成德的根据。固然这个根据不是本心，不能如同陆王之学因为觉悟本心就畅通人的

---

[1] 朱熹：《四书章句集注·大学章句》，第3～4页。

德性根源,而给出道德的行为,但亦有道德实践的超越根据。伊川朱子不能如陆王般直接的承体起用,而必须根据这种本有的、对道德的了解作进一步的了解。要进一步的了解当然是需要推致心知的作用,但不能够因为朱子重视后天的以心知知理的作用,就说心与理之二是截然为二,理不是心所本知、本具,而且即使心知理,理也只能是所知的对象,不能反身而成为实践道德的动力。推致心知,亦是推致知中之理,亦可说知与理在致知中同时彰显。故可以说,朱子致知格物的道学问工夫是有先天或先验之根据者。

如此的理解明德,我认为可以说明朱子在明德注中所说"本体之明,则有未尝息者"之意,如果像牟先生所说明德是理,则明德何以不论是智愚都未尝息呢? 而且明德是本体之明,即是说人人都有此"明",而且是不会丧失的。这种本体之明当然必须关联到心知来说,虽然关联到心知,但也必须表示这种心知之明是本有的,此明并不是只就心的认识作用来说,而是就对道德之理本来就有了解来说,即上文所说的常知。人人都有这种对于道德之理一般的了解,一反省就显明出来,谁也不能自昧,于是朱子所说的明德之明,是就本来就了解理来说的,即"知"不只是理解力或认识能力,而是对理有本来的认识了解。故当朱子说:"知,犹识也。推极吾之知识,欲其所知无不尽也"①时,这个知所识的是理,知与理是密切关联在一起的,所以致知是就心知对于理的本来了解推而致之。虽然"致知在格物"是表示心知要通过对事事物物的穷格,才可以对理有充分的了解,但这是在以心本知理为基础下,通过格物而要求对理有充分的了解,如果可以这样说,则格物致知的确如朱子《大学章句·格致补传》所说:"因其已知之理而益穷之,以求致乎其极。"此所谓已知之理,是就上文所说的对于道德之理本来就有了解来说。如果可以这样解说,则格物致知是从对于道性理一般的了解进至极致的了解。并不是在不知理的情况下,通过穷格事物之理而取得道德之理的知识。

四、据《大学或问》说明朱子对"明德"的理解

我认为上文对朱子之"明德说"的解释,应可以成立。在朱子的《大学或问》中,有些文字明白表示此意:

"然则此篇所谓在明明德,在新民,在止于至善者,亦可得而闻其说之详乎?"曰:"天道流行,发育万物,其所以为造化者,阴阳五行而已,而所谓阴阳五行者,又必有是理,而后有是气,及其生物,则又必因是气之聚,而后有是形。故人物之生,必得是理,然后有以为健顺、仁义礼智之性;必得是气,然后有以为魂魄、五藏百骸之身。周子所谓无极之真,二五之精,妙合

---

① 朱熹:《四书章句集注·大学章句》,第 4 页。

而凝者,正谓是也。然以其理而言之,则万物一原,固无人物贵贱之殊;以其气而言之,则得其正且通者为人,得其偏且塞者为物,是以或贵或贱而不能齐也。彼贱而为物者,既梏于形气之偏塞,而无以充其本体之全矣。唯人之生,乃得其气之正且通者,而其性为最贵,故其方寸之间,虚灵洞彻,万理咸备,盖其所以异于禽兽者,正在于此,而其所以可为尧、舜,而能参天地以赞化育者,亦不外焉,是则所谓明德者也。"①

据此段朱子所理解的明德,固然重理,但乃是兼理与气,即必须关联到心来说,此处心是主体,由于有心的主宰性的作用,理的意义才得以彰显。他从人得五行之秀,故人有虚灵的心,而在心中万理咸备。固然之所以会以心为贵,是由于心能具理而彰显理,故明德之德,当然重在理,但由于人有灵明的心,故理在心中本来就可以得到彰显,于是这就是如上文所说的成德的超越根据,故致知之知是有对理的本知作为根据,致知就是从已知进至真知。人本来就有对道德之理的本知,这就是人比其他动物可贵的地方。而根据这一对性理的本知,人就可以做到如同圣人般参天地、赞化育。固然参赞是最后才能达到的境界,但成圣的根据,人人本有。据此可知朱子是从人人都有由五行之秀、正通之气构成的可以具众理的心来说人之可贵。如上引文所说"故其方寸之间,虚灵洞彻,万理咸备"。故朱子所理解的人之所贵,在于人具有本知理的心。有此心,就有此理。他是关联到心知与理两者,即有此心就有性理来说人之可贵,并不是单说心或单说理为人所有来说人之可贵。经过以上的分析,可以确定朱子所说的明德是心、理二者关联在一起,虽然是二者相关联,但必须是先验的及必然的关联在一起的。当然,由于心、理为二,故此本知理而与理关联在一起的心,并不是即是理的实体性的本心,而且心知理的程度,须用工夫来加强。需要对性理(道德之理)作进一步的分析,才能真知,故后文续云:

> 然其通也,或不能无清浊之异;其正也,或不能无美恶之殊。故其所赋之质清者智,而浊者愚,美者贤,而恶者不肖,又有不能同者。必其上智大贤之资,乃成全其本体,而无少不明;其有不及乎此,则其所谓明德者,已不能无蔽,而失其全矣。况乎又以气质有蔽之心,接乎事物无穷之变,则其目之欲色,耳之欲声,口之欲味,鼻之欲臭,四肢之欲安佚,所以害乎其德者,又岂可胜言也哉!二者相因,反复深固,是以此德之明,日益昏昧,而此心之灵,其所知者,不过情欲利害之私而已。是则虽曰有人之形,而实何以远于禽兽,虽曰可以为尧、舜而参天地,而亦不能有以自充矣。然而本明之体,得之于天,终有不可得而昧者,是以虽其昏蔽之极,而介然之顷,一有觉焉,则即此空隙之中,而其本体已洞然矣。②

---

① [宋]赵顺孙撰,黄坤整理:《大学纂疏　中庸纂疏》,第20～23页。
② [宋]赵顺孙撰,黄坤整理:《大学纂疏　中庸纂疏》,第20～23页。

朱子此段反复说明德于人是本有的，一般人或下愚者因为气质的限制、私欲的蒙蔽，使本有的明德不容易彰显；但虽如此，明德还是有表现出来的可能，故曰"明德未尝息"，这就可以证朱子认为即使是下愚者，明德还是可以在其生命中表现出来。朱子所说的明德，虽然不等于陆王所说的心即理的本心，而是在心知中有性理的明白彰显，心与理虽然为二，但这种明德的彰显，虽在下愚也是可能的。此即表达了上文所说的明德作为成德的超越根据之意，也可以证朱子的成德理论或工夫论，是如同程伊川所说的人本有常知，可以根据此常知进到真知的地步。虽然程朱都强调后天的格物致知工夫，但此工夫是有先天本有的对于德性的本知作为根据的。上引文朱子认为不管是何人，即使是昏昧之极者，即下愚之人，在其情绪未发之时，都可以有明德洞然，即明德彰显之时，虽然其彰显可能是非常短的时间。这就很清楚地说明，凡是人都可以有明德彰显之时，而这就是人成德的根据所在。当然这个成德的可能或超越根据，并不能如陆王或孟子所说的本心良知，只要把此心体扩充，充分实现出来就可以，而必须要通过后天的工夫格物穷理，虽然如此，格物穷理的工夫是有"本体之明"作为根本，并非是全靠后天的认识才能明理。朱子续云：

> 是以圣人施教，既已养之于小学之中，而后开之以大学之道。其必先以格物致知之说者，所以使之即其所养之中，而因其所发，以启其明之之端也；继之以诚意、正心、修身之目者，则又所以使之因其已明之端，而反之于身，以致其明之之实也。夫既有以启其明之之端，而又有以致其明之之实，则吾之所得于天而未尝不明者，岂不超然无有气质物欲之累，而复得其本体之全哉！是则所谓明明德者，而非有所作为于性分之外也。然其谓明德者，又人人之所同得，而非有我之得私也。

此段说明了不论是在大学或是在小学，都是根据本有的明德之明而作教学的工夫。可以说在小学是通过洒扫应对的生活教育来培养明德（"养之于小学之中"的"之"是指明德），在大学则是通过格物致知来使明德进一步彰显，乃至于使心知充分明理，而恢复理的全体的意义，对于理的表里精粗都能了解，也就是心知的全体大用充分明朗。这虽然是从心知与理两方面说，但二者也是关联在一起，分不开的。因此可以说朱子的小学与大学的教学工夫，都是有本有的明德作为根据，通过大学的格物致知的工夫，就可以恢复心的全体，这所谓全体，就是心知对于本知的性理得到完全的了解，这也就同于伊川从常知到真知的程序。而且即使到此地步，也是人人本有的明德之发挥，并非在性分之外，另作增加的、没有本源之事。朱子续云：

> 向也俱为物欲之所蔽，则其贤愚之分，固无以大相远者。今吾既幸有以自明矣，则视彼众人之同得乎此而不能自明者，方且甘心迷惑没溺于卑污苟贱之中而不自知也，岂不为之恻然而思有以救之哉！故必推吾之所自明者以及之，始于齐家，中于治国，而终及于平天下，使彼有是明德而不能

自明者，亦皆有以自明，而去其旧染之污焉，是则所谓新民者，而亦非有所付畀增益之也。①

这是通过自明其明德而新民，使所有的人都能够本于原有的明德而自己用工夫，加以进一步彰显，虽然做到充分明明德的地步，也不是对于人人本有的明德有所增加，由此也可见，朱子主张通过格物致知而使心知理达到充分明白的地步，只是恢复明德的本体之明，并不是有所增加，这表示心知对于理的充分明白，只是对本来有的做加强的工夫，而不是从外面加进来的、本来没有的认识。这一方面肯定对于理本来有所了解的明德人人都有，而且会自然流露；另一方面主张必须进一步求知，到对于理有真知，才能持久地维持道德的实践，这是朱子强调道问学之意，但不能因为强调道问学，就说朱子不肯定人对道德之理本有所知，以致其格物致知是求理于外的"义外"之论。从以上《大学或问》的说法，可证朱子并非如牟先生所说的，是"后天渐教"的义理型态，由于对明德本有，而且未尝作出肯定，则朱子这一渐教的系统有先天的根据。故朱子的格物致知的说法，可以理解为通过心知对理的真切了解而恢复本有的明德之全体大用，在人人本有的明德此一意义上说，人的心知本来具理，而性理本来也有其光明的作用。由于心性二而不二，可以这样相互补充地来说。

在《大学或问》论知的一段，很能表达"知"的特殊性：

> 若夫知则心之神明，妙众理而宰万物者也，人莫不有，而或不能使其表里洞然，无所不尽，则隐微之间，真妄错杂，虽欲勉强以诚之，亦不可得而诚矣，故欲诚意者，必先有以致其知。②

此段说"知"是心之神明，此一说法，比"心者，人之神明"③更进了一步。心是人之神明，而知则是心之神明，表示了"知"是心的最本质的作用。此一表示可以了解明德注所说的"虚灵不昧，以具众理而应万事"，固然是说心的作用，但可以更确定地说，这是知的妙用。知的作用是所谓"妙众理"，说"妙众理"是比"具众理"更进一步的，这是表达了"知"把理的意义、作用具体表现出来之意。在《大学纂疏》引的《语录》曰："虚灵自是心之本体，非我所能虚也。"（第13页）以虚灵来规定心之本体，就表示了此虚灵是知，而知是心之神明之意。据此，此知并不能理解为心、理为二的心之认知作用，而是此知之虚灵，与性理是相关联的，也可以说知中有理，能充分发挥此知的作用（也可以说是虚灵不昧的作用），则知中的理，就可以彰显出来。由此可证，朱子所说致知，不止是致心之认知作用，而是知与理都在其中。又在"若夫知则心之神明"处，引语录曰："大凡道理皆是我自有之物，非从外得。所谓知者，便只是知得我底道理，非是以我之知，

---

① ［宋］赵顺孙撰，黄坤整理：《大学纂疏　中庸纂疏》，第24～25页。

② ［宋］赵顺孙撰，黄坤整理：《大学纂疏　中庸纂疏》，第32页。

③ 《孟子》"尽其心者知其性也"，朱子注曰："心者，人之神明，所以具众理而应万事者也。"（第349页）。

去知彼道理也。道理固本有，用知方发得出来，若无知，道理何从而见？"（第32页）此段很能说明上述之意。理是自己本有的，故知理并非知一外在对象，而是将在我之理发出来。如果不是知中含理，或如上文所说，知与理有先验的关联性，是不能如此说的。

以上论明德，认为当以心关联性理而言，而此关联有先验性；实践的客观根据是理，然而心知对于理本有所知，吾人以为这是朱子言明德之本意，但朱子的有关言论，确有使人从心说明德或从性说明德两种解读的可能，由此也可以理解何以朱子之后会有明德如何理解、如何规定的论争，朱子对明德的规定，确有模棱两可处。朝鲜朝的学者李恒老（号华西，1792—1868）认为朱子对于心的看法可以分为"以理言"与"以气言"，而以理言之心就是明德，明德注中所说的虚灵固然是心，但这是以理言之心，故明德须以理来规定，这是所谓"明德是理"之说。虽然他说明德是理，但其实是关联到心来说的理，也表示了理在心中有其作用，故可以说明德。他将朱子明德注中所涉及的心性情三者都说是理。他这一说法在他的弟子中，引发了争论。柳重教（号省斋，1821—1893）对师说作了修正，认为心的"正说"应该还是从气来规定。他的同门金平默（号重庵，1819—1891），与他发生了激烈的论辩，后来他们两人的门人继续争论，持续了相当时间，是朝鲜朝儒学史上后期的一个重要论争。[1] 当时另一名儒田愚（号艮斋，1841—1922）对华西"明德是理"之说大加反对，主张"明德是心"。艮斋对明德之规定，大体同于牟宗三先生之说。这场朝鲜朝之论争与本文所论，可以有对照之作用，但其中论辩颇多曲折，须另作专文来讨论。

五、结 论

朱子对明德的理解，由于关联到性理与心知，其意义的确不很清楚，故牟宗三先生严格区分心、理为二，明德只能从性理说，而心知对于理的了解，是通过后天的经验，以认知的作用，使心涵摄理，而这种解释虽然清楚，也符合朱子心、理为二的规定，但心认知地摄取理，是后天的作用，如是，则心的知理是后天的认知，便没有普遍性与必然性，人心的知理就不能够有保证。于是牟先生把朱子的义理形态判为横摄系统，而且是后天的渐教。这种以后天的认识来使心摄具理的形态，虽然强调了心知的经验认知作用，与后天的学习之重要，但没有能够给出心知知理的保证，也不能给出心之明理之后，能够依理而行的实践的动力。如果对朱子成德的理论作这样的衡定，则朱子之学当然是有理论上不足的地方。但据上文吾人所作的有关朱子的明德注的分析，似乎可以证明，明德虽然有心、理二者相关联来理解之意，但心知与性理二者的关联是先验性的关联，

---

① 参考李丙焘：《韩国儒学史略》，首尔：亚细亚文化社，1986年，第300页。

即性理本来在心中就可以明白地昭显出来，而且心知对于性理之知是本有的。由于性理在心中的昭显，即明德，是人人都有的，虽气质昏昧或私欲深重的人，其明德都未尝息，则人可以根据这本有的明德，来进一步格物致知，即所谓"因其已知之理而益穷之，以致乎其极"，则此格物致知的工夫，是有本有的明德，即对于理之本知作根据的。故不能是后天的渐教，而是具有先天根据的渐教。如是，则朱子所说的"一旦豁然贯通"，并非是不可理解的、神秘的说法，也不必说是"异质的跳跃"。由于致知是从本有的、对仁义礼智的常知开始，则充分了解而真知性理，当然是可能的，而在格致的过程中，朱子强调此理是我的理，并非从外入，而且在知理时，也会要求自己非要遵照此理而行不可，这种说法及肯定，也是说得通的。于是格物致知以求对理有真知，在真知理时就可以诚意，即要求自己完全按理而行，这也是可能的情况，说明其并不困难。

当然如此说明德与理解朱子的理论形态，并不能与陆王肯定心即理的形态相混，陆王学从本心良知之呈现，体证到此便是天理所在，把此良知本体充分实现，就可以产生真正的道德实践。这一工夫进路，当然是简截有力，可以当下给出道德行动或实践的根源及其动力。而伊川朱子根据人对道德的本知、常知，而进一步致知以求对理有真知，这虽然不是当下把不容已的、自发为善的本心体现、扩充出来，但由于所知的是道德的性理，在有本知作根据的情况下，不会造成因为格物穷理而对道德之理作歧出的了解。而且之所以要从本知的道德之理说到太极之理、天理，是要追问道德之理的根源来处，从然追问其所以然。如果"然"是道德之理，而且是在日用中到处表现的明德，如孝悌慈与忠信等，则根据这些理来作所以然的推证，不应该会歧出。不单只不歧出，而且可以因为这种形而上的推证，明白道德之理的根源来处，说明其为存在之理，而增强了人必须依理而行的说服力。故伊川朱子学虽然不是承本心的不容已而起用的工夫，而是通过对于理的了解的加强，来使行动的意志逐渐纯化的作法，但此一作法或工夫，应该也是可以与陆王学并立，而为成德之教另一有效的工夫理论。而且程朱这一进路，对于人的成德而遭遇到的生命上的问题，有不可取代的克治的作用。因为人在要求自己以道德义务作为行动的唯一依据或原则时，人的感性欲求会起来相争，力图要求人在纯粹的践德时，也要照顾感性欲求的需要，于是很容易的，会将无条件实践的存心转成为有条件的，这是上文一再提到之康德所谓的"自然的辩证"，此即人之"根本恶"①，由于有这自然辩证的现象存在，所以康德认为人必须在对道德法则有所了解的情况，进一步对道德之理作哲学的分析，即所谓从一般的对道德的理性的理解，进至哲学的理解。康德说明对于道德之理的从一般的理解到哲学的理解，是成德必须具有的工夫，即道

---

① 康德此说所涉及的人生命之毛病，是十分深微的，亦可与他在《纯然理性限度内之宗教》第一章所言之"根本恶"之义相通。此一人性中之恶之与善俱起之现象，依康德，须对道德作哲学之思辨方能克服之，此义可帮助说明朱子所以重视致知格物及道问学之故。

德实践必须求助于学问或哲学。康德此一说法正好帮助我们理解伊川朱子何以不直接从人对道德法则本有了解处,作充分的力图实践的工夫,而要先从事对本知的道德之理作充分的了解。如果此说可通,则伊川与朱子之所以走这种格物致知的道路,认为先致知才能诚意,也有在实践上不得不如此的缘故。

参考文献:

1.〔宋〕赵顺孙撰,黄坤整理:《大学纂疏》,上海:华东师范大学,1992 年。

2.〔宋〕程颢、程颐:《二程全书》(《四部备要》本),台北:台湾中华书局,1969 年。

3.〔宋〕程颢、程颐:《二程集》,北京:中华书局,2009 年。

4.〔宋〕朱熹:《四书章句集注》,北京:中华书局,1983 年。

5.〔宋〕朱熹:《朱子语类》,北京:中华书局,1986 年。

6. 李恒老:《华西集》,收入《韩国文集丛刊》第 304 册,2003 年。

7. 柳重教:《省斋集》,收入《韩国文集丛刊》第 323 - 324 册,2004 年。

8. 田愚:《艮斋集》,收入《韩国文集丛刊》第 333 册,2003 年。

9.〔美〕H. E. Allison, *Kant's Theory of Freedom*, Cambridge University Press, 1990.

10.〔韩〕李丙焘:《韩国儒学史略》,首尔:亚细亚文化社,1986 年。

11. 牟宗三:《心体与性体》三册,台北:正中书局,1968 年。

12. 牟宗三:《从陆象山到刘蕺山》,台北:台湾学生书局,1979 年。

13. 亨利·E.阿利森著,陈虎平译:《康德的自由理论》,沈阳:辽宁教育出版社,2001 年。

14. 康德:《道德形上学基本原理》,牟宗三译注《康德的道德哲学》,台北:台湾学生书局,1982 年。

15. 康德:《实践理性底批判》,牟宗三译注《康德的道德哲学》,台北:台湾学生书局,1982 年。

16. 杨祖汉:《从当代儒学观点看韩国儒学重要论争续编》,台北:台湾大学出版中心,2017 年。

17. 刘述先:《朱子哲学思想的发展与完成》,台北:台湾学生书局,1982 年。

18. 杨祖汉:《程伊川、朱子"真知"说新诠——从康德道德哲学的观点看》,《台湾东亚文明研究学刊》第 8 卷第 2 期,总第 16 期(2011 年 12 月),第 177～203 页。

19. 杨祖汉:《程朱、陆王二系的会通》,《当代儒学研究》第 24 期(2018 年 6 月),第 47～68 页。

(原载韩国《泰东古典学报》第四十二辑,
作者单位:台湾"中央大学"哲研所)

朱子与张栻对于《论语·学而篇》诠释之比较

蔡家和

一、前　言

张栻(1133—1180)与朱子(1130—1200)都是南宋(1127—1279)著名理学家;朱子从学于李侗(李延平,1093—1163),属道南派,承于罗从彦,罗从彦从学于杨龟山,而龟山则为程子学生;而二程理学的另一脉,则为胡宏(1105—1161)的湖湘一系,张栻是胡宏学生,而胡宏的父亲胡安国,则是上承谢上蔡,上蔡亦为程子学生。

早年朱子欲学二程,先是就学于李侗,不久李侗去世,于是另觅管道,改投胡宏门下,却也无法如愿直接受业于胡宏,转而找到胡宏弟子张栻,并与张栻结为好友。① 朱子与张栻皆属二程理学一脉,皆有《论语》注疏作品,《论语》一书对于二人之学术发展皆占有重要地位。朱子以《论语》作为《四书》之一来建构体系,著有《论语集注》;而张栻的《论语解》则为其个人代表作品。

张栻《论语解》作于乾道九年(1173),其中的相关注释亦曾与朱子做过讨论,而朱子的《论语集注》也会引用张栻的解说。② 大致上,不管《论语解》或《论语集注》,内容皆以理学为中心旨趣,然毕竟二人各有不同体会。虽然张栻过世后,朱子尝对其遗著进行整理,可能删去一些不合己意的内容(推测应当不致进

---

① 牟宗三认为,张栻承继不了胡宏,而总为朱子所转。盖朱子承继于伊川,胡宏则是承于上蔡与明道,而明道与伊川性格不同。明道开胡宏,而伊川开朱子,朱子与胡宏的见解不同,此由《知言疑义》可知。伊川、朱子是"理存有而不活动",而胡宏、明道则是即心言性,性体心用,理可下贯到心,"心即理",天道、人道相通为一,以心尽性,归属于牟先生所判定的宋明理学"三系说"中的最正宗。而上蔡的"以觉训仁",主张"觉"是超越的觉情,亦不为朱子所肯定;朱子是以觉为知觉、为形下,"仁"才是形上。当然,这是牟先生的判定,关于明道与伊川的不同是否如牟先生所述,尚可讨论。

② 如《论语》:"知之者不如好之者,好之者不如乐之者"一段,朱子即引张栻而注曰:"譬之五谷,知者知其可食者也,好者食而嗜之者也,乐者嗜之而饱者也。知而不能好,则是知之未至也;好之而未及于乐,则是好之未至也。此古之学者,所以自强而不息者欤?"(朱熹:《四书章句集注》,台北:鹅湖出版社,1984年,第89页)

行增补)①,也因此拉近了两本著作的距离,但二人的学术性格仍有不同。

以朱子来说,虽以程子为本,但已朝建构之路迈进,个人思想特色较为鲜明,并且致力于《四书》思想之一贯,《四书》之间必须要能互相诠释,这是朱子的主要做法。而张栻虽然也有《孟子解》作品,但是并无建构体系之企图,较朱子合于原意,但也多少受到来自二程的理学制约。

本文将借由二人对于《论语·学而篇》的注说,来探讨《论语解》与《论语集注》彼此之异同,主要针对"学而时习章"、"其为人也孝弟章"、"弟子入则孝章"、"礼之用章"等四章。朱子为要疏通与建构《四书》之体系一致,对于"学而篇"此四章用心颇多,很能展现自家理气论与体用论之特色,本文即借此四章进行讨论。

二、"学而时习章"

(一) 张栻的诠释

张栻对于"学而时习章"②诠释如下:

> 学贵于时习。程子曰"时复紬绎,浃洽于中也",言学者之于义理,当时紬绎其端绪而涵泳之也。浃洽于中故说。说者,油然内慊也,有朋自远方来,则己之善得以及人,而人之善有以资己,讲习相滋,其乐孰尚焉!乐比于说为发舒也。虽然,朋来固可乐,而人不知亦不愠也。盖为仁在己,岂与乎人之知与不知乎? 门人记此首章,不如是则非所以为君子也。③

"学贵于时习"——这是强调知、行并重的道理,本于程子"涵养用敬,进学在致知"之说,学为知而习为行,知、行缺一不可。如张栻在《论语说序》也提到:

> 秦汉以来,学者失其传,其间虽或有志于力行,而其知不明,摛埴索涂,莫适所依,以卒背于中庸。本朝河南君子,始以穷理居敬之方开示学者,使之有所循求,以入尧舜之道。于是道学之传,复明于千载之下。然近岁以来,学者又失其旨,曰吾惟求所谓知而已,而于躬行则忽焉。故其所知特出于臆度之见,而无以有诸其躬,识者盖忧之。此特未知致知力行互相发之

① 朱子在阅读胡宏《知言》一书时,便有删文之打算。其与张栻、吕祖谦的书信往来中,尝论及胡宏之《知言》,并表明有所删文,其言:"熹详此段不可尽删,但自'圣人发而中节'以下删去,而以一言断之云:亦曰,天理人欲之不同云。"朱子打算删去其中的"凡天命所有而众人有之者,圣人皆有之,人以情为有累也,圣人不去情,……圣人发而中节,而众人不中节也,中节者为是,不中节者为非,挟是而行则为正,挟非而行则为邪,正者为善,邪者为恶,而世儒乃以善恶言性,邈乎辽哉"一段(《胡宏集》,北京:中华书局,1987 年,第 333~334 页)。朱子认为,删文中恐有"性无善恶"之嫌。

② 《论语》:"学而时习之,不亦说乎? 有朋自远方来,不亦乐乎? 人不知而不愠,不亦君子乎?"

③ 《论语解》,杨世文、王蓉贵点校:《张栻全集》,长春:长春出版社,1999 年,第 68 页。

故也。①

学习上有两种违反中庸之道的弊病,一种是不知而行,如黑暗中探路,无所适从,另一种则是知而不行,终身未能躬行。这两种都违反了河南程氏"穷理居敬"的教诲,知与行务必并重才是!

此说近于朱子"知先行后"之说,而行更为重要,至于张栻则是主张知、行之间要相互发明。两人说法皆由程子"穷理居敬"一脉传下。

（二）朱子与张栻的比较

朱子诠释如下:

> 学之为言效也。人性皆善,而觉有先后,后觉者必效先觉之所为,乃可以明善而复其初也。习,鸟数飞也。学之不已,如鸟数飞也。说,喜意也。既学而又时时习之,则所学者熟,而中心喜说,其进自不能已矣。程子曰:"习,重习也。时复思绎,浃洽于中,则说也。"又曰:"学者,将以行之也。时习之,则所学者在我,故说。"谢氏曰:"时习者,无时而不习。坐如尸,坐时习也;立如齐,立时习也。"……朋,同类也。自远方来,则近者可知。程子曰:"以善及人,而信从者众,故可乐。"又曰:"说在心,乐主发散在外。""人不知而不愠,不亦君子乎?"愠,纡问反。愠,含怒意。君子,成德之名。尹氏曰:"学在己,知不知在人,何愠之有。"……程子曰:"乐由说而后得,非乐不足以语君子。"②

朱子、张栻之同处,例如,张栻认为:"不如是则非所以为君子。"而朱子引其说,认为出于程子,程子言:"非乐不足以语君子。"又张栻比较悦与乐之不同,张栻认为:"乐比于说为发舒也。"而朱子引程子言:"说在心,乐主发散在外。"张栻言"发舒",而朱子言"发散",非常相近。

两人都提到程子的"时复思绎,浃洽于中则悦",又张栻言:"而人不知亦不愠也。盖为仁在己,岂与乎人之知与不知乎?"而朱子引其出处,乃程颐弟子尹和靖之语:"而人不知亦不愠也。盖为仁在己,岂与乎人之知与不知乎?"尹氏之说可参见朱子所编《论孟精义》,尹氏言:"有朋自远方来,其道同而信之也,故乐,学在己不知在人,何愠之有,故曰君子。"③

可见,两人之诠释常是依于程子或程子后学而来。而朱子所编《论孟精义》,大致也是以理学门人如杨龟山、谢上蔡等人见解为主,较少选取何晏(195?—249?)以来的汉学诠释,因为朱子本欲建构理学而借此取代汉学。

---

① 《论语解》,杨世文、王蓉贵点校:《张栻全集》,第751页。

② 朱熹:《四书章句集注》,第47页。

③ 朱子编:《论语精义》卷一上,《文渊阁四库全书》第198册,台北:台湾商务印书馆,1986年,第9页。

　　至于二人之不同处（只是表面之不同，内容仍然相似），在于朱子以学是效、是觉，此乃张栻所未言。朱子在此提到："人性皆善，而觉有先后，后觉者必效先觉之所为，乃可以明善而复其初也。"学者，效也，觉也，故后觉效先觉，则为学矣。再者，还要明善以复其初。

　　朱子于《大学》"明明德"处亦言"明善复其初"。"复其初"者，乃指人性中本有仁义礼智，所谓的"道义全具"，然今受染而不复其明，故要去污以复其本有性善之全体。朱子又尝于孟子"知皆扩而充之"处，注曰："四端在我，随处发见。知皆即此推广，而充满其本然之量，则其日新又新，将有不能自已者矣。"①"本然之量"意指心性本来之满量；本来虽是满量，却因蒙蔽与放失其心而失去，今当复其本然，也就是回到性体的本然全部。

　　至于张栻则未明言"复其初"便指回到性善之全体，然细究之，也不是毫无此意。张栻尝言：

>　　谓既知人皆有是四者，皆当扩而充之，若火之始然，泉之始达，盖无穷也。充夫恻隐之端，而至于仁不可胜用；充夫羞恶之端，而至于义不可胜用；充夫辞让之端，而至于礼无所不备；充夫是非之端，而至于知无所不知。然皆其理之具于性者，而非外为之也。虽然，四端管乎万善，而仁则贯乎四端，而克己者，又所以仁之要也。②

首先，人性可扩充以至于无穷；再者，凡此皆为内在之事，不为外，即四端者，情也，而仁是性，性即理也。

　　朱子倡议当扩充以致回复本然之量，在此虽不易看出，但可从其对"人皆有不忍人之心"一句的解释来看，张栻曰：

>　　人受天地之中以生，仁义礼知皆具于其性，而其所谓仁者，乃爱之理之所存也。唯其有是理，故其发见为不忍人之心。皆有是心，然为私欲所蔽，则不能推而达之，而失其性之所有者。③

这便近于朱子的"复其初"。人皆有不忍人之心，乃是本然之性体全具，不从外得，因着私欲所蔽，而失其性之整全。

　　可再比较朱子与张栻"浩然之气章"之解释。朱子释"浩然之气"，曰："气，即所谓体之充者，本自浩然，失养故馁。"亦是强调复于本来之浩然正气。而张栻则释："……故贵于养之，养之而无害则浩然塞乎天地之间矣，其充塞也，非自外来，气体固若此也。"④气之体本有其充塞，而此充塞非自外来。

　　可见张栻之"学而时习章"中，虽未看到如朱子之"明善复其初"说，但性质

① 　朱熹：《四书章句集注》，第238页。
② 《论语解》，杨世文、王蓉贵点校：《张栻全集》，第290～291页。
③ 《论语解》，杨世文、王蓉贵点校：《张栻全集》，第289～290页。
④ 《论语解》，杨世文、王蓉贵点校：《张栻全集》，第280页。

上仍高度相似。①

<h3 style="text-align:center">三、"其为人也孝弟章"</h3>

(一) 仁是体,孝弟是用

张栻解"其为人也孝弟章"如下：②

> 其为人也孝弟,与孟子所言"其为人也寡欲"、"其为人也多欲"立语同,盖言人之资质有孝弟者,孝弟之人和顺慈良,自然鲜好犯上,不好犯上,况有悖理乱常之事乎? 君子务本,言君子之进德每务其本,本立则道生而不穷。孝弟乃为仁之本,盖仁者无不爱也,而莫先于事亲从兄,人能于此尽其心,则夫仁民爱物皆由是而生焉。孝弟立则仁之道生未有本不立而末举者也,或以为由孝弟可以至于仁,然则孝弟与仁为异体也,失其旨矣。③

孝弟是"为仁"之本! 至于"为仁"二字,究指"是仁",抑或"行仁",张栻并未明说,然反对"由孝弟可以至于仁",因为"孝弟与仁为异体",则张栻以仁为性、为体,是为形上,而孝弟是用,是为形下,两者不同体。这样的诠释和朱子相当接近。

(二) "为仁"乃指"行仁",不指"是仁"

朱子与张栻的见解皆从程子而来。程子有言："性中只有仁义礼智,何尝有孝弟?"性是理、是体,是形上,不为发用,而孝弟才是发用,是为形下,两者不同。又朱子尝言："为仁"只能解为"行仁",不可解为"是仁"。理由同样是"仁"已是体,最为根本,不能在体之上还有另个根本之体,所以孝弟只能是用,而"为仁"也不解为"是仁",否则抵触程子理学,只能解为"行仁",指的是实践"仁"要从孝弟开始,此途最为切近。

在此可举朱子之说以为比较。朱子言：

> 仁者,爱之理,心之德也。为仁,犹曰行仁。与者,疑辞,谦退不敢质言也。言君子凡事专用力于根本,根本既立,则其道自生。若上文所谓孝弟,乃是为仁之本,学者务此,则仁道自此而生也。程子曰："孝弟,顺德也,故不好犯上,岂复有逆理乱常之事。德有本,本立则其道充大。孝弟行于家,而后仁爱及于物,所谓亲亲而仁民也。故为仁以孝弟为本。

① "据统计,仅保存在《南轩集》中张栻给朱熹的书信、问答,就达九十八篇;保存在《朱文公文集》中朱熹给张栻的书信、问答,也有五十四篇。另外还有许多题诗作序、往来唱和的材料。二人交往之密切、情谊之深厚,由此可见一斑。"杨世文、王蓉贵点校：《张栻全集·前言》,第6页。

② 《论语》："有子曰：其为人也孝弟而好犯上者,鲜矣! 不好犯上,而好作乱者,未之有也。君子务本,本立而道生。孝弟也者,其为仁之本与!"

③ 《论语解》,杨世文、王蓉贵点校：《张栻全集》,第68~69页。

论性,则以仁为孝弟之本。"或问:"孝弟为仁之本,此是由孝弟可以至仁否?"曰:"非也。谓行仁自孝弟始,孝弟是仁之一事。谓之行仁之本则可,谓是仁之本则不可。盖仁是性也,孝弟是用也,性中只有个仁、义、礼、智四者而已,曷尝有孝弟来。然仁主于爱,爱莫大于爱亲,故曰孝弟也者,其为仁之本与!"①

"仁"为心之德、爱之理,这是理学的共识,张栻在《仁说》里亦如此形容"仁"。②仁是性理中四德之一,为形而上者,性中只有仁义礼智,是心中的德性,也是情爱之所以能爱的背后形上根据。朱子乃依程子之说,程子认为有两个"本":若以"论性"(依据)而言,则仁为本,孝弟为用。而若以"行仁"(实践)而言,则孝弟是本,而后仁民;因为必先家齐而后国治,必先孝弟之亲亲,而后可以仁民爱物,仁民在孝弟之后。

那么,借由孝弟是否可以至"仁"? 朱子引程子之说而予以否定,而张栻亦然。两人皆依程子而来,主张"仁"是性而孝弟是用,两者异体,性中只有仁义礼智,没有孝弟,孝弟只在用中,不在体中。

朱子所引程子之说,末后谈道:"仁主于爱。"仁者爱人,"仁"之性理发而为恻隐之心,此乃爱之情,故云"仁主于爱"。"仁"是爱之所以然之理,仁是形上,爱是形下。此说同于张栻。而爱者以爱亲为大,即以孝弟为重,故孝弟是行仁之根本。

在这一段,张栻与朱子的诠释字词虽不甚相同,但精神一致,颇有默契。③

四、"弟子入则孝章"

(一) 朱子的诠释

《论语》:"弟子入则孝,出则弟,谨而信,泛爱众,而亲仁,行有余力,则以学文。"④此章重点在于最后两句:"行有余力,则以学文",看似"先行,后知"。而朱子的体系建构是以《大学》为首,他将《大学》"格物"释为"穷理",主张要先格物致知而后诚意,"诚意"乃是实践、"行"的层次。因此,依于朱子,乃是

---

① 朱熹:《四书章句集注》,第48页。
② "人之性,仁义礼智四德具焉,其爱之理则仁也,宜之理则义也,让之理则礼也,知之理则智也,是四者虽未形见,而其理固根于此,则体实具于此矣。性之中只有是四者,万善皆管乎是焉,而所谓爱之理者,是乃天地生物之心,其由生者也。"《论语解》,杨世文、王蓉贵点校:《张栻全集》,第803页。张栻的《仁说》与朱子的《仁说》,内容很相近。
③ 两人之前应有许多沟通,才有如此情形。"如关于'当仁不让于师'之义,'孝悌为仁之本'、'巧言令色鲜仁'等义,(张栻)都接受朱熹的意见改正。"(《南轩集》卷二十《答朱子晦秘书》)杨世文、王蓉贵点校:《张栻全集·前言》,第10页。
④ 《论语·学而篇》。

"先知，后行"！①

　　朱子主张"先知，后行"，而《论语》明言"先行，后知"，两者之间又该如何折合？朱子诠释如下：

　　　　以，用也。文，谓诗书六艺之文。程子曰："为弟子之职，力有余则学文，不修其职而先文，非为己之学也。"尹氏曰："德行，本也。文艺，末也。穷其本末，知所先后，可以入德矣。"洪氏曰："未有余力而学文，则文灭其质；有余力而不学文，则质胜而野。"愚谓力行而不学文，则无以考圣贤之成法，识事理之当然，而所行或出于私意，非但失之于野而已。②

程子的解法重在主词"弟子"，而不是成人。若以朱子对于大学、小学的分序来看，小学阶段暂未格物穷理，格物穷理乃大学之事。如朱子的《大学章句·序》："人生八岁，则自王公以下，至于庶人之子弟，皆入小学，而教之以洒扫、应对、进退之节，礼乐、射御、书数之文。"③八岁到十五岁之间的小学弟子，主要学习有二：（1）洒扫、应对进退之礼节；（2）礼、乐、射、御、书、数之文。这便符合朱子"弟子入则孝章"的诠释，必先行学洒扫、进退之礼，而后才来习学六艺之文。

　　然而，这里可以提出若干质疑。一者，六艺之中的射与御，并非是文；二者，《礼记·大学》一章之中，是否真有大学、小学之别？关于第二点，如日本江户学者伊藤仁斋（1627—1705）便曾提出异议，其言："《集注》讥子游之不知有小学之叙，然游、夏同学于孔门，子夏独知有小学之叙，而子游不知之乎，观子夏曰君子之道焉可诬也，盖子游疑其有所隐而讥之也。"④

　　此章原文为："子游曰：子夏之门人小子，当洒扫应对进退则可矣，抑末也，本之则无，如之何？子夏闻之曰：噫，言过矣，君子之道，孰先传焉，孰后倦焉乎！"⑤朱子认为子夏知道先小学后大学之序，而子张不知。然伊藤仁斋不表认同，因为两人既同学于孔子，怎会子夏知而子张不知？

　　话说回来，朱子以为，此章重点在于："愚谓力行而不学文，则无以考圣贤之成法，识事理之当然，而所行或出于私意，非但失之于野而已。"朱子主要是为学者立法，而不为圣人立法，因此强调必定要有《大学》"先知后行"之精神，这也恰与《论语》此章语势相违反。

---

① 朱子以"格致"为知，而"诚正"为行，此种解法源于体系建构，亦多少与《中庸》有关。《中庸》谈博学、审问、慎思、明辨、笃行，前四项为知，第五项为行，所以朱子提出诚明两进，明者知也，诚者行也；而《中庸》的"诚"与《大学》的"诚意"又可比配，所以《大学》的"诚"意亦可解为行，行是实践。然而，《大学》"诚意"是心上的工夫，尚未到达实践层次，朱子的比配稍嫌生硬。

② 朱熹：《四书章句集注》，第49页。

③ 朱熹：《四书章句集注》，第1页。

④ 伊藤仁斋：《论语古义》，东京：合资会社六盟馆，1910年，第377页。

⑤ 《论语·子张》。

其实，单从《论语》"行有余力，则以学文"一段，难以推出若不学文有何缺点。不过，朱子增补说，若不学文，"则无以考圣贤之成法，……非但失之于野而已"。这些都是《论语》所无，也正好看出朱子的体系内涵，甚是重视学文、格物穷理。

朱子又或可举《论语》"子以四教章"来替自己辩解，其中，孔子提到四教："文、行、忠、信"，朱子注曰："其初须是讲学。讲学既明，而后修于行。所行虽善，然更须反之于心，无一毫不实处，乃是忠信。"①朱子借此，以为孔子亦言"先知后行"。不过，"子以四教章"是否果如朱子之解？恐怕也是见仁见智。

（二）张栻的诠释

而张栻的诠释：

> 入孝出弟，谨行信言，泛爱亲仁，皆在己切要之务。行有余力，则以学文，非谓俟行此数事有余力而学文也，言当以是数者为本，余力学文也。若先以学文为心，则非笃实为己者矣，文谓文艺之事，圣人之言贯彻上下，此章虽言为弟为子之职，始学者之事，然充而极之，为圣为贤，盖不外是也。此数言先之以孝弟，盖孝弟人道之所先，必以是为本，推而达之也。②

张栻把弟与子分开，弟所职者为敬长，子所职者为尽孝，使合于原文"弟子入则孝，出则弟"，甚者，敬长与尽孝亦不限于弟、子，而应当是学者终身之事。

那么关于"行有余力，则以学文"，是否意味当力行之事过多而无有余裕之际，也就不需学文了呢？张栻认为，这句话不应如字面上解，它只是强调学者当以力行为本，学文亦不当废弃，只是必定要能落实、实践。所谓文与实相对，实者，指力行忠信，文者，文艺，两者兼顾而成就一文质彬彬的君子，其中，当以力行为本，而学文接续。此张栻的意思。

张栻的诠解介于《论语》与朱子之间，并且似乎在替朱子"先知后行"、强调学文的说法解套。张栻与朱子都尝试响应"若行而无余裕，是否仍需学文"的问题，若回到《论语》，似乎是指"若无余裕，则不学文"，强调孝悌之事便是学人之根本，这点做不好，遑论其他。而朱子与张栻则都强调学文的重要性，朱子较为极端，张栻显得温和。

从这章来看，张栻较依《论语》做释，而朱子则依于自家《大学》"先知后行"的架构。

五、"礼之用章"

（一）朱子之诠释

《论语》原文："有子曰：'礼之用，和为贵。先王之道斯为美，小大由之。有

---

① 《述而篇·子以四教章》，[宋] 黎靖德编，王星贤点校：《朱子语类》第 034 卷·论语 16。
② 《论语解》，杨世文、王蓉贵点校：《张栻全集》，第 69～70 页。

所不行,知和而和,不以礼节之,亦不可行也。'"朱子诠释如下:

> 礼者,天理之节文,人事之仪则也。和者,从容不迫之意。盖礼之为体虽严,而皆出于自然之理,故其为用,必从容而不迫,乃为可贵。先王之道,此其所以为美,而小事大事无不由之也。……承上文而言,如此而复有所不行者,以其徒知和之为贵而一于和,不复以礼节之,则亦非复理之本然矣,所以流荡忘反,而亦不可行也。程子曰:"礼胜则离,故礼之用和为贵。先王之道以斯为美,而小大由之。乐胜则流,故有所不行者,知和而和,不以礼节之,亦不可行。"范氏曰:"凡礼之体主于敬,而其用则以和为贵。敬者,礼之所以立也;和者,乐之所由生也。若有子可谓达礼乐之本矣。"愚谓严而泰,和而节,此理之自然,礼之全体也。毫厘有差,则失其中正,而各倚于一偏,其不可行均矣。①

此章诠释具有几个特点。首先,将"礼"解为"天理之节文"。然在《孟子》谈到"礼"的脉络是:"仁之实,事亲是也;义之实,从兄是也。智之实,知斯二者弗去是也;礼之实,节文斯二者是也。"②"礼"乃是对于事亲从兄二事的节文,礼者,意指品节限制恰到好处! 而朱子依于理学体系,则以"天理之节文"来定义"礼",朱子比孟子多出"天理"二字。

至于"和"字,朱子释为"从容不迫",这与前贤也有不同,而有两点可以讨论:

(1) 前人常以"乐"释"和",③而朱子也有这种意思,如引程子"礼胜则离,……乐胜则流",又引范氏"敬者,礼之所以立也;和者,乐之所由生也",两者都把"和"与"乐"做出联系,这也是汉代学者较多采用的说法。

(2) 朱子宗于理学,将"礼"视为体而非用。依于程子,性中只有仁义礼智,"礼"为四者之一,归属于体、天理,而为形上。学人所表现出的恭敬态度便是出于"礼"体,"礼"是恭敬之情的所以然之理,具有"严束"的意涵,所以,在另一方面,也就需要对于发用之处来加以调整、中和,使其"从容不迫",而使"礼"能做到恰到好处!

不过,朱子的解法受到王船山(1619—1692)的质疑。船山言:

> 《集注》以从容不迫释"和"之义,则是谓人之用礼,必须自然娴适而

---

① 朱熹:《四书章句集注》,第51~52页。

② 《孟子·离娄上》。

③ "有子曰:至行也。云礼之用和为贵者,此以下言人君行化,必礼乐相须。用乐和民心,以礼检民迹。迹检,心和,故风化乃美。故云礼之用和为贵。和即乐也,变乐言和,见乐功也。乐既言和,则礼宜云敬。但乐用在内为隐,故言其功也。云先王之道斯为美者,先王谓圣人,为天子者也,斯此也,言圣天子之化,行礼亦以此用和为美也。言小大由之有所不行者,由,用也,若小大之事皆用礼而不用和,则于事有所不行。云知和云和者,上明行礼须乐,此明行乐须礼也。人若知礼用和,而每事从和,不复用礼为节者,则于事亦不得行也。"(何晏集解、皇侃疏解:《论语集解义疏》,台北:台湾商务印书馆,1966年,第10页)若依于皇侃,则礼、乐要能兼具,缺一不可。可见皇侃以乐释和,而与朱子以从容不迫释和不同。

后为贵。使然，将困勉以下者终无当于礼，而天下之不能縣礼者多。且先王之道，亦但著为礼而已，未尝有所谓和也。从容不迫者，行礼者之自为之也。必从容不迫而后可为贵，则先王之道非美，待人之和而后美矣。①

朱子把"礼"视为体，而辞让、恭敬等视为用、视为情，提出"性发为情"，这是一种体系的建构。而船山之学属于气论，以张子为宗，提出"两端一致"、"性日生日成"等说，在解释上，自然不易认同朱子的理气论解法。

船山以为，关于"礼之用，和为贵"一句，是在讲述先王当初治理天下时所秉持的用意或原则，其中的"用"字，指行于天下，"和"字，指和顺人心，意指先王以制礼作乐来治理天下时，目的是能够和顺于人心要求，使推行于天下而无有烦难、阻碍。②

因此船山质疑，若把"和"字释为"从容不迫"，则主词是用礼之人而不是制礼之先王。用礼之人若属困勉无知，而不娴熟于礼，则礼终不贵、不美，待其人习得从容不迫而后可贵、可美。如此，就与原文之先王制礼作乐用以治理天下的初衷相差太多。

朱子的诠释虽与船山有些距离，却也同时凸显自家的体系样貌。朱子认为，"礼者，理也"，礼之全体大用，应当是既有严束亦有舒泰，既要和亦要节。严者，礼之体，故于发用处糅以"从容不迫"以致舒泰、中和；又过于"和"，则易有流弊，故如原文，当补以礼节。"和"、"节"相辅，以便成就全体大用、中和之道。

（二）张栻之诠释

朱子的诠释倾向理学建构，而张栻的诠释则可说是介于汉学与理学之间。张栻言：

> 礼主乎敬，而其用则和，有敬而后有和，和者，乐之所生也，礼乐必相须而成，故礼以和为贵，先王之道以此为美，小大由之，而无不可行也，然而有所不行者，以其知和之贵，务于和而已矣，不能以礼节之，则其弊也流，故亦不可行也。盖为礼而不和，与夫和而无节，皆为偏弊也，礼乐分而言之，则为体为用，相须而成，合而言之，则本一而已矣。③

张栻在此先是提出"礼、乐相须"，而后又采用了体用论。"礼、乐相须"之说，出于汉学家，④汉学的诠释则依于礼记的《乐记》而来，如言："礼胜则离，乐胜则

---

① 王夫之：《船山全书》第 6 册，长沙：岳麓书社，1991 年，第 591 页。
② 参见王夫之：《船山全书》第 6 册，第 592 页。
③ 《论语解》，杨世文、王蓉贵点校：《张栻全集》，第 72 页。
④ 程子亦尝释以"礼、乐相须"，此亦本于汉学家。

流。"①而《乐记》的诠释则近于荀子。② 又朱子的思想是以《四书》为本,择取孟子精神而不取荀子。③ 然礼乐精神乃是孟、荀所共。

而中国较早使用体用论者,如王弼以无为体、以无为用④,到了佛教风行,亦被广泛使用。宋明理学受到佛、老影响,也有体、用之说,如胡宏的"天理人欲,同体亦用,同行异情"、程子的"体用一源,显微无间"、张载批评佛老乃"体用殊绝"等,已经开始使用体用观,到了朱子更加明显。

朱子于"礼之用章"与"其为人也孝弟章"两章,都采用了体用论进行诠释,而张栻亦然。

若以原文来看,全文并未谈到"乐",然而因着《礼记·乐记》的脉络,后人遂加入"乐"而一并诠解,到了程子亦以礼、乐并言。而朱子在"乐之实,乐斯二者,乐则生矣;生则恶可已也,恶可已,则不知足之蹈之、手之舞之"处,如此形容"乐":"乐则生矣,谓和顺从容,无所勉强,事亲从兄之意油然自生,如草木之有生意也。"⑤可见朱子把"乐"与"和"(从容不迫)几乎等同视之。

至于张栻,则以礼为体,以乐为用;此可与朱子比配,兹举数例,以见二人学说之相近:(1) 朱子尝于"知者乐水章"言:"动静以体言,乐寿以效言也。"⑥则仁智为体,乐寿为效用。(2) 朱子对于"礼云礼云,玉帛云乎哉? 乐云乐云,钟鼓云乎哉"一处,释曰:"敬而将之以玉帛,则为礼;和而发之以钟鼓,则为乐。"⑦又引程子所言"礼乐相须"云云,可见其视"乐"为"和"之发用,具有已发之用的意味。(3) 朱子对于《中庸》的中与和,亦释为体、用,中为体而和为用。

六、结语与反思

朱子的诠释有其特色,与《论语》原意已是不同。他先以《大学》为骨架,而后接《论语》,首先面对的,就是如何诠释《学而篇》,以便接轨于朱子创建的新本《大学》。《学而篇》的这四章诠释,皆颇具朱子学特色,而与先秦原意有了距离。

包括朱子的"学以复其初"、以仁义为体而孝弟为用、不学文而行则有弊,或如以礼为天理之节文而为体,等等,凡此,孔子皆无相关说法。而是朱子承自二

---

① "乐者为同,礼者为异。同则相亲,异则相敬,乐胜则流,礼胜则离。合情饰貌者礼乐之事也。礼义立,则贵贱等矣;乐文同,则上下和矣。"(《礼记·乐记》)

② 荀子言:"且乐也者,和之不可变者也;礼也者,理之不可易者也。乐合同,礼别异,礼乐之统,管乎人心矣。穷本极变,乐之情也;著诚去伪,礼之经也。"(《荀子·乐论》)

③ 朱子所采用的,只是荀子的形式义,内容义则为孟子学,如性善论。朱子因近于荀子的形式义,而有心之"虚灵知觉"一说,此如荀子的"虚一而静"。至于"性发为情"之说,也近于荀子,若是孟子则不用感情,因为恻隐是心。

④ 老子尝言:"有之以为利,无之以为用"。尚未言及体、用,到了王弼,才进而体、用并举。

⑤ 朱熹:《四书章句集注》,第287页。

⑥ 朱熹:《四书章句集注》,第90页。

⑦ 朱熹:《四书章句集注》,第178页。

程而来的体系建构,有着理学的特色。

至于张栻的说法则常淹没于朱学之中,反而近似朱子诠释。若要说两人之不同,可举以下两点:(1)朱子强调"先知后行",否则必有弊病,但张栻并不强调这样的弊病;(2)"礼之用章"的诠释,乃采汉、宋合并之说,①此同于朱子的理学特色,但更能照顾到原文。

而两人《论语·学而篇》的诠释,相似性颇高。原因如前所述,包括两人皆是承自二程一脉而来、两人书信往来频繁而已有过沟通、朱子编辑张栻遗著而有所删编,等等。

大致上,朱子的诠释颇有特色,致使后来能在时代思潮中开出新局,成就一大家言之地位。而张栻则多近似朱子之说,自家特色较不明显。也许可以推测,纵使朱子不整理张栻遗著,两人思想仍是相当接近。

(作者单位:台湾东海大学哲学系)

---

① 皇侃曾以"礼乐相须"来诠释"礼之用章",然不以礼乐为体、用。

朱熹《家礼》的和刻本

〔日〕吾妻重二著　彭卫民译

引　言

朱熹《家礼》作为冠昏丧祭礼仪的日常实践手册，不仅在中国，在朝鲜、琉球、越南等近世东亚国家也广受推崇，对这些国家的儒教礼仪的形成和普及起到了举足轻重的作用。随着人们对儒教的关注，该书在日本江户时代被广泛阅读，且与该书相关的各种译文、解说、研究等也相继问世。

《家礼》及其刻本的出版，是《家礼》被当时的日本所受容的标志之一。根据当时书目文献等可知，该书在当时大量出版，且收获了大量读者。最初在江户时代，中国书籍主要通过长崎进入日本，但这些书籍数量极为有限，一般人难得一观。因此，应读者需求，日本书肆对《家礼》进行大量翻印。和刻本在刊行时通常会附注返点或送假名等训点。大多数情况下，日本人正是通过这些和刻本来学习中国典籍和文化的。①

据笔者调查，《家礼》相关和刻本至少有四种，分别为浅见䌹斋校点《家礼》五卷附图一卷本、邱濬辑《文公家礼仪节》八卷本、小出永安校点《新刻性理大全》（第十八至二十一卷）中《家礼》四卷本，以及《居家必用事类全集·乙集》（第三至四卷）中的《家礼》部分。到目前为止，这个领域尚是研究空白。因此，本文结合上述和刻本，对礼仪的形成、特点及底本版本等内容进行了研究。

《居家必用事类全集》是一本人们在日常生活使用、指导人们生活行为的日用类书籍。但由于书中家礼部分仅记录了《家礼》的主要内容，对《家礼》中原有的描述内容进行了大幅删减，所以虽然该书中记录的《家礼》概要具有一定的意义，但本文未引用该书进行相关论述。针对该书的有其他相关研究②，如有需要，请另行参考③。

---

① 大庭修：《江户时代中国文化受容的研究》，东京：同朋舍，1986年。
② 关于《居家必用事类全集》，请参考吾妻重二编著：《家礼文献集成·日本篇五》解说（《关西大学东西学术研究所资料丛刊》27-5，后简称"《丛刊》"），大阪：关西大学出版部，2016年。
③ 本稿补充修改了吾妻重二编著：《家礼文献集成·日本篇六》解说（《丛刊》27-6），大阪：关西大学出版部，2016年。

一、和刻本《家礼》（浅见絅斋校点本）

（一）版本的形成过程

和刻本《家礼》校点者浅见絅斋（1652—1712）是江户时代中期的朱子学者，近江高岛人，名安正，俗称重次郎。浅见曾于京都行医，28 岁时拜入山崎闇斋（1619—1682）门下，苦心钻研，成为暗斋门下的代表人物，与佐藤直方、三宅尚斋并称"崎门三杰"。因其不认同暗斋的垂加神道，又因批判"敬义内外"说而被逐出宗门。但他性格刚毅，在被逐出宗门后仍秉持自己的观点，还在京都开办私塾。他一生未入仕途，只倾心于研究和传授学问。

絅斋著作除《靖献遗言》八卷、《靖献遗言讲义》二卷、《白鹿洞揭示考证》一卷、《拘幽操附录》一卷、《四箴附考》一卷、《批大学辨断》一卷外，还有《易学启蒙讲义》三册和《论语笔记》三卷，以及大量以《家礼》相关笔记为主的讲义录。其中，流传于世的文集《絅斋先生文集》十三卷为手抄本①。絅斋著作中以《靖献遗言》最为有名。该书收录屈原、诸葛亮、陶渊明、颜真卿、文天祥、谢枋得、刘因、方孝孺等八位以身殉国的忠臣义士的评传，是一本宣扬大义名分论的著作，对以水户学为首的幕府末期的尊王攘夷派志士产生了极其深远的影响。絅斋还校订了正德元年（1711）《晦庵先生朱文公文集》和元禄六年（1693）《大戴礼记》刊本，所有工作均完成得非常出色，并获得高度评价。②

絅斋于宝永二年（1705）其继母去世之后，开始给学生讲授《家礼》③，门人若林强斋将笔记内容整理成《家礼师说》一书。除此之外，还留存下了《家礼纪闻》（浅见絅斋先生杂记）和《丧祭小记》、《丧祭略记》笔记各一册。原本比起其他学派，崎门派就更加重视《家礼》，而暗斋在宣扬以《家礼》为根本的儒式葬祭仪礼的同时，还在《文会笔录》（一）的第二、第三部分中对《家礼》内容进行了研究④。三宅尚斋所著《朱子家礼笔记》抄本九册和若林强斋精心编纂的《家礼训蒙疏》刊本四卷，也是崎门派研究《家礼》的标志性成果。⑤

此外，和刻本《家礼》五卷由絅斋校点并附图后加以刊刻。全书共三册，第一至三卷为第一册，第四至五卷为第二册，《家礼》图别为第三册。此处刊载的

① 《絅斋先生文集》，《近代儒家文集集成》第二卷，ぺりかん社，1987 年影印本。

② 关于《朱子文集》的校点及其正确性，请参考近藤启吾：《浅见絅斋的研究》，东京：神道史学会，1970 年，第 78 页；友枝龙太郎：《朱子的思想形成》附录一《朱子语类的形成　付·朱子文集》，东京：春秋社，1979 年。关于《大戴礼记》的校点，请参考长泽规矩也：《和刻本经书集成》第四辑解说，东京：汲古书院，1977 年。

③ 近藤启吾：《浅见絅斋的研究》"年谱"，第 423 页。

④ 《增订山崎闇斋全集》第一卷所收，ぺりかん社，1978 年影印版，第 102～138 页。

⑤ 请参考吾妻重二编著：《家礼文献集成·日本篇一》解说（《丛刊》27－1），大阪：关西大学出版部，2010 年。此外，该书还影印了《家礼训蒙疏》。

书影为关西大学综合图书馆藏本(请求记号：3851S2-1～3)。该书是京都秋田屋平左卫门、大坂河内屋喜兵卫、江户须原屋茂兵卫三家书肆于宽政四年联合出版的再刊本,这三家书肆为代表三都的大型出版社,由此可见当时的印刷册数之多。绚斋校点本的《家礼》除再刊本外,还有宽政八年、天保二年、嘉永五年等后印本①,广为后世传阅。

在该版本第二册末尾识语中题"元禄丁丑季冬日,浅见安正谨识",由此可知该书在元禄十年(1697)校点完毕并出版发行。② 但此处存在一个疑点,即该书刊记题"延宝三年乙卯春三月寿文堂旧版烧毁/宽政四年壬子年秋九月复刻",如果据此推断,寿文堂的木版刻本于延宝三年(1675)被烧毁,宽政四年(1792)又复刻了木版刻本并出版发行。但延宝三年比绚斋完成《家礼》校点的元禄十年早了二十二年。寿文堂是京都的书肆,也是武村市兵卫的堂号③,寿文堂除出版了上述的《晦庵先生朱文公文集》八十册外,还出版了大量山崎暗斋及其门人的著述,如《文会笔录》二十八册、《玉山讲义附录》五册等。如该情况属实,那么在延宝三年前就已出版了《家礼》和刻本。但因目前尚无法证实这种早期版本的情况,且长泽规矩也的《和刻本汉籍分类目录(增补补正版)》也可能是根据该刊记编制而成,所以虽然《延宝三刊(寿文堂)》中记录有《家礼》的相关内容,但其原稿仍被视为"未曾见过"④。再结合复刊的时间,即宽政四年距离延宝三年相差了近一百二十年来看,该消息可能有误。但首先能确认的一点是所有的《家礼》和刻本的初版均是绚斋的校点本。

在该版边框上的线框里有"某当作某"的校记。在上述的《晦庵先生朱文公文集》和《大戴礼记》校点本的边框上也有相同的校记,这些充分体现了绚斋的工作严谨。

此外,国立公文书馆(内阁文库)收藏有昌平坂学问所旧藏的绚斋校点本《家礼》(请求番号：274-0101)。虽然版式几乎相同且有绚斋的跋文,但没有刊记,且边框上的校记也有所不同,或许这就是元禄十年的绚斋校点本的初版。关于该和刻本的形成,绚斋的识语中有以下一段话：

> 丘濬曰：《文公家礼》五卷而不闻有图,今刻本载于卷首而不言作者,图注多不合于本书,非文公作明矣。其说具于仪节,而今《性理大全》所载增说不亦惟丘氏所议也。盖朱子时既有数图,学者别传录之,而后人仍补

① 长泽规矩也：《和刻本汉籍分类目录(增补补正版)》,东京：汲古书院,2006年,第13页、第238页。

② 这一点从元禄十一年的出版目录《增益书籍目录》(九屋源兵卫)收录了作为《家礼》元本的浅见校对版就可看出。参见市古夏生：《元禄正德板元别出版书总览》,东京：勉诚出版社,2014年,第232页。

③ 市古夏生：《元禄正德板元别出版书总览》,第234页以下；井上宗雄：《日本古典籍书志学辞典》"武村市兵卫"条,东京：岩波书店,1999年,第375页。

④ 长泽规矩也：《和刻本汉籍分类目录(增补补正版)》,第13页。

凑以为全篇,冠于此书耳。今不敢删,且因见本别为一卷附焉。

由于此处引用的丘濬之言出自其《文公家礼仪节》序言中的双行注,且与明朝《性理大全》中的家礼图和《家礼》原文有出入,由此判断该书不是朱熹所著。尽管纲斋认可这一事实,但由于刻本应是后人以朱熹所著的几幅插画为基础进行的增补,所以纲斋没有删除后人增补的内容,而是将其附在《家礼》中别为一卷。① 原《性理大全》本中的《家礼》,其插图被冠于卷首,但在此处则是附在后面。有些和刻本《家礼》中的图位于卷首(笔者家藏本即是),但插图位于最后的版本可以说才是纲斋版本《家礼》原本的体裁。这一体裁也与上文提到的国立公文书馆的昌平坂学问所的旧藏本相同。

(二) 关于和刻本《家礼》的底本

纲斋将该跋文和内容相同的文章作为《书原稿家礼后》收录于他的文集(《纲斋先生文集》卷十一)。当时的出版目录也将其收录为《家礼元本》。② 也就是说,这五卷书就是《家礼》的"原稿"。但到底是不是仍有待商榷,因为人们认为这一体裁是纲斋独具特色的还原成果。

阿部吉雄氏对《家礼》做了开创性的研究,他对纲斋校点本的评价是:"我国浅见纲斋校点本也去掉了全集的注释,并校正了文字的版本。"③虽然遗憾的是阿部氏未能说明其这一看法的依据,但从结论来看,阿部氏的看法是正确的。因为中国的《家礼》旧版本没有像纲斋校点本这样的体裁。《家礼》本身有两个版本系统。即:

  A. 周复五卷本系统……宋版、公善堂覆宋刊本、明版、四库全书本、郭嵩焘本。

  B. 《性理大全》系统……纂图集注本、朱子成书本、性理大全本、和刻本。

根据各版本文字内容差异可知存在这两个系统。其中,纲斋校点本(和刻本)属于B系统,即《性理大全》本系统。④ 但所有B系统版本的书均不是五卷本。南宋《纂图集注》本(《纂图集注文公家礼》)为十卷,元朝《朱子成书》本(黄瑞节编《朱子成书》所收本)为一卷,《性理大全》本为四卷。简言之,B《性理大全》系统中只有和刻本是五卷本。而A系统中,南宋末期周

① 《性理大全》本中的"家礼图"确经元人黄瑞节整理汇总。参见吾妻重二:《关于朱熹〈家礼〉版本和思想的实证研究》,《科学研究费补助金·基础研究(C)(2)研究成果报告书》,2003年,第29页以下。

② 元禄十一年的《增益书籍目录》等。

③ 阿部吉雄:《关于〈文公家礼〉》,收入《服部先生古稀祝贺纪念论文集》,东京:富山房,1936年,第36页。

④ 关于《家礼》各类版本的详细情况,请参考吾妻重二:《关于朱熹〈家礼〉版本和思想的实证研究》,《科学研究费补助金·基础研究(C)(2)研究成果报告书》,书中关于"校勘本《家礼》"的解说。

复编写的五卷本是原稿,是现存《家礼》各种版本体裁中最古老最接近原貌的版本。而实际上,在卷五之后附上杨复的注释作为《家礼附录》等做法,这一点与朱熹的《家礼》原稿不同。① 但没有证据表明绀斋参考了 A 系统的版本。

以下,我们尝试研究《家礼》的朝鲜刊本,因为我们不能否定绀斋在看到朝鲜刊本后将其作为"原稿"的可能性。但朝鲜刊本是四卷本或七卷本,没有五卷本。据对朝鲜刊本进行了详细研究的张东宇氏表示,在明宗十八年(1563)出现了仅将《家礼》从《性理大全》中独立出来,并以木刻版形式刊行的四卷本;此后孝宗九年(1658)出现了七卷本;英祖三十五年(1759)云阁刊行了戊申字版的七卷本。② 韩国延世大学全寅初教授所编《韩国所藏中国汉籍总目》也印证了这一事实,里面收录的《家礼》没有一本能够明确证明其为五卷。③ 近年来,首尔影印出版的《朱文公家礼》为七卷,与戊申字刊本系统相仿④,卷首为《家礼》图,卷一为通礼,卷二为冠礼,卷三为昏礼,卷四为丧礼一,卷五为丧礼二,卷六为丧礼三,卷七为祭礼。

除此之外,国立公文书馆(内阁文库)的《家礼》藏本中,有江户时代流传下来的朝鲜刊本(请求番号:274 - 0106)。根据这一刊记可知,这是万历三十一年(1603)的川谷书院本,也是林鹅峰为其附注了训点并用来教育次子凤冈的文稿,所以由此可断定这是在江户时代早期流入的版本。⑤ 该书为四卷本,扉页题"家礼大全",似乎就是前面提到的仅将《家礼》从《性理大全》中独立出来的版本。主要内容与后述的《性理大全》本一致,卷一为家礼图,卷二为通礼、冠礼、昏礼,卷三为丧礼,卷四为丧礼续和祭礼。但总结来说,

    C. 朝鲜刊本……为四卷本或七卷本。

故很明显,朝鲜刊本不是绀斋参考的版本。虽然细节处仍有待考证,但总体来讲绀斋以《性理大全》本的《家礼》为原稿,还原了被视为《家礼》原稿的五卷本。⑥ 但事实上这类《家礼》文稿在中国和朝鲜都没有留存下来,是绀斋基于自

---

① 南宋《郡斋读书志·附志》中有"《家礼》五卷"的提法,所以原稿确实是有五卷的,但该原稿版本没有在后世流传。参见吾妻重二:《〈家礼〉的刊刻与版本——到〈性理大全〉为止》,《关西大学文学论集》,1999 年第 48 卷第 3 号。吾妻重二:《关于朱熹〈家礼〉版本和思想的实证研究》,《科学研究费补助金·基础研究(C)(2)研究成果报告书》收录了该拙论的补订版。

② 张东宇著,篠原启方译:《〈朱子家礼〉的受容与普及——以东传版本的问题为中心》,收入吾妻重二、朴元在编:《朱子家礼与东亚的文化交涉》,东京:汲古书院,2012 年。

③ 全寅初主编:《韩国所藏中国汉籍总目》,首尔:学古房,2005 年,第 155 页以下。

④ 《朱文公家礼》,首尔:美丽出版社,2001 年。

⑤ 该书卷末旁注为"戊申九月三十日口授,仲龙加训点毕,林学士","己酉十月二十三夜加朱句了,林慧"。这里提到的"林学士"即林鹅峰,"仲龙"、"林慧"即鹅峰之子林凤冈。"戊申"即宽文八年(1668),"己酉"即宽文九年(1669)。

⑥ 南宋赵希弁《郡斋读书志》的《附志》中有"《家礼》五卷",由此可知《家礼》原本就是五卷本。

己的判断编制而成的。①

下面让我们看看《绚斋先生文集》卷八中的《读家礼》一文。虽然文章略长，但我认为这是一篇能够很好地展现绚斋《家礼》研究深度的文章，故此处引其全文：

> 《朱子家礼》一书，所以本名分纪人伦，而固有家日用之不可得而阙者也。然世之学此书者，本不考乎所谓名分人之实，而徒区区于仪章度数之末，欲以施诸日用。是以拘泥烦杂，每苦以难行而无味也。盖有天地，然后有人伦，然后有（然后有）礼仪，则无古今、无远近，不容于一日离礼而立。若夫因时而变，随地而处，则自有当然之宜，而审察而能体焉，则莫往不天地自然之理矣。世之不明于此者，或据礼书之本文，必欲事事而效之、句句而守之，则于本心人情已有不安者，而言语之便、衣服之制、器械之度，皆有不可彼此相强而通者。殊不知，礼也者，理而已矣。苟不得其理，而惟礼文之拘，则先失我所以行礼之理，尚何得合名分人伦之本哉？是以予之译诸和文以诱礼俗，其意非不切。而其所以书礼节之方，则因旧株守异国古制之迹，不明本邦天地一体、风俗时宜之理。不必礼书之说，则为失儒者之体，不知以吾日本之人，变于世俗之所谓唐人，其可谓错名分、失大义甚矣。顷因讲礼书，窃有所感焉，因笔记如此云。元禄戊寅仲夏某日，谨书。

此文完成于《家礼》校点完后的次年，即元禄十一年（1698）。文章考虑到了日本的国情，没有拘泥于"仪章度数"或"礼文"，即没有拘泥于《家礼》中细枝末节的规定，并首次构建了生而为人所应具备的礼仪。礼仪是人区别于禽兽的标志，这是朱子学的基本观点。绚斋以《家礼》为基础，尝试在日常的生活中寻求作为人应有的规范与法则。古人云"礼也者理而已矣"（礼是唯一法则），唯有礼象征着法则，因此礼也是人生而有之的品格。此外，浅见绚斋是重要的《家礼》实践者，他根据《家礼》制作了神主（牌位）。②

二、和刻本《文公家礼仪节》（丘濬辑）

（一）版本的形成过程

《文公家礼仪节》八卷本是明中期丘濬（一作邱浚，1418—1495）为便于人们更好地实践朱熹的《家礼》而重编的著作，日本也出版了该书的和刻本。

---

① 吾妻重二：《关于朱熹〈家礼〉版本和思想的实证研究》，《科学研究费补助金·基础研究（C）(2)研究成果报告书》，其中关于"校勘本《家礼》"的解说，曾说过绚斋将《性理大全》系统的五卷本作为校点本，此处做出修正。
② 参见近藤启吾：《儒葬和神葬》，东京：国书刊行会，1990年。

丘濬是明朝杰出的政治家,也是才学博洽的朱子学者。丘濬,广东琼山人,字仲深,号深庵、玉峰。生前任翰林院学士和文渊阁大学士,功绩斐然,死后谥号文庄。他的著作除《文公家礼仪节》外,还有《大学衍义补》一百六十卷、《朱子学的》二卷、《盐法考略》一卷以及《丘文庄公集》十卷等。特别是《大学衍义补》一书,作为与朱子学政治思想有关的百科辞书资料集,曾在日本和朝鲜多次出版发售。① 除此之外,还出版了和刻本的《新刻丘琼山故事雕龙》二卷和《新镌详解丘琼山故事必读成语考》。②

顺带一提,正如序言所提及那样,丘濬的《文公家礼仪节》写于明成化十年(1474)。关于其观点有如下描述:

> 礼之在天下,不可一日无也。中国所以异于夷狄,人类所以异禽兽,以其有礼。礼其可一日无乎? 成周以礼持世,上自王朝,以至于士庶人之家,莫不有其礼。……文公先生因温公《书仪》,参以程张二家之说而为《家礼》一书,实万世人家通行之典也。……夫儒教所以不振者,异端乱之也。异端所以能肆行者,以儒者失礼之柄也。……自少有志于礼学,意谓海内文献所在,其于是礼,必能家行而人习之也。及出而北仕于中朝,然后知世之行是礼者,盖亦鲜焉。询其所以不行之故,咸曰礼文深奥而其事未易以行也。是以不揆愚陋,窃取文公《家礼》本注,约为《仪节》,而易以浅近之言,使人易晓而可行。

丘濬根据在日常生活中是否践行仪礼,首次将中国和夷狄、人类和禽兽区分开来。区别文明与野蛮的标志便是有无礼仪,丘濬便是在《家礼》中探寻作为一个文明的人所应具有的礼仪规范。对于丘濬来说,《家礼》便是"万世人家通行"的通用典籍。但当时因佛教和道教等"异端"的入侵,即使是京城也未严格践行《家礼》。其原因在于仪文"深奥"难以实践。因此丘濬决定以《家礼》为基础,编写一部内容简便、易于操作的礼仪书籍。

因此,《文公家礼仪节》就是一本注重实践的著作,丘濬在本书的"仪节"部分引经据典,在明晰具体仪式规则的同时还添加了插图,并附上"余注"和"考证",因此著作内容的详实度远高于《家礼》。全书八卷,卷一为通礼,卷二为冠礼,卷三为昏礼,卷四为丧礼,卷五为丧葬,卷六为丧虞,卷七为祭礼,卷八为杂仪。其中,本书将丧礼部分按照从"初终"到"成服"以及丧服制度、从"朝夕哭奠、上食"到"反哭"、从"虞祭"到"禫"划分成三个部分(三卷),由此可见丘濬对丧葬礼的重视程度。另外,这三个部分不是通过扉页的标题来区分,而是通过版心上记录的"丧礼"、"丧葬"、"丧虞"来区分。除此之外,卷八的"家礼杂仪"和"家礼附录"中除"司马氏居家杂仪"外,其他全部为丘濬新补充的内容,由此可

---

① 长泽规矩也:《和刻本汉籍分类目录(增补补正版)》,第105页。
② 长泽规矩也:《和刻本汉籍分类目录(增补补正版)》,第153页、第261页。

见其良苦用心。① 之后还出版了各种修订版的《文公家礼仪节》，其发行量与普及度远超《家礼》。②

此处登载的和刻本书影为万治二年（1659）刊本。如刊记所示，这是由京都大和田九左衙门出版的后印本。该和刻本为关西大学综合图书馆藏本，请求记号为 N8-385-1-1~4。其衬页的眉栏上横写着"增订大全"，且在下方题"杨升庵先生手定/文公家礼/种秀堂藏版，金阊舒瀛溪梓行"，可知该和刻本是以明末版本作为底本的（后述），校点者不详。值得注意的是，该和刻本的出版时间比纲斋校点本《家礼》的出版时间早了近四十年，且江户时代初期所称《家礼》，指的便是《文公家礼仪节》。

出版商大和田九左卫门，雅号气求，系江户时代初期活跃于京都出版界的学者。其书肆在京都颇具声望。大和田在宽文七年（1667）——即刊行《文公家礼仪节》八年后，以《文公家礼仪节》为底本，撰述并刊行《大和家礼》。这也是江户时代唯一一本将《家礼》原文完整译为日文并附解说的著作，也是一本很好地证实《家礼》为日本近世初期所受容的著作。③

但该和刻本在形式上与《家礼》略有差异。虽然扉页标题是"家礼"，但引子"家礼序"之后便是"文公家礼仪节目录"、"文公家礼仪节续"（丘濬），且仅在该部分的版心处有"家礼仪节"。此外，虽然封面题签为"文公家礼"，在其下方分别写有"卷之一/通礼"、"卷之二/冠礼"、"卷之三/昏礼"、"卷之四/丧礼"，但这些卷数和章节标题与各册的内容均不一致。人们认为造成书名和卷数标题混乱的原因之一便是与使用的底本为明末坊刻本有关。关西大学综合图书馆藏本的栏外和行间也写有大量的旁注，补述原书内容不完善的地方。

实际上最早的和刻本系由京都风月宗知出版于庆安元年（1648）的《文公家礼仪节》八册本。笔者虽然未曾见过这一版本，但推测应与万治二年刊本一样以舒瀛溪本为底本。之后，在庆安四年（1651）、明历二年（1656）以及万治二年（1659）还分别刊发了《文公家礼仪节》后印本，除此之外，还至少刊发了两种刊年不详的《文公家礼仪节》后印本，由此可见该书也收获了大量的读者。④ 此外，延宝三年（1675）出版的目录《古今书籍题林》，宣传本书为：

> 《文公家礼》，宋朱文公编，明琼山丘濬辑。校注通、冠、昏、丧、祭及杂

① 无论是和刻本，还是后面将会提到的中国诸刊本，以上的详细内容都是相同的。还有一个共同点就是"丧礼"、"丧葬"、"丧虞"等文字写在版心而非扉页标题内。

② Patricia Buckley Ebrey, *Confucianism and Family Rituals in Imperial China: ASocialHistory of Writing about Rites*. Princeton University Press, 1991, pp. 173-176. 佐佐木爱：《明代朱子学宗法复活的挫折——以丘濬〈家礼仪节〉为中心》，岛根大学《社会文化论集》2009 年第 5 号。另外，根据《四库全书总目提要》可知部分插图非丘濬所制，而为书肆纂入。

③ 参见吾妻重二编著：《家礼文献集成·日本篇二》（《丛刊》27-2，大阪：关西大学出版部，2013 年）中的《大和家礼》及其解说。

④ 长泽规矩也：《和刻本汉籍分类目录（增补补正版）》，第 14 页、第 238 页。

礼,引古今经史子集,图文并茂。①

元禄年间出版的辛岛宗宪《倭板书籍考》亦提到:

> 《文公家礼仪节》八卷。大明成化中,丘文庄于朱子《家礼》中增入仪节、考证、杂录。儒家礼法仪章遂蔚然详尽,文庄可谓有功于《家礼》矣。文庄名濬,字仲深,号琼山,谥文庄,广东琼州人,名儒赫官,有《大学衍义补》、《世史正纲》存世。②

这些题跋都很好地展现了该书的特点。

(二) 关于和刻本《文公家礼仪节》的底本

事实上,和刻本并非全盘照搬丘濬《文公家礼仪节》原稿。据衬页上所题"杨升庵手定"可知,后人也参与了该书籍的编制。"杨升庵"即明后期的杨慎(1488—1559)。由于当时中国书肆假借杨慎之名大肆出版书刊,所以很难让人立刻相信书籍是由杨慎手定;但即使如此,也可确定这并非丘濬原稿。下面我们将初步讨论该书的版本情况。

据该书序言可知,丘濬撰述该书的时间为明成化十年(1474),不久后该书便出版发行,而后在成化十六年(1480)又再次刊行。③ 但这些初期版本的下落尚未得到证实。④ 在这之后,该书出现了各种版本,而在详细研究中国收藏之各种珍本的《稿本中国古籍善本书目书名索引》中,该书版本就有十五种之多。⑤ 在这之中,与和刻本相关的且笔者亲眼见过的当前主要流传版本有以下几种。

A 本.正德十三年(1518)直隶常州府刊本。《四库全书存目丛书》经部第114 册(庄严文化事业有限公司 1997 年版)收录有影印本,八行十六字。虽为后印本,却很好地体现了成化年间原刻本的样貌。此外,朱杰人所编《元明刻本朱子著述集成》第八册(华东师范大学出版社 2014 年版)收录了正德十二年(1517)赵维藩太平府刊本的影印本。虽然尚未确认细节,但从书影来看,版式延续了八行十六字,二者在体裁和内容上相同。⑥

B 本.关西大学综合图书馆藏万历年间刊本(L21 - 4 - 21 - 1～3)。九行二

---

① 庆应义塾大学附属研究所斯道文库编:《江户时代书林出版书籍目录集成》第 1 册,东京:井上书房,1962 年,第 181 页。

② 长泽规矩也、阿部隆一编:《日本书目大成》,东京:汲古书院,1979 年影印本,第 17 页。引用时添加标点符号。

③ 在后面提到的正德十三年(1518)刊本(A 本)的卷末有如下刊记:"《家礼仪节》初刻于广城,多误字。后至京师,重校改正,然未有句读也。窃恐穷乡下邑初学之士,卒遇有事,其或读之不能以句,乃命学者正其句读。适福建金宪古冈余君谅以事来朝,谓此书于世有益,持归付建阳书肆,俾其翻刻,以广其传云。成化庚子秋八月吉日谨识。""成化庚子"即成化十六年。

④ 严绍璗:《日藏汉籍善本书录》(北京:中华书局,2007 年)中提到京都大学文学部铃木虎雄文库收藏的《文公家礼仪节》八卷是成化年间刊本(该书第 125 页以下),未确认。

⑤ 天津图书馆编:《稿本中国古籍善本书目书名索引》,济南:齐鲁书社,2003 年,第 80 页。

⑥ 正德十二年(1517)刊本书影录于中国国家图书馆编著:《第四批国家珍贵古籍名录图录》,北京:国家图书馆出版社,2014 年,第 109 页。

十字。卷首有周孔教、杨廷筠、方大镇、杜承式、钱时等五人序言。他们均是在万历年间非常活跃的人物，人们认为该版本是下面 C 本的祖本。

C 本．万历三十七年（1609）杨廷筠修订、钱时刊订本。收藏于京都大学图书馆（中哲史）。① 虽然该本的版式几乎与 A 本相同，为八行十六字，但不知为何卷首朱熹的"文公家礼序"仅有标题没有内容。插图也与 A 本不同。

D 本．杨慎编崇祯刊本。刊行时期参考严绍璗先生的《日藏汉籍善本书录》。② 该版本为国立公文书馆（内阁文库）藏书，是林罗山旧藏（请求番号：274‑0098），九行十八字。在该版本的卷首有"正德庚寅"的杨慎序言，在卷一扉页标题之后题"明成都杨慎编辑"。由此可知该版本是由杨慎而非丘濬编辑。在《四库全书总目提要》"经部礼类存目三"中，确实将该版本归类为"别本家礼仪节八卷旧本题明杨慎编"，并在《提要》中有"《送葬图》中，至画四僧前导，四乐工鼓吹而随之"的描述。国立公文书馆藏本卷五中的《送葬图》，也确实符合四僧前导的描述。③ 此外，正德年间并无"庚寅"这一年号，从杨慎的生卒年来看，杨慎序言中所提及的"正德庚寅"实为"嘉靖庚寅"（即嘉靖九年，1530）之误。

E 本．杨慎手定崇祯刊本。虽然尚未确定该版本的原稿，但已确定这是和刻本《文公家礼仪节》的底本。和刻本为九行十八字。虽然没有明确记载原稿的刊发时间，但根据和刻本衬页"种秀堂藏版金阊舒瀛溪梓行"所提到的舒瀛溪（此人在崇祯年间刊刻了舒弘谔《通鉴纪略》十卷和冯梦龙《纲鉴统一》三十九卷）④可以推断，该原稿的刊行时间为崇祯年间。又因为该文本是杨慎亲编，因此此本的版式与 D 本大致相同。

F 本．陈仁锡重订明末刊本。收藏于关西大学综合图书馆（C2‑385‑S1‑1‑1~3），十行二十二字。衬页题"陈太史重订／文公家礼／刘衙藏板"，卷首有陈仁锡的"重订文公家礼序"。卷一的扉页标题为"重订文公家礼仪节"，下端题"明长洲陈仁锡辑订"。陈仁锡（1581—1636）是明末的政治家。该本版式不同于上面提到的所有版本。⑤

① 据名古屋市教育委员会：《名古屋市蓬左文库汉籍分类目录》（1975）第 50 页可知，蓬左文库收藏的《文公家礼仪节》（118·3）为"明丘浚编辑·明杨廷筠修订"版，是万历三十七年由常州府推官钱时出版发行的版本，因此与 C 本是同一本书。这就是判定 C 本是万历三十七年刊本的原因。此外，杜信孚：《明代版刻综录》第七卷第五页（扬州：江苏广陵古籍刻印社，1983 年）收录了万历三十六年的钱时刊行本。

② 严绍璗：《日藏汉籍善本书录》，北京：中华书局，2007 年，第 126 页。

③ 可是，收录该"送葬图"并非始于杨慎版本（D 本），因为 B 本早已有相同的图案了。其他各版本均未收录此图。

④ 参见杜信孚：《明代版刻综录》第六卷第十一页的"种秀堂"。魏同贤编：《冯梦龙全集》，上海：上海古籍出版社，1993 年，第 8~12 册中还收录有《纲鉴统一》的影印。

⑤ 另外，乾隆三十五年（1770）的刊本是和刻本的底本之一，收入丘文庄公丛书辑印委员会：《丘文庄公丛书》1972 年，国会图书馆（HB117‑4）藏。扉页题"乾隆庚寅年重修《丘公家礼仪节》板藏宝勒楼"，此本虽为八卷，但书末并未收录"《家礼》杂仪"和"《家礼》附录"。

而特别值得注意的是,在各不同版本中,B本、D本、E本、F本的卷八"家礼杂仪"之"司马氏居家杂仪"中,均有与女性相关的五项要求记录。即:(一) 家道不和生自妇人;(二) 妇人三从之道;(三) 女有五不取;(四) 妇有七去有三不去;(五) 治家贵忍。这些很显然都是对女性差别的描述,男尊女卑的思想显著。值得注意的是,这五条要求原本并不是司马光《书仪》卷四之"居家杂仪"中的内容,也不是《家礼》卷一中收录的"司马氏居家杂仪"中的内容,更不是《文公家礼仪节》早期版本(A本、C本)中的内容。由于该和刻本是以 E本为底本,所以理所当然地收录了这五条要求,所以其与《家礼》以及其他的《文公家礼仪节》都不同。①

关于《家礼》中朱子学的女性观需另行研究,此处不予详述。但值得注意的是,和刻本《文公家礼仪节》所使用的底本与丘濬原著不同,是明末的崇祯刊本。自该书的底本在中国出版发行仅二十几年之后,其校点过的和刻本便在日本出版了。这一事例证实了中国书籍很早便已在江户时代的日本传播了。

另外,此处笔者想就伊藤东涯(1670—1736,名长胤)多次阅读《文公家礼仪节》发表一些看法。在天理大学古义堂文库中收藏有东涯最喜爱的和刻本《文公家礼仪节》。从本书的笔记可知,东涯是在宝永元年(1704)开始阅读本书的。② 另外,在美国国家图书馆也收藏有东涯最喜爱的杨慎编《文公家礼仪节》(D本),该书中有如下笔记:

> 日本贞享四年,岁次乙卯二月初十日洛阳伊藤长胤阅毕。元禄二年,己巳之年再阅。始乎戊辰,毕乎己巳腊五日。元禄三年、癸酉六月十三日,重会毕。东涯散人书。③

据此或许可推断东涯曾在贞享四年(1687)和元禄二年(1689)阅读过该书。元禄三年(顺带一提,"癸酉"即元禄六年)的"重会毕"就是在古义堂举行的集会。总之,东涯也是通过《文公家礼仪节》一书来学习《家礼》和研究儒教仪礼的。另外,新井白石和猪饲敬所细读和研究的也是《文公家礼仪节》一书。④

三、和刻本《新刻性理大全》家礼部分(小出永安校点本)

(一) 版本的形成过程

永乐十二年(1414)十一月,重视朱子学的永乐帝敕令翰林院学士胡广、侍讲学士杨荣及金幼孜纂修《五经大全》、《四书大全》、《性理大全》。几人在领命

---

① 参见吾妻重二编著:《家礼文献集成·日本篇二》解说。
② 参见天理图书馆编:《古义堂文库目录》,"《文公家礼》《家礼仪节》)"条,奈良:天理大学出版部,1956 年,第 6 页。
③ 王重民:《中国善本书提要》,上海:上海古籍出版社,1983 年,第 22 页。
④ 参见吾妻重二编著:《家礼文献集成·日本篇五》《丛刊》27 - 5)所收新井白石《家礼仪节考》及猪饲敬所《文公家礼仪节正误》影印本,大阪:关西大学出版部,2016 年。

后即刻开始纂修工作,并于次年(即永乐十三年,1415)九月完成了三书的纂修。永乐十五年(1417)三月,这三本冠有"御制序言"的书被分发至中央官厅和北京/南京国子监以及各郡县学校,从而普及到全国(《明太宗实录》)。并且,此三书被归为永乐帝的敕撰书,成为科举考试的标准答案,同时也是明代以降的"国家教材"。在这之中,《性理大全》七十卷——准确说来应是《性理大全书》,此处使用通称——收录了与《四书》《五经》无关的宋代朱子学者们的著作(即朱子学丛书),其中收录了周敦颐、张载、二程、朱熹、蔡元定等人的主要著作,同时还收录了这些著作的各种注解。自然,《家礼》也被收录其中。① 下面,我们通过明内府刊本来了解一下这些内容。②

卷一《太极图》:周敦颐《太极图·图解》和朱熹《太极图说解》及其注解;卷二~三《通书》:周敦颐《通书》和朱熹《通书解》及其注解;卷四《西铭》:张载《西铭》和朱熹《西铭解》及其注解;卷五~六《正蒙》:张载《正蒙》及其注解;卷七~十三《皇极经世书》:书名虽为《皇极经世书》,但实际收录的是蔡元定的《皇极经世指要》;卷十四~十七《易学启蒙》:朱熹《易学启蒙》及其注解;卷十八~二十一《家礼》:朱熹《家礼》及其注解;卷二十二~二十三《律吕新书》:蔡元定《律吕新书》及其注解;卷二十四~二十五《洪范皇极内篇》:收录蔡沈《洪范皇极内篇》;卷二十六~七十理气以下,诗文以上:收录朱熹及其后生的言论和诗文。

《性理大全》卷十八~二十一收录的《家礼》在原文基础上,增加了杨复、刘垓孙、刘璋等南宋以降学者的注解,而后中国和李氏朝鲜将该书奉为极具权威的著作。

此处登载的和刻本书影为承应二年(1653)刊刻的《新刻性理大全》七十卷四十一册,卷一内题为"新刻性理大全",书有"温陵九我李太史校正"字样,国立公文书馆内阁文库所藏,请求番号为-0033。该书卷十八至卷二十一为《家礼》,共四卷二册,卷十八(家礼一)为"家礼图",卷十九(家礼二)为"通、冠、昏礼",卷二十(家礼三)为"丧礼",卷二十一(家礼四)为"丧礼续"及"祭礼"。

这是一本非常出色的精刻本。全书校点者为小出永安,出版商为京都田中清左卫门和小岛弥左卫门。③ 据永安跋文可知,校点工作完成于庆安四年

---

① 关于《性理大全》的形成,可参见吾妻重二:《〈性理大全〉的成立与〈朱子成书〉——兼及元代明初的江西朱子学派》,收入氏著:《朱子学的新研究——近世士大夫思想的展开》,北京:商务印书馆,2017年,第341~355页。

② 根据这些内容可以断定《孔子文化大全》(济南:山东友谊出版社,1989年)中影印的《家礼》为明内府刊本。

③ 承应二年刊本的出版商有野田庄左卫门·田中清左卫门,而长泽规矩也《和刻本汉籍分类目录(增补补正版)》,第107页将田中清左卫门·小岛弥左卫门刊发的刊本归为后印本。正如后面永安跋文中所说的那样,初版是由田中和小岛发行的,因此有必要进行订正,而野田庄左卫门出版的为后印本。

(1651)，并于两年后（即承应二年）出版。书名为《新刻性理大全》，冠以"新刻"二字，是为区分永乐年间出版的《性理大全》）。对此，本文后面将会再行讨论。

小出永安（？—1684），尾张人，名立庭，字不见，号永安或永菴（永庵），俗称内记，居室称新焦轩。幼时聪颖，在京都师从熊谷活水，学成之后担任尾张藩儒。其师熊谷活水（？—1655）为位列藤原惺窝门下四天王之一的尾张藩儒堀杏庵（1585—1642）门人。在那之后，永安再次游览京都，并在江户任官，服务于木下利康（肥后守）。永安之子小出蓬山，蓬山养子小出侗斋，侗斋养子慎斋均为尾张藩儒。①

永安著有《中庸章句倭语钞》八卷四册、《孝经大义讲草钞》六卷六册、《孟子序说假名抄》一册、《江府纪行》一册（收入《词林意行集》），这些均有刊本，并有写本《论孟序说假名抄》一册传世。其重要的学术功绩在于校点了不少汉文书籍，《新刻性理大全》七十卷是其中最大的一部分，其他已知书籍②如《老子翼》六卷、《庄子翼》十一卷，承应二年（1653）刊本，由京都小岛市郎右卫门出版发行，之后还有很多后印本。该刊本影印本收入长泽规矩也所编《和刻本朱子大成》第十辑（汲古书院1976年版）中。宽文十一年（1671）《直音傍训周易句解》十卷本，由京都吉野屋总兵卫出版发行。宽文八年（1668）《五伦书》六十二卷本，由京都小岛弥左卫门发行。在这之中，尤以《老子翼》和《庄子翼》的校点最为有名。可以说这些都是所有江户儒学草创期的学者所做的启蒙工作。

另外，永安的跋文对和刻本《新刻性理大全》的刊刻目的作出如下说明：

> 上帝无言而四节自运、万汇自化，此无他，以蕴其理也；圣人有言而八政正敷、五教正叙，此无他，以尽其性也。曰理曰性，虽有天人之别，其实一途，非有二轨矣。大矣哉！性理之为义也。……悲夫，自圣贤既逝，而世道日降月衰，举天下无知所谓性理者。……于戏！有天之未丧斯文也，濂洛诸君子崛起于千有余年之后，以丕阐性理之教。于是乎孔氏家之青毡再布于天下，可嘉之、可尚之。……方今田中宣重、小岛广繁戮力，将镂梓经营乎不朽之懿，谋以请绪正于我先生熊谷氏。先生大嘉其举，然官事无盬而不暇应其需以故，不以庭弗类属之，校雠且点以倭训。因拳拳祗载较诸本之异同，随而折中之，复字画之舛错，就而是正之。……
>
> 庆安辛卯冬十有一月癸未日／尾阳吾汤市热田后学／永庵小出立庭不见／敬把毫于洛阳侨寓。

由此可知，永安将"理"定义为天道的真理，"性"定义为人类的真理，并称赞《性理大全》是明确了天人真理的伟大著作，诚可谓朱子学者式的见解。据说，近年来书肆的田中、小岛委托熊谷活水校订该书，但由于活水公务繁忙没

---

① 细野要斋：《尾张名家志》卷上。

② 长泽规矩也：《和刻本汉籍分类目录（增补补正版）》，第158页、第4页、第107页。

有时间，所以永安决定按照师父嘱托校点此书。顺带一提，督促活水和永安进行校点的田中清左卫门还出版了《陆象山集要》六册和《素问灵枢》等重要汉籍。

之后，京都野田庄左卫门出版了《新刻性理大全》后印本。① 此外，在刚才引述的延宝三年出版的目录《古今书籍题林》中，该书被描述为："《性理大全》作者与《四书大全》同，汇集了性理的沙汰诸儒的学说。"②辛岛宗宪的《倭板书籍考》中也有对该书的描述："《性理大全》七十卷，有补注本，为永乐天子敕修三大全书之一。编者与《四书大全》的编者为同一人。校点者为熊谷立设弟子小出永安。"该书可以说是一本非常有名的儒学著作。虽然永安煞费苦心做了校点，但不久之后林鹅峰（1618—1680）便指出了其中的错误。林鹅峰在《性理大全跋》中写道：

> 解《四书》《五经》，开示其蕴奥，于宋儒备矣。其为辅翼，无切于《性理大全》。华本传来已久，顷年新刊本出而流行于世，便于学者，然倭训往往不免纰缪。余家藏朝鲜本，限句分读甚鲜明矣。自去岁之忱，乃把此本而口授狛庸、仲龙，每月各课三夜，新加训点，以塞修史之暇。萤雪月灯，分影假光，积一年有半余而全部七十卷，遂终编之功。③

由此可知《性理大全》是帮助理解宋儒学说的重要文献，虽然该文稿很早便已传入日本，但最近新出的《倭训》刊本仍有大量错误。这里提到的刊本即永安校点本，鹅峰为纠正这些训点的错误，参考家中收藏的朝鲜本句读，每月花三晚的时间添加训点，并由其门人狛高庸和中村祐晴笔受相关内容。根据鹅峰《国史馆日录》可知，加点作业始于宽文八年（1668）三月一日，结束于宽文九年（1669）十二月十五日，呕心沥血，历时一年零十个月终于完工。④

当然，永安的校点是在对朱子学研究和理解还不够充分的江户时期进行的，这是导致由鹅峰所指出错误的原因之一。但鹅峰补充校点的《性理大全》文稿没有出版过，所以说永安校点本的《性理大全》七十卷作为唯一的和刻本，对朱子学在日本的普及起到了举足轻重的作用。江户时代初期儒学的领军人物中村惕斋（1629—1702）所阅读的《性理大全》也是永安的校点本。⑤

① 市古夏生：《元禄正德板元别出版书总览》，第 404 页。
② 庆应义塾大学附属研究所斯道文库编：《江户时代书林出版书籍目录集成》第 1 册，第 181 页。
③ 林鹅峰：《鹅峰林学士文集》卷九十九，ぺりかん社，1997 年影印本。
④ 关于林鹅峰的《性理大全》校点工作，可参见榧木亨：《林家〈律吕新书〉研究——以林鹅峰〈律吕新书谚解〉为中心》，《关西大学东西学术研究所纪要》，2016 年总第 49 辑。另外，市立米泽图书馆收藏有《性理大全》朝鲜刊本，因该版本有标点符号，因此人们认为鹅峰看到的版本也与该版本为同一系统。
⑤ 榧木亨：《中村惕斋和〈律吕新书〉——〈修正律吕新书〉及〈笔记律吕新书说〉的文献学考察》，关西大学东亚文化研究科《东亚文化交涉》2013 年创刊号。

（二）关于和刻本《新刻性理大全》的底本

下面，我们尝试着就和刻本《新刻性理大全》的底本进行研究。和刻本卷末跋文前的牌记题"万历癸卯年/仲春月梓行"。虽然可由此推测底本是万历三十一年（1603）的刊本。但事实上，明后期出现了坊刻的各种《性理大全》增注本，样态极其复杂，因此不能轻易作出判断。

在和刻本的每一段后面，都附有《性理大全》原本没有的"集览"和"补注"，这也是和刻本的特色之一。该"集览"是由玉峰道人于明正德六年（1511）左右编著而成，附在《性理群书大全》（性理群书集览）七十卷中；"补注"也在同一时期由周礼编写而成。①

另外，如上所述，和刻本卷一的扉页标题下题"温陵九我李太史校正"，是明人李廷机校正过的文稿。李廷机（1542—1616），福建泉州府晋江人，字尔张，号九我，谥号文节。温陵是泉州的雅名。万历十一年（1583），李廷机在殿试中夺得榜眼，尔后在翰林院编修、国子监祭酒、南京吏部、户部、工部等部门任职，政绩斐然，之后又在北京担任礼部右侍郎、左侍郎等要职；万历三十五年（1607）以礼部尚书兼东阁大学士身份入主内阁。虽然不久之后，李氏因卷入党争而辞官，但由于其在政界的成绩和廉洁的为人，使他在当时声望斐然，甚至还担任过科举的考官。随着他的名声日益显赫，自万历以后到明末，民间书肆出版了大量署名李廷机的科举考试用书。② 姑且不论《性理大全》中登载的校正者是否做出过实际工作，但毫无疑问，这一现象反映出明末出版界的真实情况。现在，我们再尝试着研究由李廷机校正和题署版本的《性理大全》。

A本.东京大学综合图书馆藏书《新刻九我李太史校正性理大全》（B60 - 1287）。卷首内题"新刻九我李太史校正性理大全卷之一/温陵九我李太史校正"，卷末牌记题"万历癸卯年/仲春月梓行"。由于这些内容与和刻本相近，因此会误以为这就是和刻本的底本，但里面没有像和刻本那样附上"集览"和"补注"。事实上，仅有卷一内题"新刻九我李太史校正"，卷二及之后的卷册内题"性理大全卷之○"，这也是与和刻本的差异之一。特别是，即便是两书有相同牌记（万历癸卯年），但内容也有所不同，因此不能完全相信牌记的内容。明末出版界的乱象由此可见一斑。

B本.国立公文书馆（内阁文库）藏书《新刻九我李太史校正性理大全》（299 - 0034）。卷一内题"新刻九我李太史校正大方性理全书卷之一/温陵九我李廷机校

---

① 参见三浦秀一：《明代中期的〈性理大全〉——对东北大学图书馆藏本的书志学意义的贡献》，《集刊东洋学》2013 年总第 109 号。该论考有助于介绍明代后期刊行的各种版本的《性理大全》增注本。《性理群书大全》是《性理大全》的增注本之一，而"集览"原本就登载在《性理群书大全》七十卷之中。现在收录于《四库全书存目丛书》子部第 8—9 册之中。该书卷一的扉页标题为《性理群书大全》，但开头的"引用姓氏总目"和"目录"则是《性理群书集览》。

② 参见表野和江：《宰相的考试参考书——李廷机和举业书出版》，《艺文研究》，2004 年第 87 号。

正"。但卷二及之后的扉页仅题"性理大方书卷之○",没有标注李廷机的名字。值得注意的是,无论内容是否是"性理大全",但书名就是"大方性理全书"。虽然没有牌记和刊记,但人们认为这与东京大学东洋文化研究所收藏的《新刻九我李太史校正大方性理全书》(C4524900)为同一本书。若真是如此,那么这便是万历三十一年(1603)金陵应天府学刊本。① 虽然该版本随处都有"集览"和"补注",但在《家礼》部分没有看到这些"集览"和"补注",这一点明显与和刻本不同。

C 本.东京都立中央图书馆(诸桥文库)所藏《新刻性理大全书》(122 -MW - 25 诸 775)。衬页题"太史李九我先生纂订/性理大全/青畏堂藏版"。卷一内题"新刻性理大全书",它的下方仅有一个"校"字,似乎删掉了正上方原本该有的校点者姓名。书中没有牌记和刊记。此外,仅从《家礼》部分来看,里面没有附上"集览"和"补注"。

如上所述,尽管以上 A、B、C 本题有"李廷机校正",且在形式上与和刻本相似,但因为没有"集览"和"补注",或附上的"集览"和"补注"极不完整,所以不能说这是和刻本的底本。② 另外,有的版本虽未题"李廷机校正",但内容却与和刻本相似,这类版本如下。

D 本.国立公文书馆(内阁文库)所藏《新刊性理大全》(005－0003)。在卷首"御制性理大全书序"之后有"嘉靖十九年叶氏广勤堂校正重刊"的牌记,在卷七十末尾有"嘉靖庚申孟秋/进贤堂梓新刊"的牌记。据此可知,嘉靖三十九年(1560)进贤堂新刊发了嘉靖十九年(1540)广勤堂的重刊本。该版本虽然没有李廷机的题署,但其最大的特点就是有"集览"和"补注"。

该书《家礼》部分与和刻本版本完全不同,完整地附上了"集览"和"补注"。除此之外,在卷首的"先儒姓氏"处还记录了每位学者的详细经历,这一点也与和刻本一致。栏外线框内的标题也大致相同。该书的版式为十一行二十六字,与和刻本的九行二十字不同。另外两个版本的书名也不相同,该书的书名是《新刊性理大全》,而和刻本的书名为《新刻性理大全》,但两个版本的内容却完全一致。如果是这样,那么该 D 本即使不是和刻本的底本,也可以说是和刻本的祖本了。

对此,我们先看看书名与 D 本《新刊性理大全》相同的版本(主要有以下两个版本)。

E 本.东京大学东洋文化研究所收藏的《新刊性理大全》(编号:C4524700)。在卷七十末尾题"嘉靖庚申孟秋/进贤堂梓新刊",还有和 D 本相同的嘉靖三十九年(1560)的牌记,但《家礼》部分没有附上"集览"和"附注"。也没有李廷机的题署。

---

① 该万历三十一年金陵应天府学刊本也著录于杜信孚《明代版刻综录》第七卷第十一页中。

② 另外,万历三十一年(1603)刊本中除题"李廷机校正"外,还有其他版本。在中国古籍总目编纂委员会编《中国古籍总目(子部)》(上海:上海古籍出版社,2010 年,第 32 页)著录的吴勉学刻本《新刻九我李太史校正性理大全书》就是此种版本。但笔者尚未见过,因此尚不清楚是否有"集览"和"补注"。

F本.米泽市立图书馆收藏的《新刊性理大全》(米泽善本三六)。在卷首"御制性理大全书序"之后有"嘉靖壬子年余氏双桂堂校正重刊"的牌记,为嘉靖三十一年(1552)的刊本。该本仅有《家礼》部分,没有附上"集览"和"补注",也没有李廷机的题署。版式与E本相同,从年代先后来看,E本应是F本的重刻版本。

明代(尤其是嘉靖年间以后)《性理大全》的刊行状况极其错综复杂。虽然书名相同、题署相同、牌记相同,但内容却不相同,令人感到困惑。若要好好理清这些版本间的关系,还需另行做详细的调查。对于和刻本的底本,暂时整理出了如下内容。

第一,《性理大全》为明永乐十三年(1415)由胡广和杨荣等人编纂的敕撰书,编纂完之后不久便出版发行。第二,明正德六年(1511)左右,玉峰道人补充了"集览",编制成了《性理群书大全》(性理群书集览)七十卷。第三,这一时期,周礼进一步补充了"补注"。第四,明中期以降,还出现了各种增注本的《性理大全》。根据中国古籍总目编纂委员会编的《中国古籍总目》可知,《性理大全书》七十卷的刊本有十三种,《新刊性理大全》七十卷的刊本有十二种,《新刻性理大全书》七十卷的刊本有四种,《新刊宪台厘正性理大全》七十卷的刊本有三种,《新刻九我李太史校正性理大全》七十卷的刊本有两种,此外还有《性理群书大全》七十卷和《性理大全会通》七十卷的刊本。书类之多,用汗牛充栋来形容确不为过。①

在数量众多的相关书籍中,和刻本《新刻性理大全》的祖本是嘉靖三十九年(1560)进贤堂刊本《新刊性理大全》(D本)。而底本也应是这一系统中的书籍。从和刻本上的万历年间牌记来看,底本是万历年间的重刊本。总而言之,需要着重注意的是,和刻本的祖本和底本并非是永乐年间的《性理大全》,而是增加了"集览"和"补注"的明末坊刻增注本。

最后阐述两点相关事项,仅作参考。首先是关于"集览"和"补注"。国立公文书馆(内阁文库)收藏的朝鲜版《家礼》四卷本(万历三十一年刊),从卷二到卷四,各卷都收录有整理过的"集览"和"补注"。这些"集览"和"补注"不是附在各项之后,而是单独列出并汇总在各卷的卷末。该版本是重编了增注本《性理大全》的朝鲜版《家礼》,极富趣味性。另外,校正了《性理大全》中由李廷机编写的《家礼》一卷,并流传后世(部分缺失)。② 该书内容简洁,被人们用作自家实际举行冠昏丧祭的指导手册。

(原载《济南大学学报(社会科学版)》2019年第5期,
作者单位:日本关西大学文学部,长江师范学院重庆民族研究院)

---

① 中国古籍总目编纂委员会编:《中国古籍总目(子部)》,第31~33页。
② 李廷机编辑的《家礼》影印版收入《四库禁毁书丛刊》史部第44册中(北京:北京出版社,2000年)。

从生态哲学角度看朱熹之理生态主义

〔韩〕金世贞

毋庸置疑,环境和生态系统破坏造成的全球生存危机是二十一世纪人们面临的最为严峻的问题。即使在当下,蹂躏自然生态系统的一方和努力保护地球的一方仍在展开激烈的搏斗。遭受破坏的自然生态系统不仅会影响其所在地区,对全球生存环境也会有所波及,甚至有可能迫使全人类走向灭亡。可见,环境问题是任何地区、国家或个人都绕不开的一个重要课题。

二十世纪九十年代,工业化后起之秀韩国开始将目光转向了环境问题,西方环境伦理学随之流入国内。到了九十年代后期,人们对有关环境问题的东方传统思想愈发关注。东方传统思想包含丰富的有机体论和生态论思想。然而,比起为早期深层生态主义带来诸多影响的佛教和道家而言,儒学思想在人们心中更加接近于人间中心主义的观点,因此并没有吸引太多的关注。

笔者在研究儒学思想的过程中,发现其中蕴含着十分丰富的有机体论式和生态论式要素。值得注意的是,相关内容不是统一或单调的,而是带有鲜明的时代或学者特点,具有丰富的多样性。比如,《周易》和《中庸》中出现了许多有机体论式要素和深层生态主义要素,而孔孟儒学则有很强的社会生态主义的性质。在新儒学中,张载推崇将气视为宇宙自然的本体的"气生态主义";朱熹推崇将理视为本体的"理生态主义";王守仁推崇将心视为本体的"心生态主义"。在韩国儒学中,李珥主张基于"理气之妙"的"诚生态主义";郑齐斗主张以良知为本体的"灵性生态主义";朴趾源主张以人物均为基调的"相生生态主义"。[①] 由此可见,不同学派或学者的儒学思想呈现出多样化的特性与特质。相信这种多样性能够为解决西方环境及生态讨论面临的问题带来重要启示。

笔者将从"理生态主义"的观点出发,重新解读朱熹哲学,探究朱熹哲学中的生态论特性及意义。

一、理一的普遍性和平等原理

朱熹认为,包括人与自然万物在内的宇宙自然均由理和气两个要素组成。其中,"理"指的是形而上学的事物存在原理,即事物的本质和规则;"气"指的是构

---

① 参照金世贞:《照顾和共生的儒家生态哲学》,韩国:Sonamu,2017年。

成事物的材料,即体现事物存在现象的质料。① "理"具有超脱事物的"先验性"和"超越性"。② 宇宙万物均以理的"先在性"为前提,在气的作用下存在。③ 即,宇宙万物变化的实质相当于气,令气存在且发挥作用的原理或原型为理。

在这种对理和气的认识下,朱子学所指代的人与自然万物的普遍性和内在的价值平等性的本源为"理一",即"太极"。理不专属于人类,而是由上天赋予所有自然万物的。故从内在价值来看,人与自然万物是平等的。正如朱熹对《中庸》第一章"天命之谓性"的解读,人与自然万物的生命源于上天。人与自然万物从上天获得"阴阳五行"的气,从而具备形体,并将上天给予的理当作自己的性。对于人与自然万物而言,健顺、五常等作为德性的性均是平等的由上天给予的。④ 由于上天赋予人与自然万物同等的理,故在内在的价值上,人与自然万物是没有差别的,是平等的。

朱熹指出"本只是一太极,而万物各有禀受,又自各全具一太极尔。"(《朱子语类》卷九十四)即,太极既是自然万物的本源,也是本体。虽然现实中的自然存在物形象各异,但究其根本,其本源均遵从"太极"这一普适的先验性法则。同时,从朱熹对"天命之谓性"的解读中可以看到,自然存在物均以太极的理为自己的性,即本体(性即理)。从太极的思想来看,"理一"指的不是自然万物的"不同"而是"相同",不是"差异性"而是"普遍性"。人与自然万物被给予了相同的太极,不能说人比自然万物更优越或更有价值,两者事实上具有相同的价值和同等的内在价值。这与西方人间中心主义的"人具有独特的内在价值,自然只是具有工具价值的道具"的自然观不同。由于人与自然万物具有相同的太极和相同的价值,人没有肆意破坏和统治自然万物的特权。人不应视自然万物为手段,而应当其为目的。

朱熹依据理一的普遍性,提出了自然万物的"共生"原理。详细的共生原理可参考朱熹对《中庸》第三十章⑤的注释。

> 天覆地载,万物并育于其间而不相害,四时日月错行代明而不相悖,所以不害不悖者,小德之川流所以并育并行者,大德之敦化,小德者,全体之

---

① 朱熹:《朱子大全》卷五十八《答黄道夫》:"天地之间,有理有气,理也者,形而上之道也,生物之本也,气也者,形而下之器也,生物之具也,是以人物之生,必禀此理,然后有性,必禀此气,然后有形。"

② 朱熹:《朱子大全》卷四十六《答刘叔文》:"若在理上看,则虽未有物,而已有物之理,然亦但有其理而已,未尝实有是物也。"

③ [宋]黎靖德编,王星贤点校:《朱子语类》卷一:"未有天地之先,毕竟也只有理,有此理便有此天地,若无此理便亦无天地,无人无物,都无该载了。有理便有气,流行发育万物。"

④ 《四书集注·中庸章句》一章:"命犹令也,性即理也,天以阴阳五行,化生万物,气以成形,而理亦赋焉,犹命令也,于是人物之生,因各得其所赋之理,以为健顺五常之德,所谓性也。"

⑤ 《中庸》章三十:"万物并育而不相害,道并行而不相悖,小德川流,大德敦化,此天地之所以为大也。"

分，大德者，万殊之本。川流者，如川之流，脉络分明而往不息也，敦化者，敦厚其化，根本盛大而出无穷也。此言天地之道，以见上文取譬之意也。（《四书集注·中庸章句》）

探讨天地之道的这篇文章在观点上更加接近于"深层生态主义"，而不是"生命个体主义"。即，每个事物个体在独立状态下不具有存在价值，只有作为天地的一部分时才有价值。万物在天地间共生，互不伤害。同样地，四时与日月不是相互独立的，而是处在有机的关系之中。即，没有不经历春天的夏天，没有不经历白天的夜晚。四季与昼夜变化不存在矛盾。各部分生态系统在总生态系统中生长、运行，维持着有机的相辅关系。将自然生态系统视为一个整体时，每个个体作为其中的一份子，以相辅性为生命本质运行开来。

共生原理放到个体与个体的关系中时，是互不伤害，互不违背。从全体生命的立场来看，共生原理是每个个体一同成长和运行。前者是小德的流川，后者是大德的敦化。两者看似彼此异质，实为同一种原理。只是从个体与个体间的关系来看和从全体生命的立场来看时表现有所不同而已。"互不伤害，互不违背"与"一同成长和运行"并无区别。小德是全体之分。即，小德代表全体生命共享的内在的价值和共生原理同样蕴含在每个个体之中。大德是万殊的根本。即，大德代表个体的内在的价值和共生原理的根源。由此可以看出内在的价值和共生原理的普遍性。

二、生物之心与生命中心主义

既然理是所有存在物普遍性和平等性的依据，那么理是无生命机械论世界循环往复的因果论的原理，还是有生命的有机体世界的生命原理？朱熹是否也从机械论的世界观出发，将世界看作为一个机器？还是像有机体论那样，视世界为生命体？其答案可从朱熹有关"天地生物之心"的探讨中找到。首先，如下所述，朱熹认为天地是有"心"的。

天地以此心普及万物，人得之遂为人之心，物得之遂为物之心，草木禽兽接着遂为草木禽兽之心，只是一个天地之心尔。（《朱子语类》卷一）

朱熹认为天地具有"心"的属性。由此，可以看到，他没有将天地当作无生命的自动机器，而是极大可能地将其视为生命体。这种天地之心就是人心，就是事物之心，也是动植物之心。由于与天地阴阳交感和感应所孕育出来的全部存在物都具有心，所以均不是机器，而是堂堂正正的生命体。从根源上来看，人、事物、动植物的内心不是局限在个体之中的个体心，而是天地之心，即全宇宙层面上的"宇宙之心"。宇宙自然的所有存在物可通过这种心融为一体。除了理一分殊，还有心一分殊。如果说心一代表本源的天地之心，那么分殊心代表通过与天地的交感和感应诞生的人和事物各自拥有的"个别心"。

那么，"天地之心"具体指什么呢？我们可以从以下内容中窥见一二。

且看春间天地发生，蔼然和气，如草木萌芽，初间仅一针许，少间渐渐生长，以至枝叶花实，变化万状，便可见他生生之意。非仁爱，何以如此。（《朱子语类》卷十七）

天地具有不断生养万物的功能。即，天地不是无生命的机器，而是一个具有鲜活生命意志（生生之意）的生命体。天地生养万物的力量，即生命的意志就是"仁爱"。仁爱是将上天与人贯通为一体的理一，是人与自然合为一体的契机。人与自然万物均是由天地的仁爱生养的。天地之心即为天地生养万物的仁爱之心，即"天地生物之心"。从仁爱是天地之心这一点来看，自然万物绝不像人间中心主义认为的那样，是实现人类幸福与欲望的工具或手段。自然万物理应与人具有同等宝贵的生命价值。

天地生养万物的心，即天地生物之心，是人与自然万物都具备的普遍之心，是人与自然物同等性及平等性的根据。人与自然万物都是在天地的生物之心下诞生的，故天地、人及自然万物三者之间具有德的一致性。天地具有元、亨、利、贞等四德，自然万物具有春、夏、秋、冬等四德，人具有仁、义、礼、智等四德。人的道德性与道德价值来源于天地——宇宙自然的道德性和道德价值。天地的元高于一切，能够凌驾万物；春的生发气韵可以抵达任何角落；人的仁可以包容一切。天地的元、万物的春、人的仁具有相同的普遍性和价值，因此可以说人与自然万物是平等的。天地生养万物之心决定了人不比自然物优秀或优越。人与自然具有相同的生命价值，是平等的、同等的。故，人得以天地生养万物之心来爱护他人，惠及万物，并理当如此。①

如果说天地是具有生养万物之心的生命体，那么天地生养的自然万物同样是具有这样的心的生命体。宇宙自然最重要的特征是具有想要存活且想要他物存活的"生意"。朱熹对"生意"作如下解释：

天之春夏秋冬最分晓：春生，夏长，秋收，冬藏。虽分四时，然生意未尝不贯；纵雪霜之惨，亦是生意。（《朱子语类》卷六）

以谷种譬之，一粒谷，春则发生，夏则成苗，秋则结实，冬则收藏，生意依旧包在里面。每个谷子里，有一个生意藏在里面，种而后生也。（《朱子语类》卷二十）

尽管不同地域有所差异，但大部分地区都有分明的四季。每个季节都有各自的功能和特性。春天具有让万物萌生的功能，夏天具有让万物生长的功能，

① 朱熹：《朱子大全》卷六十七《仁说》："天地以生物为心者也，而人物之生，又各得夫天地之心以为心者也。故语心之德，虽其总摄贯通，无所不备，然一言以蔽之，则曰仁而已矣。请试详之。盖天地之心，其德有四，曰元亨利贞，而元无不统。其运行焉，则为春夏秋冬之序，而春生之气无所不通。故人之为心，其德亦有四，曰仁义礼智，而仁无不包。其发用焉，则为爱恭宜别之情，而恻隐之心无所不贯。……盖仁之为道，乃天地生物之心，即物而在。情之未发，而此体已具；情之既发，而其用无穷。诚能体而存之，则众善之源百行之本莫不在是……此心何心也？在天地则块然生物之心，在人则温然爱人利物之心，包四德而贯四端者也。"

秋天具有让万物结果的功能，冬天具有让万物休养生息的功能。四季各异的功能是生养万物的基础。四季不同功能之间有着共同的分母，那就是"想要活"和"让其活"的"生意"。在所有果实收获完毕的严冬，望向苍茫的大地和干枯的树木，会觉得一片死寂，没有一丝生存和救赎的意志。然而，冬季并不是死寂的。万物休养的冬日里，生命在为春日的萌发做准备。在霜雪的严寒中，在土壤里、树木里、谷粒里都有等待春日萌发生命的强烈意志。因此，春天来临时，死寂的大地和树木中会萌生出劲头强盛的新芽，茂密地生长开来。

四季共通的内在"生意"正是"仁"。

> 且如万物收藏，何尝休了，都有生意在里面。如谷种桃仁杏仁之类，种着便生，不是死物，所以名之曰仁，见得都是生意。如春之生物，夏是生物之盛，秋是生意渐渐收敛，冬是生意收藏。（《朱子语类》卷六）

对于朱熹而言，"仁"不限于孔子所说的"爱人"①的道德性。谷物或水果种子的外表看起来是死寂的，但其中蕴含着生意。因此，种下的种子中可以萌发新芽。生意并不随冬天的到来而消失，因为种子里储存着生意。生意藏匿在冬日的种子里，到了春天再萌发新芽。因此，谷子是"仁"的，其中蕴含着生意。

朱熹认为，"仁"是自然万物生命尊严的依据。仁意味着自然万物具有相同的内在的价值。仁和自然万物的生意并无不同。具有生意是指具有内在的价值。由此，人不能肆意破坏和损伤具有生意的自然物。

这与西方环境伦理学的"生命中心主义"有一定的相似性。生命中心主义承认动植物等生命个体含有内在价值。古德帕斯特（Kenneth E. Goodpaster）主张要将"活着"（being alive）这一条件作为道德思虑的必要充分条件。② 泰勒则指出，所有生命体是"目的论式生命中心体"，由于所有有机体具有平等的内在价值，③决定地球野生生命共同体的人类道德关系是有机个体的利益。④ 考虑到上述生命中心主义的观点，朱熹所说的具有生意的全部有机个体是"目的论式生命中心体"，故可以假定各有机个体具有相同的内在价值。

三、气禀造成的人与自然物的差等

朱熹主张人与自然物具有"理一分殊"和"心一分殊"的普遍性。仅从这一点出发，那么人与自然物不仅平等，还将具有相同的内在的价值，人没有为自己的繁荣和福祉利用自然物的权利。那么，我们是否可以认为朱熹是"生命中心主义者"

---

① 《论语·颜渊》二十二："樊迟问仁。子曰：爱人。"

② Kenneth E. Goodpaster, "On Being Morally Considerable", Michael E. Zimmerman 2 eds. *Environmental Philosophy*, New Jersey: Prentice Hall, 1998, pp.56 - 69.

③ J. Baird Callicott, "Introduction", *Environmental Philosophy*, pp.11 - 12.

④ Paul W. Taylor, "The Ethics of Respect for Nature", *Environmental Philosophy*, p.71.

或"深层生态主义者"？尽管朱熹在普遍的理和宇宙心的层面上，即本源的层面上主张人与自然物的相同性和平等性，但认为现实中人与自然物是不同的。

朱熹认为，从理的角度来看，人与自然物被给予的理相同，由于它们均以这种理为各自的本性（性即理），因此可以视作是相同的。然而，现实中，由于禀受的气的差异，人与自然物具有不同的特性。不仅是人与自然物之间，自然物与自然物之间由于禀受的气的差异，也存在多样化的层次。首先，朱熹从人与动物、植物及无生物三个层次提出如下观点。

> 天之生物，有有血气知觉者，人兽是也；有无血气知觉而但有生气者，草木是也；有生气已绝而但有形质臭味者，枯槁是也。是虽其分之殊，而其理则未尝不同。但以其分之殊，则其理之在是者不能不异。故人为最灵而备有五常之性，禽兽则昏而不能备，草木枯槁，则又并与其知觉者而亡焉。但其所以为是物之理，则未尝不具耳。（《朱子大全》卷五十九《答余方叔》）

人与自然物接受的理是相同的。但是，现实中人与自然物可分为以下三个层次：第一层次是具有血气和知觉的存在，人和动物属于这一类；第二层次是没有血气和知觉，但有生气的存在，植物属于这一类；第三层次是连生气都没有的，只具有形质、气味和味道的存在，动植物之外的无生命自然物均属于这一类。虽然所有存在物的理和性相同，但是理在个体事物里内化的过程中（分殊）衍生出了一系列的不同。位于最顶级的人最接近神灵，具有仁义礼智信的五常性品。次级的动物虽不具备五常性品，但具有知觉。最低级的植物和无生物连知觉都没有。那么，人、动物、植物即无生物之间产生这种差异的理由是什么呢？我们从朱熹的下述观点中可以窥见其原因。

> 人之所以生，理与气合而已。天理固浩浩不穷，然非是气，则虽有是理而无所凑泊。故必二气交感，凝结生聚，然后是理有所附着。凡人之能言语动作，思虑营为，皆气也，而理存焉。故发而为孝弟忠信仁义礼智，皆理也。然而二气五行，交感万变，故人物之生，有精粗之不同。自一气而言之，则人物皆受是气而生；自精粗而言，则人得其气之正且通者，物得其气之偏且塞者。惟人得其正，故是理通而无所塞；物得其偏，故是理塞而无所知。且如人，头圆象天，足方象地，平正端直，以其受天地之正气，所以识道理，有知识。物受天地之偏气，所以禽兽横生，草木头生向下，尾反在上。物之间有知者，不过只通得一路，如乌之知孝，獭之知祭，犬但能守御，牛但能耕而已。人则无不知，无不能。人所以与物异者，所争者此耳。（《朱子语类》卷一）

人与自然物全部是理气的合一体。理不能单独作用，不能单独显现。理必须通过气的作用显现。阴阳二气的交感之下，五行与万物化生之处才会显现理。人的身体行为和内心的思虑作用全部是非理的气的作用，理在如此的气的作用下，作为原理内在于事物之中。孝悌忠信等纲常伦理和仁义礼智等道德本性都是非气的理。即，是"性即理"和"心是气"，不是"心即理"和"身即理"。阴阳二气和五行的交感过程中,不仅会生成人,还会生成自然物。在这种生成过程中,存在"精密(精)"和"粗糙(粗)"两个层次。虽然人与自然物均由相同的一气组成,但人由畅通正直的精气组成,自然物由歪斜闭塞的粗气组成,由此产生了差等。即,气的差等造成拥有正直之气的人其理是畅通的,拥有歪斜之气的自然物其理是闭塞的,缺乏智慧。从本源的层面来看,由于理具有普遍性,人与自然物是平等的。但是从现实的层面来看,由于气的差等性,人与自然物之间也存在差异。人由天地间的正气组成,因此懂得道理,具备知识。自然物由天地间的歪斜之气组成,因此禽兽无法像人类一样直立行走,植物因根系埋在土壤之中无法移动等,都有一定的局限性。人具备道德性和知性,可以直立行走。动物没有道德性和知性,可以移动但无法直立行走。而植物连移动都不行。此外,动物虽有知觉功能,但有偏向性,远不及人类的全知全能。故,人是优秀的,自然物是劣等的。综上,在价值层面上,人与自然物拥有平等的本源,但在现实中两者有优劣、差等和不同。

以上观点表明,尽管朱熹认可人与自然物在理一和生物之心等方面具有普遍性,但不同于深层生态主义思想,即认为所有存在物都是平等的且具有相同的内在价值。虽然朱熹主张在气禀方面人与自然物存在差等,但并不是采取和西方环境伦理的"人间中心主义"相同的立场。朱熹心中的气禀差等带来的人类的优秀性不同于人间中心主义,并不认可人类征服及统治自然的正当性。人比自然物优秀是因为只有人具备孝悌忠信或仁义礼智的道德性,且这种道德性是人与自然物沟通交流的依据。

四、对人与自然物差等的爱及其扩充

朱熹主张,气禀的差异不仅会造成人与自然物间的优劣差异,还会造成人和人之间的优劣差异。尽管比起自然物,气更为精密的人更加优秀。但不同的人被给予的气有昏明清浊的差异,故人和人之间也存在层次差异。具体可分为由清明纯粹的气组成的"生知安行者",低一级的"学知利行者"及气禀不正且闭塞严重的"困知勉行者"。用功之后领悟且践行道的人较上一层次的人需要更多的努力。因为气禀的明暗及清浊有别,后天努力(学习)的结果也会存在些许差异。但重要的是其归结点是相同的。这个归结点正是孟子所说的人与禽兽的不同点,即"仁义"、"四端"等道德性。[1]不论气禀差异如何,任何人都可通过道德修养克服气质的障碍与制约,激发先天式的道德性,成为有品德的人。只

---

[1] 《朱子语类》卷一:"然就人之所禀而言,又有昏明清浊之异。故上知生知之资,是气清明纯粹,而无一毫昏浊,所以生知安行,不待学而能,如尧舜是也。其次则亚于生知,必学而后知,必行而后至。又其次者,资禀既偏,又有所蔽,须是痛加工夫,'人一己百,人十己千',然后方能及亚于生知者。及进而不已,则成功一也。孟子曰:'人之所以异于禽兽者几希。'人物之所以异,只是争这些子。若更不能存得,则与禽兽无以异矣!"

有人能做到这一点。自然物的局限性在于无法克服及跳脱气质的制约和障碍。人与自然物的差异,即差等的终极目的不在于保障人类统治自然物的正当性,而在于树立道德的人间象的同时,强调道德修养的必要性。

朱熹主张发自不忍之心的差等爱。首先,看看朱熹对不忍之心的主张:

> 盖杀牛即所不忍,衅钟又不可废,于此无以处之,则此心虽发而终不得施矣。然见牛则此心已发而不可遏,未见羊则其理未形而无所妨。故以羊易牛,则二者得以两全而无害,此所以为仁之术也。声谓将死而哀鸣也。盖人之于禽兽同生而异类。故用之以礼,而不忍之心施于见闻之所及,其所以必远庖厨者,亦以豫养是心而广为仁之术也。(《孟子集注·梁惠王章句上》章七)

这里存在两种价值的冲突。“牛”作为有知觉的动物,懂得什么是死亡,且恐惧死亡(Singer(辛格)的动物平等主义)。“衅钟”是一种人类文化仪式行为(人间中心主义)。人出于道德感受到的不忍之心的对象不仅包括人类,还包括有知觉的动物。因此,当梁惠王听到衅钟之牛的哭声后大发不忍之心,即恻隐之心。朱熹对此的观点是牛的生命宝贵,不能肆意屠杀。同时,衅钟的仪式也不能就此废弃。即,不仅动物的生命是宝贵的,人类的仪式也非常重要。那么该如何解决这一问题呢? 其答案是在保留衅钟仪式的前提下将牛换成羊。我们之所以对牛起了不忍之心是因为双眼目睹了其恐惧的过程,换做羊之后,因为看不到也便不会起不忍之心了。即,后者还没有展现出理。对于人而言,理无法自己作用。只有在心的辅助下才能作用。故理只能通过人心的作用显现。因为没看到羊的恐惧,所以心没有发生作用,不忍和恻隐之理无法显现,故可将羊用于衅钟。将牛换成羊,不仅能够挽救引发人们不忍之心的牛,还不会对衅钟仪式造成影响,一箭双雕,即为“仁”的思想。

朱熹承认人与动物的生命均是宝贵的,但人与动物的价值是不同的。朱熹认为,由于气禀的差异,人的价值要优于动物。特别是在二选一的情况下,比起动物的生命价值,人类的仪式和礼式更为宝贵,优先级更高,为人类的仪式牺牲动物并不是什么大问题。但亲眼目睹动物的悲惨境地后发起不忍之心的情况下,还是要保护那个动物的生命的。即,动物与人类具有相同的内在价值,不是说不可以杀生,只是目睹到恐惧死亡的动物时出于不忍之心不要杀生。故有君子远庖厨之说。庖厨是为人的生存或为仪式及礼式售卖牲畜的地方,经过庖厨时不免会看到动物的尸体,可能会引发不忍之心,为不引发不忍之心应当躲避庖厨。这种观点与 Peter Singer(彼得·辛格)的动物平等主义或 Arne Nasee(阿伦·奈斯)的深层生态主义是不同的。Singer(辛格)认为,能够体验苦痛和喜悦感觉(sentience)的存在有不受苦痛的权利,故不能给动物带去不必要的苦痛。[①] Nasee(奈斯)认为,

---

① Peter Singer, "All Animals Are Equal", Michael E. Zimmerman 2 eds., *Environmental Philosophy*, pp.27 - 36.

地球上包括人在内的全体生命的福祉和繁荣其本身具有价值，与人类突出的有用性无关，生命形态的丰富性和多样性为实现这种价值做贡献，其本身也有价值，除了维持生命的必要情况之外，没有破坏自然界丰富性和多样性的权利。①

朱熹进一步阐述了孟子亲亲、仁民、爱物等差等之爱的正当性。

> 盖天地之性人为贵。故人之与人，又为同类而相亲。是以恻隐之发则于民切而于物缓，推广仁术则仁民易而爱物难。今王此心能及物矣，则其保民而王，非不能也，但自不肯为耳。(《孟子集注·梁惠王章句上》章七)

人与自然物的本性均来自于上天，但并不是说人与自然物是完全平等的。在天地之性中，人是最宝贵的，人与自然物之间存在贵贱的差异。同种(同类)的人都是尊贵的，不同种的(异种)自然物没有人尊贵。故，人们易于亲近身为同种的他人，易于对其发动恻隐之心，对不同种的自然物相对没有那么友爱。在实践仁的过程中，爱他人之心(仁民)易有，而爱自然物之心(爱物)不易有。在禀赋方面，由于气质上的差异，人与自然物之间存在贵贱和差等，故待人待物存在强弱和难易的差异。换句话说，仁民比爱物更强烈和容易。

除了对待自然物的差等。在待人方面，也存在差等的爱。

> 盖骨肉之亲本同一气，又非但若人之同类而已。故古人必由亲亲推之，然后及于仁民，又推其余，然后及于爱物，皆由近以及远，自易以及难。(《孟子集注·梁惠王章句上》章七)

除了人与自然物，人与人之间也存在差等。骨肉相连的亲人由于共享一气，在生物学上比他人更亲近，高于其他身为同类的人。因此，比起仁民，亲亲的优先级更高。但我们不能被亲亲禁锢双脚，要将友爱的行为从亲亲扩充至仁民，从仁民扩充至爱物。这与墨子的"兼爱"和基督教的"博爱主义"(Philanthropism)有所不同。墨子主张"视人之国，若视其国；视人之家，若视其家；视人之身，若视其身"。可见，在墨子心中，兼爱是不分你我的同等的爱护。而博爱主义是"超越人种、宗教及国家的全人类平等友爱的思想"。朱熹主张的爱的方法是将对象由近至远，从心绪上容易的拓展至困难的"扩充"的方式。即，从对家人的爱扩充到对邻居的爱，进一步扩充至对全人类的爱及对自然物的爱。这既不是兼爱也不是博爱，是"扩充爱"，是建立在人类自然情绪上的最为现实的方法。

由此可见，朱熹既不是人间中心主义者，也不是深层生态主义者。西方环境伦理的人间中心主义、动物权利主义、生命中心主义、深层生态主义及社会生态主义，均以将自然物对象化后赋予内在价值范围为基础来处理人类的义务及权利问题。其中，充斥着理性主义、合理主义等，因此，有忽视人类自然情绪的

---

① Arne Naess, "The Deep Ecological Movement: Some Philosophical Aspects", Michael E. Zimmerman 2 eds. *Environmental Philosophy*, pp.196–197.

倾向,其至还会对人类的可信度加以否定。若仅从理性层面出发处理问题,很容易脱离人类的自然情绪,让实践发生断节。同时,西方环境伦理不考虑修养问题。因此,极易沦落为理性道具,陷入自我合理化的危险之中。故,我们可以遵照人类的自然情绪,通过提升修养,实现亲亲→仁民→爱物的扩充。相信这是朱熹等儒学主张的渐进式手段的最大现实意义之一。

五、理生态主义的意义与课题

在理和本体层面上,人与自然物都被赋予了相同的、普遍的理,因此两者是平等的。然而,在气和现象层面上,由于气禀的差异,人与自然物之间,乃至人和人之间是有差等的。从宇宙自然的生物之心来看,人与自然物的内心均为生物之心,故这种内心是普遍的、平等的。然而,从现实的气质来看,由于构成心的气禀的差异,人的心、动物的心和植物的心在功能上是有差等的。从普遍的理和天地的角度来看,所有存在物都具有相同平等的内在价值。然而,在现实中,由于气禀和气质的差异,内在价值并不完全相同。前者,即仅从理和生物之心的层面来看,朱熹的观点更加接近于深层生态主义或生命中心主义。然而后者,即从气禀和气质的层面来看,朱熹的观点更加接近于人间中心主义。

人间中心主义从现实的角度出发,认为人是优秀的,只有人才有内在价值,自然物是为人谋求福祉和繁荣的工具与手段。由此,赋予了人类征服及破坏自然的正当性。的确,人和其他自然存在物具有差异化的特性。但这些特性不能作为人类征服及统治自然的正当性依据。深层生态主义否定了人的优越性,认为由人与自然物组成的自然生态系统因具有丰富性和多样性,理所当然的具有内在价值。构成自然生态系统的人与自然物是平等的,人没有征服及统治自然的权利,更没有肆意利用自然物的权利。深层生态主义认为,为了自然生态系统的健康,人类应当缩减个体数量,改进生活方式。① 这种思想在缓和人间中心主义造成的环境破坏问题方面做出了诸多贡献。

深层生态主义会引发过分贬低人类价值的问题。纵观地球进化的悠久历程,人类站在进化的顶点,与其他自然存在物具有截然不同的特性。即使不带着优劣的评判目光,也有认可及尊重人类特有属性的需要。当然,这种区别于自然存在物的特性,不应成为人类征服及统治自然的正当理由,而应是人类照顾及关怀自然存在物的使命依据。这对解决现实中人与自然物之间的差等问题将有实质性的帮助。

朱熹认为,在本源上人与自然存在物是平等的。这是所有生命体都应尊重

---

① Arne Naess, "The Deep Ecological Movement: Some Philosophical Aspects", pp.196-197.

的"生命的同等性原则"①。朱熹以理和生物之心的普遍性，强调宇宙自然的所有存在物都具有内在的价值，故而应当尊重宝贵的生命体。然而在现实中，无生命物不同于植物，植物不同于动物，动物不同于人类。人虽然都具备与其他自然物区分开来的共通的特性，但是每个人的能力、性格和外貌各不相同。因此，朱熹以气禀的差异解释人与自然物间的不同的观点是符合现实的。只靠普适的原理和乌托邦似的想法无法解释所有现实。故朱熹从气禀着手，描绘现实世界中各不相同的形象。亲近疏远是人的自然情绪。

由此，朱熹认为对人的爱（仁民）、对自然物的爱（爱物）有差等，对他人的爱（仁民）和对亲近的人的爱（亲亲）也有差等。朱熹与孟子相同，认为爱按照亲亲→仁民→爱物的顺序，有差等。这种差等性原则有助于解决同等性大原则下不同生命个体的位阶问题。② 不过，这种爱的差等不代表家庭利己主义或人间中心主义的选择性的爱和差别的爱。我们不应只恭敬和爱护自己的父母和子女等家人，而应爱邻里，爱全人类。即，将对家人自然流露的爱的情绪扩展至他人及自然物，按照对亲人的爱→对邻里的爱→对人类的爱→对自然物的爱的顺序渐渐扩充人心。我们应当遵从宇宙自然的生命本质和生命的尊严性，而不是加深差等和差异的存在。从人类的立场来看，这是实现人类本性的行为，也是帮助天地万物化育的行为。③ 从宇宙自然的立场来看，这是实现普遍的理和天地生物之心的行为。通过爱的扩充，人可以实现和宇宙自然合而为一的天人合一。

普遍的理和生物之心带来的平等性，气禀差异导致的差等秩序，打破差等藩篱的爱的扩充实践，三者缺一不可。当然，也不能执着于其中的任何一个。比如，执着于普遍的理和平等性时，朱熹的思想容易流于教条化，缺乏现实性和实践性；执着于气禀差异造成的差等性时，容易像人间中心主义那样，将人类对自然的统治正当化，还会像中世纪那样，固化社会位阶秩序，成为统治阶层的理论依据；执着于打破差等藩篱的爱的扩充时，容易丧失哲学和理论依据，止步于莽撞的行为，无法保证实践的持续性。故，只有上述三者达成一定的和谐与均衡，朱熹的哲学思想才能在解决今日生态危机的问题方面发挥有效的作用。

（原载《贵阳学院学报（社会科学版）》2019 年第 5 期，
作者单位：韩国忠南大学哲学系）

---

① 边顺勇：《对徐白彻生命伦理中体现的伦理原则的研究》，ELS 研究卷 1,1 号，KAIST Press，2003 年，第 52 页。

② 同上，第 44 页。

③ 《朱子语类》卷六十四："'赞天地之化育'人在天地中间，虽只是一理，然天人所为，各有自分，人做得底，却有天做不得底。如天能生物，而耕种必用人；水能润物，而灌溉必用人；火能爨物，而薪爨必用人。裁成辅相，须是人做，非赞助而何？"

朱子学
年鉴
（2019）

全球朱子学研究述评

2019 年度中国台湾朱子学研究成果综述

刘宣妘

对于 2019 年度中国台湾朱子学相关研究成果,笔者分为两个部分进行综述:第一部分,期刊论文;第二部分,学位论文。为避免因笔者的误读,而扭曲了作者的本意,故综述方式尽可能使用作者原有的论述说明,而不加上笔者自身的诠释于其中。

在期刊论文方面,笔者从中国台湾 2019 年的期刊论文当中,依据台湾期刊、学者或对朱子义理有新意之学者为主,摘录数篇论述,所选论文归纳为两种类型:宋明理学、经学(日本汉学)。为了让读者快速掌握这些学者之研究成果,笔者以论文之问题意识、论文架构、论文摘要等三大项作为架构,以期能帮助读者清楚掌握作者所要解决的问题、证成的程序与结论。学位论文方面,笔者数据来自台湾硕博士论文加值系统,论文以摘要的方式呈现,让读者可以快速地掌握作者论文的研究动机与研究方向。

一、期 刊 论 文

(一) 宋明理学

1. 谢淑熙,《从〈朱子语类〉探析朱子〈论语〉思想》,《孔孟月刊》,2019 年第 57 卷 9/10 总号 681/682,第 1～12 页。

(1) 问题意识

朱熹教学强调品德教育的重要性,经常以《论语》作为教材,相关著述中,以南宋黎靖德所编的《朱子语类》,所蕴含的真知灼见最受后人重视。《朱子语类》是继《论语》之后,阐扬教育理论的重要典籍,以分类编排的方式,对原语录所记载的文字,往往予以改动,与其他语录对比参照,更能适切地了解朱子学说。论文首先简介《论语》内容大要,其次论述《朱子语类》一书的体例、内容,还记述了当年朱子教学师生互动的概况,以深入了解《朱子语类》记载朱子《论语》学说思想之全貌极具重要价值。

(2) 论文架构

第一节,《朱子语类》的成书与体制;第二节,《朱子语类》所揭示的《论语》观及其特性;第三节,朱子《论语》观传承儒家道统的学术价值。

(3) 论文摘要

第一节,《朱子语类》成书以《大学》、《论语》、《孟子》、《中庸》为序,现在的

《朱子语类》初版由黎靖德编辑，于南宋度宗咸淳六年出版，并将每个人纪录语录的年代都保存下来，《朱子语类》综合了九十七家所记载的朱熹语录，详尽地保存了许多朱子晚年定论，亦是《朱子语类》的特点和具有更高参考价值所在。《朱子语类》的体制，首先，朱熹收集关于四书的各种注解，特别是二程及其门徒注解，反复选择编成精义、要义或集义，再从集义中选择他认为正确的解释加入集注，并在此基础上发挥他的观点，再做或问来阐述他如此注解之缘由，解答别人可能提出之问题，朱熹着重推敲字句，进而了解文义，深入经书的意涵；其次，研究朱门学说的重要工具，《朱子语类》虽是保存较完备的语录，但仍有一部份重要材料在编集期间散失，朱子门人以《或问》解析《四书章句集注》，兼取门人的语录，并溯及二程学说思想，以寻求朱熹教学的旨趣；最后，尊重古圣先贤的解经旨意，朱子教导学生，读经书要抛弃主观的、随意的态度，应该要顺着文意客观地理解，先儒的解经说书，朱子提及前辈学者大多举出赞成的见解，无非要学生养成尊重先贤的态度，学习古圣先贤阐述思想言论，刻苦用功，认真体会。

第二节，从《朱子语类》所记载的内容，理解朱子是以怎样的方式教学学生学习《论语》，以彰显《论语》教材的内容旨意。首先，教导学生研读《论语》的方法，采用一问一答的形式进行，指导学生要逐篇逐章去研读，不可急躁躐等，朱熹认为研读《论语》要循序渐进，一日只看一段，且要涵泳深长意味；其次，提问与讨论必须相辅相成，以"里仁为美章"为例，朱子教导学生以孔子作榜样，强调在学问的探究上，要深入追求，详细的提问，并与同侪切磋琢磨，让自己的学业日益精进；最后，深入了解经书的文句语义，朱子教导学生要明白文句典故的来龙去脉，根据文义文势，添加虚字以铺陈文句是无所谓的，但是不可以在经文上添加重要的实字，画蛇添足，以免偏离经书旨趣，影响文句的义涵，强调读经要以精读熟思、咀嚼字句作为解释经书的方法，儒家之道不只是可以坐而言的学说，更是必须起而行的人生圭臬。

第三节，朱熹治学严谨，朱子《论语》观传承儒家道统的学术价值，第一，弘扬儒家仁爱学说，兹引《朱子语类·雍也篇》叙述朱子引导学生读《论语》研谈论仁爱学说为例，说明"仁"潜藏在每个人的内心深处，是不假外求的，是每个人内在品德涵养的结果，且照亮整个中国族群，其次，"仁"是待人接物的准则，它的实际意义是"爱人"，朱子以"仁者心之德，爱之理"的伦理纲领来诠释"克己复礼为仁"的义涵，朱子也强调"夫仁者，己欲立而立人，己欲达而达人"的语义更宽广，是儒家"仁爱"思想的具体体现。第二，彰显孝弟伦理思想，朱子作为儒家思想之传承者，其对道德问题的思考，贯穿其间的主题，自然也离不开对家庭伦理道德的思考，兹引《朱子语类·论语二》叙述为例，说明"孝弟"之道是源自人类"天命之性"，也是伦理道德的基础。第三，树立研读经典良方，朱子教导研读次序本末不可倒置，研读经典需从态度着手，全神贯注是关键，朱子曾说："读书,将圣贤言语就自家身上做工夫,方见事事是实用。"说明读书要融会贯通圣贤经典的话语,要向师长请教,与同侪相互切磋,才可以使自己的进德修业日起有功。

2. 杨自平,《论二程及朱子思想中的颜子形象》,《孔孟月刊》,2019 年第 57 卷 5/6 总号 677/678,第 35～46 页。

（1）问题意识

作者认为朱子论颜回的重点已与北宋理学家有所不同,重在彰显孔门统绪的传衍。就《论语》文献来看,确实可见出孔门的传衍,孔子原本属意颜渊为传人,然因颜回不幸早夭,只得另谋传人,曾子能理解孔子一贯之道,后世亦认定曾子接续孔子之道。《论语集注》是朱子抉择合适的说法辅助读者理解《论语》,既然《论语》记载孔门传承之事,自然得有所关注;再者朱子曾提出他主张的"道统"说,故这样的说法并无疑问。但从孔门统绪传衍来论颜回只是《论语》的一部分,颜回尚有其他面向,且朱子在《论语或问》、《论语精义》、《语类》都有关于颜回的看法,故有必要更全面地看待朱子对颜回的评价。因此,二程如何论颜子及二子看法的异同,与朱子对二程说法的阐发与开展都有必要进行深入分析,即此见出程、朱一系对颜子的评价。

（2）论文架构

第一节,论二程"学颜子"及观圣贤气象的主张;第二节,二程论颜子之德、颜子之学、颜子之乐;第三节,朱子对二程论颜子说法之承继与开展。

（3）论文摘要

第一节,颜回是孔门重要弟子,《论语》中颜回的人格形象十分鲜明。宋明理学家对颜回的为学与境界有诸多阐发,周敦颐教二程观颜子气象,程明道提出"学颜子",可得出两个重点:一、明道以学以成圣为最高目标,以"学颜子"作为引导学习者的进路。二、之所以选择颜子而非孟子,以孟子才高不可学,故以颜回为学习榜样;且若能学习颜子之德,自有孟子、禹、稷的事功。这两点说明颜回去圣不远,其境界可学而至,有颜回之德自有圣贤事功。

第二节,肯定颜子具圣人之德,程伊川进一步阐发颜子之学及颜子之乐,已为颜子的贤人形象建立大致模型。

第三节,到了朱子,除了阐发二程的说法,也进一步提出颜子近圣人生知之资并具事功之才,对于颜子之乐,一方面着重在克己的工夫,又附带说明工夫到了极致,便能私欲尽去,天理流行的境界。在二程及朱子看来,圣人不易学,相较下,颜子虽有过人的纯粹性情,但他通过立志学孔子,致力克己工夫,格物穷理,达到私欲尽,天理存的境界。通过观颜子气象及对颜子之学的理解与阐发,二程及朱子发挥的新意,也让颜子成了程、朱生命实践之学的最佳代言人。而二程及朱子对颜子学行的诠解,正可作为后人如何善读经典的参考。

（二）经学（日本汉学）

张文朝，《山本章夫的二〈南〉诗观——以朱熹为主的比较研究》，《汉学研究》，2019 年第 37 卷 3 期总号 98，第 233～271 页。

（1）问题意识

论文旨在通过比较等方法，究明山本章夫的二《南》诗观与朱熹的异同。学界与本议题相关的研究有岳雁虹《山本章夫〈诗经新注〉研究》及〈山本章夫诗经新注简介〉，但因无设立章节专论此议题，显示此议题值得继续研究。在经学方面，山本章夫既以舍取朱学为本，则其说与朱熹之解，一致性应该相当高。又以"自家之见，发明古人所未说及"，则其说必有异于朱熹或前人之新注，就此而言，更是值得一探。因此，论文通过章夫的二《南》解释，比较章夫与朱熹之说，借以阐明二人诗观的异同。为达此目的，以先陈述毛《传》、郑《笺》、孔《疏》、朱《传》等之说，再对照章夫之说，其间随文参照中、日学者相关论述，以见其与前贤、后学之新旧异同为步骤，从而探究章夫二《南》说在明治时代之《诗经》学史发展上之意义。

（2）论文架构

第一节，由简转精的"南"字解；第二节，根基于朱说的章夫二《南》诗词解释；第三节，有别于前人的章夫二《南》诗词解释新见；第四节，以人情改写美刺说的二《南》诗旨。

（3）论文摘要

第一节，章夫认为二《南》的"南"字，是指文王之化自西北而大行于南方，此说虽较朱熹等汉儒以来"自北而南"说精细，而与清乾隆时鄂尔泰等奉敕撰《钦定周官义疏》之观点相同。但因整本《诗经新注》以朱熹说为基调，未能关照到宋代程大昌乐名说，而不免有"汉儒谬见"之批评。

第二节，章夫援用毛《传》、郑《笺》、孔《疏》、朱《传》等前人之说来解释二《南》的诗词，此现象有超过半数以上是援用朱《传》的批注，可以说明章夫《诗经新注》二《南》确实是基于朱《传》而批注。但有些解释在援用朱《传》之后，也提出自己的观点，以补充朱《传》的不足，可见章夫之学，确实源自朱学而成，且对朱学有帮助之功。

第三节，章夫对二《南》诗词的解释，也有异于前人之处，作者检视《四库全书》电子版及九名江户时代学者及两名明治时代学者，发现除履轩外，章夫少有涉及其他学者之说。由此可说明：章夫《诗经新注》并未充分参考江户时代的著作，而其著作也未在同时代引起注意。章夫对二《南》诗词容或有不同于中、日前人之说的解释，由此也可以看出章夫解《诗》的特色。

第四节，着重于章夫以诗人之情对二《南》诗旨的改写，在《拟小序》二《南》诗中，以情言之者 18 篇。即人情中的喜有 10 篇，次为乐 4 篇，哀 2 篇，闵、欲各 1 篇；非人情的"美"有 5 篇，礼、淫各有 1 篇。足见章夫并非尽以情说诗，尤其

"美"占二《南》诗篇的五分之一,占比不算低。又,言及文王者只有5篇,而以女性为主角的诗,则高达16篇。可见章夫在诗旨上并不甚强调以文王之德为说,而是建立在刻画女性情感的表现上。亦即在东西文化冲击下的明治时代,学者对二《南》诗的解释不再强调依存于德化的政治理想,而是重视文学性的鉴赏及诗人情感上的抒发。此一现象是否即是明治时期《诗经》学史上的一种普遍现象,实有必要于今后再多就此时期的学者著作中寻求,单就章夫而言,作者以为已有如上所述的迹象。

综合以上所论,可知章夫着重于人情抒发的《诗经》观,所以他说离情无诗。而其解《诗》的态度,则是以朱《传》为根基,加以取舍,补遗订谬,再加上自家之见。而其解《诗》之方法也与朱熹相同,是就诗之本文,求其旨意。此亦视为章夫之为学方法。而其所著《诗经新注》在日本《诗经》学发展史上,实有补益朱熹《诗集传》之功。

二、学 位 论 文

(一) 硕士论文

1. 徐雅玲,《朱子庄学研究》,东海大学哲学系。

作者的问题意识在于宋明理学别于传统儒家教人们"天人合一"的通达天理,而是直接从生命实践体现"天人一理"的世界,这样的生命境界与道家庄子思想似乎有其关联性。宋明理学中特别是朱子的学说思想,是否受到道家庄子的影响?成就人生意义与价值,宋明理学如何给出答案?论文以朱子工夫论作一讨论:一、持敬工夫论作为人生的价值意义及其内涵。二、从朱子相关著作勾勒朱子所理解的庄子思想。三、试探理学与庄子思想是否有其会通处。

论文以朱子工夫论作为探讨主轴,首先,厘清朱子"持敬"之内涵,并从《文集》、《语类》、《四书章句集注》梳理建构朱子对庄子及其思想的理解与讨论,将《庄子》原典提出来作一对照,厘清朱子所论述的庄学轮廓。然朱子思想体系承二程一脉而来,二程学说中亦与庄子思想有着相似且相通处。朱子对庄子思想之评论可发现:朱子批庄子无细密工夫以强调其工夫论之重要性,朱子赞赏庄子识得"道体",并将庄子"道体"内涵融摄到其"理"的概念加以扩充发展。

2. 张逸弘,《宋明格物致知义涵之转变析论》,中兴大学中国文学系。

《礼记》之《大学》一篇受到宋明理学家青睐,多以其为基底拓展自家学说。该篇作为发扬宋明学术本色的利器,又以"格物致知"为其基础工夫与义理来源,其义理内涵,受汉唐学者与宋明理学家关注而有诸多价值面目。论文以郑玄、孔颖达、二程、朱熹、王阳明、刘蕺山、王船山等大家为脉络,分别析论格物致知的原始架构、功能性、认知性、教条性、实质性、理想性与载体性,探讨其源流发展与古典意义,及其义在不同时代背景中的开展与结果。

"格物致知"的核心价值与学理性质，从经学到儒学义理的拓展，产生的质变超乎想象，具有丰富之说理面相与义理承载功能；探讨其流变之过程，便是窥探儒学千年演变之缩影，其关切重点虽微，实为中国儒家思想之荟萃。对其发展进行脉络与主题式的分析，是理解中国哲学的一新观点。除了梳理传统思想中的格致特色，论文更尝试拓展其对教学与文化认知间的潜移默化之可能性，使得"格物致知"所衍生出的道德特性与现代社会环境有所接触融合处得以理解，论文可谓对中国传统学术与其出路提出另一面向演进之探讨。

3. 黎雅诺，《朱熹〈仪礼经传通解〉注音研究》，辅仁大学中国文学系。

《仪礼经传通解》初刊于嘉定十年（公元 1217 年），是朱熹晚年礼学的重要作品，全书 37 卷，以《仪礼》为经，取《礼记》及诸经史杂书所载有及于礼者，附于本经之下为传。朱熹之子朱在，以"先君晚岁之所亲定，是为绝笔之书"来形容《仪礼经传通解》，视之为朱子毕生礼学的集大成之作。此书汇集了古代礼制的种种记载，俾后人得以在选裁之中，窥探朱子的礼学思想与文献校注的功力，且为明、清礼学专家所宗，近代亦不乏研究者，于汉、唐以后的经学著作中，确为一部礼学要典。

《仪礼经传通解》含有大量的训诂及注音材料，却只有少数属随文改读的"叶韵音"，其性质与一般研究朱子音韵的材料完全不同，作为训诂学或声韵学的研究对象，亦有相当之价值。一般相信，宋代的实际语音既与《切韵》系韵书不同，应该可从宋人的著作当中，分析出宋代的"时音"与"方音"，论文则试图指出此说之谬误与危险。

论文共分五章：第一章为绪论，综述所发现的问题，说明研究之动机、目的、方法、范围，以及前人之研究成果，并简介《仪礼经传通解》之编纂经过。第二章考求《仪礼经传通解》注音之来源盖有五端，足见此书注音并非朱子创制。第三章分析《仪礼经传通解》中之特殊注音，以见其既非沿袭前人，亦是合于"传统读书音"之注音体系。第四章评述李红先生《朱熹〈仪礼经传通解〉语音研究》一书，试就文本与观念两端，指出研究经传注音的一些问题。第五章为结论，回顾全文论点，借"雅传统"与"雅音"的观念，说明以"时音"或"方言"解释经传注音的危险与不妥，并展望未来对其他经籍注音之进一步研究。

论文之观点，多受金周生《吴棫及朱熹音韵新论》一书启发，作者以此为基础，说明经传注音与"时音"研究之间的一些问题，并在纷纭的学说当中，找出一套合理而平实的研究方法。

（二）博士论文

1. 金玟，《朱熹与丁若镛"道心人心论"之比较研究》，台湾大学哲学研究所。

作者对朱熹与丁若镛的"道心人心论"进行比较研究，并聚焦于两者对"道心"的问题意识，以此考察"道心"概念哲学含义的变化与差异。在此问题意识下，本文一方面从程颐与吕大临关于"中"与"未发已发"之辩论开始，接续讨论朱熹中和旧说与新说的理论发展,深入探讨朱熹对"道心人心"论的理论含义。另一方面,首先从历史观点来考察身为信西派的丁若镛与天主教的关系;再者从与天主教理论的类似性切入,讨论丁若镛对"上帝"的观点,深入探讨丁若镛对"道心人心"论的理论含义。此论文比较朱熹与丁若镛对"道心"的观点,提出(1) 朱熹的"道心"是必须先通过"知觉"之后才形成的道德意识,实际上不会赋予"道心"本体的涵义;(2) 丁若镛的"道心"等同于"灵明"、"天命之性"为代表的本体,而"上帝"是这些本体义所根据的终极本体。最后,本文基于以上的论述,延伸探讨朱熹与丁若镛的本体论与工夫论之比较。

2. 陈永宝,《朱熹主敬伦理思想的历史传承与理论建构》,辅仁大学哲学系。

作者以《保训》《易经》和《论语》等先秦儒家与忧患伦理为立论前提,以唐宋佛学伦理思想及张横渠、程伊川的"敬"思想为背景,采用形上分析、形下论证及形上与形下结合的方式进行论述。论文以朱熹伦理思想为核心内容,以"敬"思想的产生、发展、内容为写作主线,通过文献综述法、文本分析法、比较研究法和历史研究法,对朱熹伦理思想中关于"敬"思想的文本进行整理、思考和总结,对其重要文本予以较细致且深入的解读,并从历史、思想史和哲学史的角度分别进行阐述。

同时,论文中对朱熹本人及其师友门人及明清学者的原始文献,和当代中外学者的相关研究成果进行分析。在原有的研究成果上进一步深挖,力图为朱熹伦理思想的现实应用做好理论铺垫。除此之外,论文强调朱熹的"敬"思想和他的时代背景、文化语境与理论渊源的内外原因。在这个思路下,采用对形上理论与形下经验相结合,及逻辑分析与历史材料相结合的方式,对朱熹伦理思想进行整体性和系统性整理。在内容上,采取线面相结合的方式。所谓"线"即是以朱熹的"敬"思想为主线,使全文紧紧围绕"敬"思想而展开;所谓"面"是以朱熹的伦理思想为论述内容。通过对二者的综合研究,挖掘朱熹伦理学及"敬"思想的深层内涵和现实意义。

3. 陈秀绒,《朱熹〈四书章句集注〉对孝的诠释与影响》,台北市立大学中国语文学系。

作者认为《四书》学是朱熹经学体系中最重要的组成部分。朱熹首次提出《四书》之名,并倾其毕生之力以钻研和探究,将《论语》、《孟子》、《大学》、《中庸》集注合刊,以《四书》建立道统架构,并逐步确立了《四书》学理论体系。朱子毕生以经典诠释为职志,其《四书章句集注》为集宋学与汉学之大成者,使《四书》地位升格,取代《五经》成为儒家核心典籍,继以建立宏大精微之儒学体系。

《四书章句集注》为朱熹毕生之力作。后世学者多赞其内容精确缜密,其旨在发挥圣人之心,实为贯通五经之奥旨,与明伦体道之要典也。然此书之所以为后人所重,实因元、明、清科举之所致矣。综观朱熹所为注解,多以理学又博撷众家之说。《四书》体系之研究成果汇集在《大学章句》、《论语集注》、《孟子集注》、《中庸章句》；由于朱熹的《四书》学，使得儒家的儒学史，得以形成《四书》学继承与开展的新契机，使之成为南宋以降儒学史研究之主流。

朱熹为程颢、程颐三传弟子李侗的学生，师承二程学说，认为宇宙万物均为理与气构成的，二程对孝的天理化论证是通过仁完成的。而朱子亦认为孝为理之分殊，并以天理论证孝道的正当性；朱熹《四书章句集注》对孝的诠释与践行方式，继承发展以正致谏、微谏不倦、父子相隐的思想；在仁孝关系上，承袭程颐"仁为孝弟之本"的思想，并论证了孝悌为君子追求礼、义、智的根基。在其影响下，其弟子与后学们也对孝进行研究、阐释与传播，对后世论孝、行孝与著述均产生重要影响。

论文从朱熹前、后儒家圣哲对于《四书》中"孝"的诠释，分析朱熹《四书章句集注》对孝的诠释之脉络与意涵，以绾合《四书》孝道思想的真谛与价值，并提出对当代孝道之浅议，作者盼能对孝道观念渐次浅薄的当今社会，略尽一己绵薄之力。

4. 蔡至哲，《中、韩儒者的秩序追求——以朝鲜朱子学儒者为中心的观察》，台湾大学"国家发展研究所"。

作者以东亚儒学视野，参考沃格林（Eric Voegelin, 1901—1985）的秩序研究，关注中、韩儒者之思想，特别是朝鲜朱子学之发展，借以思考朱子学秩序关怀里的价值与界限。朱熹透过区别"三代"、"孟子死后的汉唐千五百年间"、"二程及朱熹自己所处的宋代"，建立了"道学"的历史观，让"道学"站在更高的高度去批判汉、唐的失序。沃格林曾定义西方历史上所谓"存在的飞跃"就是与原有帝国秩序的决裂，走向了分殊的秩序（differentiated order）。朱熹以道统的高度，对传统汉唐中华秩序进行批判，可模拟沃格林思想，视为一种中华秩序下的"存在的飞跃"。

然而，传统东亚秩序强调一元性、整体性、政教合一的特质，若溯其根源，也与朱熹高举《大学》的"贯穿本末"，全面恢复秩序的思维，有着深刻关联，对近世东亚儒学之发展更有深远影响。明清两代皇权以全面掌握秩序之名，将"道统"的话语权篡夺，使统治者变成"政治"、"文化"无上的权威。实质上否定了朱熹思想的紧张性与对皇权批判反省的可能。当全面恢复秩序的企图，丧失了对真理的不确定感与紧张性，而代之以如沃格林所说的灵知主义式的不宽容与压迫，其实反而带给人更多关于秩序的困惑与忧虑。

朝鲜儒者希冀传承"后朱子时代"的道统。在明清鼎革的历史巨变之际与失序危机感中，重塑了以道统为依归的中华秩序。模拟沃格林思想，可以视为一种中华秩序下的"存在的再飞跃"，值得吾人在今日重新反思何为"中华秩序"之时作为参照。

（作者单位：台湾东海大学哲学系）

2019 年度韩国学者对朱子学的研究综述

〔韩〕方炫妊　吴周娟

一、韩国学者对朱子学的研究状况

2019 年韩国的朱子哲学研究论文出版约 35 篇。研究主题大致分为形上学、心性论和工夫论三部分，另外，还包括朱子与其他哲学家的关系、读书观，及其四书学等。本文按主题介绍朱子学研究的发展趋势，及值得关注的论文。

朱子形上学思考一直是韩国学界深度关注的领域，包括理气论、太极论、易学等各种主题。2019 年，以朱子形上学为题材的论文有：《通过分析理概念来探索朱熹的逻辑体系》《朱子的"理先气后"是形式逻辑的关系吗？——以朱伯昆的说明为中心》《朱熹易学中道德本性的含义》《朱子哲学中太极论与理气论的脉络差异》《太极论的模式转换中出现的问题及其解决——以朱熹和王夫之的太极论为中心》等。

金起贤所撰《新儒学的形而上学转换——从理体气用到理乘气机》一文指出，朱子根本地扭转了原有的形上学模式，转而建立起新的模式。据金先生介绍，朱子之前的形上学坚持"理体气用"的路线，但朱子基于两个原因，将其转换为"理乘气机"的形上学模式：一、在"理体气用"的形上学中，善的创造只能解释为"理"的直接运动变化。但朱子认为，"理"与"气"是在相互相涵中实现的；二、根据"理体气用"发展的性理学，工夫不过是等待先天之善的本心出现，所以平时是不必用工夫的。但是，比起扩充先天善心的工夫，朱子更重视平时的涵养。此文详细分析朱子形上学如何地峰回路转、开出一新形上学系统。

方炫妊的《关于朱熹哲学中理的主宰性问题小考》分析了"性情之心"和"天地之心"的涵义，并试图解答朱子哲学中"理是否具直接主宰、指导气性之能力"这一古老的哲学问题。根据此文，"理是否能直接主宰气性"这一问题的答案取决于对"理有动静"的肯定与否。若否定"理有动静"，主张理无法起作用，则理当然不会有直接主宰气性的能力。相反地，若肯定"理有动静"，主张理能作用，则理对于气性之主宰也将会是可能的。此文站在"理有超越动静"立场上，主张"人之心"与"天地之心"有一致性，而理的超越作用可见于每一具体的事事物物。他认为，理存在于总体的变化中——在天地生物的过程中、在道德思维和判断的主体中——即便是在人的心中，也起着"绝对的命令"的作用。此文从理与心在"主宰"议题上的关联性，对"理能主宰"这一重要的哲学问题进行了具有说服力的说明,指出,在朱子,"理的主宰"是指"普遍存在的原理——理是不限时空、无懈可击地主宰着包括人类在内的天地万物"。

朱子心性论领域则一直以"中和论辩"为关注焦点。2019 年,相关论文有《通过"中和论辩"看"心统性情"理解》、《中和新说,从方法到目的》等。其中金玟的《道心的脱本体化——朱熹道心人心论为中心》分析了朱子的"中和论辩"与"人心论"的关系,界定了道心的意义。论文主张,朱子早期和后期的"道心人心论",分歧点在中和旧说和新说理论体系的变化。在早期的道心人心论中,朱子遵循了"天理人欲·道心人心"传统解释,此时的"道心"指的是"中和旧说"中的"未发本体";在"中和新说"中,因发展出"心统摄性和情",心能发挥"知觉",并具"一体主宰"之义,故后期道心人心论中的"人心"与"道心"内涵,都有了转变。在"人心",脱离了承担价值判断的责任,只是单就心之"知觉"作用及其"感官的自然欲求"而言。"道心"不再代表"天理"或"未发的本体",成为属于经验层次的"道德意识"。至后期,"道心"与"人心"不过是一个经验心的两个面向。如此一来,依着中和旧说的"早期道心人心论",原本是指向"两个不同的根源",即"本体之道心"和"现象之人心"二根源,在中和新说之后,则转为"一个经验心的两种不同知觉"。

朱子工夫论主要对"未发涵养"、"格物致知"等各种主题进行了讨论。2019年,该领域有《格物和伦理两难》、《朱熹的道德认识论》、《朱熹工夫论中历史书的意义》等论文。其中,金慧洙《关于朱熹伦理说基本原理的研究》一文,从现代伦理学的观点分析了朱子理气论,阐明了朱子伦理学的基本原理和结构,阐释了朱子学如何体现现代伦理学的多种形态和特征,探索了朱子哲学的现代化可能性。论文认为,朱子伦理学涵盖了两种伦理形态及特征:一、朱子学肯定道德原理的普遍性,主张其合理性,具有义务论的特点;二、朱子伦理学具有存在伦理学的特征,即道德主体是以成为具道心之圣人为目标的。

如果把朱子工夫论的主要内容"格物致知",理解为是对对象的认识探索,就会有"朱子工夫论与人格无关联"的问题。目前研究大多将朱子"格物"义限制在"伦理"之事上作理解,把"格物"和"涵养"皆解释为"对内在道德的认识或保证"。朱光镐的《朱子的工夫论:从"体悟本体"到"与对象建立适当关系"》一文从解释学角度,指出"格物"的意义不应仅限于"伦理学"层次,这对于当代朱子"格物"义之探讨,有一定的贡献。认为,朱子的"格物"义还应包括以成熟的人格应对事物形成圆融的关系等。

朱子的其他领域包括朱子学与其他学问的关系、朱子的读书观、四书学、身体观、法制观等也有一定研究。相关论文有《宋明理学中荀子哲学的评价和接受——朱子为中心》、《朱子的语言观和中道的读书观》、《〈朱子语类〉读书法中朱子的实体论性语言观》、《没有恶之理——朱熹对程颢"理有善恶"的解释》、《恶从善始——朱熹对程颢"善恶皆天理"的解释》、《对刑罚和法制的朱子学认识研究——以朱熹和蔡沈的书经解释为中心》《孟子浩然之气章注释史的展开研究：以赵岐和朱熹为中心》《对朱熹和戴震身体谈论的比较研究》等。这些研究表现了朱子学丰富的内涵。

二、韩国学者对退溪·栗谷学的研究状况

2019年，韩国学者对退溪学及栗谷学的研究状况主要体现为两个方面：一、与心性论及修养论领域相比，他们更倾向于其他领域，特别是集中于与西方哲学的比较，及文学、艺术方面；二、与退溪学相比，栗谷学的研究论文相对更少。

就心性论研究方面而言，李相益在《退溪—高峰四端七情论争的根本问题》中，表示退溪与高峰的争论核心在于对"七情的所从来"的理解差异。退溪把七情规定为"肉体本能（食色之性）"，高峰则表示七情是"道德本性（仁义之性）"。依李先生所言，因为退溪和高峰对"七情"和"理气"概念的理解不同、对"发"的意义和"心"的构造的理解也不同，所以产生了四端七情争论。Chae, Hee Doh（蔡熙道）的《栗谷学中的四端不中节问题——通过与胡宏的比较》一文则针对"退溪学对栗谷学的批评"提出问题。作者认为，栗谷讲理气关系是"一而二，二而一"，是栗谷要表达朱子学中"理气不相离、不相杂"之义，但有些学者把栗谷视为具有湖湘学色彩的人物，这是不恰当的。作者还分析了朱子学和湖湘学在"同体异用"、"气质问题"、"四端"等方面的理解，并通过这一分析，进而指出"栗谷学属于湖湘学系列"这一评价也是不合理的。

就修养论的研究成果而言，Jang, Seung Koo（张承九）在《退溪与栗谷的修养论比较中》，对退溪与栗谷的修养论进行了分析。作者认为，退溪因为强调以"居敬"为中心的修养功夫，所以重视"真积力求的态度"和"求放心"；而栗谷因在主张修养心性的同时，强调身体的修养，其不仅重视"敬"，也重视"诚"、"矫气质"、"养气"等工夫。Jang, Seung Koo还指出，比起栗古，退溪更重视直接从"心"着手作修养工夫；栗谷则认为，为了有正确的实践，必须先对真理有透彻的了解，栗谷更重视"格物"工夫。基于此，退溪重视《心经附注》，而栗谷更重视《小学》、《大学》、《中庸》。文中总结，栗谷主张，圣人是通过"经世"、改正世界、参加政治活动而修养人格之人物；退溪主张，圣人之所以为圣人，并不是通过积极地作经世活动而是通过修心养性以达到人格模范。

其他研究方面，全圣健在《对退溪理学之沙溪的批评与其批判的继承》一文中，摆脱了现有的退溪学派和栗谷学派的对立构图，转而以对二者的批判来继承儒学思想，由此分析了沙溪金长生的理论。金长生继承了宋翼弼、李珥的学问，再传授给金集、宋时烈和宋浚吉等。他将朝鲜"礼学"带向另一高峰，为朝鲜的礼学思想奠定了重要的基础。据全先生介绍，沙溪的学问是对退溪李滉的理学、经学、礼学等进行批判性检讨而形成的,因此,要对沙溪思想有深刻理解,便须从他如何批判退溪学来分析其学问和思想。姜卿显的《退溪、栗谷对明代儒学的认识》一文从哲学史的角度,审视了16世纪朝鲜学者退溪及栗谷对明代儒学的理解。姜卿显认为,退溪从"斯文的继承"这一角度,对明代儒学采取了包容的态度;栗谷则从"道统的传授"层面,持批评明代儒学的立场。退溪和栗谷对明代儒学的认识,分别着重从"敬工夫"和"理气关系"来解释朱子学,反映了两人特色。

退溪学、栗谷学与西方古代哲学和神经科学的比较研究,也有相关论文。安琉镜在《退溪的理与亚里士多德之神的结合点》中,把"退溪之理"与"亚里士多德(Aristotle)之神"模拟地联系起来,并进行考察。他分析道,退溪的理具有绝对性(超越性:不相杂的侧面)和相对性(内在性:不相离的侧面)的双重性格,但现有学者只重视理的内在性,没有深入关注理的超越性。安琉镜将"理的超越性"与"亚里士多德的神之'不动的动者'"联系起来进行考察。Chae, Seok Yong(蔡锡勇)《栗谷的意和达马西奥的感觉(feeling)》一文,则将达马西奥(Antonio Damasio)在神经科学上解释的"feeling"概念与栗谷的"意"概念进行比较,揭示栗谷人性论的认知特征。他认为,第一,在栗谷处,"情"是非自觉的反应,"意"是自觉的反应。达马西奥所说的"情绪"(emotion)也是非自觉的反应,"感觉"是自觉的反应。第二,"意"是无意识的"情"发生以后,以"情"为对象的有意识的活动。"感觉"也是在"情绪"出现之后,以"情绪"为对象的有意识的活动。第三,在栗谷处,通过实践"诚心",人能体现道德的善。达马西奥的"感"同样可以起到引导人类走向道德善的作用。

三、结 论

2019年,韩国学者的朱子学研究论文,在形上学、心性论、修养论,及朱子的读书观、身体观等多方面皆有丰硕成果。而在退溪学与栗谷学方面,摆脱了以往只着重理气、心性论等面向,拓展至比较研究、文化艺术等其他领域,展示了目前朝鲜朱子学研究的特征,此研究逐步扩张至相关可关联的其他领域。总而言之,无论是就朱子学本身的研究,或是朝鲜朱子学的研究,都显示了朱子学的丰富内涵在韩国学界正被快速挖掘。

参考文献:

[1] 金起贤:《新儒学의形而上学转换——理体气用에서 理乘气机에로- = The Metaphysical Paradigm - Shift in Neo - Confucianism—The Transition from 'li t'i ch'i yong(理体气用)' to 'li ch'eng ch'i chi(理乘气机)'》,东洋哲学研究会,《东洋

哲学研究会》97 辑,2019 年。

[2] 方炫娃:《朱熹哲学에 있어 理의 主宰性 问题에 대한 小考 = Governance[主宰] of Li[理] in Zhu－Xi's Philosophy》,韩国中国学会,《中国学报》87 辑,2019 年。

[3] 金玟:《道心의 脱本体化——朱熹의 道心人心论을 中心으로 = Zhu Xi's Deontological Perspective on Daoxin（道心）: Focused on Zhu Xi's the Theory of DaoXin and RenXin》,忠南大学校儒学研究所,《儒学研究》49 辑,2019 年。

[4] 金慧洙:《朱熹 伦理说의 基本原理에 관한 研究 = A Study on the Principles of Zhu－xi's Ethics》,韩国阳明学会,《阳明学》54 辑,2019 年。

[5] 朱光镐:《朱子의 工夫论,'本体깨닫기'에서 '对象과의 적절한 관계맺기'로 = Zhu－xi's Study Theory, from "Recognizing the Benti" to "Establishing the Appropriate Relationship with Objects"》,大韩哲学会,《哲学研究》151 辑, 2019 年。

[6] 李相益:《退溪-高峰 四七論辨의 根本问题 = On the Fundamental Problems of Toegye－Gobong's Four－Seven Debate》,退溪学研究院,《退溪学报》146 辑, 2019 年。

[7] 채희도（Chae, Hee Doh）:《栗谷学에서 四端의 不中节 问题-胡宏과 比较를 통해 서 = The Problem of Siduan bu zhong jie in the Yulgok Studies: Through comparison with Hu hong》,翰林大学校泰东古典研究所,《泰东古典研究》42 辑, 2019 年。

[8] 장승구（Jang, Seung Koo）:《退溪와 栗谷의 修养论 比较 = A comparative study on the theory of self－cultivation of Toegye and Yulgok》,栗谷学会,《栗谷学研究》 40 辑,2019 年。

[9] 全圣健:《退溪理学에 대한 沙溪의 批判과 批判的 继承 = Sa－gye Kim Jang－ saeng's Critique and Critical Succession on Toe－gye's Study of Principle》,忠南大 学校儒学研究所,《儒学研究》46 辑,2019 年。

[10] 姜卿显:《退溪와 栗谷의 明代儒学认识 = T'oegye and Yulgok's Understanding of Ming Dynasty Confucianism》,韩国国学振兴院,《国学研究》38 辑,2019 年。

[11] 安琉镜:《退溪의 理와 아리스토텔레스의 神과의 接点 = A Study on the Toegye's Li and Aristoteles's Gods of Contact》,启明大学校人文科学研究所,《东 西人文学》56 辑,2019 年。

[12] 채석용（Chae, Seok Yong）:《栗谷의 意와 다마지오의 느낌（feeling） = Yulgok's Ui（意） and Damasio's Feeling》,大韩哲学会,《哲学研究》152 辑,2019 年。

（作者单位：韩国建国大学哲学系　韩国建国大学哲学研究所）

2019 年度日本学界朱子学研究综述

殷晓星

2019 年日本学界有关中国朱子学的研究取得了丰富的成果，其中主要包括：一、对朱熹理论体系的研究；二、对朱子学理论体系及其发展脉络的研究；三、对既有研究成果的批判和深化。本文将针对以上三点，对 2019 年日本学界的朱子学研究进行概括[①]。

一、对朱熹理论体系的研究

2019 年，日本学界继续开展对朱熹文集的翻刻、译注工作，大部分是对多年来相关作业的继承。[②] 同时，针对朱熹本人的思想、理论体系进行的调查、研究也有许多新的成果，在此介绍一二。

黑田祐介通过考察宋代"赤子之心"注释的变迁，以张载、程颐、吕大临等的注释为参考，并以赵歧的注释为对照，明确了朱熹以"赤子之心"为喻，讲究其与"诚"的紧密关系，要求为学者注重"敬"、"诚意"的实践功夫的学问方法。[③]

辻井义辉为补充先行研究中重视"元、春、仁"，忽视"贞、冬、智"及其相关构造的不足，以朱熹"智藏说"为中心进行了分析。他指出："收藏"被用作表现"贞"、"冬"性格的概念，其基本意义是包含了"春"、"夏"、"秋"之展开的"生命力"；其附带意义则包含了"终结至此为止的展开"和"准备新的展开"两方面。而"智"则反映了以上"收藏"的基本意义和附带意义。具体而言，"智"判断善恶，并由此决定自己对事物的态度。"智"在进行是非判断的同时，又接

---

① 本文所选作品仅以 2019 年 1 月至 12 月在日本出版、刊载的作品为限，难免有所遗漏，敬请各位作者和读者体谅。

② 如，二松学舍大学宋明资料轮读会公冶长篇班译注，《〈朱子语类〉卷二六～卷二九译注(14)》(『朱子語類』卷二六～卷二九訳注(14)，《阳明学》，2019 年第 29 期)，市来津由彦《〈朱子语类〉卷九十五"程子之书一"译注稿(4)》(『朱子語類』卷九十五「程子之書一」訳注稿(4)，《东洋古典学研究》，2019 年第 47 期)等。这些翻刻工作多开展于数年以前，一直持续至今。在此不一一列举，敬请参考本年鉴《2019 年度日本朱子学研究成果目录(一)》。

③ 黑田祐介：《宋代的"赤子之心"解释——以朱熹的解释为中心》(宋代における「赤子の心」解釈について——朱熹の解釈を中心に)，《白山中国学》，2019 年第 25 期。

着为"恻隐"这一新的展开做准备,因此,"智"既是内心现象的终结,又是其开始。①

土田健次郎在其新作《朱熹的思想体系》②中,对朱熹的思想体系进行了极为全面而周详的论述。这部长达700余页的鸿篇巨著,以朱熹庞大的文献资料为基础,以其士大夫的身份及其所处的时代为背景,对各时期朱熹针对各种社会、文学、哲学等问题的学说进行了纵横对比,是近年来少有的对朱熹本身进行全面、系统分析的研究成果。先从朱熹学说资料的全貌出发,对其"骨骼"进行把握,再对各种个例能够对其学说进行充分说明的极限范围进行验证,或者对之前提炼出的"骨骼"的妥当与否进行重新确认——这种不断重复检验与反馈的质朴操作,正是土田朱熹研究的方法。因此在本书中,我们可以看到大量的文献例举与对其进行的细致分析。这些文献与分析又涵盖了朱熹学说的方方面面,包括朱熹所见为学的目的、世界的构造(理、气)、心的分析、学问论(格物)、修养论(居静)、士大夫与社会以及朱熹与佛教、经学、文学等内容。本书也是作者多年来朱子学研究成果的一个总结,但却并不是对这些成果的简单罗列。作者对各种朱熹研究的成果进行了重组,为读者勾画出朱熹丰富多彩的思想世界。

二、对朱子学理论体系及其发展脉络的研究

日本学界关注思想史学上朱子学理论体系的形成和发展。学者们往往围绕某一特定问题,观察各学派、学者的相关论争,从而讨论这些认识的交错发展。例如,山本健太郎以迁都论为观察对象,对比汉唐时期的周东迁论,分析了宋代《春秋》学及《尚书》学中的相关论述,整理了从司马迁到孙复、王皙,再从苏轼到林之奇及其以后南宋各学者迁都论的批判和继承脉络。③

水口拓寿则以宋以后儒教知识分子的风水思想"发现"为题,就司马光、程颐、朱熹关于阴宅风水的理解做了讨论,指出宋以前的风水思想,往往在承认"墓中死者"的人格性存在基础之上,认为其安宁关乎子孙利益,同时其不满也会招致子孙的不幸;而北宋司马光则认为墓中所存不过是"没有知觉的遗体",对风水思想进行了否定性的"发现";与司马光不同,程颐则对风水思想表示认同,认为墓中死者具有"神灵",对阴宅风水相关的北宋前的死者认识,在道学宇宙观的范畴之内进行了一定程度的复苏;朱熹则继承了程颐的

① 辻井义辉:《朱熹哲学中的智藏说——贞·冬·智的关联构造》(朱熹哲学における智藏説——貞·冬·智の連関構造),《白山中国学》,2019年第25期。
② 土田健次郎:《朱熹的思想体系》(朱熹の思想体系),东京:汲古书院,2019年12月。
③ 山本健太郎:《宋代经典解释学中的迁都论》(宋代の経典解釈学における遷都論),《中国哲学研究》,2019年第30期。

风水理解,并基于朱熹的魂魄论在死者的"体魄"概念中探讨了墓中死者"神灵"的所在。①

福谷彬新作《南宋道学的展开》②通过将朱熹与同时期道学诸派的思想家进行比较,对各种思想的性格特征进行了把握,并在此基础上讨论如下问题,即:道学诸派是否克服了孤立、对立的情况,均以道学这一目标的达成为己任,而他们中的学派论争,是否是以这一整体目标为前提展开的?为此,作者特别关注道学诸派的政治态度与其修养论的关系,又尤其关注经书解释中诸派对《孟子》的解释——因为经书是道学诸派共通的思想基础,《孟子》的圣人可学论与道学者的政治态度紧密相关。全书首先以朱熹、胡宏的阐释为例,讨论作为思想形成的古典诠释;继而以陈亮、陆九渊等人的政治立场和学说为中心,分析道学者的思想与政治态度;最后以《资治通鉴纲目》和朱熹《春秋》学为切入点,探讨了道学论争的史学意义。

谈及明清学术对朱子学的继承,张瀛子通过考察王懋竑的《荀子》校勘与其伪古文尚书考证的关联性,指出古文尚书的正统性作为程朱理学的国家意识形态在清代通过考证学被继承了下来;③新田元规则通过分析有关濮议的评价变化,以及黄宗羲《明夷待访录》中的"原君"论,讨论了君主论及其在民间的继承问题。④ 同时,新田还分析了黄宗羲、万斯同等人围绕丧礼问题对郑玄、朱熹言说的批判,指出清人与宋人在"礼"的解释上存在的对立,其本质是注疏说与宋元经学的对立。⑤

此外,还有学者对宋代学人的诗经学、美学等进行了分析。津坂贡政通过比较欧阳修、苏轼和朱熹对蔡襄书法的评价,探讨了北宋和南宋的时代观及美学意识。⑥ 种村和史从诗经学的视角,探讨了朱熹、戴震、翁方纲等人的诗经注

① 水口拓寿:《阴宅风水的"发现"与死者认识——以司马光、程颐、朱熹为中心的考察》(陰宅風水の「発見」と死者認識——司馬光・程頤・朱熹を中心とする考察),《中国——社会与文化》,2019 年第 34 期。

② 福谷彬:《南宋道学的展开》(南宋道学の展開),京都:京都大学学术出版会,2019 年 3 月。

③ 张瀛子:《关于王懋竑〈荀子存校〉——清初的考证学与朱子学》(王懋竑の『荀子存校』について——清初の考証学と朱子学),《中国哲学研究》,2019 年第 30 期。

④ 新田元规:《濮议评价的转变——从理想君主论到民间继承论》(濮議に対する評価の転換——理想君主論から民間継承論へ),《中国哲学研究》,2019 年第 30 期。同,《黄宗羲〈明夷待访录〉中"原君"的君主政体起源论》(黄宗羲『明夷待訪録』「原君」における君主政体の起源論),《中国——社会与文化》,2019 年第 34 期。

⑤ 新田元规:《丧礼"祔祭""迁庙"的解释论——以郑玄与朱熹诸说为中心》(喪礼における「祔祭」「遷廟」の解釈論——鄭玄と朱熹の所説を中心として),《人间社会文化研究》,2019 年第 27 期。

⑥ 津坂贡政:《"新意"与"尚法"——从书的评价看北宋欧阳修、苏轼与南宋朱熹的时代观与美学意识》(「新意」と「尚法」——書の評価にみる北宋欧陽修・蘇軾と南宋朱熹の時代観と美意識),《七隈史学》,2019 年第 21 期。

释认识。①

三、对既有研究成果的批判和深化

不少学者对过往朱子学研究进行了新的评价，或在其基础上进行了补充考察。菊池孝太郎为 2004 年出版的吾妻重二著《朱子学的新研究》②一书撰写书评，在充分肯定了该书所取得的成就的基础上，对第二部第一篇第三章《朱熹鬼神论与气的思想》进行了补充性考察，指出吾妻认为祭祀中气并不具备必要性，因而朱熹的鬼神论并无破绽的说法，有待联系朱熹之前中国连续性的"鬼神""合理"认识进行更深入的讨论。③

大野圭介对 2017 年出版的种村和史著《诗经解释学的继承与变容——以北宋诗经学为据》④一书做了评介，对作者种村抛开先入为主的观点，通过细致的文本解读，对固有的教科书式的诗经学解释做出批判的姿态，及其将《诗经》解释史这一题材的魅力进行充分发挥的考论水平表示了肯定。但同时大野也指出了种村对先行研究的过度依赖，以及在参考文献的引用上存在不合理、不充分等问题，并认为，作为试图克服经学研究和文学研究相分离，以综合性视野对中国古典文化进行分析的著作，本书对《文心雕龙》以来的《毛诗》大序等文学理论言及甚少，在讨论作为经学的北宋诗经学继承关系这一问题上，仍有很大的研究空白。⑤

以上是 2019 年度日本学界有关中国朱子学相关研究的综述。此外，2019年正值日本江户时代著名朱子学者山崎暗斋诞辰 400 周年，日本中国学界、思想学界等皆举办各种学术活动，⑥这也带动了一轮新的朱子学研究——尤其日本朱子学研究的高潮。一些学者将日本朱子学与西方哲学理论进行对比，以明

① 种村和史：《献给篡夺者的赞歌——与类淫诗说相关的朱熹、严粲和戴震、翁方纲的关系》（篡奪者に献げる讃歌——類淫詩説を廻る朱熹・厳粲と戴震・翁方綱との関係），《中国研究》，2019 年第 12 期。同，《即使如此他也还算不错……——诗经解释中对局部赞美认识的诸相》（それでも彼のほうがまだましだから……——詩経解釈における部分の賛美についての認識の諸相），《人文科学》，2019 年第 34 期。同，《面向诗篇的难解性——从与戴震的比较看翁方纲诗经学的特征》（詩篇のわからなさに向き合って——戴震との比較から見た翁方綱詩経学の特徴），《中国——社会与文化》，2019 年第 34 期。

② 吾妻重二：《朱子学的新研究》（朱子学の新研究），东京：创文社，2004 年 9 月。

③ 菊池孝太郎评：《跳出凝固的朱子学——吾妻重二著〈朱子学的新研究〉》（凝り固まった朱子学からの脱却——吾妻重二著『朱子学の新研究』），《中国研究集刊》，2019 年第 6 期。

④ 种村和史：《诗经解释学的继承与变容——以北宋诗经学为据》（詩経解釈学の継承と変容——北宋詩経学を中心に据えて），东京：研文出版，2017 年 10 月。

⑤ 大野圭介评：《种村和史〈诗经解释学的继承与变容——以北宋诗经学为据〉》（種村和史『詩経解釈学の継承と変容——北宋詩経学を中心に据えて』），《中国文学报》，2019 年第 92 期。

⑥ 如《艺林》杂志推出了特集《山崎暗斋诞辰四百年纪念》（2019 年 10 月）。

确各自的理论特征,深化了朱子学的理论认识。 同时,中日韩三国学者也围绕朱子学及其周边学术研究展开积极对话。② 本文未能涵盖日本朱子学的研究成果以及各方对话,仅对日本学界对中国朱子学进行的研究加以概括,唯愿这些成果的总结,可成为促进中日朱子学研究更深交流的一个契机。

(作者单位:日本立命馆大学)

---

① 如平手贤治:《托马斯主义自然法论与朱子学的自然法论——自然法的本质与普遍性》(トマス主義自然法論と朱子学の自然法論——自然法の本質と普遍性),《法政论丛》,2019 年第 55(1)期。

② 如《中国——社会与文化》(第 34 期,2019 年 7 月)杂志推出了《小特集 十八世纪的经学——东亚三国的形态比较》(小特集 十八世纪の経学——東アジア三国の様相を比較する),围绕 2016 年出版的高山大毅《近世日本的"礼乐"与"修辞"——荻生徂徕以后的"接人"制度构想》(近世日本の「礼楽」と「修辞」——荻生徂徕以後の「接人」の制度構想,东京:东京大学出版会,2016 年),邀请作者高山大毅与韩国学者姜智恩就日韩儒学的普遍性等问题做了讨论。

2019 年度日本朱子学研究述评

〔日〕福谷彬

前　言

在当今的日本思想史领域,儒学思想研究主要集中在伊藤仁斋、荻生徂徕等朱子学批判者的身上,相对而言,对日本朱子学本身的关注呈降低趋势。但众所周知,日本儒者的思想受朱子学影响很大,在论及日本儒者时,研究者也多通过与朱子学的比较进行探讨。可以说,要了解朱子学在东亚是如何被接受的,对日本儒者思想的考察是很重要的。

本文介绍的内容涵盖日本儒者整体的研究状况以及朱子学本身的研究成果。另,本文的研究回顾仅包括 2019 年 1 月至 12 月的出版物。

一、日本朱子学研究

(一) 专著

[1] 中村春作①:《徂徕学の思想圈》(ぺりかん社,2019 年)

荻生徂徕是日本江户时代中后期的儒者,他与弟子创立了徂徕学。关于荻生徂徕,丸山真男在《日本政治思想史研究》(东京大学出版会,1952 年)中,论述了徂徕学是如何一步步斩断朱子学中"自然"与"人"、"道德"与"政治"的连续性,使之解体的过程,阐明了徂徕学为日本内发的"近代化"所做出的准备。由此以来,徂徕学研究在日本政治思想研究中占据了重要的地位。

中村春作此书,是由作者在 1981—2013 年间发表的论文修改而成,尽管如此,仍能看出作者对于徂徕学有一贯之思考。因为如果只关注徂徕与政治思想相关的著作,则难以窥见徂徕思想的全貌,所以作者通过探讨以下数个未被学界关注的问题,借以重论徂徕的政治思想。

全书分为九章,各章的目次如下:第一章　以"物"为教、第二章　"名"与"物"与"俗"、第三章　从"古言"来看"先王之道"、第四章　经书解释与思想史的关系、第五章　《政谈》的世界、第六章　"华夷变态"之中的徂徕学、第七

---

① 中村春作,大阪大学大学院文学研究科博士后期课程满期退学,博士(文学)。广岛大学名誉教授。著有《江户儒教与近代的"知"》,鹈鹕社(ぺりかん社),2002 年。

章 "气质之性"的去向、第八章 反徂徕学——怀德堂的儒学、第九章 对于"风俗"论的看法。

其中，最重要的是第九章"对于'风俗'论的看法"。作者在此章论及徂徕对于"风俗"的观点。徂徕的"风俗"观，建立在朱子的"风俗"观的批评之上。从朱子学的观点来看，作为世俗习惯的"风俗"，没有太大的价值，只是统治阶级作为"教化"矫正的对象，与之相反，徂徕则为了统治人民，很重视"风俗"的价值（徂徕认为"风俗"对于统治人民很有价值）。徂徕以为，"制度"一旦建立，由于社会情况的变化，制度会渐渐脱离时代。而作为世俗习惯的"风俗"，则是追求时宜，能够紧跟时代而变化。所以"风俗"虽然不是完整无缺的，但是比"制度"，更有合时宜的一面。如果统治者参考世俗风俗的变化，建立起新的制度，则能够让风俗更加完美。如此，对于徂徕而言，"制度"与"风俗"，都是生生流行的"活物"。

至今为止的徂徕学研究，大多认为徂徕学与后来的"国体思想"相衔接，有专权的一面。而中村春作的研究，则展现了徂徕思想的创新之处。

［2］坂东洋介①：《从徂徕学派到国学——作为表现的主体》②（ぺりかん社，2019 年）

至今为止，江户时代的日本国学者与徂徕学派的儒学者的关系，经常被视作"国粹主义"与"中华主义"，或者"国文学"与"政治思想史"的对立关系。该书则指出了这种模式化的观点，不免有"扣帽子"的嫌疑。作者以荻生徂徕《政谈》和《太平策》、太宰春台《辩道书》、服部南郭《燈下书》（以上属徂徕学派），与贺茂真渊《国意考》和《にひまなび》（属国学学派）为主要研究材料，对江户时代的社会风俗、时代背景，以及研究对象的生平及其交往加以细致分析，深入地探讨了徂徕学与日本国学思想的关联。

全书分为两章，每章各有八节，共十六节。第一章"经世论的外围"，通过考察近世日本社会的职业观念，探讨了徂徕学出现的意义。作者指出徂徕在经书解释中所展现出的"劳动"的观念，随后论述了徂徕门人与国学者之间勃发的所谓"国儒论争"。第二章"贺茂真渊的思想"，作者通过与前述徂徕思想进行对比，考察了作为国学学派开祖的贺茂真渊的思想。

作者指出，徂徕为了避免陷入当时流行的以朱子学为代表的"万物一理"的观点，因而非常重视现实世界中千差万别、各种各样的形态，比如说"中国"与"日本"的社会，日本传统中的"文雅"与"武俗"，以及和歌中所展现出的个人感情。工匠有工匠的方法，学者有学者的方法，每种职业都有其各自的方法。那么，人们怎样才能修得自己的工作方法呢？作者用"型"（かた）这个日语词汇对

---

① 板东洋介，东京大学大学院人文社会系研究科文学博士，现任皇学馆大学文学部神道学科副教授。

② 该书获 2019 年度三得利（サントリー）学艺奖。

之进行了说明。日语的"型"(かた),是在格斗或者歌舞中,用心设计而成的具体招式。作者对于徂徕与真渊所共有的这种职业思想的特征,将之归纳为"型"。通过对比"型"的思想与以达到特殊的精神境界或者理解深奥哲理为目标的"心"的思想,作者最后指出这一"型"的思想就是近代日本因素。这一由徂徕发现并为真渊继承与发展的"型"的思想,给明治以后的近代劳动者带来了深厚影响。

(二) 论文

今年为纪念山崎闇斋 400 周年诞辰,《艺林》69 号中编辑了山崎闇斋特集,刊载了九篇关于闇斋及其门人的论文,以及作为特集资料的《山崎闇斋年谱》、《山崎闇斋研究文献目录》、《著作翻刻文献目录》。其中有不少关于神道的论文,在此则介绍关于朱子学的部分。

[1] 久保隆司:《"敬义内外说"与"神儒兼学"之关联性与闇斋神学的构造理解》

为人所知的山崎闇斋是一位热心于朱子学的学者,同时在晚年建立了名为垂加神道之神道一派,企图使朱子学与神道融合。"敬义内外说"乃衍生于朱子学之学说,讨论的是心身之"身"就"敬以直内,义以方外"(《周易》文言传)而言,应属于"内""外"何者的问题。闇斋主张"身"属"内",却被包含其弟子在内的多数朱子学者所反对,然他终未改其说。

论文整理了使得闇斋学派内部崩解之要因,即闇斋与其弟子的"敬义内外说"争论内容,同时指出闇斋视"身"属"内"之见解与其神道之理解的密切关联性,构造性地分析山崎闇斋如何使此见解与朱子学之尊和神道信仰做出整合性的立论。

闇斋认为朱子学的"敬"可以通过神道的"祓"仪式而得以深刻体会。文中指出在"知"的方面,是以朱子学为优先;而"行"则是神道为优先。虽然久保的考察略显操之过急,然而他正向地处理未曾被充足考察过的闇斋神儒融合观,并确立了明了的推论,在这一点上具有一定学术意义。

另外,《艺林》山崎闇斋特集号中,细谷惠志①《〈文会笔录〉所见之薛敬轩与闇斋的思想》,则着眼于山崎闇斋主要著作《文会笔录》中多所引用薛瑄之语的部分,指出山崎闇斋是为了继承薛瑄之"敬"的思想所为的。

[2] 许家晟②:《"道"与"安天下":从"人情"的视点重新审视徂徕学》(《日本儒学会报》3,2019 年)

与丸山真男之后,将西方的历史发展阶段论毫无批判地引入日本,从而试

---

① 细谷惠志,大东文化大学大学院文学研究科中国学专攻,立正大学论文博士,现任立正大学特任教授。

② 许家晟,早稻田大学大学院文学研究科,博士(文学)。现任学习院大学国际研究教育机构 PD 共同研究员。

图找出徂徕学中的"近代性"不同，本论文通过分析徂徕的多篇文章，指出徂徕学中的"道"是基于不完全不合理的"人情"，徂徕根本就不相信面向全人类的"道"的普遍性。作为结论，本论文认为徂徕学否认"道"的普遍性，缺乏追求理想的态度，它所承载的思想认为接受一切残酷现实都是理应，不容许人们逃向理想，徂徕学可能是导致徂徕学衰退的原因之一。

二、朱 子 学 研 究

（一）专著

福谷彬①：《南宋道学的展开》②（京都大学学术出版会，2019 年）

该书之题称有意识地沿袭土田健次郎《道学之形成》之名而取，并且在内容上也有关联。土田《道学之形成》中指出，代表南宋理学朱熹、陆九渊、吕祖谦、张栻之思想乃为"道学"所归摄，而"道学"指的则是二程思想及深受其影响的思想。土田书中将道学形成期北宋作为主要研究对象，关于南宋期则少有着墨。专著承接土田氏所指，进而将着眼点置于南宋道学诸派整体图像之描绘。全书共由七章构成，第一章、第六章、第七章论及朱子，第二章论及胡宏，第三章论及陈亮，第四章、第五章论及陆九渊。

该书的特色在于点出道学者的"政治态势"与其哲学思想的关联性。书中所谈及的"政治态势"，指的并非个别政策，而是他们为了形成舆论而采取何种姿态来说服他人。

余英时《朱熹的历史世界》指出在"道学"与"反道学"的朝廷党争时期，朱子与陆九渊都站在"理学"的阵营，在政治上做出协调。对此，书中第四章"淳熙党争下陆九渊的政治立场——关于《荆国王文公祠堂记》"通过分析此时期的陆九渊著述，指出陆九渊认为朱子于党争中的攻击性态势，犹如使得北宋朝廷产生决定性龟裂的王安石，对此表示强烈的不满。另外更指出，朱子欲以将反道学势力彻底从朝廷中排除的方式，来结束党争；而陆九渊则欲采取消除"道学"与"反道学"之对立意识的方式，来终结党争。

第五章"作为说服方法的陆九渊的'本心'论"重新考察了陆九渊的"本心"论。陆九渊的本心论是视自己的"本心"与整个宇宙为一体的思想。一直以来，这一思想被认为是在自己的心中发现道理的主观思想。但是，阅读陆九渊的《杂著》等叙述后，可知他反而否定只属于自己的想法，主张正是谁都能自然接受的观点才是有道理的，自己和他人广泛共有的心才是"本心"。不把自己的想

---

① 福谷彬，京都大学文学研究科中国哲学史专修，博士（文学）。现任京都大学人文科学研究所附属东亚人文情报学研究中心助教。

② 《南宋道学の展开》（中译名：南宋道学的展开）。中嶋谅：《书评 福谷彬著〈南宋道学の展开〉》，《实践女子大学人间社会学部纪要》，2020 年 16 号。

法强加于人，而将他人的想法诱导到自己认为的正确方向上，这才是陆九渊的"本心"论的特征所在。该章分析了陆九渊的佛教批判和与朱熹的"无极太极"论战的内容，论述了陆九渊的说服方法的特征。陆九渊的说服方法，并不从根本上否定他人的观点，而是指出他人也有一定的优点和道理，并以此为基础来说服他人。

第六章"消失的'格物致知'的去向"着眼于朱熹的封事中出现的对"十六字心法"的解释的变化，探讨了朱熹的君臣论。结论指出从朱熹对"十六字心法"的解释变化中，可以看到在皇帝被视为绝对存在的皇帝制度的理念下，朱熹如何不允许皇帝的专制，争取士大夫监督、牵制皇帝权力作用的正当化的一番苦心。

（二）论文

中嶋谅[①]：《南宋袁甫的"朱陆折衷"论》（《日本儒学会报》，2019 年第 3 期）

中嶋氏在市来津由彦氏的研究基础上，对朱陆折衷论提出了新观点。市来氏指出陆九渊于淳熙十四年象山讲学前的时期与朱子的对立并不明显；在象山讲学之后，对立方才变得尖锐，而盛行于南宋末的"朱陆折衷论"，则是尝试折衷在激烈对立前的陆九渊前期思想与朱子思想的论点。对此，中嶋氏以"朱陆折衷论"代表人物之一的袁甫为例，进行如下论述。

① 主张折衷张栻、朱熹、吕祖谦、陆九渊思想之际，所用之词为"一是之地"（《蒙斋集》卷十四、《重修白鹿堂书院记》）。

② "一是之地"本是陆九渊与朱子于"无极论争"交锋时所用之词。

③ 对于陆九渊来说"无极论争"的目的不在于驳倒朱熹；而是使朱陆思想呈现对比，发现其一致处。

如上所论，中嶋作出结论，认为袁甫的朱陆折衷论乃继承陆九渊的后期思想。市来氏的朱陆折衷论见解则是在分析钱时与袁甫之父袁燮后所得出的结论。中嶋氏指出在"朱陆折衷论"中，除了有依据陆九渊前期思想的，也有依据后期思想所成的。

此外，在 2019 年有关朱子《文公家礼》的文献影印系列丛书吾妻重二编著《家礼文献集成·日本篇》的第八册也得以出版。该书中收录了林凤冈等的《服制合编》、中村惕斋《亲尊服义》、伊藤东涯《释亲考》等六篇。2019 年虽然没有《朱子语类》的译注书发行，但多个研究机构都刊登了面向出版的译注稿。

2020 年 3 月随着引领日本朱子学研究多年的早稻田大学教授土田健次郎教授退休，《朱子的思想体系》（汲古书院，2020 年）与《朱子学及其展开：土田健次郎教授退休纪念论文集》（汲古书院，2020 年）相继出版。前者对土田教授已

---

① 中嶋谅，早稻田大学文学研究科人文科学专攻，博士（文学），现任明海大学外国语学部讲师，著有《陸九淵と陳亮——朱熹論敵の思想研究》，早稻田モノグラフ，2020 年。

发表的论稿重新进行了系统整理,后者是以土田教授的学生的研究为中心的论文集。两者都堪称日本朱子学研究的精华之作,但由于超过了本文所涉及的发行时期,将在来年进行详细介绍。

最后,由于新冠疫情的影响,日本国内各大图书馆暂停借阅服务,导致笔者无法收集到足够的研究资料以供介绍,不胜遗憾,在此向诸位读者表示歉意。

（作者单位：日本京都大学人文科学研究所）

2019 年度美国朱子学研究综述

戚轩铭

　　2019 年美国有不少关于朱子或涉及"道学"的研究,累计有两部译著、一部专著、三篇论文。笔者在这里所采用的标准为:一、美国学者所撰写的作品,不论其出版地均会作介绍;二、在美国的学术期刊、出版社发表著作,但其国籍或任教单位不是美国的作者,本文将以其教育背景是否在美国为标准。笔者相信这样能反映出美国一直以来有关朱子学研究,甚至是"道学"或"新儒家"的各种不同学术传统。

一、译 　著

　　艾周思(Joseph A. Adler)翻译的朱熹《周易本义》(*The "Original Meaning" of the Zhou Changes: Commentary on the Scripture of Change*),2019 年由哥伦比亚大学出版社出版。① 早于 2014 年,艾周思已出版了一部探讨朱熹与周敦颐有关太极理论的专著,② 这次的译本可说是艾周思研究的另一个里程碑。据艾周思所言,朱熹在《周易本义》中通过结合历年来对《周易》的流释把这部最初和最为重要的经典融入其自我修为的理论中。这部译本最为重要的意义在于,它是现存最早一部《周易本义》的完整英译本,故它的出版可以让英语世界的学者更进一步理解朱熹对儒家经典的诠释与利用,这对往后英语世界的朱子学研究不可谓不重要。

　　艾文贺(Philip J. Ivanhoe)主编了《朱熹文选》(*Zhu Xi: Selected Writings*)这部由牛津大学出版社出版的论文集。③ 当中收录了不少著名学人所译朱熹对各种议题所撰写的文章。艾文贺所编的这本译著旨在准确而全面地介绍朱熹的哲学,让读者站在朱熹的时代理解有关思想,更试图将之放到当代的环境之中去研究。每章除了有各文章的翻译外,更有译者们所写的引言,并附有相关

① Xi Zhu, Joseph A. Adler trans., *The "Original Meaning" of the Zhou Changes: Commentary on the Scripture of Change*, New York: Columbia University Press, 2019.

② Joseph A. Adler, *Reconstructing the Confucian Dao: Zhu Xi's Appropriation of Zhou Dunyi*, Albany: State University of New York Press, 2014.

③ Philip J. Ivanhoe ed., *Zhu Xi: Selected Writings*, New York: Oxford University Press, 2019.

书目供读者参考。这些译文所涉及的内容十分广泛：艾文贺所译有关朱熹形上学、认知论与伦理的文章。郑贵利（Curie Virág）关于朱熹道德心理学与自我修为理论的介绍。作为北宋时期各种宇宙论和道德论的集大成者，朱熹道德心理学中"心"、"性"与"情"之间的相互关系是郑贵利所主要探讨的。伍安祖（On-cho Ng）关于朱熹文学方面的诠释学介绍，其指出朱熹诠释四书的目的是要理解这些经典的作者的想法并从而理解"道"。柏文莉（Beverly Bossler）介绍和翻译了朱熹一些任官时的判决和与友人之间的书信。这些文件反映了朱熹对当时的社会风俗和现象所作的评论，并试图将当时的社会放到其理想的道德秩序之中。田浩（Hoyt C. Tillman）翻译了朱熹有关天命、鬼神与礼仪方面的文章。宁爱莲（Ellen Neskar）主要围绕朱熹有关佛、道二教，以及对早期道家的不同评价与批评；金永植（Yung Sik Kim）围绕朱熹有关自然世界中诸如气、五行、阴阳等概念的理解；贾德讷（Daniel K. Gardner）翻译了朱熹《中庸章句》中第 1 至 11 章的注释，解释了朱熹将四书置于其他儒家经典之上的原因。这部编著范围广阔，负责各章节的学者都是有关方面的专家，其价值不言而喻。

杨劭允（Shao-yun Yang）的《夷狄之道：重绘唐宋时期的种族边界》（*The Way of the Barbarians: Redrawing Ethnic Boundaries in Tang and Song China*）于 2019 年由华盛顿大学出版社出版。[①] 这部著作是在其 2014 年于加利福尼亚大学柏克莱分校（University of California, Berkeley）所提交的博士论文基础上修订而成的。其中《早期道学思想中的中国性与夷狄》（"*Chineseness and Barbarism in Early Daoxue Philosophy*"）讨论了早期道学家如二程、吕大临等人有关华夷的思想，包括他们对"气"等概念、他们与前人对《论语》这部儒家经典中第 3、5 章的种族中心主义的理解、胡安国《春秋》的注解。杨劭允认为，早期道学家经常使用"夷狄之道"来指责那些不道德的人事是非中国的。二程与胡安国对夷狄的语言与道德的讨论更多是要告诫人们在道德方面不要有所坠落。

作为西方对东西方哲学研究最重要的学术期刊之一的《东西方哲学》（Philosophy East and West），2019 年发表了两篇与朱子学有关的论文。

一是张晓宇（Hiu Yu Cheung）的《内转之道：论北宋"新学"对道学的使用》（*The Way Turning Inward: An Examination of the "New Learning" Usage of Daoxue in Northern Song China*）。[②] 张晓宇是田浩的高足，现为香港中文大学助理教授。这篇论文依据其 2015 年的博士论文中一个章节修订而成。[③] 张晓宇

---

① Shao-yun Yang, *The Way of the Barbarians: Redrawing Ethnic Boundaries in Tang and Song China*, Seattle: University of Washington Press, 2019.

② Hiu Yu Cheung, "The Way Turning Inward: An Examination of the "New Learning" Usage of Daoxue in Northern Song China," *Philosophy East and West* 69.1(2019): pp. 86 - 107.

③ Hiu Yu Cheung, "Sequence of Power Ritual Controversy over the Zhaomu Sequence in Imperial Ancestral Rites in Song China (960—1279)," Ph. D dissertation, Arizona State University, 2015.

在文中认为,学界对"新学"未有予以足够重视,这使我们对宋代"道学"的认识不够全面。张晓宇指出,早在二程与朱熹之前,王安石和新学成员如陈祥道已用"道学"一词来指对人性与更道的理解,这使"道学"的用法得以在后来从道教的用法转以成为朱熹对道学传统的"正统"理解。他继而指出,二程的"道学"可能是由一些转投他们门下的新学成员带给他们的。在道学从佛、道二教转入儒家的过程中,新学成员无疑占有举足轻重的地位。

二是沃克(Matthew D. Walker)的《朱熹论知、行与德性》("Knowledge, Action, and Virtue in Zhu Xi")。[1] Walker 毕业于耶鲁大学,现任职于新加坡耶鲁—新加坡国大学院。他的论文指出在朱熹的思想体系中,个人能合乎道德地行动的必要条件,是他能通过格物理解到事物中的"理"。以王阳明对朱熹"格物"的质疑为出发点,沃克认为朱熹意识到其"格物"思想中的四点疑虑,包括对理性主义 rationalism)、精英主义(elitism)、要求性(demandingness)和无关性(irrelevance)的疑虑。为此,沃克首先指出朱熹此"格物"是人具有全面发展的德性的必要条件,而非充分条件。朱熹建议人们必须接收良好的初级教育(lesser education)和高级教育(greater education),为全面地发展德性作准备。同时,采纳孟子性善论的主张,朱熹认为所有人都有向善的倾向。故此,即使不是所有人都有能力理解事物中的"理",但他们依然能道德地行事,只是他们会有迷惘和疑惑的时候。他们的德性不像具智慧的圣人般全面发展。沃克理解在朱熹的思想中,各人的道德只是程度上的不同而已,而无阻他们具德性地行事。又,由于"理"并非只在人事,而是在各种事物中呈现自身,所以个人要对"理"的广泛方面有所理解,而不能只限于一点之上。最后沃克指出朱熹在其著作中要求学生刻苦求学并按严格的日程去格物,因为"理"并不能在安逸中求得。

除了上述两篇英文论文外,田浩于《复旦学报》中发表了《宋代思想史的再思考》一文。[2] 延续其过往对"道学"、"新儒家"(Neo-Confucianism)和"理学"等术语之间的差别的重视,田浩强调儒家内部的差别和多样性。以马恺之(Kai Marchal)的研究为起点[3],田浩回顾了近代有关宋代思想史的发展,认为过去学界对于宋代思想史主要采取两种路径进行研究。第一种路径主要关注北宋时期儒学的广泛复兴,以及南宋时期儒学内部不同学派之间的互动。第二种路径是追溯朱熹的前辈、朱熹和朱熹门人的思想发展,他们更倾向于集中关注朱

① Matthew D. Walker, "Knowledge, Action, and Virtue in Zhu Xi," *Philosophy East and West* 69.2(2019):pp. 515–534.

② 田浩著,徐波译:《宋代思想史的再思考》,《复旦学报》,2019 年第 1 期,第 14~22 页。

③ 见 Kai Marcha, *Lü Zuqian's Political Philosophy*, ed. John Makeham, *Dao Companion to Neo-Confucian Philosophy* (Dordrecht:Springer, 2010)。又见氏著 *Die Aufhebung des Politischen: Lü Zuqian* (1137—1181) *und der Aufstieg des Neu konfuzianismus* [*The Suspension of the Political: Lü Zuqian* (1137—1181) *and the Rise of Neo-Confucianism*] (Wiesbaden:Harrassowitz Verlag), 2011.

熹哲学概念的长久意义、价值和应用。田浩指出统治者们更倾向于接受朱熹哲学，这在很大程度上是因为朱熹体系下的皇帝有着独特的伦理、哲学和政治优势。与之相反，吕祖谦认为这种伦理价值的过于集中是不恰当的，因为统治机构需要不断改进他们的治理并为皇帝的权力设置约束。吕祖谦在儒者中较早看到仅仅依赖皇帝的自我修养和德性的危险，因此他可谓是黄宗羲及其《明夷待访录》这类思想的先声。田浩认为马恺之的相关研究为我们提供了引人注目的例证：如果吕祖谦的思想不限于仅仅影响浙东学者，而是取代朱熹，像他那样影响到整个中国和东亚，那么儒家思想和中国政治文化历史可能会有完全不同的发展路向。

（作者单位：美国亚利桑纳州立大学国际语言与文化学院）

近期欧洲朱子学部分研究成果简介

李 典

[1] 罗马尼亚的 Irina Ivaşcu（逸雪）：《朱熹〈读书法〉与西方诠释学》,《国际儒学研究》第二十五辑,华文出版社,2017 年 11 月 27 日,第 119～126 页。

论文介绍了朱子读书时的各种应注意事项,讨论朱熹有关作者的意志所起到的重要作用与 Umberto Eco（翁贝托·艾科）所谓的"文本意向"的共同之处,将朱熹的读书方法与西方古代读书实践的观点进行分析。在这个比较分析中,对西方论释学和西方古代读书传统的探讨以伽达默尔在《真理与方法》一书中介绍的"教化"（Bildung）概念和米歇尔·福柯在 *The Hermeneutics of the Subject* 中介绍的古代希腊与拉丁思想传统有关的读书作为沉思（meditation）机会基础。

[2] 苏黎世大学的 Dr. Rafael Suter（拉斐尔·苏德勒）："Transmitting the Sage's 'Heart' (II): Instructing Absolute Practice—The Perfection of the Perfect Teaching in Mou Zongsan's Reconstruction of the Confucian Daotong", *Philosophy East and West* (University of Hawai'i Press),2018 年 1 月,第 223～241 页。

在这篇文章里,作者介绍了牟宗三对儒家道统思想的看法,并将牟宗三对康德和朱熹的看法进行了一个对比,涉及牟宗三对新儒学的重新评价,间接展开了对朱熹及程颐的学术思考。

[3] 巴黎第七大学（巴黎戴德罗大学）的 Sébastien Billioud（毕游塞）：*The Varieties of Confucian Experience——Documenting a Grassroots Revival of Tradition*,BRILL,2018 年 7 月。

Billioud（毕游）在记录和理解"儒学复兴"的过程中阐释了朱熹的一些思想,并通过这本书向读者介绍了儒学在当代中国社会中的重要作用。

[4] 德国图宾根大学汉学系 Achim Mittag（闵道安）：《再论朱熹的〈诗集传〉的源流考以及朱熹〈诗〉解在南宋晚期的流传》。

此为 Achim Mittag 教授于 2018 年 9 月 12 日在湖南大学岳麓书院所作的主题讲座。在讲座中,Achim Mittag 教授谈到了朱熹《诗集传》不仅是中国经学史,也是文学史的主题,从科举制度便可见《诗集传》的重要性。自 1314 年蒙古人建立科举制度以来,《诗集传》就已是读《诗》的主要参考书且也是中国文学史上解释《诗》的重要转折点，这缘于朱熹质疑毛《传》和郑《笺》，并且给出不同的解释。Achim Mittag 教授通过对朱熹关于"诗经注释"相关文献的重新评价，探讨了朱熹《诗集传》几个版本的产生时间、原因，及其差异、考证、争论等问题。

朱熹作为历史中的知名思想家，对他的研究体现在了哲学、文学、教育学等方方面面，通过全球各地学者的学术汇报与交流，朱子学也在欧洲产生了深远的影响，受限于语言原因，还有一些以法语等其他语种做的朱子学相关分享笔者并不能一一涉猎，但其在当代欧洲焕发的新的生命力是毋庸置疑的。

（作者单位：德国特里尔大学汉学系）

近四十年来宋元明清朱子《家礼》、
乡约及民间家礼文献研究

杨 英

北宋时期,门阀士族趋于没落,庶族地主势力兴起,再加上北宋中期之后面临众多的政治、经济问题和严峻的外部压力,士人阶层奋发图强,展开了寄托他们政治和社会理想的儒学复兴运动,朱熹《家礼》就是这样一部寄托着其改造社会理想的礼学作品。朱熹《家礼》既是传统礼学(三礼之学)的延伸,又是宋以后"礼仪下乡"得以形成的乡里礼秩的蓝本。从司马光《书仪》到朱熹《家礼》,再到《泰泉乡礼》《南赣乡约》等各种乡约和民间家礼文献的大量产生并扎根宗族、落于实践,进而形成网络并稳固成型,标志着宋代士人创建乡里礼秩、改造社会的理想得到初步实现,对后世中国社会之乡村治理产生了重大影响。改革开放 40 年来,学界对《家礼》的研究较为全面、深入,目前有跟新兴的历史人类学方法相结合的趋势;乡约和民间家礼文献研究则正在展开,处在积累个案的阶段。在学术方法已发生深层次变化的当今,这几个领域显示出了版本训诂、史学考证、社会调查多种手段结合的蓬勃态势。

一、《家礼》的真伪、版本、思想、传播

从北宋开始,礼仪开始逐渐下及庶人。北宋《政和五礼新仪》开始为庶人制礼,但施行并不方便,于是士大夫开始根据此前庙堂礼典和"书仪"重新创制适合推广到庶人的礼。因为乡里庶人的礼仪不需要那么多内容,于是,原来通行于庙堂的吉凶军宾嘉五礼经过改造(这种改造包括从司马光《书仪》到朱熹《家礼》的各环节),内容大幅度减少,如不需要代表皇权的高级祭祀礼,也不需要军礼、宾礼。凶礼、嘉礼只需要跟平民日常生活有关的一部分名目,《书仪》《家礼》中的大部分内容是原先存在于庙堂的吉礼、凶礼、嘉礼经大幅度删削之后的修正形态。这方面,王美华从中唐之后礼制下移的视角考察了《家礼》跟国礼的关系,认为北宋家礼与国礼的交接极大推进了南宋时期官僚士大夫的家礼修撰意识,《家礼》直接简化古礼之框架体系,旗帜鲜明地宣示为广大士庶民众修礼的意图,成为规范冠婚丧祭诸事和日常居家生活的士庶通礼。《政和五礼新仪》表现出的明确庶民关注正是官僚士大夫积极推动的"制礼以教民"意向的体现。而政和礼典的这种清晰的庶民化倾向实与徽宗君臣议礼时确定的"稽古而适

今"方针原则有直接关系。① 由于宋代资料不甚丰富，从《政和五礼新仪》到《家礼》的出现，其间变迁环节学界目前尚未有很深入的研究，学者们更多是对比司马光《书仪》和朱子《家礼》，考察二者的继承关系。司马光《书仪》是除敦煌遗书中所见外传世的唯一一部《书仪》类著作，宫云维检阅有关典籍，对有关司马光《书仪》的卷秩册数、版刻等进行了研究。② 安国楼、王志立对司马光《书仪》和朱子《家礼》作了比较研究，认为在礼仪环节上《书仪》显得繁琐，《家礼》删除了《书仪》第一卷表奏、公文、私书、家书仪的内容，因而在后世得以广泛流传。但从《家礼》卷五的《祭礼》部分可明显看出其剪裁《书仪》的痕迹。《家礼》之丧礼、祭礼的内容均是根据《书仪》丧礼篇及其祭仪部分改编的，通礼卷的"居家杂仪"和丧礼卷的"居丧杂仪"两部分则是完全采用《书仪》原文。③ 潘斌考察了司马光《书仪》的撰作，认为书仪撰作体式出现颇早，20世纪发现的敦煌卷子中有唐代婚丧礼俗的写本"书仪"，司马光结合宋代的风俗，采用"书仪"体式，基本上以《仪礼》为据，对《开元礼》多有论及，对礼俗批判继承，从而撰成《书仪》这样一部表现士庶人行为规范的礼仪蓝本。司马光《书仪》不仅于古代家庭伦理建设有着重要影响，而且对于今天的礼仪文明重建也颇有启发意义。④ 潘斌、屈永刚还考察了《家礼》对《书仪》的损益，认为《家礼》对《书仪》的内容做了调整，一些正文变为注文，大量删减《书仪》的注释并采用宋人之说，减省了《书仪》的部分仪节并强化宗法思想（设"祠堂"并置于卷首），避免了繁文缛节，可操作性更强，进而认为对今天撰作新式礼仪有重要启发，有利于实现中华礼仪文明的现代转换。⑤

《家礼》一经产生，便慢慢跟宗族制度结合，而后在乡里（尤其南方地区）扎根并被奉为圭臬，影响广泛而深远，因此对《家礼》的研究是学界的重点。

（一）《家礼》的真伪、版本和内容

1. 真伪

因《家礼》曾经失窃过且《四库全书》定其为伪，学界对《家礼》的真伪历来有争议。陈来从宋人、元明人、清人及今人论辩《家礼》的不同点出发，梳理了朱子门人和后来学者论《家礼》的观点，并对朱子的《祭礼》作了考证，还列举出一些新证，认为《家礼》确为朱子所作。⑥ 束景南考述了朱子增益《祭仪》并在此基础上形成《家礼》一书的过程，确认《家礼》为真。⑦ 安国楼根据朱熹的礼仪观及相关著述，认为两者的风格和基本思想一致，因此《家礼》是朱熹未及最终写成的

① 王美华：《家礼与国礼之间：〈朱子家礼〉的时代意义探析》，《史学集刊》，2015年第1期。
② 宫云维：《司马光〈书仪〉版本考略》，《浙江工商大学学报》，2002年第12期。
③ 安国楼、王志立：《司马光〈书仪〉与〈朱子家礼〉之比较》，《河南社会科学》，2012年第10期。
④ 潘斌：《司马光〈书仪〉的撰作及现代启示》，《唐都学刊》，2016年第1期。
⑤ 潘斌、屈永刚：《朱子〈家礼〉的编撰及现代启示》，《孔子研究》，2015年第5期。
⑥ 陈来：《朱子〈家礼〉真伪考议》，《北京大学学报》，1989年第3期。
⑦ 束景南：《朱熹〈家礼〉真伪考辨》，载氏著《朱熹佚文辑考》，南京：江苏古籍出版社，1991年。

草稿,并非他人著述。① 汤勤福亦认为《家礼》是真,且在它影响下元明清三代有大量效仿《家礼》的著作。② 彭卫民认为朱熹是中国历史上为数不多的能将经学与哲学、礼学与理学融会贯通的学者,其礼学思想具有浓郁的义理色彩,朱子通过提倡"源头活水"的学礼观、秉持"知崇礼卑"的考礼观以及践行"陈数知义"的制礼观,梳理了传统礼义的演绎方式,并在此基础上完成了对《三礼》的改造。③ 彭卫民还认为朱子通过对传统礼学中"仪"与"义"、"知"与"行"、"本"与"文"等三对辩证关系的阐释,一方面重新审视了《三礼》的演绎方式,另一方面通过编纂《仪礼经传通解》与《家礼》完成了对《三礼》的重新改造,因此《家礼》不伪。④ 但清人王懋竑以《家礼》为伪的观点经由《四库全书》肯定,影响至今很大。彭林作《朱子作〈家礼〉说考辨》,试图从《家礼》内部文本考察以及其多处误读《仪礼》的地方来重申王懋竑《家礼》"伪书"说。⑤ 陈峰、肖永明认为学者们对王懋竑辨伪《家礼》的逻辑进路缺乏完整清晰的了解,王氏之逻辑进路包括征于古今礼书、验诸人情风俗、考之朱熹行年等三方面,并认为朱熹未撰作《家礼》。⑥ 苑学正则从版本脉络和思想理路两方面辩驳了王懋竑以《家礼》为伪的两个理由:一是《家礼》成书和失而复得的相关记载存在可疑之处;二是《家礼》思想内容存在不足甚至谬误。苑学正认为,前者主要是由于王懋竑对相关文献掌握不够全面而引起的误解,后者则在判断标准和具体论证上都存在问题。在具体论证中,王懋竑罔顾朱子不拘古礼、积极吸收后世礼俗的思想,往往据《仪礼》以绳《家礼》,加之对《家礼》本文存在误读,遂造成《家礼》谬误百出的假象,由此怀疑《家礼》非朱子所作并不能成立。⑦ 毛国民《〈朱子家礼〉真伪考的历史回顾与探索》综考以上观点,认为诸家"真本论者"观点以及一些有力新证都指向"《家礼》乃朱熹早年草创之作",朱子在世时《家礼》虽未彻底完成,但其大体则已成。⑧

总之,目前学术界大多认为后世流传的《家礼》是朱熹的草创未定之稿,《家礼》不伪已成为大部分学者的共识。周鑫系统总结了当代中、日、欧美学者关于《家礼》成书真伪问题的研究,认为他们的研究主要依循三种路径展开:第一,整理应氏、丘濬、王懋竑、夏炘诸儒的论说要点,判定《家礼》是否为朱熹所作;第二,搜罗散落在朱子本人书写的信牍序文、经义著述和朱子门人笔述中的语录

① 安国楼:《朱熹的礼仪观与〈朱子家礼〉》,《郑州大学学报》,2005 年第 1 期。
② 汤勤福:《朱熹〈家礼〉的真伪及对社会的影响》,《宋史研究论丛》第 11 辑,保定:河北大学出版社,2010 年。
③ 彭卫民:《知行合一:朱子的学礼、考礼与制礼观》,《朱子学刊》,2016 年第 1 期。
④ 彭卫民:《礼理一体:朱熹与〈三礼〉的对话》(上、下),《社会科学论坛》,2011 年第 11、12 期。
⑤ 彭林:《朱子作〈家礼〉说考辨》,《文史》,2012 年第 3 期。
⑥ 陈峰、肖永明:《王懋竑〈家礼〉辨伪的逻辑进路与思想意义》,《现代哲学》,2018 年第 5 期。
⑦ 苑学正:《朱子作〈家礼〉说祛疑》,《中华文史论丛》,2018 年第 1 期。
⑧ 毛国民:《〈朱子家礼〉真伪考的历史回顾与探索》,《现代哲学》,2018 年第 1 期。

传记、《家礼》序跋中与朱子家礼思想、家礼行为及家礼著作有关的材料，重建朱子写作《家礼》的思想观念、历史情景，并比对通行本《家礼》礼文，参酌思想变化与情景局限，判断《家礼》哪些内容为朱子原作、哪些系后人改易；第三，梳理《家礼》诸版本的传刻系统，比勘其文字异同，追溯《家礼》的原始面貌。学者们大体确信《家礼》的底本乃朱子草定，刊本则杂有后儒点窜的痕迹。①

2. 版本

关于《家礼》的版本。彭卫民搜集了《家礼》的各种刊本，认为原稿本的誊录本始出，门人后学据原稿本分别刊刻广州本、余杭本、临漳本、潮州本、萍乡本等，均佚。传世的刊本中，依"通、冠、婚、丧、祭"礼的编排体例，可分为不分卷本、四卷本、五卷本、八卷本、十卷本、"钞配本"、"集注本"。其中以宋刻为善，元本、抄本、明本皆从宋本而出。"集注本"中的《家礼叙》为朱熹亲笔手书，仅凭此一点便可平息自明代以来对《家礼》是否为朱熹所著的所有学术论争。② 日本学者吾妻重二《朱熹〈家礼〉实证研究》一书由吴震、郭海良译成中文，该书分为五章，第一章"《家礼》版本系统"主要从朱熹弟子著作和后世藏书家藏书目录来理清《家礼》版本的发展演变，把《家礼》版本分为原稿本、宋刻本、元刻本；第二章"《家礼》的思想渊源——从《祭仪》、《古今家祭礼》到《家礼》"主要分四部分：第一部分讨论《祭仪》及二程的礼学思想特点；第二部分论述《古今家祭礼》博采众家的礼学思想；第三部分重点论述《家礼》由二程说转向司马说的发展历程；第四部分主要以《家礼》为例来探讨朱熹对古今家礼的博采。第三、四章"《家礼》与《书仪》的比较（上、下）"探讨了朱熹《家礼》哪些地方借鉴《书仪》，哪些地方是朱熹独创，并从这些创新之处考察朱熹礼学思想的特点。第五章"朱熹家礼思想的发展"，主要从朱熹晚年语录和《仪礼经传通解》探讨朱熹晚年家礼思想的变化。③ 本书及彭卫民博士论文，分别是中、日学者从版本系统、内容源流、动态发展等方面考察《家礼》最为全面专精的作品。西方学者对《家礼》最有研究的是伊佩霞，她的《中华帝国的儒家与家礼》第七、第八两章专门探讨明清两代的《家礼》改编本，指出《家礼》宋刻原本系统虽不可考，但元刻原本系统至少已发展出五卷正文本、十卷纂图互注本、五卷集注本、十卷增序纂图集注本。《家礼》改编本系统肇自元代，在明清时期日臻繁复。由此可见学者们已大致掌握考镜《家礼》版本的四类基础文献：朱子亲炙门人的笔述、《家礼》众多刻本的序跋、《家礼》现存刻本实物与版本目录学著作。④ 由此可见，《家礼》的版本研究已相当充分。

① 周鑫：《〈朱子家礼〉研究回顾与展望》，《中国社会历史评论》，2011年。
② 彭卫民：《朱熹〈家礼〉刊本考》，《济南大学学报》，2017年第4期。
③ ［日］吾妻重二著，吴震、郭海良译：《朱熹〈家礼〉实证研究》，上海：华东师范大学出版社，2012年。
④ 周鑫：《〈朱子家礼〉研究回顾与展望》，《中国社会历史评论》，2011年。

3. 内容

关于《家礼》的内容。韩国学者卢仁淑《〈朱子家礼〉与韩国之礼学》第二、三章对《家礼》的真伪、版本、内容作了考察，认为《家礼》的设篇次第、冠昏丧礼本诸《书仪》而有所损益。[①] 日本学者上山春平仔细比对《家礼》与《书仪》，得到的结论是：《家礼》在篇章结构与卷首通论上踏袭修正《书仪》，而在冠昏丧祭四礼上承袭简化《书仪》。《家礼》一书正是以《书仪》为蓝本，简省其仪节、剔除其考辨，再掺入程颐和朱熹自己的发现而成。[②] 王志跃对比了《宋史·礼志》与朱子《家礼》的内容编排和具体仪节的安排，认为《宋志》因受体裁的限制，兼成书仓促，所以对不少仪节进行了省略或概括叙述，在结构的编排上稍逊《家礼》一筹。《宋志》主要是为官私著述提供史料，而《家礼》对后世的影响则甚为广泛。[③] 然而，《宋志》与《家礼》性质和资料来源均极为不同，因此，将《家礼》与其他礼制文献做对比研究，恐要在充分考虑它们孳生背景、依存土壤的条件下进行，这也是日后的学术增长点。

（二）《家礼》的思想和传播

1. 思想

彭卫民《法与天理：朱熹〈家礼〉思想研究》（西南政法大学 2017 年博士论文）对《家礼》的思想作了非常系统的研究，正文第一章考察了《家礼》思想的滥觞，认为朱子对冠、婚、丧、祭四礼的创制来源于其对三礼中"天理"观的认知。第二、三、四章探讨了朱熹家礼思想的三大核心命题："礼理一体"、"常变相合"论以及"天命民彝"论，这三类思想蕴含着"理与气"等古典家庭礼法哲学命题。其中，第三章"中国中古时代家庭礼秩沿革的思考"分析了从"汉型家庭"到"唐型家庭"再到"联合家庭"的结构演变，从"家国公私"的礼制纠葛到"门第家法"的观念维系再到"敬宗收族"的制度探索，家礼在中古时代的演变，既注重渲染家国一体化的"复古"色彩，又同时宣称构造形态以"应时"为要。第五章从明清之际丧礼的地方实践提炼朱子《家礼》播迁中的"地域社会"论。第六章考察了《家礼》一书在东亚的影响，探讨东亚藩属国对理学化的礼法思想的接受和发扬。论文非常系统地从思想到制度考察了《家礼》的形成和播迁，以及其与古代社会宗法制度的关系。殷慧《朱熹礼学思想研究》（湖南大学 2009 年博士论文）第四章考证朱熹的《仪礼》学思想，涉及《家礼》的部分首先分析了王懋竑论《家礼》的思想背景，然后追索《家礼》文本的内容及其操作过程，并通过比较朱熹中晚年礼学观点的异同来推定《家礼》文本的成书年代以及所反映的特点。周天庆认为《家礼》中的政、道、教是一体的，以家族生活为中心，通过祠堂设施、宗法

---

① ［韩］卢仁淑：《〈朱子家礼〉与韩国之礼学》，北京：人民文学出版社，2000 年。

② ［日］上山春平：《朱子〈家礼〉与〈仪礼经传通解〉》，载吴震、［日］吾妻重二主编：《思想与文献：日本学者宋明儒学研究》，上海：华东师范大学出版社，2010 年。

③ 王志跃：《〈宋史·礼志〉与〈朱子家礼〉的不同命运探源》，《江汉大学学报》，2010 年第 1 期。

原则、祖先信仰及祭田等，使儒家之教获得了广阔的社会生活空间，明清以来《家礼》的实践有力地深化了儒家政、道、教之间的关系，使儒家学派真正成为三位一体的紧密结构。①

《家礼》在明清影响巨大。清人郭嵩焘作《校订朱子家礼》，肖永明、陈冠伟从社会学的角度对之作了考察，认为郭氏的《校订朱子家礼》与朱子《家礼》一样，是对社会建设与礼制建设的贡献与维护，为家礼进一步落实到全社会作出了贡献。从社会学角度考察《校订朱子家礼》一书，可以说有是有非。② 目前对晚清的今文、古文派的礼学研究开始进入个案研究阶段③，晚清学者对《家礼》的校订和研究不仅像他们的乾嘉前辈那样依照《仪礼》为本从文本上进行，而且还是在当时内忧外患的背景下进行的，这方面目前尚少受到学者关注。

2. 传播

明代是朱子《家礼》在社会上得到高度传播的时代，王志跃对《家礼》的传播作了考证，《家礼》传播与社会秩序的关系主要表现为通过《家礼》传播排斥佛道，暗含了儒礼独尊的意图。④《家礼》还传播到了朝鲜并产生巨大影响，这方面中国学者的研究已相当可观。彭卫民硕士论文第三章"《家礼》东迁：建构文化自我的进路"对《家礼》朝鲜化作了详细考察，认为从朝鲜自身角度来考量，《家礼》朝鲜化的进路是反映朝鲜自身政治、文化体系构建并逐步完善以及朝鲜从"认同"走向"自我"的过程。通过《家礼》在朝鲜五百余年的传播史，不仅可以从文化角度阐释朝鲜礼学范式沿革与"声教"异变的进程，还可以厘清朝鲜不同时期家礼的书写形式的形成与特点。⑤ 喻小红、姜波考察了《家礼》在韩国的传播与影响，认为《家礼》符合了韩国社会发展的需要，其传入韩国受到了政府的支持、学界的推崇和民间的笃信遵循，《家礼》进入韩国科举考试以作为人才登用的参考书目，韩国政府和民间也依《家礼》推行朱子丧礼，并且随着《大明律》的颁布，《家礼》有了法律的保障，二者相得益彰。⑥ 张品端考察了朱子《家礼》传入朝鲜的过程及其对朝鲜礼学发展所起的巨大作用。朱子《家礼》于南宋传入朝鲜后，经高丽官方学者的大力倡导，发展成为规范的社会行为方式。朝鲜学者对朱子《家礼》的注释、阐发，后来发展为岭南礼学和几湖礼学两大礼学派别。岭南礼学追求人情与义理之调和，并重视其效用性，具有现实性和开放性；几湖礼学以家礼为教育与行礼之本，以风俗与国制折衷于家礼，并重视礼学的

① 周天庆：《政、道、教一体视野中的〈朱子家礼〉》，《厦门大学学报》，2018 年第 4 期。
② 肖永明、陈冠伟：《郭嵩焘〈校订朱子家礼〉的社会学考察》，《湖南社会科学》，2013 年第 3 期。
③ 见杨君《晚清今文礼学研究》，山东师范大学 2004 年硕士论文；魏立帅《晚清汉学派礼学研究》，山东师范大学 2007 年硕士论文；屈宁《晚清宋学派礼学研究》，山东师范大学 2006 年硕士论文等。
④ 王志跃：《明代〈朱子家礼〉传播新探》，《社会科学战线》，2016 年第 2 期。
⑤ 彭卫民：《朝鲜王朝中华认同观的礼制建构》，西南政法大学 2014 年硕士论文。
⑥ 喻小红、姜波：《〈朱子家礼〉在韩国的传播与影响》，《西南科技大学学报》，2016 年第 1 期。

理论化。今韩国人重礼，成为"礼仪之邦"，这与朱子《家礼》在朝鲜的流传和发展有着渊源关系。① 彭林从金沙溪《丧礼备要》出发考察了《家礼》在朝鲜传播时发生的朝鲜化，《丧礼备要》一书是朱子《家礼》朝鲜化的奠基之作，文章考察了《丧礼备要》的撰作旨趣、对朱子《家礼》的补苴、变通，以及对时俗的依从与匡正等方面。②

《家礼》除了传播到朝鲜外，还传播到了日本。彭卫民考察了日本江户时代知识人对朱子《家礼》的继受：江户时代学者们依靠朱子《家礼》对日本的"家"在天理层面加以改造。江户时代，以德川家为中心的武士集团组建"家职国家"，借助"家格阶层制"这一主从有序的家内礼法，使得"孝"的规范更具备"忠"的强大政治功能。江户时代的《家礼》一方面把"家"视为拟制的血缘集团，另一方面又把它扩大为继承社会机能的经营集团，以此形成忠孝一体的"家族国家观"。③

综上所述，改革开放四十年来，《家礼》的版本、内容、真伪、传播等问题已研究得相当充分。当代多数学者认为《家礼》为朱子所作，清人以《仪礼》为圭臬，才出现责备《家礼》浅陋进而疑其为伪的观点。假如仔细理清《家礼》出现的时代背景和前后脉络，对宋儒改造社会的理想更多些"同情的理解"，将《家礼》和《仪礼》放在平等的位置上加以考察，就不会出现以《仪礼》苛责《家礼》浅陋之批评。《家礼》作为晚近东亚世界建构基层社会秩序的指南，对之的研究日后将结合对基层社会管理和控制的具体方式而展开。

二、乡约和民间家礼文献

自朱熹《家礼》出现后，乡里礼秩的发展有了可操作的文本依据。宋代开始出现乡约，明清时期大盛。与此同时，出现了大量以《家礼》为蓝本但比《家礼》更简约、更适用于某一宗族的民间家礼文献。乡约跟民间家礼文献往往互相纠葛，在某些地区宗族的约规（民间家礼文献）即乡约，加入了国家治理的基层体系（详下文）。这方面的研究目前以个案形式结合族谱、碑刻等资料逐步展开，随着历史人类学范式的引入，正在逐步走出以往泛泛而论的状况。

（一）乡约

所谓乡约，是指在某一乡村地域范围内，由一定组织、人群共同商议制定的人群自我管理的规则，这种规则大多是书面的，也有一些非文字的。常建华认为明代的乡约制度可以有广义和狭义两种理解：《教民榜文》及其相关制度是

———————

① 张品端：《〈朱子家礼〉与朝鲜礼学的发展》，《中国社会科学院研究生院学报》，2011年第1期。

② 彭林：《金沙溪〈丧礼备要〉与〈朱子家礼〉的朝鲜化》，《中国文化研究》，1998年夏之卷。

③ 彭卫民：《日本江户时代知识人对朱子〈家礼〉的继受》，《云南社会科学》，2017年第5期。

广义的乡约,而狭义者则是指设立约正宣讲六谕。前人多把明代乡约作狭义理解,如从广义理解明代乡约,更容易把握明朝国家的统治思想和士大夫的政治理念,从而深化对宋以后社会变迁的认识。乡约跟三《礼》和《家礼》相比内容简明扼要,几乎不存在版本真伪问题,对之的研究多从不同地区的乡约出发累积个案。科大卫系统地指出了明代广东士大夫编制乡约—私教礼书的过程,以及它跟宗族"再结构"①之间的关系：最早的可能是明初唐豫的《乡约》,成化年间丁积编《礼式》,嘉靖年间黄佐编《泰泉乡礼》,与此同时霍韬撰有《霍渭崖家训》,然后是隆庆年间庞尚鹏撰《庞氏家训》。这一乡约—私教礼书的体系在明代出现于珠三角,且《霍渭崖家训》《庞氏家训》以及后来许多收在族谱中的"家训",重点其实都不在礼仪,而是在于家族的维系。② 科氏引文博赡,研究思路充满了从文本到社会组织凝固过程之间环环相扣的精密分析,是目前的典范研究成果。

在此基础上,学者们研究了各种各样的地域性乡约。首先是明代嘉靖年间广东士人黄佐所编《泰泉乡礼》,将乡约与国家权力做了适当的调适和融通之后,建构起了一个以乡约为中心,包括乡校、社仓、乡社和保甲在内的立体型乡治体系,从而将基层社会中的政事、教事、养事、祀事和戎事等事务串联起来,逐步实现了乡约在性质、功能、组织以及制度等方面的时代性转变。刘晓东以《泰泉乡礼》为中心,分析了社师的来源以及对基层社会的有限权力。③ 杨亮军认为以《泰泉乡礼》为代表的明代乡约将乡约、乡校、社仓、乡社、保甲打成一片,使基层社会治理中的教育、管理、救助、防御、服务等事项有机地结合起来,乡治体系结构设置的系统化和立体化特征更为明显。随着明嘉靖以后专制国家权力向乡约内部的侵蚀,倡导和践行乡约的领袖也开始向政府职役的角色转化,乡约本身也逐渐由一个自发性的组织向封建政府控制和支配的社会治理工具转变。④ 姚宇以朱子《家礼》和王阳明《南赣乡约》为例,考察了《南赣乡约》的功能。《南赣乡约》规定了乡约的组织方式、各项职能、基本生活规范、乡约集会的礼仪流程,施行以后取得了良好的社会效果,很快被推广,成为明清时期乡约实践的重要文本。乡约组织的任职人员均由约众推举,其纠过机制运作更是完全依靠约众互相督促。相比"地方自治"这一政治学范畴,《南赣乡约》所体现的毋

① "再结构"的概念来自于"结构过程"。具体描述见赵世瑜《结构过程·礼仪标识·逆推顺述——中国历史人类学研究的三个概念》,《清华大学学报》,2018年第1期。
② 科大卫、刘志伟：《宗族与地方社会的国家认同——明清华南地区宗族发展的意识形态基础》,《历史研究》,2000年第3期；科大卫：《国家与礼仪：宋至清中叶珠江三角洲地方社会的国家认同》,《中山大学学报》,1999年第5期。
③ 刘晓东：《明代的"社师"与基层社会——以黄佐〈泰泉乡礼〉为中心》,《东北师大学报》,2004年第5期。
④ 杨亮军：《论明代国家权力与乡约的调适和融通——以黄佐〈泰泉乡礼〉为中心》,《兰州大学学报》,2016年第3期。

宁说是一种自我教化的思想倾向，其哲学基础不是近世西方的分权理论，而是理具于心、人人自足的道德信念。① 卞利对明清徽州乡约作了全面考察，明清时期徽州一府六县（即徽州府歙县、休宁、婺源、祁门、黟县和绩溪六县）由乡村宗族、会社和一些民间组织制定的各类乡规民约内容种类繁多，可以划分为若干不同的类型，它们往往经过当地封建官府钤印批准，并以官府的名义发布，但具有模糊性和变通性。这些乡约曾经对当地的经济、社会、教育和文化发展发挥了重大的推动作用，但某些落后的乡约也产生了一些消极的影响。② 乡约是国家法的延伸，这方面卞利以明清徽州乡约为例全面探讨了乡约的性质以及其与国家法之间的互动关系。作为民间习惯法的乡约在某种程度上是国家法有关条款的细化，它所调整和处置的是诸如土地田宅、婚姻、继承、借贷和争斗等民间细故，是在国家法架构许可的范围之内进行的。乡约采取主动"邀请"国家权力进入的方式，实现与国家法的整合。两者之间的良性互动构成了国家和社会稳定和谐的基石，但也经常发生冲突。③

明清时期的乡约实际上是国家法的末梢，于是出现了宗族乡约化的现象，即宗族组织加入国家基层组织，成为国家组织层层架构的最底端。常建华分地域考察了明代徽州、江浙赣地区的宗族乡约化现象，认为明中叶徽州宗族的组织化主要是个别宗族的尝试，嘉靖以后大规模推行乡约制度后，宗族的组织化主要采取乡约化的形式。嘉靖时期徽州府地方官在宗族推行乡约，制度完备。士大夫及其代表的宗族出于维护社区社会秩序的需要，响应官府所推行的乡约，并举出祁门县的文堂陈氏、婺源县的沱川余氏为例，都是乡约与族规合而为一，通过推行乡约使宗族组织化，使基层社会组织发生了变化。明代的宗族乡约化是宋以后中国宗族组织形成与发展的关键所在。④ 同理，江浙赣地区在明朝嘉靖以后推行乡约的过程中与宗族结合，发生了宗族乡约化，也促进了宗族与官府的互动。宗族乡约化是宋儒重建宗族、在乡里移风易俗社会理想的成功实践。明代宗族乡约化给予基层社会以深刻影响。⑤ 此外常建华还从《福建宗教碑铭汇编·泉州府分册》出发考察了明清时期福建泉州乡约的地域化，明朝实行里社制度，社坛、社庙与铺境一致，后来演变为神庙，推行乡约因借助里社，也就与神庙发生联系，导致所庙合一。再加上乡约与保甲混合，致使乡约在基层社会扎根。⑥

① 姚宇：《理学家的礼法创制及其意义——以朱子〈家礼〉和〈南赣乡约〉为例》，《中国社会科学报》，2017 年月 23 日第 5 版。

② 卞利：《明清徽州乡（村）规民约论纲》，《中国农史》，2004 年第 4 期。

③ 卞利：《明清徽州村规民约和国家法之间的冲突与整合》，《华中师大学报》，2006 年第 1 期。

④ 常建华：《明代徽州的宗族乡约化》，《中国史研究》，2003 年第 3 期。

⑤ 常建华：《明代江浙赣地区的宗族乡约化》，《史林》，2004 年第 5 期。

⑥ 常建华：《国家与社会：明清时期福建泉州乡约的地域化——以〈福建宗教碑铭汇编·泉州府分册〉为中心》，《天津师大学报》，2007 年第 1 期。

总之，明代中后期是中国宗族史上的重要时期，宗祠的普及以及宗族乡约化即完成于这一时期。大量的乡约存在，使得宗族及其利益能合乎国家利益。常建华、卞利的乡约研究累积了具有代表性的经典个案，乡里礼秩从文本到实践的形成过程方式通过这些研究多有廓清。这样，乡约所承载的乡里礼秩就找到了加入大一统国家礼制层级的方式，关于这一点，嘉庆大礼仪之争是极好的个案，它充分说明庙堂礼典和乡里礼秩是有牵一发而动全身的互动关系的①，目前二者关系的个案式研究还刚刚起步。商伟《礼与十八世纪的文化转折：〈儒林外史〉研究》也面对着这种庙堂礼典和乡里礼秩之间存在牵一发而动全身的复杂关系的背景。作者将《儒林外史》呈现出的故事放在明代无所不在的"礼"的框架下，并提出了"二元礼"和"苦行礼"的概念，认为"在儒家话语中，礼的定义如此宽泛，涵盖了个人生活和社会交往等各方面的行为规范，并且最终构成了在宇宙自然的理想秩序中安顿社会人伦关系，并赋予其意义的一个无所不包的系统"，"二元礼既是神圣的，又是世俗的；是象征性的，也是工具性的；它是基于神圣道德律令的规范性制度，同时又提供了社会交换、利益协商和维系社会政治利益的合法手段"。② 苦行礼则是对二元礼的回应和矫正。该书通过分析儒家士子在二者之间的纠结，揭示了《儒林外史》那个时代"礼"与儒家世界的危机，并试图通过对《儒林外史》各面相的研究，重构十八世纪的文化转折，探讨正史权威叙述之外的规范秩序和道德想象。作者从多种角度叙事并把握细节的能力着实精彩，观点也令人耳目一新，但尚需进一步探究。如陈来认为，苦行礼的说法不能成立，如果只从礼的功能上来讲一元、二元，那么礼可以有三元、四元、五元，很多元，很难说二元礼。③ 事实上，商伟对礼仪框架结构的认知的确有不甚清晰的地方，这直接影响了他展开叙事时对不同面相背景的把握。郭孝子、王玉辉的行为是否可以归入礼？这涉及"二元礼"、"苦行礼"的定义；作者对儒家仪注、泰伯礼（拜祭泰伯神的礼仪）的归类和划分也有不甚专业的地方，而泰伯祠的毁坏，到底跟哪个层面的"礼"有关？在笔者视角中，这属于儒生对乡里礼秩某些组成部分的逆反。商伟的研究引起的争议正说明学界对"礼"架构的认识还远未达成明确的共识，也尚未出现堪称典范的先行研究成果，庙堂礼典和乡里礼秩彼此间牵一发而动全身的关系尚需要通过积累更多的个案研究，才能逐步面目清晰。

（二）民间家礼文献

《家礼》的出现使礼制进一步下移，民间家族因自身所需，比照《家礼》制作

---

① 常建华：《儒家文明与社会现实：明代霍韬〈家训〉的历史定位》，《南方日报》，2011 年 7 月 21 日第 A11 版。

② 商伟著，严蓓雯译：《礼与十八世纪的文化转折：〈儒林外史〉研究》，北京：生活·读书·新知三联书店，2012 年，第 58 页、第 4 页。

③ 陈来：《二元礼、苦行礼的概念成立吗？》，《中华读书报》，2013 年 4 月 10 日第 9 版。

了大量的民间家礼文献(有的学者称之为"私教礼书")。殷慧认为,朱熹《家礼》影响了元郑泳《郑氏家仪》,明徐骏《五服集证》、邱濬《家礼仪节》、韩承祚《明四礼集说》和清朱轼《仪礼集要》、王复礼《家礼辨定》等的家礼研究及编写。① 具体说来,民间家礼文献包括传世文献、出土文献和祠堂石刻、域外汉籍、谱牒、宗规、乡约、方志等文献中的家礼材料,以及少数民族的家礼文献。② 这方面的研究目前开始展开。多数学者赞成"家礼"应指广义的概念,涉及家庭教育的部分,也可以是对冠、婚、丧、祭礼的规定,更可以是对特定对象如妇女的专题教育。但有的学者将《仪礼》之类也归入广义"家礼"是不严谨的。③ 即便广义的家礼,其产生也至多追溯到中古。目前传统家礼文献的目录学研究开始起步,王志跃考证了明代家礼文献的种类,认为共 163 种,此前中外学者的文献统计有误。④ 陆睿《中国传统家礼文献叙录》(浙江大学 2012 年硕士论文) 将传统家礼文献分为综论类、常仪类、蒙学类、闺教类四类,从文献学角度进行了排比搜集。

学者们对民间家礼文献进行研究,首先是对某种家训族谱直接进行个案考察。章军华考察了《崇仁甘溪王氏九修族谱》,认为是王安石家族的世系家谱,其中记载的关于祭祀的礼仪包含了元旦仪、元夕仪、立春祭仪、冬至祭仪、墓祭仪、祀后土仪、生忌奠仪等七项按照四时进行祭祀的礼仪,记录了宋朝的缙绅家族仪礼,与后来朱熹所撰载的《家礼》也有很多异同之处。⑤ 常建华对《霍渭涯家训》作了考察,认为霍韬所撰《家训》实际上有两个系统,一个是《霍渭涯家训》单行一卷本;另一个系统是霍韬子与瑕万历四年(1576) 所刊《渭涯文集》本家训,收入的《霍渭涯家训》分为《家训前编》与《家训续编》两个部分。《家训前编》的"序"反映出霍韬制定家训的核心思想为"保家",《家训续编》则重在"诲谕之意"。霍韬制定家训及其实践与霍韬的家族在南海西樵山的活动有关,也可以说是西樵文化的重要组成部分。嘉靖十五年(1536),礼部尚书夏言请求民间祭祀始祖与官员设立家庙祭祖获得通过,引发了兴建宗祠的热潮。南海的士大夫因为议大礼登上了政治巅峰。⑥

李冰、陈姝瑾对浙江省浦江县郑氏家族的《郑氏家仪》做了研究,认为郑氏家族在同居共爨三百余年的过程中,《郑氏家仪》在家族秩序维护和治理过程中发挥了重要作用。《郑氏家仪》借鉴了朱子《家礼》的大部分内容,不但详细记述

---

① 殷慧:《朱熹礼学思想研究》,湖南大学 2009 年博士论文。
② 陈延斌、王伟:《传统家礼文献整理、研究的学术史梳理与评析》,《广西师大学报》,2018 年第 3 期。
③ 同上注。
④ 王志跃:《明代家礼文献考辨》,《图书馆理论与实践》,2014 年第 4 期。
⑤ 章军华:《王安石家族四时礼仪文献的发现与整理》,《东华理工大学学报》,2014 年第 1 期。
⑥ 常建华:《儒家文明与社会现实:明代霍韬〈家训〉的历史定位》,《南方日报》,2011 年 7 月 21 日第 A11 版。

了通、冠、婚、丧、祭五种礼仪，而且对祠堂和祭田做了明确说明，尤其是对祠堂的改制从经营的角度作了解释，把儒家的"孝悌"思想贯穿于礼仪的各个环节。《郑氏家仪》将民间传统家礼发展到与官方礼典双向互动的历史阶段，比朱子《家礼》更适用于广泛的士庶社会。① 朱莉涛对具有代表性的清代徽州家族《茗洲吴氏家典》做了研究，《家典》以儒家传统伦理为圭臬，力求将理学精髓融入现实生活，通过忠、孝、节、义规范以及冠、婚、丧、祭等诸礼仪节，达到齐家睦亲、社会有序之目标。剔除其中封建糟粕部分，《家典》对现代道德文明、礼仪文化的塑造具有穿越历史时空的价值。② 彭卫民对其曾祖彭天相(1893—1943)著的一部对传统丧礼各细节进行指导的民间用书《丧礼撮要》进行了笺释，即《〈丧礼撮要〉笺释》(台北，秀威出版社，2012 年版)。王志跃将朱子《家礼》与《满洲四礼集》进行了对比，认为两者虽有从俗、从俭、从简和从今等共性，但在先祖祭祀、择偶观和信仰权限上却有所不同，有些地方又可以互补。如朱子《家礼》在居家仪与礼仪的开放性方面可补《满洲四礼集》之不足，而《满洲四礼集》在婚礼及丧后礼的认识上则对《家礼》有所发展，有不少认识及见解是朱子《家礼》所没有的。但两者在后世的命运却相差甚远，其主要原因是《满洲四礼集》在礼仪上存在一定的民族保护主义。③

其次是将家训、族谱等民间家礼文献放在国家与社会互动的视角下进行考察。王美华认为唐宋家礼有一个逐渐发展演变的过程。唐代家礼以"承古"为主要特征，多据经典旧仪撰著礼文；北宋虽亦以《仪礼》旧文为基础并承袭前代家礼仪制，但是参以时宜、折衷古礼传统的"远古"倾向已经变成北宋修撰家礼的主旋律；至于南宋，家礼修撰呈现出新的面貌，"变古适今"原则在家礼修撰中充分凸显出来。由唐至宋，家礼的发展过程，是家礼从集中于世家旧族逐渐扩展到科举官僚士大夫家族，再渐趋外延到广泛层面的士庶家族的过程。在此过程中，家礼影响不断扩大。④ 赵克生对明清各种私教礼书的研究成绩卓著，他对明代东山葛氏的《家礼摘要》做了研究，认为葛氏家族典型地体现了科举时代新仕宦阶层家族成长和发展的一般特征。葛氏家族的发展，除了重视家谱、祠堂、族田等建设，还特别制定了《家礼摘要》。《家礼摘要》主要以朱熹《家礼》为框架，兼采程颐之说，以宗法为主，删繁就简，缘俗行礼。明朝国家、地方政府"以礼治民"和民间"以礼造族"协同推进，无论是维持"世家"存在，还是稳定地方社会秩序，家礼都与王朝政治密不可分。⑤ 赵克生的专著《明代地方社会礼教史丛论——以私修礼教书为中心》(北京，中国社会科学出版社，2011 年版)

---

① 李冰、陈姝瑾：《〈郑氏家仪〉研究》，《广西师大学报》，2018 年第 3 期。
② 朱莉涛：《〈茗洲吴氏家典〉研究》，《广西师大学报》，2018 年第 3 期。
③ 王志跃：《〈朱子家礼〉与〈满洲四礼集〉对比研究》，《历史教学》，2011 年第 18 期。
④ 王美华：《承古、远古与变古适今：唐宋时期的家礼演变》，《辽宁大学学报》，2013 年第 4 期。
⑤ 赵克生：《家礼与家族整合：明代东山葛氏的个案分析》，《求是学刊》，2009 年第 2 期。

以私修家礼书与地方社会的关系为切入点,考察了私修家礼撰书、刻图方面的传播,以及演礼观习的非文本传播,勾勒了多渠道、多层级的家礼传播方式在地方乡里社会中的存在。在这个过程中,就明代士人对家礼中家祠主祭权多元化、对族会、族葬作了构想并付诸实践,还考察了植根于教育的童子习礼,植根于地方乡里组织的朱元璋"圣谕六言"宣讲,作为沟通官僚梯队和乡里组织的明代文官父祖封赠制度及其对礼教的影响。何淑宜细密考察了浦江郑氏《郑氏家仪》、《性理大全》本《家礼》和丘濬《文公家礼仪节》的编者背景、内容主张和制造过程,还结合时儒和后儒相关的论礼、践礼行为讨论这些《家礼》文本与人们日常生活及实践之间的关系。①

还有就是从礼学的学术转向角度考察民间家礼文献的涌现。明代重《家礼》,清代重三礼礼经是学者公认的事实。张寿安特地在专著中对这种转向作了考察②,但赵克生提出了不同意见,他在对清代家礼书作总体估量的基础上,梳理了清代繁多"家礼"书的三类主要构成,即前朝刊本、清朝官修家礼书和清人私修家礼书,由此发现清代家礼一方面继承宋、明以来的家礼传统,面对相似的社会环境,担当相似的社会功能,秉承相似的编纂原则;另一方面,清代家礼因其统治民族的满洲族性和清代平民宗族发展等社会新情势,在具体仪节和家礼结构等方面都有一些新变化。③ 苏正道从清代礼学研究复盛的角度考察了清代礼书编撰兴起的情况,认为晚明王学的禅学化及明清鼎革的巨变导致士人逃禅,部分学者坚持纯净儒学化运动,从而带动儒家经典和礼学研究的展开。同时,明代以来流行的朱子《家礼》及其改编本的固有问题促使清代礼学由家礼改良向经礼考证回归,并由宗法宋明经注逐步转向宗经郑注,以此带动礼书编撰和《仪礼》研究的全面兴盛。朱子《家礼》的众多不合古制及违碍人情之处,引起明清以来改良家礼浪潮的出现。④ 陈功文对清代绩溪金紫胡氏家学作了研究,认为绩溪胡氏家族经学研究自成一派,前后经历数世,经学传承脉络清晰,成就斐然。通过对胡氏家族家学传统的梳理,不仅能揭示其深厚的家族文化内涵及家学特点,而且对探索清代家族文化传承、深化清代学术文化研究等都具有重要意义。⑤

总之,学者们从国家和社会互动的角度、从礼学的学术转向角度考察了民间家礼文献,并对民间家礼文献的一些个案展开了扎实研究,这方面的清理目前尚在进行中。杨华总结认为重新解读家礼撰作的历史脉络,有助于从理论上

① 何淑宜:《香火:江南士人与元明时期祭祖传统的建构》,台北:稻香出版社,2009 年。
② 张寿安:《十八世纪礼学考证的思想活力:礼教论争与礼秩重省》,北京:北京大学出版社,2005 年,第 19～49 页。
③ 赵克生、安娜:《清代家礼书与家礼新变化》,《清史研究》,2016 年第 3 期。
④ 苏正道:《清代礼学研究的复盛和礼书编撰的兴起》,《闽江学院学报》,2015 年第 3 期。
⑤ 陈功文:《清代绩溪金紫胡氏家学简论》,《社会科学论坛》,2016 年第 12 期。

为传统家礼、家教正名,正确认识其现实意义。上古和中古时期的家礼撰作是贵族社会的产物,是"礼不下庶人"的结果,对于门阀制度和士族文化起到维护作用;宋代之所以出现家礼撰作的高潮,不能仅仅用唐宋社会变革、文化的阶层异动来加以解释,也与宋代士人救治世风、淑世惩弊的文化抱负有关。传统家礼、家训中蕴含有诸多超越时空的优秀价值理念,与现代化事业并不矛盾。应当继承历代士人"教训正俗"的传统做法,传承和重建富于中国传统优秀价值观的家礼、家训和家教,为构建文明和谐的现代社会增添助力。①

(三) 朱子《家礼》的实践

近年来因为历史人类学和田野调查方法的引入,朱子《家礼》及各种民间家礼的实践进入学者的视野,目前处在积累个案的阶段。常建华按区域综括了2009—2014年明清宗族的研究成果,作为《家礼》实践的宗族祭祀行为进入作者的视野并予以了介绍。②《家礼》的实践是全方位的,金乃玲、张滢考察了《家礼》在徽州村落空间(祠堂建筑空间布局、住宅建筑空间布局、祭田制度)中的体现③,粟品孝对朱熹的家礼行为进行清理并与其《家礼》文本进行比照,发现《家礼》的规定基本上在其家庭生活中得到了实现,但朱熹的一些行为也与《家礼》明显不合,而最受后人重视的《家礼》"祠堂"部分则可能并非朱熹所定。④ 臧健研究了明清时期中韩家规礼法对女性的约束并作了比较,认为随着家族组织的定型、巩固与完善,通过成文家法实行对女性的约束已渗透到士庶工商等各个阶层,明清妇女从家法中接受束缚程度较宋代妇女实在是重了很多。古代朝鲜以朱子《家礼》作为各个家族普遍遵守的家规礼法,编纂与刊行儒教女训书,将女子为夫守节列入国法,推行以"礼俗"为核心的乡约运动,用以作为乡民与妇女教化之道。⑤ 刘杰研究了朝鲜学者寒冈郑述的礼学实践,寒冈生活在16世纪后半期到17世纪初,一生致力于对礼学的研究并重视实践。他从学问角度整理了礼学,把国家礼和私家礼相结合,并大力推广朱子《家礼》,确立了岭南礼学的基础,寒冈通过书院教育把社会教育推上了一个新层面。在担任地方官时编纂了邑志。另外寒冈还组织了契会,通过鼓励乡村弟子们读书而致力于社会教育。最后,寒冈根据郡县的具体情况,复原古制,实行了具有应用性和独创性的乡饮酒礼。⑥

要研究《家礼》的实践,更为具体的是要考察《家礼》中冠、婚、丧、祭礼的施

① 杨华:《中国古代的家礼撰作及其当代价值》,《湖南大学学报》,2014年第6期。
② 常建华:《近年来明清宗族研究综述》,《安徽史学》,2016年第1期。
③ 金乃玲、张滢:《朱熹〈家礼〉一书在徽州村落空间形成的体现》,《安徽建筑大学学报》,2018年第2期。
④ 粟品孝:《文本与行为:朱熹〈家礼〉与其家礼活动》,《安徽师大学报》,2004年第1期。
⑤ 臧健:《中韩古代家规礼法对女性约束之比较——以明清与古代朝鲜时期为例》,《北京大学学报》,2000年第3期。
⑥ 刘杰:《寒冈郑述的礼学实践研究》,山东大学2015年硕士论文。

行。目前的冠礼研究几乎都是根据《仪礼·士冠礼》研究先秦冠礼，而对《家礼》中的冠礼几乎没有真正意义上的学术研究。彭勇考察了明代皇室各阶层包括皇帝、皇太子、皇子和亲王等冠礼形式和等级森严的制度①，但跟《家礼》没有关系。婚礼的研究亦很少。朱杰人对《家礼》中的婚礼作了解读，认为《家礼》为朱熹所作当无疑问，朱子在整理与研究古礼的基础上，严格遵循"谨名分，崇敬爱"的大原则，不拘泥于古礼之细微末节，略浮文，务本实，与时俱进，改良犹多，可供当代社会继承与借鉴。② 朱杰人还身体力行，于 2009 年 12 月 5 日，以其子朱祁的婚礼为实验对象，举行了以朱子婚礼为原型的现代婚礼，对朱子《家礼》作了一次大胆的社会实践。③ 和溪综括了《家礼》冠婚制度的沿革及影响，《家礼》自宋代成书后广为流传，其中冠、婚二礼流传尤广，元代《至元婚礼》、明代官方通行的婚礼以及《大明集礼》中的冠礼等皆本于此，清代《御纂性理精义》亦将其收入。自此，朱子礼学思想真正得以应用于庶民。④

对《家礼》中的礼仪研究，成果稍多的是丧礼。卞利以《茗洲吴氏家典》为中心，通过对明清以来徽州府县方志、日用杂书等典籍的研究，全面系统地探讨了明清以来徽州地区的丧葬礼俗。徽州的丧葬仪礼，处在一种礼仪与习俗并存、厚葬与薄葬并行、良风与陋俗同在的矛盾状态之中，徽州地方官府和民间宗族组织一直致力于对丧事活动中礼俗的整合，希冀以此规范丧事活动中的非礼行为。但是，这种教化与强制相结合的办法并未取得效果。⑤ 陈慧丽《朱子〈家礼〉在祁门黄龙口村的实践》（安徽大学 2012 年硕士论文）结合文献、文书、碑刻及口碑资料，用社会调查的方法，搜集了典型徽州古村落祁门黄龙口村实践《家礼》各环节的资料，其中就有丧礼、祭礼的环节。徐恋、李伟强以湖南平江、浏阳两县徐氏家族为例，考察了民间根据当地的实际情况对朱子《家礼》所做的增减：有关闻丧、奔丧的规定比《家礼》有删减，但家奠远比《家礼》繁复，包括儒生排班请文公、孝子进香礼、献馔礼、灌献礼、侑食礼、孝妇点茗礼等环节。此外奏乐复杂，诗章也多，且不排斥道教"道场"，体现了《家礼》在民间的异化。⑥

《家礼》中祭礼的实践是跟祠堂的建立、宗族祭祖程式的确立密切相关的。在祠堂举行的祭祖礼一方面起到了敬宗收族的作用，同时又作为古代神灵祭祀的一个组成部分加入层层分级、格局复杂的国家祭祀体系。这方面的综括性的研究有：赵华富考察了徽州宗族对朱熹《家礼》的继承与变革，认为徽州宗族对

① 彭勇：《明代皇室冠礼述评》，《北京联合大学学报》，2010 年第 2 期。
② 朱杰人：《〈朱子家礼〉解读——以婚礼为例》，《历史文献研究》，2011 年总第 30 辑。
③ 彭月肖：《朱子〈家礼〉的现代实践——以朱氏婚礼为例》，《中华文化论坛》，2013 年第 6 期。
④ 和溪：《朱子〈家礼〉冠婚制度的沿革及影响》，《福建论坛》，2018 年第 3 期。
⑤ 卞利：《明清以来徽州丧葬礼俗初探》，《社会科学》，2012 年第 9 期。
⑥ 徐恋、李伟强：《〈朱子家礼〉中丧祭礼的嬗变——以湖南平江、浏阳两县徐氏家族为例》，《商界论坛》，2013 年第 11 期。

《家礼》的规定，特别是关于祠堂建设、祭田设置、族规家法、祭祀礼仪的规定，不仅是继承还有重大变革。[①] 卞利以徽州祁门六都为例，全面地对明清徽州的宗族官吏、经济基础和祭祀仪式进行探讨，以期了解和洞察明清时代徽州宗族管理和宗族祭祀的一般状况。[②] 陈瑞运用明清徽州丰富的地方志与族谱资料，从宗族的立场上详细探讨了明清徽州宗族围绕《家礼》的制度设计与以礼治族的实践。[③] 黄兴泉从福建南靖族谱出发，研究了朱子《家礼》对漳州宗族礼仪的影响。漳州有着"海滨邹鲁"的称号，与其之前被认为好斗彪悍的形象相距甚远，这与朱子《家礼》在漳州地区传播和实践带来的影响不无关系。但漳州宗族对《家礼》有所取舍且繁简不一。[④] 需要指出的是，对《家礼》中祭礼的研究是伴随着祠堂研究以及区域社会中地方神祀的研究进行的，仅从《家礼》出发，并不能窥见其祭礼的全貌，大量的专精的研究是结合区域社会史和各地祀神的具体内容进行的，笔者将另文予以专门介绍。[⑤]

此外，学者还注意到了明代不遵循《家礼》的现象。王志跃发现，明政府推崇朱子《家礼》，但社会上不遵循朱子《家礼》的现象广泛存在，这是由《家礼》自身存在不足、不良风俗的阻挠、地理位置的限制、人情、恩义、宗族以及人们认识不同等主客观原因导致的。人们在实施《家礼》时还参考其他官私仪注、政典及先儒言论，掺以时制、融入风俗，删简《家礼》乃至自纂家礼。从礼制史角度来认识明人不遵循《朱子家礼》的现象，使我们更为深刻地了解礼制为时下所用的可能性。[⑥]

三、结　　语

上文对改革开放四十年来朱子《家礼》、乡约及民间家礼文献的研究作了总结。目前的情况是：（一）朱子《家礼》的来源基本弄清楚了，学者在《家礼》是否为朱子所作这一点上基本取得共识，那就是《家礼》确为朱子所作，"后人伪作说"赞同者越来越少，《家礼》的文本研究也基本告一段落，儒者与《家礼》的文本书写跟乡里宗族组织的有机关系将是日后的学术增长点。（二）乡约研究多半是从区域社会史角度展开的，但目前的研究大部分还嫌宽泛，乡约以什么形式扎根于乡里土壤尚需继续累积个案，这方面胡恒《皇权不下县？——清代县辖

① 赵华富：《徽州宗族对朱熹〈家礼〉的继承与变革》，《安徽大学学报》，2016 年第 1 期。

② 卞利：《明清徽州的宗族管理、经济基础及其祭祀仪式》，《社会科学》，2006 年第 6 期。

③ 陈瑞：《朱熹〈家礼〉与明清时期徽州宗族以礼治族的实践》，《史学月刊》，2007 年第 3 期。

④ 黄兴泉：《试论〈朱子家礼〉对漳州宗族礼仪的影响——以南靖族谱为研究中心》，《闽南师范大学学报》，2015 年第 2 期。

⑤ 杨英：《收族·序齿·祀神："礼制下移"与大一统的多重面相——改革开放 40 年以来的宋元明清乡里礼秩研究》，待刊稿。

⑥ 王志跃：《推崇与抵制：明代不遵循〈朱子家礼〉现象之探研》，《求是学刊》，2013 年第 5 期。

政区与基层社会治理》(北京,北京师范大学出版社,2015年)一书提供了很好的研究范式,可供乡里礼秩研究者参考。(三)民间家礼文献数量众多,形式多样,散布各地,目前这些文献还在整理中,这方面,刘永华提出的"仪式文献"概念及研究范式具有启发和借鉴意义。"所谓仪式文献就是用于引导仪式或在仪式中使用的文献","仪式文献研究是一个多学科的课题,涉及文献学、宗教学、人类学、社会文化史等不同学科和方法,侧重研究的问题包括:仪式文献源流与分类的研究,仪式文献传承谱系的梳理,仪式文献传承主体即仪式专家的研究,仪式文献与仪式表演之间关系的探讨,不同区域仪式文献之比较研究,不同仪式传统之仪式文献的比较研究,仪式文献与政治、社会关系之研究等。"①这些问题和方法同样适用于对民间家礼文献进行清理和考量,"进村找庙、进庙找碑"式的社会调查在搜集到各种形式的民间家礼文献的同时,还充满了民间家礼从文本到实践的整个过程的生动信息,这些信息全面地反映了礼仪作为"人"的生活必须,经过各种变形成为适合某区域、某阶层生活的必备部分,对这必备部分的认识除了需要大量的个案积累之外,还需要引入新的范式,在此基础上才能探求动态轨迹的变化,这些将是日后学术增长点之所在。

总之,从司马光《书仪》到朱子《家礼》的出现,再到乡约的出现和民间家礼文献的蔚为大观,礼制经过改头换面,终于一步步从贵族走向庶人,形成了内容跟庙堂礼典有别,但精神实质跟庙堂礼典遥相呼应的乡里礼秩。它如同一张网络,对家族和社会形成了富有弹性但严格有效的约束,并跟代表皇权和官僚贵族阶层利益的庙堂礼典结合在一起,形成了从庙堂到乡里礼仪生活多样化但最终结为一体的格局,维持着传统中国日常社会秩序的运转。这方面的研究因为以往未被注意,也因为积累的范式尚少,目前空白点众多,随着礼制这一新学术领域的继续开辟和多种研究范式的积累,以后还有巨大的增长空间。

(原载《孔子研究》2019年第5期,
作者单位:中国社会科学院中国古代史研究所)

---

① 刘永华:《仪式文献研究》第三辑,北京:社科文献出版社,2016年,"导论",第1~2页。

朱子学书评

朱熹思想研究的新进展

——《朱子思想再读》简评

邓国元

朱熹是宋明理学时期最重要的哲学家之一，其思想在中国乃至东亚都产生了深远影响。近年来，学界围绕朱熹哲学思想研究出版了众多学术论著。吴震所著《朱子思想再读》（三联书店 2018 年 12 月出版）一书是朱熹思想研究的新成果，反映了朱熹思想研究的新进展。

经由宋明时代的发展，可以清晰地看到，儒学既是一种哲学思想，又是一种文化传统、价值体系，因而不能简单地以现代学术范式治之，只有领会其中的真精神才能避免隔靴搔痒。该书一个重要特点是有鲜明的问题意识，以回归文本的方式，着眼于朱熹思想中的若干基本问题，对仁学、心论、敬论、工夫论等方面进行专题性分析考察，努力发掘以往研究所忽略的学术风貌。该书对朱熹仁学中的公共性问题、心论所涉及理论等内容作了富有创造性的研究，证明了朱熹思想依然有不断重新解读、重新发现的可能性。该书认为，仁学除了有亲亲这一私德意涵，还有强调仁爱精神的公共意识以及对社会公德问题的强烈关怀。作为"天下公共之理"的"仁"并不是一种抽象的普遍性，而是具体落实为"亲亲、仁民、爱物"这一富有人文精神的社会行为。

（原载《人民日报》2019 年 7 月 8 日第 9 版，
作者单位：贵州大学中国文化书院）

地域朱子学研究的新进展

——评王宇新著《师统与学统的调适　宋元两浙朱子学研究》

吴　光

　　两浙地区是朱熹生前游历讲学和出仕任职之主要地区,在朱熹亲传弟子中,两浙涌现了辅广、陈埴、叶味道、徐侨等重要人物,尤其是从南宋后期至明初,两浙地区还活跃着北山学派这样一个传承有绪、特点鲜明的朱子学流派。正是注意到两浙朱子学的突出重要性,黄宗羲在《宋元学案》中特立学案六篇表而出之,即:介绍浙西朱子学的辅广《潜庵学案》,介绍温州朱子学的陈埴、叶味道的《木钟学案》,介绍台州朱子学的《南湖学案》,介绍金华朱子学的《北山学案》,以及介绍明州(今宁波)朱子学的王应麟《深宁学案》、黄震《东发学案》。由此可见,宋元两浙朱子学实有深入研究的价值,但略感遗憾的是,长期以来,学界对这一课题只有零星的论文予以讨论,而缺乏专门系统的研究著作面世,与其他地域朱子学研究相比稍显寂寞。可喜的是,王宇研究员的新著《师统与学统的调适　宋元两浙朱子学研究》一书(社会科学文献出版社 2019 年 4 月版,41 万字)填补了这一领域的学术空白。

　　作为一部以宋元两浙朱子学为主要讨论对象的专著,本书前两章基于对朱子学发展趋势的总体把握,揭示出本书的问题意识、构建了逻辑主线。著者发现,宋代理学一方面宣扬"道"在孟子之后到宋代千余年间的传承是中断的,正是北宋周、张、二程诸儒通过对经书的重新解释(而不是通过师徒授受)发现了"道",使得"道"的传承与发扬光大是"绝而复续"的,这与汉唐儒学流行的师徒授受的传道模式迥然不同。另一方面,宋代理学自身又非常依赖师徒授受的模式传道,张载、二程都形成了规模可观的门人群体,他们在传道时强调弟子应该遵信师傅而发现"道"("师统"),这就形成了一对矛盾。著者受程颢《颜乐亭铭》"非学非师,孰觉孰识"的启发,将这种矛盾概括为"学统"与"师统"二者存在张力的反映:所谓"学统"就是指引启发学者明道的经典系统;所谓"师统"是指师徒传授所形成的系统。著者在第一章专门讨论了朱熹的道统观,指出他在《中庸章句序》中提出"吾道之所寄,不越乎言语文字之间",所谓"言语"就是师徒面相授受,"文字"则是著作文本的传道之功,二者本应相资为用,不可偏废。朱熹去世后,准确、权威的师门教诲遂成绝响,以陈淳、黄榦为代表的朱熹亲传高足遂确立了"足其所未尽,补其所未圆,白其所未莹,贯其所未一"的基本原则,坚持以朱熹著作文本为继承朱熹思想的首要权威,坚持从字面上严格遵守朱熹的教导,反对随意"创新"(见第二章第三节)。本书对宋元朱子学的讨论正是在这样一个背景下展开的。

从第三章到第十一章,著者按照时间先后讨论了宋元两浙地区所有重要的朱子学人士、流派和文献。在处理具体个案时,作者抛弃了"小而全"的传统研究模式,而在前两章所提出的问题意识引导下,从相关史料中甄选出符合逻辑主线、回应全书问题意识的切入点,进行深入讨论。本书第三章对徐侨、叶味道、杜范的讨论反映了朱子学是如何适应复杂多变的南宋后期政治环境的。辅广(见第四章)、陈埴(见第五章)一方面笃信师徒授受可以传道,另一方面,通过注释整理朱熹的经典著作,使之成为新的学统。台州朱子学传人车垓的《内外服制通释》对朱子《家礼》的服制部分进行了通俗化解读和补充(见第九章)。处州朱子学传人赵顺孙对朱熹亲传门人的著作兼收并蓄,编成了《四书纂疏》(见第五章)。进入元代,明州朱子学传人程端礼的《读书分年日程》提供了一套完备的学习方法和丰富的参考书目,方便广大普通学子自行修习朱子学,从而挑战了师徒授受的传播模式(见第八章)。王应麟(见第七章)既高度肯定宋学相对于汉唐儒学的优越性,又强调宋学的崛起是建立在继承吸收先秦、汉唐儒学学术成果的基础之上的,这就在客观上将理学道统观中跳跃性的传道轨迹修正为线性、连续的轨迹。他们的这些努力竭力维持了朱子学的师统与学统这两翼的平衡。

但是,随着南宋宁宗朝开始的朱子学官学化运动的深入,获得朱子学传授系统的资格变成了实现功利目的的手段,各个地域之间的朱子学派系也出现了竞争关系,并滋生了过度的师统崇拜。本书指出有些朱子后学崇拜自己直接的老师,而贬低、背叛朱熹的教诲,"尊师重于尊朱";有些则崇拜师徒之间的面对面交流,过分强调了"心心相印",忽视语言文字的传道功能;还有些朱子后学(北山学派)发展出了"世嫡"观念,主张师承传授统绪中的每一代都仅有唯一的传道者,朱熹、黄榦、何基、王柏、金履祥、许谦就是他们所处时代唯一的传道者(见第十章)。本书所观察到的这些现象都是以往的研究重视不够的,因而富有新意。

面对师统崇拜的弊病,一些朱子后学从维护学统的立场对其进行了深入批判,代表人物就是黄震(见第六章)和史伯璿(见第十二章)。黄震在宋末已经主张正本清源,回到孔子、孟子,"以孔子为师",而不要盲从朱子学的后辈学者;还提出"讲说已备于前人,体行正属于我辈",主张杜绝无所创新的著书立说。史伯璿在《四书管窥》中更以丰富的例证揭示了"尊师重于尊朱"乃至"尊师贬朱"的现象在宋元时代普遍存在于两浙、新安、福建等朱子学派系中。

本书的结论(见第十二章)将研究视野从宋元拓展到了明代。黄震、史伯璿对朱子学亲相授受的师统的批判证明,片面崇拜"师统"在元末已经难以为继,而属于学统范畴的宋元学者的著书立说的工作,也因为理论创新的后继无力而走到了尽头。入明后，朱子学的重要学者曹端、薛瑄、吴与弼都没有明确的师承。崛起于明中期的王阳明，在《传习录》中认为"颜子没而圣学亡"，彻底否定了曾、思、孟三者之间亲相授受以传道的可能性。然而，阳明虽不信赖著述，而却笃信面对面的语言交流足以传道，高度重视面授亲传，一手缔造了中国思想史上空前绝后的庞大师门群体。也就是说，师统与学统的矛盾又开始了新一轮历史循环。

本书在方法论上有四点值得特别肯定。首先，本书在研究中注重地域性和普遍性相结合，立足两浙而能跳出两浙，将两浙朱子学设定为具体而微的解剖个案，从中总结出不但适用于解释两浙地区的朱子学发展史，也或可解释同一时段其他区域的朱子学发展情况的规律，从而避免一般区域文化史研究中存在的唯我独尊、夸大溢美之弊。其次，本书注重思想史与政治史相结合的研究方法。朱子学的官学化是朱子学在宋元时代飞速发展的动力所在，因此必须把朱子学的发展与政治局势的变化结合起来加以考察，特别是要重视科举制度的变革对朱子学传播的影响。第二章和第三章讨论了南宋后期朱子学人士的政治命运，第八章讨论了朱子学在元代的科举化以及两浙朱子学的努力；第十章注重分析北山学派发展与宋元鼎革、元代文化政策变化的关系。再次，本书注重人物与文献相结合的考察视角。全书十二章中，有七章内容是以朱子学文献为讨论对象，即：《诗童子问》（见第四章）、《木钟集》和《四书纂疏》（见第五章）、《日抄》（见第六章）、《困学纪闻》（见第七章）、《读书分年日程》（见第八章）、《内外服制通释》（见第九章）、《四书管窥》（见第十一章）。最后，本书注重个体研究和群体研究相结合的论述方法。对于著述丰富的重要学者，本书以专章介绍，对于典型的学者群体和学派，则采用群体研究的方法，以求覆盖更多的朱子学人士，譬如第二章、第三章和第十章。

毋庸讳言，本书也存在一些不足。首先，本书对两浙朱子学与其他区域朱子学流派虽然也进行了比较，但相关论述较为零散，已有的论述尚不够深入。其次，本书侧重人物和文献研究，而在哲学概念辨析方面略嫌薄弱，除了对师统、学统和道统这一组概念着墨较多外，对朱熹思想的其他核心概念未有更加深入的考察。再者，因为本书所涉及的人物和文献量多面广，因此在个案研究时对已有研究成果的借鉴吸收尚有遗漏。

总体而言，本书的构思体现了较长时段的历史视野、鲜明的问题意识和严密的逻辑脉络，代表了新世纪地域朱子学研究的最新成就，是一部值得推荐的优秀学术专著。

（原载《光明日报》2019 年 5 月 18 日第 11 版，
作者单位：浙江省社会科学院）

推阐朱门道统，发掘朱学新视域

——读邓庆平《朱子门人与朱子学》

曾令巍

宋明理学在中国哲学史上占有重要地位，目前的研究主要侧重于儒家经典中哲学概念与核心命题的诠释，以及通过它们之间的关系所关涉的不同理学派别与理学家。这些研究又主要是围绕个案、史料与其哲学思想等方面展开。现有的研究成果表明，朱子学的研究占有很大的比重。这不仅是由于朱子学是宋明理学的重要组成部分，还因为它是宋以后整个元明清时期中国学术思想最具代表性的成果。[①] 正是基于这种考量，江西师范大学邓庆平教授的专著《朱子门人与朱子学》（中国社会科学出版社 2017 年 12 月）出版，无疑是其多年浸淫朱子学研究后学术精华的汇集，同时也证明他对朱子学研究的体证之功。兹择其要者，略述如下。

一、纵观朱子学术思想历程，判定"朱子门人"与"朱子学"，以及考察朱子门人的不同从学阶段及其群体特征

氏著汲取现存的研究资源，既对"朱子门人"与"朱子学"这两个概念作了精细的辨析与界定，又重点以朱子学术思想的成长历程为主线考定朱子门人的不同从学阶段及其群体特征。朱子门人之多，诚如氏著中引朱氏挚友陆游为方士繇所撰之墓志铭："朱公之徒数百千人"。此数目的精确性如何虽可质疑，但却反映出朱子之学术思想在当时学术界中的传播情形。而朱公门人之盛况不仅表现在对其群体性的勾勒，还专列朱门翘楚以证其实：宋代学者黎靖德于咸淳六年（1270）所编的《朱子语类》所记之人就达数百，《宋史·道学传》又对黄榦、李燔等六人作专题以述之。明清时期，以戴铣《朱子实纪》、宋端仪《考亭渊源录》与韩国李滉《宋季元明理学通录》，以及黄宗羲《宋元学案》、朱彝尊《经义考》等海内外学者撰著分别从人数、籍贯等方面作不同的阐述。进入现代学术研究范式以来，以陈荣捷为代表的现代学人对朱子门人的"是"与"非"问题作了详实的考证，这就为朱子门人研究的深化和展开提供了牢固可靠的史料。在借鉴陈氏研究的基础上，方彦寿教授的《朱熹书院与门人考》采取以书院为研究标准，

[①] 邓庆平：《朱子门人与朱子学》，北京：中国社会科学出版社，2017 年，第 1 页。

从而将书院与门人的研究结合起来的做法为研究朱子门人提供了新视角。其后，又陆续有文章补充和完善已有的研究。从这一视角来讲，《朱子门人与朱子学》的出版亦属此例。但是，此书又有所不同，主要反映在两个方面：

首先，氏著辨析与界定了"朱子门人"与"朱子学"这两个概念。"朱子门人"一词旨在表明学者学派归属的问题，在参考陈荣捷先生《朱子门人》与相关文献的基础上，该著明确了朱子门人的标准是有求学记录的亲传弟子。因此，同时期以真德秀、魏了翁等为代表的对朱子学有好感的私淑者便被排除在外。至于"朱子学"，学术界通常采用了约定俗成的做法，却又疏于深究。[①] 在分析目前所使用的相关"朱子学"的概念后，著者对此一概念的界定则是借鉴了马克思主义学科相关核心概念的区分方法，从而判定了"朱子学"的确切定义。[②]

其次，氏著围绕朱熹本人思想的发展历程对朱门弟子做一整体性的考证工作。

这种研究内容就要求我们分别从动态与静态两个层面考察朱子门人的群体特征，即从门人从学于朱子的动态过程与其静态的特征分析。前者主要是以时间为轴考察朱子门人群体所进行的学术思想活动和实践活动，具体内容包含三个阶段：早期门人（绍兴十九年到朱熹创立"中和新说"标志着理学思想真正成熟的乾道五年）、中期门人（乾道六年到绍熙五年庆元党禁之前）与晚期门人（绍熙六年到庆元六年朱熹去世）。通过这三个阶段的考察，朱子门人这一学术群体的形成与发展过程便呈现在学者面前。对其静态特征的分析，则是涵盖了上述三个阶段中涉及的朱门群体聚集过程、问学机缘、地域分布、社会阶层来源、朱熹本人的讲学和著述及其兼学情况等七个方面，也由此为我们展现了以朱熹为核心所形成的朱子学这一学术群体在宋明理学史上的重要影响。除此，该著指出，当时的一些朱子私淑在传播与推广朱子学的过程中所起的作用也应该被纳入学者的视阈之内。

二、朱子学问题的系统化拓展与
义理诠释的精致化、规范化

朱子学之学术（哲学）思想体系的建构者，不仅包括朱子，还涵盖朱子门人及其后学。限于朱子学术成就覆盖范围之广与朱子门人、后学受教人数众多，因此著者认为，在解读朱子学之哲学思想的时候，既要围绕最能代表朱子思想的著作，又要有针对性地关注朱子门人与其后学的学术成果。对于前者，著者选择《朱子语类》作为研究对象。这是由于它是朱子学思想体系的第一次完整

---

① 邓庆平：《朱子门人与朱子学》，第17～21页。
② 邓庆平：《朱子门人与朱子学》，第19～21页。

系统的表达，以它为研究对象就是从门人向老师提出问题出发，并围绕问题的深入探讨与展开去阐明朱子门人在朱子学思想体系最终形成过程中所发挥的重要作用。所以，向世陵教授指出，这种"以《朱子语类》为中心去探讨朱子学问题体系的路径本身就是值得引起注意的新的思考"。[①]

对朱子门人哲学思想的研究，氏著以蔡氏父子与陈淳为中心展示他们对朱子学思想体系的进一步完善与哲学义理阐释的精致化、规范化。蔡氏一门，以蔡元定与蔡沈最为卓著。对其哲学思想的研究，著者运用经学哲学的概念。前者的代表作之一《易学启蒙》，不仅是蔡元定起稿，还是朱子与其反复商讨的结果。而蔡沈的《书集传》则是直接"继承朱子意志而作，完成了朱子的未竟的事业，但其中也有不少是对朱子思想的丰富和推进"。[②] 在理学家的思想体系中，道统观念已是深植于心。朱子于《尚书·大禹谟》中所提取的"十六字心法"又为以蔡沈为代表的理学家所继承，因而蔡沈《书集传》在贯彻这一思想的同时，利用《洪范》补充、完善道统思想，将朱子强调的道统传承由尧舜禹的"十六字心法"推延到了商汤与周武王的"皇极"心法，从而做到了既关注儒家心性论的内圣修养方面，又关联到了外王的政治层面。通过对以蔡氏父子为代表的理学家哲学思想的研究，著者认为他们从事的经学研究表面上是对朱熹经典注疏工作的继续与完成，实质却是对朱子学派经学体系的丰富和完善。

朱子哲学理论建构最基本的前提是确立理的本体、形上地位，又围绕理气关系从不同面向解释现实世界的所以然。这种思想在被陈淳吸收的过程中，又以"理不离气"去修正"理在气先"等内容，从而将朱子的理本思想与理气浑成论的现实等整合统一起来。尽管他撰著的《北溪字义》涵盖了本体论、心性情与道德修养等内容，但是他因受朱子思想影响而未能超出朱熹的理学命题。不过，著者却着重强调，陈淳《北溪字义》的贡献不是在于思想内容方面超出朱熹且有所创新，而是在于"这一文本对朱熹著述中概念的选择性解释以及由此带来朱子学概念体系的规范化问题"。[③]

三、朱子学传播与推广后所造成的影响

朱子学的命名本是一种学术层面的意谓，然其也是一种"具有深刻社会关怀的行动和实践，对南宋以后中国社会的发展，从思想文化到国家政治都发生了广泛的影响，而这与朱子学逐步官学化和制度化的趋势是分不开的"。[④] 这些情况均被著者详加论述，具体表现为朱子学的社会推广、朱子学的制度化、朱

---

① 邓庆平：《朱子门人与朱子学》，第 3 页。
② 邓庆平：《朱子门人与朱子学》，第 3 页。
③ 邓庆平：《朱子门人与朱子学》，第 171 页。
④ 邓庆平：《朱子门人与朱子学》，第 5 页。

子学的传承与以韩国为例的朱子门人在海外的影响等方面。

首先，朱子学原初型态本为私学，时间主要是从朱熹早期传播其学术思想开始。关于这些，著者在论述朱子门人的群体特征时已有详细介绍。这里所讲的朱子学的推广存在一个隐性的前提，那就是朱子学思想体系的成熟、规范。而朱熹的思想与朱子学的形成，无论时间上还是空间上都不一致。所以，推广朱子学的使命也就落在了朱子门人及其后学的身上。由于朱子学不仅具有学理方面的重要性，还具有实践层面的指导意义。为此，著者也主要是从这两个方面论述朱子学兼学术与社会化的功能。

其次，朱子学的制度化是基于第一个方面的深入发展。由于朱子门人的传播与推广等复杂因素的交织作用，朱子学便走向了官学化的道路。所谓官学化，包含两层意思：一是以太学、州县学等为代表的由官方创设的学校的出现，一是官方的意识形态。之所以讲走向官学化而非官学化，主要是涉及对朱子学如何进行历史定位的问题。著者认为，"朱子学历史地位的形成是一个长期的具体的历史过程，这个过程称之为制度化更能彰显其丰富的具体内涵，正是这个过程使得朱子学由私学逐渐成为官学也即制度化朱子学，制度化朱子学是制度化儒学在宋元明清的主要表现形态"。[1] 由此，氏著也就朱子学制度化的相关问题展开进一步的探讨。同时，我们在进行评价朱子学历史地位的时候还要注意一个细节：关于朱熹历史形象重建的问题。南宋末年以后，朱熹因历来被作为儒家重要的代表而受到帝王、知识分子等不同社会群体的推崇，可是近代以来又多遭批判。因此，邓教授以《朱子行状》为中心将其放置在特定的历史情境中去考究朱子门人是如何重新建构朱熹的历史形象及其对后世的影响。

最后，论述以黄榦、陈淳等为代表的朱子门人在海外的影响力。朱子学学派的传播与推广，直至官学化的确立与完成，都是与朱熹、朱子门人后学的积极努力分不开的。自朱熹学术思想为学者所接受以降，便以他为中心形成了门人群体聚集的现象。即使朱熹去世后，由于朱门弟子卫护朱子学的道统思想，所以其学派学说经过他们的传播而始终能保持学术生命力继续存在与发展，并在南宋末年的学术思想、社会政治与教育等领域发挥重要的作用。尤其是以黄榦、陈淳为代表的朱门翘楚的学说，随着朱子学传入朝鲜半岛后旋即成为当地最盛行的学术思想。因而，以韩国为重要传播区域的朝鲜半岛也产生了以李退溪等为代表的朱子学本土化的理学家及大量理学著作，他们接受中国理学家的学术思想并围绕太极、理气、心性情等理学命题进行理论创造的同时，也汲取礼学思想等内容在日常生活中付诸实践。

拜读邓庆平先生此著，深感其研究朱子学用力之精勤。其研究朱子门人在继承以往朱子门人个案研究成果的基础上，力图在扩大朱子学相关研究领域的

---

① 邓庆平：《朱子门人与朱子学》，第 350 页。

同时尝试深挖相关问题,从而"构成一个侧重于朱子门人群体研究的完整体系"。氏著中对某些问题的研究结论虽然有失简单之嫌,但瑕不掩瑜。因为它在朱子门人和朱子学研究的领域中所起的推进作用更值得引起学者们的充分肯定和高度重视。

（原载《朱子文化》2019 年第 2 期，
作者单位：郑州大学公共管理学院）

朱子学年鉴
（2019）

朱子学研究论著

学术专著

宋明儒学中的"身体"与"诠释"之维

陈立胜著，
北京：商务印书馆，
2019 年 1 月

该书由"身体"与"诠释"上下两编构成，通过对特定概念的解剖、具体辩难的分析，揭示了儒学研究的现代意义以及儒学思想的演进机制。"身体编"集中讨论当代思想之中的身体转向对儒学研究的意义、理学身体存在论的建构（身体之"窍"与"身不自身"的观念）、镜子隐喻在理学心性论之中的作用以及疼痛镜像神经元发现与儒家恻隐之心论的关系等议题；"诠释编"则旨在通过对朱子读书法、王阳明四句教的三次辩难、《大学》文本之怀疑与否定、"亲民""新民"之辩的个案考察，揭示理学诠释传统之中的"尊道"（"天道"）、"尊心"（"本心"）、"尊经"（"圣经"）与"尊古"（"圣人"）之间的种种张力以及儒学通过诠释而创新的思想演进机制。全书十章：回到身体：当代思想中的身体转向与儒学研究；身体之为"窍"：宋明儒学中的身体存在论建构；"身不自身"：罗近溪身体论发微；"恻隐之心"、"他者之痛"与"疼痛镜像神经元"；"心"与"腔子"：儒学修身的体知面向；宋明儒学中的"镜喻"；朱子读书法：诠释与诠释之外；王阳明"四句教"的三次辩难及其诠释学义蕴；儒学经传中"怀疑"与"否定"的言说方式——以王阳明、陈确的《大学》辨正为例；"亲民"抑或"新民"：从传统到现代等。

朱熹
孔子之后第一儒

杨天石著，
北京：东方出版社，
2019 年 1 月

作者积数十年功力，广泛研读宋明理学经典，另发掘从日本、韩国、越南引进的相关史料，写出了《朱熹　孔子之后第一儒》这本全面反映朱熹生平和思想的传记。除朱熹的生平经历外，还对其在社会政治、经学、史学、文学、教育诸方面的思想成就做了深入分析。希望借此书再现中国思想史上的一段真实历史面貌，提炼出一些中国传统文化和思维方式的内在运行规律。全书十五章：改铸儒学的新需要；生于忧患，长于坎坷的大思想家；社会政治思想；理为"天地万物之根"的世界本原论；"天命"与"气质"相结合的双重人性论；唤醒天赋观念的"格物致知"论；"克人欲、存天理"的修养论；"一中又自有对"的辩证法；鹅湖之会与朱熹、陆九渊的异同；义利之辨与朱熹、陈亮的分歧；经学思想；史学思想；文学思想；教育思想；朱熹与后世等。

朝鲜"两班"及其文化特征研究

朴晋康著，
延吉：延边大学出版社，
2019 年 1 月

该著作在概括高丽王朝"两班"和朝鲜王朝"两班"特点时，虽然借鉴了韩国、日本学者的观点，但也依据自己的分析做出了较为完整的归纳。对高丽王朝"两班"特点从贵族性、官职与身份的两重性、文武间的对立三个方面的归纳和对朝鲜王朝"两班"的非法定性和流动性等的分析，都较为准确地描绘了朝鲜"两班"的本质特点。对"两班"文化与儒学，尤其是与朱子学的关系等方面的分析，对解读"两班"文化的特征以及"两班"文化的历史作用等方面也给出了新的价值诠释。

礼理双彰
朱熹礼学思想探微

殷 慧著，
北京：中华书局，
2019 年 3 月

朱熹礼学是其宏大的理学体系的重要组成部分，在经学思想史上具有非常重要的地位，对宋元以降的中国乃至整个东亚社会产生了深刻的影响。该书从朱熹的三《礼》学思想入手，从学、理、用三个层面对朱熹礼学进行了系统论述，将文本分析与思想、社会、政治的互动结合起来，考察了朱熹礼学思想形成的背景、内容及其特点。对困惑学界多年的朱熹晚年思想转型、朱熹为何要编撰《仪礼经传通解》、朱熹如何处理礼学与理学的关系等重要的学术问题也作了进一步的探索。全书六章：朱熹的时代环境与礼学倾向、朱熹的《周礼》学思想、朱熹的《仪礼》学思想、朱熹的《礼记》学思想、朱熹的祭祀思想与实践、朱熹礼学思想的特点等。

朱熹《家礼》制度
伦理研究

孔凡青著，
北京：人民出版社，
2019 年 3 月

全书以南宋大儒朱熹的民间自治制度范本《家礼》为依据，通过对其进行制度伦理的解读，剖析了其制度伦理的认知、规制、评价和实践层面的内容，以此来探讨儒家面对新的社会实践，如何通过制度革新去推动儒家价值影响基层社会。在认知层面，《家礼》强调人与人之间互相对待的关系模式，强调人与制度的良性互动，认为治理是个体善和善治的统一，是不断趋向和谐的过程。这一思维模式有别于西方二元对立的思维，与当今中国社会治理要求动态、和谐、有利于人的全面发展的治理模式在思维层面是相契合的。在规制层面，《家礼》规制模式上承儒家礼制自治与他治、德治与法治完美融合的规制理想，下启朱熹鉴于现实权制制度之弊端创发的民间自治路径，对我们今天思考秩序与创新、传统与现代、具体理性与普遍理性等问题，探索社会治理的路径，具有重要启发意义。

世纪之交的朱子学（上中下）

徐公喜主编，
南昌：江西人民出版社，
2019 年 3 月

该书主要是对 1989 年到 2015 年期间发表的朱子学论文的精选，一是选作者影响力，二是选论文质量。精选本所选取的 60 篇文稿，反映了 20 世纪与 21 世纪之交朱子学学术发展的基本历史过程与脉络，主要涉及朱子学学术意义与地位、朱子文史哲法等学术诸领域以及朱

子后学，乃至朱子学理学的现代发展等方面。

朱熹礼乐哲学思想研究

冯　兵著，
北京：社会科学文献出版社，
2019 年 4 月

该书从礼、理会通的角度，将经学研究、哲学研究与思想史研究结合起来，提出"礼乐哲学"、"朱熹礼乐哲学思想"等新的学术概念，从礼乐形上学、价值论、实践观三个方面对朱子礼学的哲学体系做了较为系统的诠释与建构。该书指出，礼、理是朱熹思想的两个基本面向，礼学是其理学下学实践的基础，理学是其礼学的形上依据，二者相融互补，使得朱熹的思想世界在理论与实践两个层面都显得丰满而自洽。该书除了"导论"部分之外，共计七章。第一、二章分别对"礼乐哲学"、"朱熹礼乐哲学思想"等概念做了阐释，并大致介绍了朱熹礼乐哲学思想得以产生的思想与学术背景。第三、四、五章是全书的主体部分，以礼、理结合为理论基础，以理气二元结构为分析框架，分别从形上学、价值论、实践观三个维度对朱熹礼乐哲学思想展开了论述。第六章从礼乐经典诠释及义理建构两个方面分析了朱熹礼乐哲学思想的基本特征。第七章简要介绍了朱熹礼乐哲学思想的当代价值。

师统与学统的调适
宋元两浙朱子学研究

王 宇著，
北京：社会科学文献出版社，
2019 年 4 月

该书是国家社科基金后期资助项目成果。全书围绕师统与学统的调适，考察了朱熹学说的主要概念内涵与其与两浙及邻省之学的渊源关系，详论了朱子学的权威化过程以及个中文化意义。全书共十二章：朱熹的道统观与师道观，朱熹去世后师统与学统之争初现端倪，晚宋两浙朱子学的政治处境，辅广《诗童子问》与朱子学学统的完善，陈埴和赵顺孙：亲传门人、再传门人与学统的结合，黄震：彻底的学统传道论者，王应麟：融通汉宋及其对道统论造成的破坏，《读书分年日程》与元代朱子学的科举化，《内外服制通释》和《家礼》的大众化，北山世嫡：朱子学师统崇拜的顶峰，史伯璿：对"见而知之"的彻底清算，新旧道统转换中的师统和学统等。

白鹿洞书院揭示诠解

李宁宁 黎 华著，
南昌：江西高校出版社，
2019 年 4 月

该书系"白鹿洞书院文化旅游丛书"之一。朱熹建立了严格的书院规章制度《白鹿洞书院揭示》，不但体现了朱熹以"格物、致知、诚意、正心、修身、齐家、治国、平天下"等儒家经典为基础的教育思想，而且成为南宋以后中国封建社会七百年书院办学的样式，也是教育史上最早的教育规章制度之一，这无疑是研究我国教育史的一份很有意义的资料。全书即是对该揭示的赏析导读。

朱熹《家礼》思想的
朝鲜化

彭卫民著，
成都：巴蜀书社，
2019 年 5 月

全书主要论述《家礼》一书在朝鲜的传播与影响。历来朝鲜王朝对中国礼教积极效仿，其整个国家机构与政治体制建立在礼学的基础之上，《家礼》的朝鲜化反映了其政治文化体系的构建和完善。然在明清交替之际，其在礼学建构上对中华的认同出现了变化。该书通过考察《燕行录》、《家礼》等材料勾绘出这种认同转变过程的复杂轮廓，有助于东亚政治与儒教文明交流的研究。全书共六章：中朝关系史料中的文化认同失落感、朝鲜使节中国行记中的华夷观、文化认同中的《家礼》东迁进路、政治认同中的《家礼》国法化与士庶化、朝鲜王朝通制与典章对《家礼》的继受、《韩国礼学丛书》所见朝鲜王朝礼书等。

朱子家礼与传统社会民间祭祖礼仪实践

邵凤丽著，
北京：中国社会科学出版社，
2019 年 5 月

宋明以来，朱子《家礼》家祭礼仪文献书写系统分为国家礼制、文人礼书和民间日用知识读本三大类。该书对朱子《家礼》与中国祭祖传统的历史进行了详细梳理，分别总结、归纳了不同类别文献的书写特点以及在家祭礼仪推广中的地位与作用，探讨了宋明以来在徽州、福建等不同地区家祭礼仪实践与《家礼》文本之间的复杂关系。

近思录集解

［南宋］叶采集解，程水龙校注，
北京：中华书局，
2019 年 6 月

《近思录》由南宋朱熹和吕祖谦选取北宋理学家周敦颐、程颢、程颐、张载四人语录共 622 条，分类编辑而成。南宋叶采为《近思录》各卷创建纲目和提要，成《近思录集解》，使得原书体例更明晰完备，理学思想的表达更趋明朗，是《近思录》系列文献中影响最为深远的一种。本次点校《近思录集解》，以台北故宫博物院藏元刊本为底本，以《续修四库全书》收录的元刻明修本和清康熙年间邵仁泓重订本为主要校本，

同时参校南宋刻本杨伯嵒《泳斋近思录衍注》、明代前期刻本叶采《集解》、清初《朱子遗书》本《近思录》、清张伯行《近思录集解》康熙年间刻本、茅星来《近思录集注》乾隆年间抄本、江永《近思录集注》同治八年刻本。并引历代《近思录》注本中的相关文字，对《集解》本中的疑难字句加以注释，另附明嘉靖年间贾世祥刻本《近思录》（白文）、历代刊钞叶采《近思录集解》之序跋于书末。

朱子学刊

《朱子学刊》编委会编，
合肥：黄山书社，
2019 年 6 月

该书稿共收录了有关朱熹的学术论文二十多篇，分为"朱子学研究"、"宋明理学研究"、"儒学与传统文化研究"三部分，反映了朱子研究的最新成果。书稿中的论文不仅包括国内的朱子学研究者的研究成果，还包括韩国、日本等国朱子学研究者的研究论文，具有较高的学术价值。

朱熹文学与佛禅关系研究

邱蔚华著，
北京：中国社会科学出版社，
2019 年 7 月

全书主要包括三大模块：一者为成因研究，揭橥朱熹佛禅因缘生

成的历史语境及其佛禅思想的复杂性与矛盾性；二者为表现研究，分别检讨朱熹文学思想、诗文创作、语录体散文与佛禅各个层面千丝万缕的联系；三者比较与影响研究，纵向比较与横向联系双线交叉并行，贯穿朱熹文学与佛禅种种关系的探讨中，从而更加深刻地揭示出朱熹文学与佛禅之关系的独特之处以及宋佛禅流变在文人心理的投射和影响。

真德秀全集（全 31 册）

吴伯雄编，
北京：北京燕山出版社，
2019 年 7 月

真德秀（1178—1235），字景元，后改景希，号西山，后世称西山先生。中国福建建州浦城（今福建省南平市浦城县）人。南宋名臣、著名儒家学者，属朱熹理学一派。该全集选取真德秀所著《大学衍义》、《文章正宗》等一系列书籍，汇总编排，再现了真德秀一生的学术造诣，同时也反映了两宋时期的哲学思想面貌。

朱教授讲朱子
（修订本）

朱杰人编著，
上海：华东师范大学出版社，
2019 年 8 月

朱子著述"致广大，尽精微，综罗

百代"，是一份极富发掘意义和传承价值的文化遗产。难能可贵的是，朱子文字亦含义精博，内容明赅，语句工美，道味宏长。因鉴于此，该书择取朱子著述中三百条精要典雅、值得推介的句子、段落，按照内容分类后，采用"译讲"的办法串解原文，无疑是一种力求创新的古籍整理方式：忠实传达句意的同时，将背景、因果、典故、寄义、思考等融汇其中，值得珍藏品味。此次出版修订本，作者又进行了加工完善。

《四书章句集注》
引文考证

申淑华著，
北京：中华书局，
2019 年 8 月

《四书章句集注》（以下简称《集注》）是理学家朱熹的代表作。朱熹用了四十多年时间给《四书》做注释，对以往学者的注释进行了深入研究，并在《集注》中大量征引。不过对于所引征者，朱子多称"某氏"、"某子"，只有少数人物称字、名、封号、职位等等，这给阅读、理解和研究带来了极大的不便。该书按照引文先后顺序，以"引文"、"原文"、"出处"的格式，对朱熹《集注》引文进行了上溯原文的系统考证，对于研读《集注》本身以及深化对朱子思想渊源的研究都有重要意义。

江户前期理学诗学研究

张　红著，
长沙：岳麓书社，
2019 年 8 月

江户时期是日本儒学、汉诗发展的鼎盛阶段。德川幕府崇尚文治，儒学达于极盛，其中尤以朱子学为重点（中心）。朱子学作为当时官学，深刻影响着整个江户的思想文化、诗学观念。该书以江户前期朱子学家大量文集、诗集、序跋的写本、抄本、刊本等资料为依据，全面、系统地研究藤原惺窝、林罗山、林鹅峰、林凤冈、林梅洞、松永尺五、那波活所、木下顺庵、宇都宫遁庵九位朱子学大家的诗论思想，考察其诗学谱系及对中国诗学的接受，梳理五山诗学向江户诗学转换的线索及其内在脉络，探讨中国诗学在日本江户前期的接受状况，以及朱子学对诗学所发生的深刻影响。

朱子福建题刻集释研究

朱晓雪编著，
保定：河北大学出版社，
2019 年 8 月

朱熹是宋朝著名的理学家，闽学派的代表人物，也是一位书法家、金石学家，其足迹遍布福建各地。除了寻访前人碑碣石刻之外，朱熹自己在所到之处也留有大量的墨迹，包括书匾、楹联、摩崖、碑刻等，这些题刻值得后人收集、整理、研究。该书将福建境内朱熹题刻的摩崖、石刻、碑刻汇集起来，一方面为研究者和使用者提供一份便利，另一方面将朱熹的题刻与其理学思想、教育思想、文学思想等结合起来进行综合研究，对朱子学的研究起到一定促进作用。

大 同 集

［宋］朱　熹撰，陈　峰点校，
厦门：厦门大学出版社，
2019 年 8 月

同安是宋代理学大家朱熹的初仕之地，《大同集》集朱熹担任同安主簿时所作诗文作品，内容包括朱熹任同安主簿时所作的诗、书、序、记、跋、杂著、行状等文章，以及朱熹离开同安后所作的与同安的人、事、地有关之著述编纂而成的文集，印记着朱熹过化同安的足迹。《大同集》之版本流传，大体经历了宋陈利用的初刻本、元都璋的重刻本、明林希元的增补本、明鲍际明的重刻本以及清陈胪声的校刊本。这不仅是一部很有地方史料考证价值的文献，而且其字里行间闪现着朱熹在理学探究上的初始实践。

易学启蒙通释　周易本义启蒙翼传

[宋] 胡方平
[元] 胡一桂著，谷继明点校，
北京：中华书局，
2019 年 8 月

《易学启蒙通释》和《周易本义启蒙翼传》是南宋末年至元代胡方平、胡一桂父子分别撰写的羽翼朱子的易学注疏。其中，胡方平所撰《易学启蒙通释》，主要内容包括：一，对朱熹《周易启蒙》进行字面上的疏证；二，就易学象数与义理知识作补充性说明；三，对较难的知识点作详细阐发。详略得当，疏解清晰，是了解朱熹《易学启蒙》最便利的读本。《周易本义启蒙翼传》，则是胡一桂通过追溯学术史、广引诸家的方式来发扬朱子易学的作品。其体现出的易学学术史的建构，一方面论证了朱子易学为百家之冠的合理性，另一方面也突破了朱学末流狭隘的学术路径，称得上是宋元易学的结成性、提纲性著作。此外，《翼传》由于广征博引，还具有多方面的文献价值。按，《易学启蒙通释》作者所交整理本实际字数为八万字，此前已有《儒藏》李秋丽点校本。《周易本义启蒙翼传》实际字数为十八万字，为首次整理。

和刻本《家礼》校注

彭卫民校注，
成都：巴蜀书社，
2019 年 9 月

该书以日本藏元禄丁丑年浅见䌹斋校刻朱熹《家礼》为底本进行校注与研究。该本向称善刻，该书在其基础上，采用宋刻杨注附图本、宋刻纂图集注本、元至正元年（1341）黄瑞节刻朱子成书本、万历三十一年（1603）性理大全书、明嘉靖间刻本、钦定四库全书本、光绪六年冬公善堂影宋本等七个宋元明版本进行校对，致力于厘定一部可靠的《家礼》读本，并广泛吸收诸家注释和其他礼书对其进行注释、疏证。附录论文两篇，通过对和刻本《家礼》流播进行研究，探讨东亚藩国对中国传统礼法思想的继受与发扬。

鹅湖书院史料汇编

[清] 郑之侨、王赓言、吴嵩梁编，谢水华点校，
南昌：江西人民出版社，
2019 年 9 月

据陈来先生考证，除朱子二陆的三首诗外，主宰了数百年学术思潮的鹅湖讲学并未留下完整的史料记载。鹅湖会后的学术论争，其史料亦大多保存在他们的书信往来及语录之中。正因为如此，后之学者往往摘取四贤文集、语录、年谱诸书，汇编成集，以

成朱陆异同之论争。成书于乾隆九年郑之侨的《鹅湖讲学会编》是一部系统保留朱、吕、二陆鹅湖之会的历史资料，弘扬书院精神的重要典籍。为提防日后"久而或失所考"，在《鹅湖讲学会编·书田志》的基础上，王赓言、吴嵩梁加以增修加详，独成一编，冠名《鹅湖书田志》。源于一脉相承，此次整理，将郑之侨撰《鹅湖讲学会编》与王赓言、吴嵩梁编《鹅湖书田志》合为一辑，汇编而成新的《鹅湖书院史料汇编》。

朱子文化大典

《朱子文化大典》编委会编，
福州：福建教育出版社，
2019 年 10 月

全书分为三册，从朱子本人的家世、经历、著作入手，主要介绍朱熹生平的相关事迹（内容包括朱熹的家世、从学、讲学、论道、仕途、政绩及师友、门人、著述等与其生平相关的事迹，并附有历朝对朱熹的褒扬、朱熹与从祀孔庙的福建理学家等）；朱子文化的源流（主要介绍朱子理学形成的历史背景、理学南传与朱子理学及朱子理学体系的建构等）；朱子理学的思想概述、经学思想概述、伦理思想概述、教育思想概述、政治思想概述、经济思想概述、文学思想概述及自然科学思想概述等）；朱子文化的传承与发展（主要介绍朱子后学对朱子文化的传承；朱熹历史地位的确立与朱子文化传播）。该书几乎网罗了与朱子相关的文化事件、文化现象及人物，称得上是一部有关朱子文化的"百科全书"，是朱子文化爱好者全面了解朱子文化内容的一部力作。

朱熹自然观研究

王　霞著，
合肥：合肥工业大学出版社，
2019 年 10 月

朱熹是南宋儒家的杰出代表，是宋代理学思想的集大成者。在其博大精深的哲学思想体系中，自然观是重要的组成部分。该专著以朱熹的自然观为研究对象，分析其自然观具体包括宇宙观、生命观和天人观，论述朱熹对于宇宙的认知、对于生命的看法和对于天人关系的观点，集中体现朱熹对于自然的总体看法和根本认识，是其哲学思想不可分割的组成部分；阐述朱熹的自然观蕴含了关注自然、关心生命的思想倾向，对于朱熹弟子和后学及后世哲学思想的发展有着重要的影响。

朱子福建史迹图集

福建省文物局　福建
省文物鉴定中心编，
福州：福建教育出版社，
2019 年 10 月

福建作为朱熹"始生之乡"、"侨居之里"、"讲学之地"，有丰厚的朱子文化史迹遗存。该书以福建省内朱子及与朱子直接相关的 200 余处文物古迹为主要研究对象,从文物遗存的角度追寻朱熹在福建真实、形象的历史记忆,呈现朱熹在福建丰富、多元的人生足迹,展示一代儒宗留给福建与后世的璀璨历史文化遗产,积极挖掘朱子文化的深厚内涵。

朱子学年鉴(2018)

朱子学会　厦门大学
国学研究院编,
北京:商务印书馆,
2019 年 10 月

《朱子学年鉴》(2018)在积极挖掘传统朱子学智慧的同时,直面全球朱子学研究,为朱子学和中国哲学爱好者展示最新和最全面的朱子学研究图景。2018 卷主要内容有:"特稿"栏目选登了清华大学国学研究院陈来教授和美国亚利桑那州立大学田浩教授的文章,前者探讨了朱子《太极解义》的哲学建构,后者围绕朱熹与同时代的思想家张栻、吕祖谦等在治学方法、道德思想和政治目标等方面进行了讨论。"朱子学研究新视野"栏目推介了朱杰人教授的《二程与朱子的道统说》、朱汉民教授的《经典诠释与道统建构——朱熹〈四书章句集注〉序说的道统论》、李景林教授、王宇丰博士的《朱子的思想蓝图与当代中国思想的建构》等。"全球朱子学研究述评"栏目比较详细地梳理了 2018 年美国、韩国、日本、中国台湾等国家和地区朱子学的研究现状,介绍了目前全球朱子学研究的最新进展。"朱子学书评"、"朱子学研究论著"、"朱子学研究硕博士论文荟萃"、"学者简介"、"朱子学研究重大课题"、"朱子学动态"、"资料辑要"等栏目尽可能全面地展示 2018 年全球朱子学界的最新成果和学术动态。

朱子感兴诗中日韩古注本集成(上下)

卞东波编校,
上海:上海古籍出版社,
2019 年 11 月

南宋理学家朱熹的《斋居感兴二十首》是一组曾产生深广影响的作品。因为属于"语录讲义之押韵者",文学性有限,故当代研究寥寥,但从东亚汉文化圈交流史与东亚朱子学史的角度来看,意义重大。该书汇集了 8 种中国注本:宋代蔡模《感兴诗注》、何基《解释朱子斋居感兴诗二十首》、熊刚大《朱子感兴诗句解》;元代胡炳文《感兴诗通》、刘履《选诗续编补注》;明代吴讷《朱子感兴诗句解补注》、刘剡《感兴诗合注》;清代吴曰慎《感兴诗翼》。四种日本注本:林恕《感兴诗考》、山崎嘉《感兴诗考注》、久米订斋(顺利)《感兴诗笔记》、加藤延雪《感兴诗考注纪闻》。四种朝鲜注本:宋时烈《朱子感兴诗札疑》、沈潮《朱子感兴诗解》、任圣周《朱文公先生斋居感兴诗诸家注解集览》、李宗洙《朱子感兴诗诸家集解》,并附有东亚《感兴诗》的著录、唱和及其他相关资料，比较全面地展现了朱熹《斋居感兴诗》在东亚范围内的地位。

《近思录》集校集注集评（修订本）

程水龙撰，
上海：上海古籍出版社，
2019 年 11 月

《近思录》是南宋朱熹、吕祖谦精选北宋周敦颐、程颢、程颐、张载语录而成的一部理学入门书，被视为学习《四书》的阶梯，在儒学史上具有独特的经典地位。成书之后七八百年间，传刻、注释、续编、仿编等各种形式的《近思录》相关版本绵延不断，流布极广，并远播日本、朝鲜等地。该书在广泛搜罗海内外各种《近思录》版本的基础上，选用现存南宋刻本杨伯岩《泳斋近思录衍注》为底本，分类分条汇辑现存古人《近思录》校勘记，汇集历代重要且经典的《近思录》注解，并将现存各时期主要注家、理学家和学者对《近思录》的解说评述择其精要进行辑录，力求全面地汇辑国内外历代注家的注释、述评之语，为读者和相关研究提供完整而可靠的读本及资料基础。

朱子语录文献语言研究

潘牧天著，
上海：上海人民出版社，
2019 年 12 月

朱子语录是宋代大儒朱熹与其门人弟子讲学问答的实录，集中体现了朱熹的理学思想，且反映了宋代的社会、经济、文化概貌。《朱子语类》的编撰主要参考了"五录"、"三类"，李道传《晦庵先生朱文公语录》即是其中最早的《池录》，是最早的朱子语录编本之一，也是现存唯一的朱子语录"汇编本"，目前仅存台湾藏宋刻、明抄残本计十四卷（不计重复）；黄士毅《朱子语类》是最早的朱子语录"类编本"，目前仅存日本藏朝鲜抄本；黎靖德《朱子语类》是朱子语录类编本的集大成者，也是目前通行的语录版本；另有宋刻《晦庵先生语录大纲领》、明刻《朱子语略》、《晦庵先生语录类要》等"选编本"。这些不同的编本各有其特色，多为海内外孤本，具有极高的文献价值。朱子语录中有异文词近 500 对，包含词语 1 000 个以上，涉及文字、词汇、语音、语法等方面，这些珍贵的版本异文为研究汉语的发展演变提供了可靠的材料。该书基于对《池录》、黄士毅《朱子语类》、黎靖德《朱子语类》以及诸选编本的全面校勘，以语录各版本间的异文为线索，对朱子语录进行文献与语言的全面考探。

宋元时期的东阳理学

顾旭明著，
杭州：浙江工商大学出版社，
2019 年 12 月

全书共分七章，重点对吕祖谦、朱熹在东阳的学术活动及其对理学的影响,以及元代以许谦为代表的浙中朱学、以陈樵为代表的浙中心学进行研究。东阳乃婺之望县,是婺学发生地之一。元代的东阳理学,实为浙地翘楚。因此,梳理宋元东阳理学发展史,对研究婺学的发生,乃至宋元时期浙学不可或缺。书稿主要采用考证的方式布局全文,通过大量事实、参考文献的引用,认真探讨了东阳理学从渊源到要点及特色。

朱熹文集编年评注
(全 13 册)

朱 熹著,郭 齐 尹 波编校,
福州:福建人民出版社,
2019 年 12 月

朱熹文集是研究朱熹思想及其学术的主要材料。《朱熹文集编年评注》在校勘辑佚的基础上,对文集中的每篇诗文,考订撰作年月,添加解题、注释,整理历代评论,并附有版本考略、传记资料、文集序跋、篇名索引、人名索引等参考资料,是为文集的首个深度整理本。《朱熹文集编年评注》以其全面、深入的解析,对于推动朱熹研究,乃至于宋代思想史、学术史研究的深入与拓展,扩大中国传

统思想文化的传播,有极为重要的意义。

朱子学在海外的
传播与影响

张品端著,
北京:中国社会科学出版社,
2019 年 12 月

13 世纪初,朱子学传播海外,迈进了一个新的发展时代。在韩国和日本,朱子学成为近世东亚文明共同分享的学术传统,东亚文明的共同体现。以朱子学为核心的价值观,得到东南亚社会的普遍认同,成为一种配合经济增长的有利的人文因素。在西传过程中,欧洲传教士对朱子学的解释,为欧洲启蒙思想家和古典哲学的开创提供了一种思想资源。在北美,当代学者以较为熟练的西方现代哲学语言来阐明朱子学,重视对朱子思想的研究,推动现代新儒学的发展。该书以二十几位外国哲学思想家为主,着眼于中外哲学对话,从中看到朱子学在海外"得新意,长新格"。朱子学作为一门学问,作为一种具有重要参考价值的思想学说体系,不仅是中国的,也是世界的。它具有"世界朱子学"的意义。

闻见与德性

——朱子、阳明"知"论辨析

向世陵 《复旦学报（社会科学版）》2019 年第 1 期

闻见之知与德性之知的两分是宋明时期流行的做法，德性之知不萌于闻见则是自张载、二程开始的代表性观点，目的在于维护德性的先天必然性。朱子希望沟通闻见与德性、人心与物理的"主宾之辨"，形成既有内外又合内外的格物穷理的认识路经。朱学与阳明学的主要争议，集中在是否可经由闻见知识进入到内在德性的自我觉醒和彰显，从而打破自然生理与至善伦理之间的障壁。朱子认为"做圣贤"与"格天下之物"为一事，阳明以亲身经历予以否证，强调吾心良知自足，良知之外无知。阳明虽也不否认知识，但毕竟吾心即物理，初无假于外，闻见表现为良知本体的彰显流行。这既有克服朱学致知路向的理论需要，也有"拔本塞源"、矫正不良社会风气的现实理由，而最终目标则在成就完善的圣贤人格。

朱子论天地以生物为心

唐文明 《清华大学学报（哲学社会科学版）》2019 年第 1 期

朱子在《仁说》中明确提出天地以生物为心的思想，但要充分理解这一思想，最好结合《太极图说解》：周敦颐太极图的五层圈实际上与《易传》"太极生两仪，两仪生四象，四象生八卦，八卦定吉凶"直接对应，其中第四层圈"乾道成男，坤道成女"的确切含义即是以八卦命名的家庭人伦秩序；按照朱熹的理解，太极图每相邻的两层都有天地之心的作用，也就是说，太极图其实也可以称作天地之心图；朱熹特别重视天地之心的主宰含义，在其思想架构中，天地之心的理论功能是统合理气，也就是说，与工夫论层面的心统性情相应，宇宙论层面则是心统理气。

朱熹审计监察的思想和实践

肖建新　谭书龙　《中国经济史研究》2019 年第 1 期

朱熹从审计司切入，阐释审计机构的职能，说明审计的方法、程序、态度及文化意蕴，关注赋税征收和财政支出的审计，也重视检放赋税、赈济救灾、经界均税时灾情程度、钱物使用、土地占有等。朱熹对于赋税收支审计的思索和实践最为丰富，并抓住传统审计的命门——勾考簿籍账历，体现传统审计方法上的特色。朱熹审计监察的思想和实践，突出官吏治绩和赋税征收，重视朝廷或国家的经济控制和廉政治理，具有政府或国家审计的特质，与内部审计、社会审计有较大差异，这也是由宋代审计发展程度和水平决定的。朱熹关怀现实，关心政治，在地方官任上身体力行，直接参与审计事项，并希望通过审计，勾考绩效，监察行政，制约权力，保障统治的秩序和社会的稳定，体现出其对于德治仁政的追求。

经史之别：程颐与朱熹《春秋》学之歧异

曾　亦　《社会科学辑刊》2019 年第 1 期

朱子理学以程颐为宗，虽遍解诸经，却无《春秋》学方面的著述。其先，胡安国本于程颐《春秋传》而治《春秋》，尤崇尚“一字褒贬”之书法。朱子则颇攻胡氏之学，以为《春秋》不过“直书其事而善恶自见”而已，且不信条例之学，而于《春秋》三传中独重《左传》，则纯粹以史书视《春秋》也。可见，朱子理学虽为程颐之嫡传，至其论《春秋》，则于传承程颐《春秋》学的胡安国，多有批评。不过，朱子虽不擅《春秋》，犹颇有议论《春秋》的文字。因其理学上的尊崇地位，故其《春秋》议论对后世影响亦不小，形成宗朱一派《春秋》学。大概自宋、元以降，治《春秋》者，或宗胡安国《春秋传》，或宗朱子，形成两派完全不同的春秋学脉络。近代以来，学界素以程颐、朱子为理学大宗，然就春秋学而论，则程、朱之持论全然相反，盖程子以《春秋》为经，而朱子多视《春秋》为史也。

朱子《家礼》的特质
——基于社会教化的视角

周元侠　《中国哲学史》2019 年第 1 期

论文从三方面概括了朱子《家礼》的特质：第一，《家礼》按照“礼有本有文”的原则，系统地规定了“家日用”之通礼，突出了“纪纲人道之始终”的冠婚丧祭之礼，从而将作为“天理之节文”的“礼”广泛贯彻到百姓日用常行之中，最终实现了化民成俗的目标；第二，《家礼》遵循“礼者履也”

的基本理念,制定简便易行的家庭(族)礼仪,使之能够普及到社会底层,成为影响至今的民间通用礼;第三,《家礼》借鉴宋儒对家庙以及宗法制度的构想,创造性地改造了原有的"祠堂"概念,通过设定宗子在"家礼"中的核心地位,从而发挥宗法制度在维护家族秩序中的作用。历史证明,祠堂及其宗法体系在后世的运用中确实发挥了敬宗收族、凝聚家族力量的重大作用。

事 与 理
——朱子《小学》概说

唐纪宇 《中国哲学史》
2019 年第 1 期

《小学》的编纂大致经历了以下几个阶段:编辑讨论阶段、鄂州本刊刻及修改阶段、传本《小学》刊刻阶段、刊后与其他学者讨论阶段。在朱熹看来,小学和大学共同构成了古代完整且完善的教育体系,这一教育体系的目标明确地指向个体道德的自我完善(修身期)。在修身的过程中,小学和大学分别承担了不同的职责。大学教育指向对"理"(所当然及所以然)的认识,旨在提升自身的道德认知水平。小学教育则指向"事"(具体的道德实践),通过伦理行为的养成和塑造涵养本心之固有善良与敬意。此外,在经典诠释中朱子广泛地使用小学观念,突出了为学过程中"理"与"事"的辩证关系,也使得读者对《论语》中为学的内容有了更为准确和丰富的把握。

朱子之理的"活动"问题
——兼论朱子格物说

朱光磊 《哲学动态》
2019 年第 1 期

朱子之性理被牟宗三判为"即存有不活动",虽然历代学者之研究有支持此论点者,但此说既在义理上不能自圆其说,亦在文献上缺乏可靠的证据。朱子之性理实为"即存有即活动",不过此"活动"义是性理先天地给予气心以是非的指示,而非具有先天的动力推进义。气心需要在事事物物与纷纷扰扰的念头中通过工夫实践来贞定住"未尝息"的是非对错的道德判断,在道德实践上做好后天的动力推进。所以朱子之格物工夫,并非传统所论的"心外求理",而是将通过气心降衷之性理的是非之知落实到事事物物之中,在事事物物中辨别是非对错分殊之理,并由之开物成务。

"得君行道":朱熹政治取向与实践中的权利张力问题

常 新 《国学学刊》
2019 年第 1 期

宋代仁宗朝提出"本朝之治,与

三代同风"的"祖宗之家法"后,激发了士大夫"得君行道"的政治热情,这既促进了儒学向理学的转化,也激发了士大夫的政治担当意识。宋代政治权利结构和政治生态复杂,士大夫践行"得君行道"的政治理想受到诸多限制,存在朝廷和地方、官僚集团和理学家集团之间权利平衡问题。朱熹在南康军与浙东"得君行道"的治理实践中受到来自执政集团与豪族大姓的掣肘,最终其"见儒者之效"的政治抱负未能真正实现。

朱子的《大学》诠释及其"四书"体系的建构

毛朝晖 《孔子研究》
2019 年第 1 期

朱子的《大学》诠释在其经学体系中至关重要,其过程也屡经嬗变。论文以朱子的《大学》诠释为切入点,爬梳参稽《大学章句》、《大学或问》、《朱子语类》等文献,力图完成两件工作:第一,考证朱子学习、研究、诠释《大学》,尤其是其修订《大学》注解的经过。第二,阐明朱子对于《大学》一书认识的转变,以及基于此认识的转变而开展的"四书"体系的建构过程。

何为理学
——宋明理学内在的哲学取向

杨国荣 《武汉大学学报
(哲学社会科学版)》
2019 年第 2 期

"新儒学"(Neo‐Confucianism)、道学、理学构成了理学的不同之名。以"新儒学"指称理学,体现了理学与传统儒学之间的历史传承关系,用"道学"概括理学,表明了理学以"性与天道"为对象,理学之名折射了理学从普遍之理和殊理的统一中来把握世界和人自身的趋向。以理与气、理与心性、道心与人心、气质之性与天地之性、心与物、知与行等为概念系统,理学既在天道观的层面辨析"何物存在"、"如何存在"等形而上问题,又通过追问"何为人"、"如何成就理想之人"而展现人道之域的关切。在更一般的层面上,理学突出"理之当然",以此拒斥佛老,上承儒家的价值立场。理之当然与实然、必然、自然相联系,既展现了当然的不同维度,也蕴含了天道与人道的交融以及本体论、价值论、伦理学之间的理论关联。

从《仪礼经传通解·祭礼》看朱子学的宗教维度

谢遐龄 《复旦学报
(社会科学版)》
2019 年第 2 期

礼制的宗教意义一向被忽视,朱

子学的宗教内涵同样被忽视。这种情况起因于学术界未正视古代中国的宗教性质。敬天法祖是中国人的信仰，也是中国人的宗教。古代中国的宗教表现为礼制，是敬天法祖的制度实现。《仪礼经传通解》是朱熹晚年全力编纂的巨著。他以残存的《仪礼》为经，拣选、编辑能搜罗到的相关材料，使之大体再现了古代中国的礼制，为后人提供了全面了解古代中国（战国时期以后）的入门资料。古语说："凡治人之道，莫急于礼。礼有五经，莫重于祭。"按照杨复的说法，《仪礼经传通解》的《祭礼》，能够体现朱熹"扶植纲常、垂世立教之本心"，"经世宏纲莫重此书"。论文在详读《祭礼》的基础上，从中初步整理朱子学的宗教维度，大致拉出体现敬天法祖的祭祀制度。国家是祭天、祭祖的主体，可见古代中国的宗教是国家主持、主管的宗教。国家宗教祭祀的神祇体系相当复杂，难点在理清居于顶层的天、帝关系。中国宗教中有五位上帝，五帝之上有上天（有时也称为帝——昊天大帝或皇天上帝期，又有五天帝、五人帝之分，论文对之稍作清理，以此显明古代中国国教信仰对象十分明确，既有制度，又有崇拜对象。同时祭祀活动中又有情感要素，如敬畏、依恋、感恩，这就阐明了中国人的信仰实况，朱子学宗教内涵轮廓现矣。接着论文依据《仪礼经传通解》中雩祭资料指出，不应把国家宗教看作原始宗教。最后，论文以"天子有善，让德于天"补足《祭礼》未讲全的意义。

朱熹与科学：一理开二门

——理学对科学的双重意蕴

刘仲林　周　丽
《中国人民大学学报》
2019 年第 2 期

在"以生通仁、以仁统生"的理学路径下，朱熹通过共相贯通的努力，使得其理学思想在理不离气的本体论、格物致知的认识论、天理归仁的价值论上分别证成了"所以然之理"与"所当然之理"的共相，即"一理开二门"。朱熹"一理开二门"之理学思想分别从哲学的本体论、认识论、价值论三个角度呈现出对科学发展的双重意蕴：一方面体现在对中国近代科学发展既孕育又遏制的矛盾现象，另一方面体现在对现代科学跨学科综合发展的启迪意义。

朱熹《周易本义》的学术思想特色

唐　琳　《江汉论坛》
2019 年第 2 期

《周易本义》是朱熹解《易》最重要的学术著作。该书核心的思想是一以贯之、不遗余力地彰显《周易》为卜筮之书的性质，扭转当时重义理而轻卜筮的易学风气。基于此，《周易本义》的学术思想特色表现为：经传相分，明确《周易》本为卜筮而作;立于卜筮之书的本义,训释《周易》经传;文字力求简短明了,为读者留下思考空间;从各个角度申说《易》要活解,充分体现《易》因卜筮而示教戒之意。该书充分彰显了朱熹作为一代思想大家重视文本本义、实事求是的研究精神,具有弥久的生命力。

"主静立人极"断章取义源流考论

翟奎凤 《中国哲学史》
2019 年第 2 期

周敦颐《太极图说》"圣人定之以中正仁义而主静,立人极焉",朱子对此句"中正仁义"从阴阳动静、礼智仁义、亨贞元利的角度予以诠释,即中正对应礼智、亨贞,正、义为静,仁中为动。朱子此诠释强化了"主静"在人极修养中的重要性,消弱了中正仁义的主体修养的道德价值。朱子于此句断句没有问题,但其门人后学有时单提"主静立人极",有意无意忽略了"中正仁义"于人极修养的重要性。明初学者孙作明确把"主静立人极"断为一句,明代一些阳明后学喜说"主静立人极",以之为周子学说要旨,明末刘宗周为此说集大成者。近现代一些著名学者也常以"主静立人极"论周敦颐思想。明代以来围绕"主静立人极"问题,学界有不少批判反思。全面认识周敦颐的人极思想,需在易学背景下来理解,显然,"中正仁义"才是其人极思想的核心与主体,"主静"是实现"定之以中正仁义"的一种修养方法。

张力与融合

—— 朱子道统说的形成与发展

丁四新 《中州学刊》
2019 年第 2 期

朱子道统说的提出和建构、发生和发展,有其历史前提和来自道学运动上的思想张力。它是在不断融合理学思想特别是北宋五子思想及儒家经学观念的基础上产生并发展的。朱子继承了二程的道统说,肯定二程得道统之传,并以此为基础开展了自己之道统论的建构:他首先肯定并强化了周程授受一致的说法,阐明了周子的本体宇宙论即二程的理气论,初步建立了自己的新道统说;进而,在《近思录》等书中正式编织了由二程、周、张四子所构成的理学道统;最后,在重视《周易》经学、贯通"四书""六经"、重返孔子之思想世界的过程中,朱子建立了融贯古今、彼此关涉的新经学体系,构造了一个更为完备、博大的新道统体系,将邵雍和伏羲、神农、黄帝同时纳入道统谱系之中。朱子道统说的形成和发展,归根结底是由理学、经学在宋代道学运动中所造成的思想张力和朱子个人集大成的思想性格所决定的。

义理下的史学：朱熹对《史记》的认识与评价

谢贵安 《安徽史学》
2019 年第 2 期

朱熹出于义理之学的立场，对"是非颇谬于圣人"的司马迁《史记》表示了不满、贬低和否定，认为《史记》的价值不如四书和五经，存在尊孔不力和尊儒不醇的现象；认为《史记》的书法记载无序，衔接不密，并对其史实错误作了揭露。朱熹对《史记》的批判，也缘于他与浙东学派吕祖谦等人的学术竞争，针对后者尊崇史学、重视《史记》的行为，朱熹表示反对。但是，重视格物致知、承认知识价值的朱熹，在强调"尊德性"的同时，也主张"道问学"，为此又对《史记》记事的客观性及其史料价值、读史地位表示认可。朱熹对《史记》的评价，主要以其义理之学的立场为标准，以是否尊经重儒为准绳，而较少考虑《史记》在史学拓荒中的奠基作用。

惟王尽制与惟圣尽伦

——朱熹政治伦理思想
及其当代意蕴

郭敬东 《安徽师范大学学报
（人文社会科学版）》
2019 年第 2 期

南宋时期，朱熹在继承北宋理学家政治伦理思想的基础上，以心统性情的三分架构对政治与伦理之间的关系进行了细致的分析，系统地建构了一套成熟的政治伦理思想体系。其内容主要有两个方面：一是关于以善制为指向的政治制度伦理的建构；二是关于以善治为指向的政治主体行为伦理的规范。论文从这两个方面展开分析，对朱熹的政治伦理思想进行整体性研究，并在此基础上探讨其对于当下中国政治伦理建设所具有的时代意义。

"反其本而推之"

——朱子对《孟子·梁惠
王上》"推恩"问题的理解

东方朔 《复旦学报
（社会科学版）》
2019 年第 3 期

"推恩"问题出自《孟子·梁惠王上》"以羊易牛"章。所谓"推恩"，简单地说，指的是行为者在面对某事物（或境况）时发现自身所具有的特殊的"心"会自然产生某种道德反应，并将此"心"所产生的道德反应推而广之，施加到其他相关事物或境况中去，以使该行为者在面对其他相关的事物或境况时也能作出相同的道德反应。"推恩"理论涉及许多复杂的道德和心理问题，中外学者尤其是西方学者对此作了相当深入的研究，论文所要处理的只是朱熹对"推恩"问题的解释。论文的基本主张是：西方学者的相关解释固然有其优越之处，但相比之下，朱子的诠释更能显示出理论的整全与一致。论文的主要目的有二：一方面尝试透过朱子的理解以显示朱子理论的主要特色，并以此回应西方学者的解释；另一方面也试图透过朱子的这种解释以呈现朱子在某种意义上对孟子理论的"扭转"。

明代朱子学的羽翼、修正与转向

——以吕柟《四书因问》为中心

李敬峰 《中国哲学史》2019 年第 3 期

朱子学在明代中期遭遇前所未有的挑战，其一统天下的地位面临耸动的危险。以朱子学为依归、与阳明"中分其盛"、与湛若水共主讲席的吕柟，借由《四书》的诠释，以重构理气关系、归宗古典仁学、慎独统领工夫、力辟知行合一为学术进路，从理气关系到心性仁学，再到涵养工夫，既羽翼和修正朱子学，更推动朱子学在明代中期转向浑沦、笼统，开辟出回到张载、辩难阳明以补救朱子学的新路径，为明末由阳明心学返归朱子学学术思潮的到来埋下伏笔，亦在一定程度上有发明阳明心学之功，成为探究明代中期朱子学与阳明学竞合、消长的一个具体而鲜活的个案。

义理与词章之间：朱子的文章论

张 健 《北京大学学报（哲学社会科学版）》2019 年第 3 期

朱熹的文章论在内外关系的架构中，以道德与文章关系为基础，将文章纳入其理学体系。文章是内在道德的外在呈现，道德修养工夫使作者有诸己，内在道德形之文章成为义理，义理有其自身的结构，发为文章成为其结构形式。文章有义理是实，有合理的结构是有条理。个人的精神境界呈现于文章的整体美感特征为气象。最高的文章境界与最高的精神境界一致，圣人两种境界合一。

朱熹所读禅宗典籍考

哈 磊 《宗教学研究》2019 年第 3 期

佛教对朱熹的影响，主要体现在禅宗方面。本文依据《晦庵先生文集》和《朱子语类》等朱熹著作中所涉及的灯录、语录等禅宗典籍，分别从灯录、语录两大类加以考察，其中语录部分，又分为引及、考见两类，初步确定了朱熹所读禅宗典籍的范围。

朱熹与宋代的乡饮酒礼变革

——兼论礼典设计对地方官僚政治的回应

杨　华　《武汉大学学报（哲学社会科学版）》2019 年第 3 期

朱熹十分重视乡饮酒礼，并于庆元年间改革乡饮酒礼。他纠正了绍兴礼式中的多处不合古礼之处，并重新确定了宾、主、僎、介的座位和秩序。他将"僎"或"遵者"的角色进一步制度化、固定化，并将早先规定的"僎"的身份即"州以通判，县以丞或簿"，改为"州以倅，县以丞或簿"。这一简易、从时、通变、实用的礼制改定，反映了宋代地方按察官的制度变迁，是南宋添差、奏辟之类冗官增加以后在礼典设计上的一个制度性反映。

朱熹哲学的内在矛盾

沈顺福　《江西社会科学》2019 年第 3 期

朱熹虽然是一位伟大的哲学家，却在诸多哲学问题上存在着某些不足。在鬼神观上，他认为鬼神是气，是形而下者；在人性论上，他认为恶来源于气质之性，天地之性便没有了地位；在道气观上，朱熹主张道是体

是用。用便是气之流行。道气之间或别或合，不一而定。造成朱熹上述问题的主要原因在于他的理气二元观，即万物不仅有理本，而且还有气本。朱熹强调理气之间的统一性，却忽略了二者之间的一致性，即理不仅离不开气，而且还是气的某个特殊部分。理便是气，这才是正确的理气观。

从张履祥到祝洤

——清初朱子学在浙西的传承及其特点

张天杰　《浙江社会科学》2019 年第 3 期

清代前中叶的浙西有一批传承有序的朱子学者，以张履祥为发端，吕留良为助手，经过吕葆中、柯崇朴、严鸿逵、车鼎丰等吕氏门人的接续，直到张氏之私淑祝洤，为拯救风俗人心起而"尊朱辟王"，将朱子学作为道德践履的思想资源。他们将朱子后学与朱子本人的著述并重而分别加以刊刻或选编，在选编之时喜好使用朱子《近思录》的学术诠释范式，这些努力，对于朱子学的重新诠释与广泛传播起到了重要的推动作用。

从水户学的"尊王攘夷"
到福泽谕吉的"脱亚论"
——试论朱子学在
近代日本的命运

陈晓隽　吴光辉　《福州大学
学报(哲学社会科学版)》
2019 年第 3 期

　　江户时代末期,日本水户学者
借助朱子学的"大义名分论"来宣扬
尊王攘夷的思想,树立起了日本作
为中华、作为神州的中华主义。步
入明治维新之后,以福泽谕吉的"脱
亚论"为代表,近代日本知识分子批
判中国儒学主义教育,否定仁义礼
智的观念,并将这一批判转向了中
国。事实上,这样的批判或者否定
应该说也是朱子学的"大义名分论"
的一个逻辑转用,它凸显出了近代
日本知识分子的朱子学认识,即自
作为"学问"的朱子学转向了作为
"方法"的朱子学。

朱子学核心价值的
21 世纪新意义

黄俊杰　《深圳社会科学》
2019 年第 4 期

　　论文将朱子学置于 21 世纪新视
野之中,探讨朱子学中的"理一分殊"
说、"仁"说与"公共"精神,在全球化
时代所具有的新意义。论文首先指

出 21 世纪世局的根本问题在于"全
球化"与"反全球化"潮流的激荡,"全
球正义"(global justice)备受挑战,而
"全球化"与"反全球化"斗争之纾解,
则有待于朱子学思想资源的流注。
朱子学对近八百多年来东亚思想界
影响深远,其三大核心价值中之"理
一分殊"说强调"理一"在"分殊"之
中,对 21 世纪世界建立"和而不同"
的"多元普遍性"具有深刻启示。其
次,朱子学的"仁"说以"爱之理"释
"仁",强调"爱之存在的存在性",可
以因应文明冲突与对话的新时代问
题。最后,朱子学特重"公共"精神,
对于 21 世纪世界各国因贫富不均所
带来的"分配正义"(distributive
justice)问题具有新启示,可以开启
"活私开公"的新思维。

朱熹论性情、爱情与人情
——兼论李泽厚以"情本体"
对朱熹的批评

乐爱国　《南京大学学报
(哲学・人文科学・社会科学)》
2019 年第 4 期

　　李泽厚以"情本体"的立场,认为
程朱学派"用'超越'的'理'、'性'作
为管辖、统治具体人间情欲的主宰",
而事实上,朱熹讲"心"是主宰,"心统
性情",又讲"心"兼"性"、"情",并讲
"性"与"情"的不可分离,凸显"情"对
于"心"、"性"的重要性。同时,朱熹
又讲"仁性爱情",反对"离爱而言

仁"，强调仁与爱的不可分离。尤其是，朱熹还认为，应当根据人情而制礼，反对各种不近人情的做法，有时甚至还将人情与天理并言。显然，朱熹既讲"理"、"性"，也讲"情"，并将"心"、"性"、"情"统为一体。因此在朱熹那里，"性"与"情"并非对立，并非以"超越"的"理"、"性"否定"情"，而且，"心"对"情"的主宰，并非外在的压制，而是"心"的自我调适，是一种功能性的主宰。

朱陆之争与朱熹陆九渊
往来书信的佚缺

顾宏义 《中原文化研究》
2019 年第 4 期

朱熹、陆九渊二人多次发生学术之争，其学术争辩多通过往来书信互探疑义。但朱、陆往来书信多有佚缺者，似当出自有意之所为。首先，佚缺的朱熹、陆九渊往来书信，其部分内容、文句，皆含有表彰、服膺对方学说，或观照对方观点而反思、反省己说的文字。但在朱、陆身后，随着论争的激化，二人之后学皆不能接受其师竟然接受或服膺对方之说，如此则只能将此类书信隐匿，而拒绝收入朱、陆二人的文集之中，终至佚缺。其次，为证明对方服膺己说，朱熹、陆九渊在引录对方书信时，屡有删略文字以使对方文字看起来符合己意。最后，朱熹引录陆九渊书信文字，多是为批评陆说以伸张自己的观点，而

陆九渊引录朱熹书信文字，却大多是为证明朱说实与自己的观点相同。此一现象可说明在晚宋乃至稍后的学界内，大抵处于朱主陆从的状态。分析朱熹、陆九渊往来书信的佚缺现象以及形成原因，可知此类现象往往是因为编纂其文集、著述之后学的有意作为，以便能与其坚持之学说相符合。此当引起今日阅读、研究者的充分注意。

因小学之成以
进乎大学之始：

浅谈朱子之"小学"对于
理解其《大学》工夫的意义

郭晓东 《中国哲学史》
2019 年第 4 期

朱子以格物为《大学》工夫之首，但在朱子的整个工夫序列中，格物不过是其中的一个中间环节而已。朱子认为，格物工夫要以其"端绪"为前提，此"端绪"即本心之体的发见处，格物所要可"因"的"已知之理"。然而，此"端绪"非本能呈现，在朱子看来，它有赖于"小学"、涵养履践工夫的培养。"小学"与"大学"工夫是相辅相成的关系，无"小学"则"大学"工夫无根本，无"大学"则"小学"工夫难以圆满。

朱熹哲学中"自然"概念的内涵和角色

吴亚楠 《现代哲学》
2019 年第 4 期

"自然"不仅是道家哲学的重要术语,也是包括朱子在内的儒家哲学的重要术语。在朱熹看来,"自然"是指没有人欲掺杂或造作的,天理本体完全实现自己或者被实现的状态。这包括三种情形:形上本体的先天存在、动植物的当下和人符合天理的行为和实践。"自然"与"天理"的这种密切关系决定了只有符合"自然"的才可能是符合"天理"的,因此"自然"成为我们各类行为的参照标准、过程要求和境界目标,这是自然概念在朱子哲学中的重要意义。但是在"天理"的内涵和特性中,朱熹认为"当然"更切近人事,所以"当然"比"自然"更为重要,这决定了"自然"最终无法拥有像在道家哲学中一样显赫的地位。

论朱熹与伊藤仁斋对《孟子》阐释之异同

——以《孟子》"不动心"章为中心

王 岩 李逸津
《天津师范大学学报
(社会科学版)》
2019 年第 4 期

朱熹是孔子之后中国经学思想之集大成者,伊藤仁斋是日本古学派

之开创者,他们均重视《孟子》,均通过对"不动心"章的解读提出了对道、气、仁义、知言等重要概念的不同理解。朱熹以"不动心"作为圣贤境界,重视"集义"、"浩然之气"、"知言"对于涵养不动心的重要作用,集中阐发了以"道"、"理"为核心的理学思想。仁斋以朱子学为继承和批评的对象,提出了以"人伦日用之道"、"仁义"为核心的古学思想。他们对"不动心"章的不同解读,说明了儒学思想在东亚文化圈的传播与变异。

朱熹与张栻之义理辨析与学脉建构

——中和·仁说·道统

陈逢源 《四川师范大学学报
(社会科学版)》
2019 年第 4 期

朱熹与张栻同辈论交,彼此欣赏。于学术分歧之际,剔除疑义,纠举偏失,进而于日用之间察识,化解动静纷扰,开展儒学系谱,二程歧异得以厘清,张栻的引介与启发具有关键作用。只是以往以道南与湖湘学脉是相互竞逐的关系,将朱熹思想发展视为湖湘学没落的原因,不免见其异而不见其同;或是标举存有,认为张栻不能发其师精蕴,只能顺从朱熹说法,不免见其偏,不见其全,此与理学发展脉络相违背。朱熹从"中和"之辨,建立心统性情架构;厘清《太极图》与《通书》之关系,绾合天道与道德;进行"仁"说辨

论,最终以"仁者,爱之理,心之德也"确立经典诠释内容。理学得以成立,有赖两人无私分享,学术为公,可为典型,意义所在,固不可以门户论之。

朱子《家礼》思想在日本江户时代的传播与影响

彭卫民 《国际汉学》
2019 年第 4 期

江户时代的知识人在摆脱佛教丧葬礼轨的束缚后,将死生观建立在朱子《家礼》仪式的日常实践上,这是日本社会容受朱子学的一项重要课题。为了使儒家生命仪式进一步本土化,知识人注重从"天理"、"道统"、"水土"三个层面对《家礼》思想进行"日本化"的改造。"天理观"确保了名分与人伦之间的融合;"道统观"从日用伦常的角度论证了礼制容受的合法性;"水土观"则强化了《家礼》思想在日本社会的自我认同感。

从"积累""脱然贯通"到"推类"

——论朱子"格物"说的
内涵与工夫

张　兴 《理论学刊》
2019 年第 4 期

朱子的"格物致知"补传是朱子《大学章句》诠释的核心,而"格物"思想则是其最重要的内容。朱子的"格物"说是一套非常严密的思想体系,不仅有着丰富的内涵,而且也是一套系统的工夫。这就需要对朱子"格物"说的内涵、过程、目的、选择以及思想性质有一个全面的理解。"明善"是"格物"最主要的目的;从其内涵来看,则包括即物、穷其理、至其极三个方面;从其过程来看,可以分为三步,第一步是积累,第二步是脱然贯通,第三步是推类。从其选择来看,则包括"格物"对象的难易选择与先后选择;从其性质来看,是代表当时封建统治阶级的长远和整体利益的正统意识形态;从其目的来看,朱子的"格物"思想,既有着较大的思想意义,同时也不能过分夸大其价值。

猪肉与龙肉

——朱熹与道教丹学的
一段公案

方旭东 《世界宗教研究》
2019 年第 5 期

朱熹在晚年给学生蔡元定的一封信中提到周敦颐有关阴真君丹诀的诗,用了"猪肉""龙肉"的比喻。其具体含义为何,迄无定说。论文首先检讨了柳存仁之说,指出其失,进而讨论了吾妻重二的相关解释,提出商榷。随后,参考俞琰的《席上腐谈》,对朱熹的内丹修炼问题给出了一个意见。最后,举出一条反证质疑现有关于"阴君丹诀"是《阴真君还丹歌注》之说,为王卡关于"阴君丹诀"是《阴真君金丹诀》的推测补充了一个证据;同时结合《道枢》所收《参同契》文本推测,"阴君丹诀"应是唐代以来流传的丹诀类《参同契》。

船山于荆公、朱子"礼理之辩"互斥模式的辨正

杨 超 朱汉民
《中国哲学史》
2019 年第 5 期

在价值层面,荆公、朱子都试图以礼理相融之径路,达平治天下之目标。但在学理的架构上,二者却均为其时代所囿,对经典中内圣外王和合之道,有所背离:荆公托古改制,舍理求礼,以刑名法度,代传心之精义;朱子逆而行之,以理摄礼,借身心理义,摄治世之礼法。船山也有礼理相融之宏愿,在同情了解之后,指出朱子、荆公二人均以合之名,行分之实,在理论架构上,船山内圣外王并重,而主张礼理交养,互为本末,辨正了二人的互斥。其后,船山以人伦之昌明,化解荆公礼制法度与朱子身心性理之学的对立,力求礼理统一在学理上成为可能,其亦试图求得圣人原意,使得己说不止于因时立言,而赋予其"千万年语"之意涵。

道德实践的动力问题
——以东亚的性理学为例

高海波 《道德与文明》
2019 年第 5 期

在道德哲学中,通常认为,只有道德情感、道德意志才会为道德实践提供动力,而单纯的道德理性则不会。而东亚儒学,尤其是东亚性理学,对此问题其实有深入的讨论。从朱子、王阳明、刘宗周、李栗谷、李退溪等人的思想来看,在人的心理意识结构中,情感、意志、理性都可以为道德实践提供动力。只不过,不同的哲学家对这三者的侧重或排序有所不同而已。对道德实践而言,往往是多种因素共同作用,为我们提供道德实践的动力。认识到这一点,可以大大丰富我们对道德实践动力的认识。

"心"与"事":
朱子心学责任伦理

涂可国 《求索》
2019 年第 5 期

20 世纪学界对儒家心学的研究主要注目于孟子心学和陆王心学,较为忽视朱子心学。其实,在朱熹思想系统中,人心与责任相辅相成、密切关联,而这主要借助于"事"明言范畴加以联结。最为关键的是,朱熹阐明了人心是人待事、处事、做事的动力、标

准,是履行责任的精神基础。朱子心学责任伦理大致可以从三大方面加以探究:一是人心本质论与责任伦理;二是人心类型说与责任伦理;三是人心功能论与责任伦理。既然责任本质上就是人分内应做的事,既然做好事、做成事体现了一种责任伦理,那么朱熹以心与事为核心的心学责任伦理思想就表明,要充分履行人生的责任、义务、使命,就务必正心、存心、养心,注重懂事、明理、行理,注重去掉私心杂念。只要做到朱熹彰显的"心统性情",那么他所说的"心中有事"、"心外无事"、"事外无心",就意味着达到心事合一、人心与责任统一的良好状态。

"常理"与"非常理":朱熹死亡观念的一个侧面

胡荣明 《孔子研究》
2019 年第 5 期

为解释死亡发生的根本原因并应对死亡所带来的社会失序问题,朱熹从理气宇宙论与道德生命观出发,按照"常理"与"非常理"的死亡分类模式,一方面将"人死为鬼"、"人死气散"视为"生死之常理",并通过祖先与子孙间的祭祀感格弥缝因死亡所造成的人伦秩序的断裂;另一方面,又将强死为厉解释为气未散尽的非常理状态,并通过终归于散与道德生命的修养等途径予以安顿。朱熹建构了一套理学化的死亡知识体系,具有周全性与涵

容性的特点,其中蕴含的儒家人文主义气息对后世产生了深远影响。

徽学视阈下的新安朱熹

陈支平　冯其洪 《安徽师范大学学报(人文社会科学版)》
2019 年第 6 期

自 20 世纪 80 年代以来,中国的区域史或者说是地域史研究,得到人们的高度重视,从而涌现出不少关于开展建构地域学、区域学的倡议。但是迄今为止,"徽学"可以说是自 20 世纪 80 年代以来各地建构地域学的唯一的一枝独秀的地域学标杆。"徽学"之所以成功地成为中国地域学的标杆,其中"学术与文化"的因素,是促成这一"地域学"形成的催化剂和凝固剂。而朱子学的形成及其传播,坚实地奠定了"徽学"文化学术发展的重要根基。即使是清代兴起的徽州"朴学",我们也可以从朱子学的治学方法论看到它的重要源头。

朱子思想转折的内容、意义与问题
——文化政治视角的考察

陈　明 《北京大学学报(哲学社会科学版)》
2019 年第 6 期

古代中华文明是秦汉政治制度

和孔孟义理精神的有机结合体。唐以后佛教、道教由对人心的掌控而对儒教的文化地位与价值影响带来冲击，激起所谓"夷狄之法"与"圣人之教"的矛盾冲突。朱子心性论是其道统论的理论内涵，道统论则是其心性论的功能目的。朱子的努力巩固了儒学作为中华文明之精神结构的地位，甚至形塑了东亚儒教文化圈，但以心性为中心对儒家思想的重组也留下诸多重要理论问题有待我们今天解决。

论朱熹学术的
工夫论倾向
——以《论语》"为仁"
诠释为中心

郭园兰 《中国哲学史》
2019 年第 6 期

"克己复礼为仁"在清代汉宋之争中成为焦点，是儒学中的一个重要命题。朱熹释"克己复礼为仁"之"为仁"为"谓之仁"、"是仁"、"见仁"、"到仁"、"至仁"等，其诠释"为仁"不是定义"仁"，而是借"克己复礼"工夫指示"仁"之本体、境界。"克己复礼"是先前的工夫，是求"仁"之术，"仁"是后至的效果和目标，做了"克己复礼"工夫，"仁"自然水到渠成。透过这一诠释可以看到，朱熹重视工夫实践，反对空谈仁说，其学术具有明显的工夫论倾向。这种工夫论倾向，充分彰显了儒家学说的独特哲学价值，在世界

哲学发展中可发挥重要作用，揭示这一倾向，对于平议汉宋之争亦不无裨益。

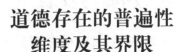

道德存在的普遍性
维度及其界限
——朱熹对孟子道德哲学的
"转戾"与"曲通"

郭美华 《哲学动态》
2019 年第 6 期

孟子道德哲学突出个体主体性及其完善，而在人的普遍本质与普遍道德原则上有着晦暗不清之处。朱熹从认知主义立场出发，将人性"理化"为普遍而超越的规定性，并将道德规范"理化"为形上的普遍原则，由此化解了孟子道德哲学中的自任心性之流弊。同时，在认知取向下，朱熹突出了"思"的独立性展开及其对于道德生存的积极意义；进而将认知的主体、道德的主体、道德的规范等加以条分缕析，对孟子道德哲学起到了廓清作用。不过，由于性、善、义、思等都被引向抽象普遍而超越之物，活生生的现实道德生存活动便被湮没了。由此，孟子道德哲学中的推扩问题，在朱熹就成为一个抽象观念世界与现实生存活动之间无法跨越的鸿沟；而普遍的类本质与超越道德原则的强化，也使得个体性的具体行事活动没有得到恰适的安顿。这表明，在个体性现实生存与普遍性原则之间的和谐融合，仍然有待于儒学新的

创造性哲思。

朱子人心道心论的
渊源与发展

田炳郁 《哲学分析》
2019 年第 6 期

朱子之前,人心道心之说有苏轼的一本论传统与二程的对立互发论传统。朱子早年深受苏轼的影响,后来逐渐继承二程之论。朱子晚年明显表达人心道心互发论的观点,但同时主张"心"的单一性,并且强调"有道理底人心便是道心",以形成庞大复杂的理论体系。韩儒李滉注重朱子人心道心对立互发之说,而李珥更重视"一心"思想。在中国与韩国的理学发展史上,人心道心之说始终是伦理学讨论的中心主题,其所关注的道德之来源、动机、获得方法等问题,对现代伦理学研究也有一定的启发性。

朱子对孟子性善论的
"哥白尼倒转"及其
伦理学差异

陈乔见 《杭州师范大学学报
(社会科学版)》
2019 年第 6 期

孟子通过不忍、恻隐、羞恶、愉悦等情感体验来指示人心中的善端,又通过类比推理来阐明人心之所同然,并由此论定人性善。朱子倒转了孟子道性善的理路,一变而从天理之善论定人性之善。然而,天理之善归根究底是吾人对宇宙万象之观察、体验与体悟而来的,换言之,先验实得自于经验。由于道性善之理路不同,孟子与朱子性善论与伦理学之间存在诸多对照性的差异。朱子性善论自有其极高之价值与意义,但是,孟子性善论较少形而上学的预设,亦更为融贯一致。

论理学家的经学著作
成功的根本原因
——以二程、朱熹的
相关著作为范例

姜广辉 唐陈鹏 《哲学研究》
2019 年第 8 期

自元代起,国家科举考试所列入的经典注本,除了几部古注释之外,清一色是程朱理学一派的经学著作。论文首先剖析二程理学的体系架构和主要命题,继以程颐的《周易程氏传》和朱熹的《四书章句集注》为例来探求理学家解经的特点,指出宋儒经典诠释的成功之道:一是在于他们有一套博大精深的哲学思想体系,使他们对传统经典中"性与天道"问题的解释能做到得心应手;二是他们也并未抛弃传统的训诂学方法。这两点对我们今人创造性地诠释经典有重要启示。

赵岐、朱熹《孟子》注"仁义"说之比较

闫 云 《理论月刊》
2019 年第 11 期

汉代赵岐和宋代朱熹注《孟子》"仁义"说的逻辑有异。赵氏说仁义首言以治道，行仁政而法先王；次言以德行，有全德和殊德的分辨。朱子则先在天道层立其本体，以理、生物之心言仁，再分两途下贯到人事以尽其发用：以政事言仁，由圣人而推及治道；以德性言仁，主张仁统四德、仁体爱用。赵氏全以人事立说，朱子则天道、人事兼言；赵氏由治道兼及德行，朱子则由天道下贯人事，再分治道、德性论之。赵氏行仁政须法先王之道，朱子则主张禀得天理之全，扩充仁心而膺受天命。以德行言，赵氏重行，主于爱；朱子重性，主于理，极尽本末体用，指明践履功夫。总之，赵氏重仁义之用，言治道重于德行，讲求经世之效；朱子重仁义之体，注重内圣修养，言天道、圣人、德性重于治道。

知得它是非，方是自己所得处
——从三重批判论朱子学的自我转化及其超越

许家星 《学术研究》
2019 年第 12 期

"知得它是非，方是自己所得处"的反思批判精神，构成朱子学发展的不竭动力。初成于丁酉的《论孟或问》对《精义》所收程门说做了毫厘必究的辨析，详尽阐明《集注》取舍用心，体现了朱子对程门学派的某种"决裂"与超越，堪称朱子思想"独立宣言"。然《论孟或问》实反映朱子中年看法而"原多未定之论"，朱子晚年对此多有否定与更改。以勉斋学为代表的朱子后学，如双峰学与北山学，分别从义理与考据两面批判朱子《四书》。朱子学此一固有之批判精神绵延于明之阳明学、清之朴学，二者对朱子所展开的辩难，实不外乎朱子之藩篱，可谓朱子学内在演变所至。就此三重批判的视野鸟瞰八百年朱子学，可明乎朱子学对于后朱子学时代思想学术实具定盘意义。

朱子学
年鉴
（2019）

朱子学研究硕博士论文荟萃

博士论文

"学以为己"：朱熹课程思想研究

龙　兴（华东师范大学 2019 年，导师：吴刚平教授）

在中国课程思想史上，南宋时期著名理学家和教育家朱熹是一位极为重要的代表人物。他所接续和发展的"学以为己"儒学课程思想，以及主导和参与的四书教材编制及书院学规厘定等课程与教学实践，积累了丰富的课程理论资源，是我国古代课程思想宝库中的经典遗产。从现代课程论的立场来看，朱熹"学以为己"课程思想在课程知识论、设计论与体验论方面都有许多精辟见解和深刻论述，形成了一种独特的课程理论框架。在课程知识论方面，朱熹继承和发展儒家教育思想传统，以"仁"、"礼"、"道"为核心要素和价值取向，总结出"学以为己"课程知识的思想渊源和文化基因，把以孔子的为学思想、孟子的修身文化和荀子的解蔽思想为代表的先秦儒家思想整合为"生知"与"格物之知"，并转化为"学以为己"的课程知识类型。他不满科举制度的科目设置、考试内容和形式以及士人学子仅仅将其作为钓声名、取利禄的工具，要求士人学子学习儒家经典，在养成良好德行的基础上从事举业。在课程设计论方面，朱熹开创性地提出"宽着期限，紧着课程"和"小立课程，大做功夫"等人性化设计原则，并据此形成了"学以为己"课程设计的认识论基础、文化逻辑和基本模式。就认识论而言，朱熹围绕人对外部世界的探究，主张"格物致知"；围绕人对内在世界的改造，主张"知行相须"；围绕人的内外世界的融合，主张"豁然贯通"。就文化逻辑而言，朱熹主张"理一分殊"是人发展的基本规则，"上学下达"是人发展的内在秩序，"气质之性"是人发展的最终表征。就基本模式而言，朱熹根据在不同学段中人的成长规律和特点以及社会发展需要，提出并推行了以"学其事"为重点的"教事"型小学课程、以"明其理"为重点的"明理"型大学课程和以"笃行之事"为重点的"践履"型书院课程等三大课程类型及其模式。从而，形成一种促进人的全面发展、具有内在连贯性的"学以为己"课程实施序列。在课程体验论方面,朱熹提出"须是经历过"的理论主张,强调课程体验的人性基础、文化路径和学习者形象。就人性基础而言,朱熹认为"心"是万物万理的凝结;"性"是天性人性的统一;"情"是可感可控的对象。就文化路径而言,朱熹强调通过"切己体察"、"主敬涵养"和"真知笃行"等多种途径内化、深化和外化学习,将知识经验转为实践能力,从而实现儒家"学以为己"的理想人格。朱熹"学以为己"课程思想,虽然不可避免地带有其所处时代的历史烙印和局限,但它却是朱熹对当时南宋社会转型期所面临的时代困境作出的一种尝试性理智回应,引发和推动了南宋及后世学者对士人学子自我发展的深切关怀和大力支持。其所形成和带动的课程理论资源,不仅产生了深刻的历史影响,而且对当代课程理论研究和课程变革实践仍有重要的思想启示和现实意义。

吴澄易学研究

马　慧（山东大学 2019 年,
导师：刘玉建教授）

在中国古代易学史上,易学家们在各自时代精神下对《周易》进行注疏阐发,形成了象数与义理两种基本易学进路。吴澄作为元代最为重要的易学家之一,其易学思想集中展现在他的《易纂言》和《易纂言外翼》两部著作当中。作为朱熹门人,吴澄易学中一方面呈现出明显的理学精神,其易学思想中对邵雍、朱熹思想的继承与开拓,对朱陆之间矛盾的调和与融通历来受到研究者们的关注;另一方面吴澄的易学又不范围于宋代义理之学,在其明确表达对朱熹象数之学不满的基础上,又将绝大部分精力贯注于以象数注《易》之中,不仅大量吸纳改造了汉代以来的各类象数体例,更力求在全新的时代精神下为象数易学注入新的内涵。有鉴于此,论文旨在通过全面分析其易学著作,进而对其整体易学观、象数体例和义理思想做一全面而深入的讨论。正文分为三个主要部分,首章分析吴澄的基本易学观。在朱熹易学观的影响下,吴澄同样确立了三圣之易的基本易学观,伏羲之《易》、文王周公之《易》、夫子之《易》被看做是相互区别而又贯通一体的《易》之发展脉络。通过三《易》分观,吴澄得以为河图洛书之学、先天之学、象数之学、义理之学赋予适切的易学定位。在三《易》框架下,吴澄总结整合了河图洛书之学与邵雍先天之学,探讨了文王后天之学及后天卦序问题,并对作为夫子之《易》的《易传》进行了前所未有的改易,乃至引发后世"好为臆断"的批评。如何在易学史向度上,以及脱离了传统经学视域的今天,对其基本易学观予以深入的研究和适切的定位是首章的主要研究内容。论文的第二部分重点探讨吴澄的主要象数思想。吴澄的易学被后世给予"一决于象"的整体评价,可见象数思想在其易学当中的重要地位。通观吴澄的易学著述，最为明显的特征是其对汉代象数体例的大量应用，卦变、卦主、互体、纳甲、纳支等汉代象数体例被吴澄作为注释《周易》的重要手段。然而如果深入研究吴澄对这些象数体例的应用原则与方式，不难发现其并非简单的复制和效仿，而是在深研基础上的全新拓展。其在卦主、卦变、互体等象数体例方面都做出了极富新意的理解，为其注入新的内涵，一定程度上丰富和发展了象数易学。而吴澄对汉代以来象数体例的取舍本身也折射出不同于汉代天人感应背景的理学时代内涵。同时，吴澄在《易纂言外翼》中通过对象例、辞例、占例的探讨，不仅系统归纳了《周易》文本中取象方式问题，还对以往易学中未能引起充分重视的卦爻辞重出问题做了初步探讨，拓宽了象数易学的发展方向。最后一部分，论文着重讨论吴澄的易学的义理内涵。吴澄尽管大量应用汉代以来的象数体例进行注《易》，然而在象数体例背后的义理精神则与之完全不同。其义理之学根植于宋代以来程朱一脉为代表的以天理为核心的天人之学基础上，大量象数原则本身也只有在"太极"（理）、"阴阳"（气）的视域下才能够得到深入的理解。在理学视域下，《周易》作为卜筮之书被吴澄赋予了全新的内涵。而宋代以来充满了道德实践特征的心性之学，在其易学中也不乏体现。此外，吴澄的心性之学中更多呈现出的调和朱陆的倾向，也无疑构成了宋明理学发展轨迹中重要的中间环节。

吕留良的遗民认同及其理学思想研究

李栅栅（浙江大学 2019 年，导师：何善蒙教授）

吕留良是明清之际著名的理学大家，学术专崇朱熹，与张履祥、陆陇其等人一起为清初朱子学的复兴做出了重要贡献。受明末清初理学内部心学式微、理学复兴的趋势以及务实学风的影响，吕氏的理学思想具有强烈的救世济时倾向。他的理学思想在充分尊重朱熹原义的基础之上，结合明清鼎革的时代背景，提出了深契时代病症、承载经世致用精神的新朱子学思想，是程朱理学在清初展开的一次理论的飞跃。明亡之史实客观上造就了一批坚守气节、不仕清廷的明遗群体，自中年弃诸生之后，吕留良的遗民意识便彻底觉醒。此后的治学道路上，吕氏始终严守遗民矩镬，并将自己的切身体验融入理学义理的阐发中去，形成了具有鲜明民族大精神的朱子学思想。个体层面上，吕氏强调学者首先应当严把出处、辞受的志节关口，然后方可谈学问文章；社会层面上，吕氏严于义利之辨，针对流行于明清之际义利相融的新义利观提出了激烈的辩驳；民族层面上，吕氏高举夷夏之别的大旗，面对以清代明的政治巨变，以及清政府高压的民族政策，仍毫无惧色地呐喊民族大义大于君臣之伦的气节之歌。这些义理阐释的创新性和实用性，为吕氏坚守尊朱辟三的学术尊尚、复兴发扬程朱理学提供了坚实而有力的保障。更为可敬的是，吕氏不顾世人的误解和鄙夷，坚信时文可以明道，通过时文评选的方式，向当时的学子群体灌输春秋大义、贵义贱利、严守出处等朱子学新思想，扭转了明末以来以程朱理学为加官进爵之工具、只知良知现成不识圣学真谛的空疏学风，为清初朱子学的复兴铺平了道路，是明清之际朱三调和派大行其道之下的一支孤独且顽强的力量。总之，对于清初遗老而言，反思明亡与传承圣学是一体两面、牢不可分的整体，这是时代赋予这群遗民知识分子的历史使命。吕留良也不例外，要想准确把握吕氏朱子学思想的内涵和意义，易代所造就的明遗身份以及明末清初程朱理学的复兴是两个最基本且最重要的因素，他的遗民意识与尊朱立场成就了他具有鲜明时代特征及经世务实精神的理学思想体系，也为当前古典学术如何与现代社会实现恰当地融合接轨树立了典范。

近世日本徂徕学的"礼乐"思想研究

高　悦（东北师范大学 2019 年，
导师：韩东育教授）

17 世纪至 18 世纪中期，即日本德川幕府时代，是作为官方意识形态的朱子学受到古学派挑战，也是徂徕学由盛转衰的历史时期。论文结合徂徕各阶段的著作，以及徂徕生平、活动的史料，考察这一阶段徂徕学的发展过程，并勾勒出儒学在近世日本社会中的实际状况。一方面，由荻生徂徕（1666—1728）构建的"礼乐"思想及其经世论，使得徂徕学在江户学界独树一帜。徂徕学的礼乐论包含了三方面内涵：首先，"礼乐"处于徂徕思想体系的核心地位，它经常被等同于"先王之道"，即"道谓礼乐者也"。其次，徂徕的"礼乐"是一种可以被实践的教养，通过"礼乐之教"来引导人"成德"，即"先王之四术"，这时"礼乐"是一种外在的道德规范。第三，"礼乐"作为一种理想的社会制度，经徂徕之手，被转化为"祭政一体"的政治理念。需要注意的是，与当时日本社会内部儒者热衷于解读和实践《文公家礼》不同，荻生徂徕的礼乐论绝非是要恢复古代中国的礼仪和条文，而是意在重构日本的道德规范与社会制度。徂徕学派文士们所进行的教育（先王四教）、政治（三代追思）和对外交往活动（与朝鲜通信使之笔谈），很大程度上是以此理论为前提展开的。遗憾的是，徂徕的礼乐论未能被江户社会所接纳，宽政以降，徂徕学逐渐没落甚至无人问津，归根结底是幕府的有意打压。序章对中日学界的徂徕学研究进行了回顾，阐明论文的基本框架、研究方法与研究意义，分析了对徂徕学再研究的可能性。认为，在先行研究已极度充分的当下，从东亚的视角审视徂徕学特别是其礼乐思想，使再研究成为可能。第一章主要讨论荻生徂徕的学术背景及思想渊源,通过考察荻生徂徕的生平及交往可以发现徂徕学的形成过程,认为徂徕学独特的方法论应部分归结于独特的经历。同时论文认为,朱舜水的古学思想间接影响了徂徕、徂徕早年对"诸子学"特别是对荀子思想的重视对徂徕学的形成有决定性的影响。第二章以徂徕各阶段经学、儒学类的著述为中心,论述了徂徕学"先王之道"的主要内涵与形成逻辑。认为荻生徂徕对"道"的认识并非一蹴而就,"先王之道"的形成是徂徕从朱子学体系和方法论的全面脱出的结果。第三章重点考察了荻生徂徕礼乐论的内容。徂徕将"礼乐"视为道德规范和社会秩序论,"礼乐"的内容除了上述三个方面外,最重要的是,徂徕强调"礼乐"背后,实际上暗含了另外一种超越"礼乐"的典范秩序——祭政一体,在这个体系下,井田制、封建制、重农思想都被囊括其中,而徂徕认为,在东亚世界内只有日本才有实现这种制度的可能。第四章具体论述"礼乐制度"论是如何展开的。以荻生徂徕著作《政谈》、《太平策》为核心,考察徂徕的制度论的实际样态,并指出:"礼乐制度论"(礼乐刑政)的实质是封建井田(复古)与"法治"的导入(郡县),是不变的制度与变异的风俗的结合。也正是因为徂徕这种制度论所体现出来的张力,才能够接纳"利"、"欲"、"事功"等被朱子学排除在外的思想。但是,"礼乐"本来是徂徕学中一个完整的体系,一旦成为实际的操作手段,就破坏了它的完整性。第五章论述了徂徕礼乐论在近世日本遭受的曲折。考察徂徕学派的活动,可以发现无论是作为教育实践行为的"礼乐之教"抑或徂徕对江户社会的改革陈情,最终都以失败而告终。第一方面,徂徕学在风靡一时之后,宽政年间以降遭到了来自朱子学派和幕府的双重打压,"礼乐"也逐渐转化成了一种功利主义,"追名逐利"的徂徕学就此形成。结论旨在阐明近世徂徕学的意义。论文认为,荻生徂徕确实引导了日本考据学的兴起,但是考据的方法只是作为徂徕学的一种手段,而徂徕通过此种方法阐发出的"实理实学"的意识,才是推动后来的日本思想史前进的真正动力。第二方面,从内部的思想发展逻辑来审视徂徕学的"礼乐",可以发现近世的东亚世界,实际上仍是一个由共同思想连带的整体,徂徕思想中的理性主义仍值得今人借鉴。

硕士论文

朱子心论研究

李　瑜（中央民族大学 2019 年，
导师：王文东教授）

"心"在朱子哲学思想中占有枢纽性地位。此"心"虽具仁义礼智，但不具有道德本体的含义，而为一知觉经验之心。论文把"心"作为一个整体研究而非仅对"心"各个功能做孤立考察，志于揭示"心"与仁义礼智的关系，厘清"心"的知觉、思虑、情、道德意识活动等功能的作用、根源以及内在关联，并探究朱子如何在意识活动中确立仁义礼智的伦理价值。论文的基本结构包括四个章节：第一章探究朱子心论的理论基础和思想渊源。根据朱子对《中庸》《孟子》的诠释，可见朱子已并非完全循其原意而更侧重于对两者心性概念的吸收与改造。从实际问题而言，朱子认为"人性的共同性和差异性"问题在程颐处已经解决，但学界还存在着把感觉当做仁、把事物当做"心"、把情感当做仁、只讲心与性而不讲情等问题而并未彻底厘清心性情三者关系。第二章阐释心具仁义礼智的论证路

径及"心"与仁义礼智的关系。朱子论证心具仁义礼智有两种途径：一是人性路径，用理气解释性善本质和现实的差异性问题；一是天人路径，通过论说天地之心与人心的共通之处，为仁谋求宇宙论的证明。第三章考察朱子对"心"之功能的看法以及如何在意识活动中确立仁义礼智的伦理价值。主要有以下发现：心有知觉、思虑、记忆、情、主宰、道德意识活动等互相关联的功能，并以主宰之能为尊；知觉有狭义和广义之分，广义的知觉包含具体思维、情感；朱子在划分思虑与情感的界限时，把情的外延进行了扩大；"心"仅为一身之主宰而无主宰天地万物的含义；道心是道德意识活动，并且朱子肯定道德意识活动及善情的发出与仁义礼智有必然性关联。第四章对朱子心论进行评价与反思。笔者从"心"的功能、"心"与性的关系、"心"与修养工夫论的关系等角度做一考察，认为"心"在朱子思想中占有一枢纽性地位。同时笔者认为朱子以"心论"为武器，从理论的角度出发对佛教予以排斥，重振儒家义理而具有高度的理论自觉和使命自觉。论文的创新之处主要有两点。其一，把"心"的诸多功能统

合成整体看待，并非仅对"心"的各个功能做一孤立、片面性考察。其二，关于四端与七情的根源，朱子持有两种看法：一是"四端是理之发，七情是气之发"；一是"七情分配四端"。笔者在考察后认为两论均不能自洽，但可以肯定"四端是理之发"、"爱是理之发"、"喜怒欲是气之发"这三点。

陈亮、朱熹"成人"之辩研究

岳娇娇（南京大学 2019 年，导师：王月清教授）

论文基于比较分析，专探陈亮、朱熹二人在成人之道上的认识分歧，分析产生分歧的主客观原因及南宋儒者的家国情怀，通过原因分析揭示 12 世纪末期士人阶层的精神风貌及道学的演进变化，探讨"成人"之辩在历史上的影响，凸显"成人"之辩的重要意义。成人之道是儒者建构理想人格的重要命题。"成人"是儒者追求的人格典范，是一种全面发展的人格理想。朱熹、陈亮作为南宋儒学的代表人物于 12 世纪末期展开了激烈的争辩，"成人"之辩就是其中之一。"成人"之辩由陈亮首先发起。陈亮为反对朱熹醇儒式的理想人格，提出了带有英豪性格色彩的"成人"理想。陈亮认为舍人无道，人性本身无所谓善恶，坚持义利双行，王霸并用，成人的理想应当是兼具仁、智、勇的成人。朱熹将成圣作为最高理想，把道理解为超越的，人性理解为纯善的，因而强调革除私欲，学为醇儒。陈亮与朱熹在成人之道上的认识分歧通过对汉唐的不同评价展现出来。在王霸义利视域下，陈亮高扬汉唐君主的才能功业，把成人理想塑造为开拓一世的英豪，朱熹则否定汉唐君主的价值，认为其不合王道，不能成为理想人格的典范。"成人"之辩是儒者关于理想人格的第一次辩论，它不仅是朱熹、陈亮二人思想碰撞的见证，也是时代发展的产物。"成人"之辩加速了道学内部的分化，引领了明清之际批判道学、经世致用的学术思潮。论辩使得陈亮、朱熹的思想日趋成熟，扩大了二人的影响。陈亮的思想在论辩过程中得到迅速传播，加快了浙东学派脱离道学的趋势。论辩结束后，以朱熹为代表的程朱理学被推崇为官方正统思想，直至元明清三代，"醇儒"理想都被士人当作追求的典范。由于"醇儒"理想过分强调性命天道，忽视现实状况，因而在与科举制度结合后只能成为虚幻不实的美好想象。明清之际，政治衰微，士人不满于醇儒式的成人理想，开始寻找具有实干精神的人格模型。陈亮的"成人"思想推崇英豪人格，注重实效与才干，有助于儒者反思程朱理学的流弊，从性命义理之学中跳脱出来。基于此，陈亮的成人理想受到了后世儒者的极力推崇，引领了经世致用的学术思潮。

朱熹"敬畏"思想的美学意义

周　佼（浙江工业大学2019年，
导师：程勇教授）

"敬畏"是一种审美态度，它包含有庄严恭敬的态度与忧患意识。庄严恭谨的态度使个体处于清醒状态并保持理性思索，使个体时时对周围事事物物保持开放的心境与敏锐的觉知，容易唤起个体对崇高、雄健之美的欣赏。忧患意识使个体的思考始终不离人间，以人为本，并对社会与他人抱有一份责任感。在此视角下，我们对朱熹所崇尚的人格美之内涵与要求，具体如渊明风流、光风霁月会有另一番理解。"敬畏"之境与"洒落"之境的矛盾与内在统一，朱熹对"孔颜乐处"与"曾点气象"多有讨论。这两个典型境界意象的矛盾，也是"乐天忧世"这一审美传统的具体体现，事实上无论"乐天"还是"忧世"，其中都有"敬畏"思想的作用。"敬畏"天理使人生于世而有行为边界与最终追求，从而有了"乐天"之心；"敬畏"思想也使人始终明确最高境界的难以实现与忧国忧民之心，"忧世"意识油然而生。论文主要采取文献研究法和辩证分析法两种研究方法，通过文本细读和查阅相关的资料，以"我注六经"的态度挖掘朱熹"敬畏"思想的存在及其丰富的内涵。在朱熹"敬畏"思想与"敬"观念之间，"敬"与"畏"之间通过辩证与分析，对"敬畏"思想的边界予以确认。论文在第一章基本廓清朱熹"敬畏"思想的历史文化背景和哲学内涵后，于第二章进入对朱熹"敬畏"思想美学意蕴的思考。以"常惺惺"之审美心境、整齐严肃之威仪之美、忧患意识之审美底色分别展开，试图解决作为着力于道德实践工夫的"敬畏"思想，是如何关注审美、进入审美境界的问题。人生境界论或者说人格审美论是儒家哲学乃至朱子理学探讨中心的核心，第三章将朱熹"敬畏"思想放在人格美学中进行考察，分析"敬畏"思想在朱子人格美学中发挥了何种作用。

朱子和合思想探微

古周瑜（江西师范大学2019年，
导师：邓庆平教授）

论文试图对朱子的和合思想进行梳理分析，对传统哲学中和合的内涵与价值进行探讨。论文第一章对"和合"一词的来源与内涵进行了梳理。"和"、"合"二者以"和谐"、"生生"之义互训合成"和合"一词，广泛应用于伦理、宇宙生成论等领域，具有丰富的理论内涵。第二章对朱子和合思想的时代背景、学术背景和思想背景三个方面进行了分析梳理。朱子的和合思想产生于三教合一的时代大背景之下，年轻时的朱子虽读儒书却流连佛老，对佛道都有深刻的研究，拥有佛学与道家的双重学术背景。拜师李侗之后朱子潜心研究儒学，以儒学本位，融合佛道，形成自身的思想体系。儒释道三教丰富的和合思想为朱子提供了理论资源。第三章着重从宇宙论、心性论、修养工夫、为政主张及中和说五个方面分析梳理了朱子哲学体系中的和合思想。在宇宙论上，朱子以太极为本体，以理气和合、阴阳和合来解释宇宙万物的生成与发展，继承了中国哲学和合生物的一贯传统。在心性论上，朱子坚持了理气论的立场，认为人是"性与气合"的产物；将人性划分为"天地之性"与"气质之性"，将"心"划分为"道心"与"人心"，四者相互之间都是既冲突又融合的和合关系。在工夫论上，朱子主张敬体和用。以敬为体，时时警醒提撕，"涵养"与"省察"并重，使人的情感意识在已发之时符合理的规范，达至"和"的状态。在政治上，朱子主张施政者要"德礼"与"政刑"和合相济，对传统"正德利用厚生惟和"政治理念作了新的阐释。在中和说上，提倡"中体和用"的思想，追求"中和"之境。第四章分析了朱子和合思想的历史影响。论文以朱子同时代学者张栻与朱子后学陈淳为案例进行了简要分析。朱子与张栻的"中和之辨"是二者通过对"中和"问题的论辩实现朱张二人中和思想的和合。而陈淳则直接继承和发展了朱子的中和思想，对"中和"做出了进一步的解释。在朱子去世后，为捍卫朱子的思想理论，揭示朱子思想体系的逻辑关联做出了重要努力，为传承和发展朱子的思想理论做出了

一定贡献。第五章主要从价值观、心性修养、国家关系三个方面对朱子和合思想的现实启发进行了思考。

朱熹治学思想研究

周　攀（湘潭大学 2019 年，
导师：王向清教授）

通过对朱熹生活的时代背景、学术风气、人生历程、哲学思想等一系列考察，作者研究了朱熹的治学思想。第一，朱熹的问题意识，主要包括对"为己之学"的追寻、如何维护儒学的纯正性、对如何维护社会稳定的思考三个大的方面。由问题为探索起点，逐渐展开了朱熹一生由出入佛老到师从李侗、再到服膺程颐，最后自成一家的学问历程。第二，朱熹的治学目的和方法。朱熹的治学目的包括了"为己"的初衷和"为人"的追求，"为己"既包含了在学问的道路上为自身寻得一个安身立命之处，又要求对知识有一个终极的、整体的解释，以支撑起生命的意义。"为人"的追求是学问落实到现实生活的体现，是一个知识分子的责任与担当。作为理学的集大成者，朱熹治学最大的贡献就在于他建构了一套儒学的方法理论体系，他的治学方法包括读书法和格致法。朱熹的读书法可以从两个层面进行概括，首先对读者本身来说，他要求读者立志与持志、量力而行、学思并进，同时他的读书法也为学者提供了一个读书的门径，即先

主后次，以儒家典籍为主再由此拓宽到历史、文学等书籍上；先易后难，即先把四书读透彻了再六经；由今及古，在现有的研究水平上做学问。朱熹的格致法是朱熹治学思想的核心，可以从朱熹提倡格致法的原因和格致法的思想内容这两方面进行阐述。第三，朱熹的治学特点和朱熹的治学思想存在的问题与启示。治学特点包括下学而上达、以论辩会讲来完善治学的特点、返本开新的路径特点和致广大、尽精微的精神特点。治学思想存在着内在理解与外在知识如何贯通、主观意识与客观事实如何交织的问题。朱熹的治学思想给我们的启示为：在治学的方法上应做到"学问思辨"的统一；在治学的格局上应做到博与约的统一；在做学问的追求上应做到个人与时代的统一。

朱子人性论中"恶"的根源问题探究

王杰栋（华侨大学 2019 年，导师：杨少涵教授）

朱子作为宋明理学的集大成者，他对人性问题进行了全面的探讨，尤其是对人性中恶的根源，进行了深入的挖掘。深入研究朱子的人性论思想，有助于进一步探究中国传统人性论的价值体现，正视人性本身恶的存在，能够进一步改善人性本身恶的因素，阻止恶的行为产生。朱子论人性恶的思想，是在先贤论人性恶的思想

上形成的。因此，梳理先贤的人性论恶的思想，对讨论朱子的人性中恶的思想有着至关重要的作用。对于朱子理学人性恶的形而上学的依据，首先要从理气方面研究人性的善与恶关系，恶该如何去定义是对恶的如何理解和恶的行为表现的重要前提基础。形上恶如何去定义是相对形上善而存在的，探讨恶的形上来源是把握人性恶思想的根本基础。其次，分析人性恶的形而上根源，是对人性恶的产生的根本原因进行描述。形上恶的根源问题的产生原因，是对宇宙本体论的理气关系的描述，气强理弱是朱子形上恶的直接原因。最后，从形上恶的理气运动表现方面来描述，是天命之性与气质之性的结合，导致本然之性堕落于气质之中。这是由于理气运动的变化，理只存有而不活动，气相衮而污染造成的。朱子论人性中恶的思想离不开人这个行为主体，而朱子所论证的道德恶，一方面是由于人心在作祟，另一方面是情感发之不中和导致的。论文不单单从理气方面入手，而且从心性方面论证，是为了下面工夫论的修养作铺垫。故朱子所论证道德恶的表现，一方面离不开社会关系这个整体，另一方面是由于人自身的习气造成的。但是，不管是社会关系的表现还是习气的影响，都是基于个人的人心而造成的。所以，朱子论人性恶行为的规避，要从心入手，立足于心统性情，强调敬要作为心的主宰能力。关于朱子的人性工夫论的修养，一方面要向外推求，格物致知，另一方面也要对

内居敬涵养，保证性情中和。总之，分析朱子论人性恶的思想，正视人性恶的存在，对于个人的工夫论修养和道德风气的建设有着至关重要的作用。

朱子理气论视域下的生死与祭祀问题

李亚东（华侨大学 2019 年，导师：冯兵教授）

儒家的生死观，自孔子开始就被奠定了"未知生，焉知死"的重视现世的基调。朱熹作为南宋时期一代集大成的理学大家，面对着佛道宇宙论和民间迷信的冲击与挑战，逐渐提出了一套以理气为核心范畴的更完备的儒家生死观和宇宙论，并从本体论层面对生死、鬼神、祭祀等关乎终极与彼岸之类的问题做出形而上依据的解答。论文认为，朱熹的生死观以儒家基本立场为出发点，以理为体，直面生死、鬼神问题之根本，以气为用解释鬼神显化。朱熹欲以这一套具有自然主义倾向和理性特质的生死观，去回应佛道的挑战，去除邪见，归正人心，同时他又要维护儒家宗法伦理实践——祭祀的合理性。在用理气鬼神论回答关于祭祀的内在逻辑问题时，他鬼神论思想中的非理性因素与他哲学体系中的理性特质产生了矛盾。最终，朱子将解决的方法落诸个体的躬身践履之中。历史证明，朱子对于生死鬼神问题的诠释，

成为了儒家生死观在宋代以后的典型代表。

朱熹生态伦理思想研究

栾祖香（锦州医科大学 2019 年，导师：孟杰教授）

朱熹生态伦理思想以其丰富的内涵和严密的逻辑成为中国古代伦理思想发展的高峰，其思想在中国古代伦理思想中占据重要的地位，理解这一思想也有助于全面认知朱熹的思想。朱熹继承了传统儒家思想中生态伦理思想与北宋五子有关生态伦理的思想理论并且吸收佛家和道家思想的智慧，形成了关注人与自然关系的生态伦理思想。同时宋代经济的繁荣、文化的发展和社会的进步为朱熹生态伦理思想的产生提供了不可或缺的时代条件。朱子自身对天人关系的积极思考和不懈探索是其生态伦理思想形成的主观因素。朱熹生态伦理思想的主要内容包括"理一分殊"的生态整体观、"格物致知"的生态认识观、"生生之仁"的生态价值观、"取用有度"的生态实践观。这一生态伦理思想从根本上否定了人类中心主义的思想，改变了以往人们对人与自然关系的认识，提出了人与自然万物有差异的平等。朱熹对人与物之间关系的思想主张对当前我国生态文明建设具有理论借鉴意义，不仅可以加强我们对传统文

化的了解与理解，也能够在一定程度上提高我们的生态环境保护意识，促使我们正确地认识人与自然之间的伦理关系，解决保护生态环境与经济发展之间的矛盾，使人与万物能够达到和谐共生的状态。

《朱子语类》易学思想研究

李　讷（河北大学 2019 年，导师：李振纲教授）

朱熹作为宋代大儒，理学的集大成者，对古代经书考辨尤为用力，在易学研究方面亦是构建了致广大而又尽精微的思想体系。朱熹易学思想对《易》追本溯源的考究，对太极、阴阳、理气等范畴的具体运用，以及兼综象数、义理和图书学派的发展，可谓是宋以来对易学思想一次推陈纳新的大总结。"《易》本为卜筮之书"作为朱子易学思想最为显著的特点，是成就其易学思想体系构成的基石。朱熹认为《易》历经至今已是本象尽失，《易》洁净精微的价值内涵不是后人牵强附会也不是百家之言的万千道理，而是以"易本是空底物事"的独特言说方式开物成务。只有持虚明宁静之心、以前人先贤之指引与身经事变之实相结合才能够切身体会到《易》的智慧所在。在朱熹的易学思想体系中"太极"概念在卜筮象数、宇宙生成论、本体论中都有不同的涵义和定位。太极与阴阳的关系，

以及阴阳的变化，朱熹始终坚持以"一体两分，两体合一"的逻辑关系进行解读。理气关系，从本体论的角度出发，理先气后的关系是逻辑意义上的区别，从宇宙论或构成论而言，任何事物都是理与气的统一，无所谓先后。朱熹认为"理一分殊"从宇宙生成论而言是宇宙世界是太极之理的统一性和分殊之理的多样性的大一统，从伦理道德而言是将这"理"作为"真理"——道德标准的最高准则更广泛地推运于人伦纲常。在理之动静的问题上，静为太极（理）之本，动为太极（理）之用。朱熹易学思想的现实意义是让我们从生命的本源去认知世界，认知自然，认知自我，从而让我们以知行合一的躬亲实践以验真知。

朱熹《训蒙绝句》研究

席文杰（贵州师范大学 2019 年，导师：郝永教授）

朱子作为理学的集大成者，一生致力于讲学论著，其将儒学推向了一个新高度。他创作的《训蒙绝句》起于"天"终于"事天"，多以"四书"中的章句及理学概念来命名，并阐发义理，可谓促成日后朱子理学体系建构的奠基之作。论文共分为四章：第一章介绍《训蒙绝句》的创作情况及版本流变。《训蒙绝句》是朱子早年病中默诵"四书"的体验之作。现今流传下来的《训蒙绝句》多

为百首，其中不乏窜乱之作，诸版本中具体篇目及排列次序也多有不同，其刊刻工作主要集中在清代，且多与伪作同刊印行。第二章主要论述《训蒙绝句》中的理趣与"圣贤气象"。第一节主要是探讨朱子诗歌中的理趣色彩，通过对朱子创作的其他哲理诗的引入分析从而探讨出《训蒙绝句》的特色所在。《训蒙绝句》与朱子创作的其他部分哲理诗相比缺少形象性，重理而少趣，多是直接言理，而其他较为人所熟知的哲理诗则大多是借用各种形象来譬喻说理，理趣兼涉，言理较为曲折隽永。第二节选取了《训蒙绝句》中的部分篇目来集中论述"圣贤气象"。"圣贤气象"最先是作为理学术语由宋代理学家提出，而随着理学影响的深入，这一理论逐渐被当时的诗人群体所接受，亦不乏部分诗论家以此作为评价诗歌创作好坏的标准。因此，"圣贤气象"不仅影响着理学家的个人诗歌创作，也影响着部分诗人的创作。第三章主要是阐释《训蒙绝句》中蕴蓄的诸多义理。以《训蒙绝句》各诗篇内容中体现的理学思想为依据，对《训蒙绝句》的内容进行分类，具体分为本体论、心性论、工夫论、境界论四个部分，在此基础上深入探讨其理学内涵，进而理清其脉络，从而系统地论述其体现出的理学思想，最终探讨出《训蒙绝句》于朱子理学思想体系建构的重要意义。第四章探讨《训蒙绝句》中体现的蒙学思想。首先，对《训蒙绝句》的文本进行定性。其

次，对《训蒙绝句》中谈及"小学"与"大学"的篇目进行阐释。再次，选取与《训蒙绝句》相关的部分前人书写的思想类蒙学著作进行研究，进而探讨总结出《训蒙绝句》于前人蒙学著作的承袭与创新之处。最后，选取朱子门人陈淳的《小学诗礼》及朱子其他两部蒙学著作即《小学》及《童蒙须知》与《训蒙绝句》进行详细比较，着重论述朱子的《训蒙绝句》相较于这几部蒙学著作的新异之处，从而揭示出《训蒙绝句》在宋明时代背景下的现实意义及其所产生的影响。

朱熹《小学》的德育思想研究

郑　娟（安徽大学 2019 年，
导师：丁成际教授）

《小学》作为朱熹德育思想集中体现的一本蒙学著作，在中国德育思想史上具有不可忽视的地位和作用。朱熹重视学习者的年纪、思维力和身心发展水平，并以此来划分教育阶段，采用相应的教材及教学方法，认为古之教者有"小子之学"和"大人之学"。另一方面，朱熹又看到了小学与大学之间的连贯性，"小学者学其事，大学者学其小学所学之事之所以"，小学时将事学好，到大学便会自明其理。朱子指出"后生初学"，看"小学之书，那是做人底样子"，为打造圣贤坯模奠定基础。由于此书编

纂的材料均来自古代经典和嘉言善行，因此《小学》不单起到"蒙以养正"之功，更是一本教人读书学习的修身读物。论文共有四部分：第一部分：通过分析《小学》的成书背景，从社会环境和理论基础两方面考察了其德育思想的来源，以历史唯物的视角，分析了南宋时期的经济、政治、文化境况。《小学》德育思想迎合了时代需要，朱熹在对先秦孔孟诸儒和北宋理学家道德教育理论继承、吸收、改造的基础上，结合个人的教育经验成果，形成了自己独特的德育思想。第二部分：依据德育学的相关原理，考究《小学》现实与理想的双重德育目标，结合该书内篇三目，重点论述"立教"为旨、"明伦"为纲、"敬身"为本的德育内容，得出《小学》"德艺兼修"、"教人有序"、"先入为主"的德育原则和榜样示范、爱教结合、情感熏陶、实际锻炼的德育方法，并总结了书中蕴含的三重德育思想特点，具体包括现实要求与理想人格、个人修为与社会担当、德性涵养与躬身践履的有机统一。第三部分：作为历史产物，《小学》必然也被打上了时代烙印，其中既有对古代教育思想的积极影响，具体包括系统划分古代教育阶段、补充蒙学文献与传承儒家伦理思想的价值贡献；书中也有儒家传统伦理中一贯的封建色彩，如男尊女卑、父兄君臣的等级制思想和部分内容的历史局限性，需要加以甄别和剔除。第四部分：结合当代德育理念，借鉴《小学》的德育思想价值，坚持品德规范、心理发展、能力形成的德育目标；发展生活育德、爱人养德、治世立德、自我修德的德育内容；遵循全面发展、循序渐进、防微杜渐的德育原则；完善言传身教以育人、宽严相济以励人、成风化人以塑人、知行合一以成人的德育方法。

朱熹《孟子精义》研究

王　琳（重庆师范大学 2019 年，导师：李波教授）

《孟子精义》奠定了朱子孟学思想的基础，对《孟子精义》的研究与探讨，无论是从考察宋代孟学研究发展流变出发，还是从厘清朱熹孟学思想细节考虑，都具有重要意义。关于是书，笔者先后经眼了七个版本：明抄本、清康熙中期吕氏宝诰堂《朱子遗书》二刻本、清乾隆《四库全书》抄本、清同治十三年金陵公善堂刻本、清光绪十二年传经堂《西京清麓丛书》刻本、清光绪二十七年《紫阳丛书》刻本、日本正保十四年和刻本。详细比勘《孟子精义》诸版本，梳理出了四库本众多讹误问题，而市面较为通行的《朱子全书》本、《儒藏》本虽曾以吕氏宝诰堂本为底本对《孟子精义》做过较为细致的校勘工作，但其中亦不乏可俟商榷之处。《孟子精义》虽是朱子"述而不作"的作品，却不是简单的资料汇编。一方面，朱子在搜集资料时对于《孟子》哪几章有重点解读的必要，以及道学群体对《孟子》义理的阐释集中在哪些地方、众人如何将理学与孟学结合阐释等问题非常清楚。因而，就结构上来说，此注本在各个章节的义理汇集上刻意呈现出的轻重详略之分，其详略程度本身即已足见朱子对于目标阐释对象的深刻把握；从文本内容来说，《孟子精义》所录道学家的言论基本上是按照"本体—工夫"的观念模式解构孟学义理，而朱子则借他们的解说重构孟学理论阐释体系，在观念的二次运用、塑成中，《孟子》既有的传统传释思维模式便被打破，因而，《孟子精义》具有从旧材料中开出新传统的意义；而就朱子个人学术历程来说，《孟子精义》又具有"逃禅归儒"和"归本伊洛"的双重意义："逃禅归儒"是指自这本书从编纂到最终刊印行世，数年之间，朱子的注意力逐渐从佛老之学回归到儒经之中，沉潜涵泳，反复玩味，最终掸落禅学底子继承孔孟道统；"归本伊洛"是指在反复修订这一本书过程中，朱子逐步将理学思想吸收对象聚焦到伊川之学上。另一方面，朱子将排异端、辟邪说的理念完全实践于《孟子精义》的辑录过程中。这样的辑录理念虽具有排除杂学、确立正统道学谱系、形成孟学义理诠释中心等诸多积极作用，但亦有其消极影响。详析《孟子精义》所录道学群体的学术师承，可以看出这个道学谱系主要是以二程、张载及其门人弟子构成，朱子的学术取向明显以关、洛之学为主，其他学派所出的孟子解都未被其重视。这样的辑录方式呈现出较为强烈的封闭性与排斥性，朱子不仅自道学外部排除了王雱、许允成、

苏辙等人的孟子解，自道学谱系内部而言，诸先生孟子解未被《精义》录用的那部分思想内容，亦因此失去了关注。随着朱子学在学术思想史上的勃兴，大量未被朱子认同的其他诸家孟子解，亦因缺乏关注而很快从历史上消失。

朱熹诗学对李睟光的影响研究

——以《芝峰类说》的接受为中心

张呈涵（延边大学 2019 年，导师：张克军副教授）

论文旨在以李睟光的著作《芝峰类说》为中心，兼顾其他文本，研究朱熹诗学对李睟光的影响，探讨朱熹在朝鲜文学发展中的重要地位。朱熹诗学随其理学思想进入了朝鲜半岛之后，经过几个世纪的酝酿发展，逐渐成为朝鲜官方的主流文学思想，对朝鲜文人的诗歌理论和诗歌创作产生了重要影响。从李睟光在《芝峰类说》中对中国诗论的引用情况来看，李睟光不仅直接接受了朱熹的诗学思想，同时也通过严羽、魏庆之、罗大经等深受朱熹诗学影响的后世诗论家间接接受了朱熹的诗学思想。在具体的诗学思想上，李睟光对朱熹诗学的接受主要表现在以下方面：首先，在"文道观"上，李睟光接受了朱熹"文以载道、以理为先"的文道关系思想，强调了道学的重要性先于文

学。而在诗歌领域中,李晬光和朱熹一方面从道学的角度,贬低诗歌创作的地位,同时又从诗人角度,对诗歌创作给予了一定的肯定。其次,李晬光诗学的"性情说"受到朱熹诗学的影响,将诗歌视为吟咏性情的手段,强调诗歌应该用以表达诗人的天性和感情,同时又遵循朱熹"诗道之正"的诗教要求,从儒家的道德伦理规范角度对诗歌的内容和语言表达形式进行了规范和限制。再次,李晬光诗学中的"自然观"受到朱熹诗学的影响,要求诗歌在情感表达上要有真实的感情,在创作上反对过分追求声律,一味用典,盲目模仿古人诗作的不良风气,在艺术风格上推崇平淡近理而又含蓄有味的诗歌风格。最后,李晬光的诗歌评论的方法与方式都受到朱熹由经学延伸而来的诗歌评论方法的影响,在诗歌评论中特别注重诗歌的音韵和训诂,对诗歌的注释进行了深入地分析勘误,并对一些学者"穿凿附会"的诗歌解释方法做出了批判。同时,在诗歌评论的过程中,李晬光注重"涵泳自得"的运用,推崇反复熟读品味诗歌意味和艺术形象的诗歌赏析方法。虽然朱熹诗学对李晬光产生了重要影响,但李晬光对朱熹的诗学是有所取舍,有所发展的辩证接受。从朱熹对李晬光的影响中,我们能看出朱熹诗学在朝鲜古代诗学,乃至在诗歌创作中的重要地位,同时也能看到朝鲜古代文人对朱熹诗学思想进行的具有民族特色的丰富与发展。

刘子翚的伦理思想研究

蔡骋骏(湖南师范大学 2019 年,导师:唐凯麟教授)

　　刘子翚是两宋之交理学在福建传承的一位重要人物,与胡宪、刘勉之并称为武夷三先生,是朱熹早年求学于武夷山时的老师之一。两宋之交是一个动荡不安的时代,外族入侵和朝政昏暗让本就苟延残喘的南宋朝廷危机四伏;同时,儒学面临着巨大挑战,亟需构建一个新的理论体系,以重新取得在社会生活中的主导地位。刘子翚的伦理思想便是为此需求应运而生的,旨在重建一个士人乃至平民都可遵循的儒家道德规范。从思想来源来说,刘子翚的伦理思想主要袭自二程,兼收佛家的心性修养论。刘子翚的伦理思想可分为心性论、道德修养论和仁爱观三大部分。在心性论方面,他以"道"为根本,将"心"视为体认"道"的唯一媒介。"性"是"心"未发之特征,每个人都生而具有,并人人相同。"情"则是"心"因事而产生的喜怒哀乐。在道德修养论方面,刘子翚十分强调守敬与克己复礼的作用,守敬以修心,克己复礼以修身,二者内外结合构建了以"不远复"为核心的道德修养论。在仁爱观方面,刘子翚基于"有生同体"的思想将天地万物都纳为仁爱施行的对象,以期实现"推仁心于天下"的政治理想。总体而言,刘子翚伦理思想的特点大体有二：首先是道德修养方面十分重视修心的工夫，重视内心在道德修养方面的作用；其次是带有很强的平民化倾向，注重儒家道德规范对于平民日常生活的影响。刘子翚进行的这些理学思考，不仅是对两宋之交失节行为频发做出的理学家式回应，也是儒学为重新获得在平民日常生活中的主导地位而做的努力。他所进行的伦理学建构成为了朱熹日后构建理学体系的先声。

蔡模《孟子集疏》研究

李润芳（南昌大学 2019 年，
导师：杨柱才教授）

《四书章句集注》一书是朱子学术工作中最浓墨重彩的一笔，也是一部最被后世之人所熟知的著作。《集注》一书的完成，标志着"四书学"的开篇。鉴于《集注》"气象涵蓄、语意精密、至引不发、尤未易读"的特点，并出于使《集注》能够"类聚缕析，语脉分明，宗旨端的"的目的，朱门后学为羽翼文公之《集注》而作的著述不胜枚举，绝大多数在编纂之时采用了对《集注》作"疏"的体裁，而南宋时期蔡模的《孟子集疏》当属其中的创始、奠基之作，其特色鲜明的"经—注—疏"的体例开启了宋元的纂疏之学。其书名为《集疏》，有"会集"之义，该书多是引用朱子《或问》、《精义》、《语类》、《文集》，以及张载、吕祖谦与朱门秀出者之语，尤其是"发越朱子言

外之意，及推广其余说"者，其坚守"以朱解朱"这一特点，阐发朱注，使得后世学者"观《集疏》者，《集注》之意易见；观《集注》者，《论孟》之指益明"。蔡氏一族三世多从学于朱子，笃信力行，三世不坠者，独此一家耳。蔡模之父九峰先生是朱子晚年得意门生，蔡模的名与字均是文公所起。蔡模一生不好仕途，隐居笃学，著述育人，其著述也均是为羽翼文公之书而作，可以说是竭尽心力弘扬朱子之学，并为之倾其一生。《孟子集疏》一书直至蔡模仙逝也未能脱稿，是其晚年呕心沥血之作。作为注疏《集注》的早期之作，《孟子集疏》对其后的四书学产生了重要的影响，具有值得肯定的学术价值，应当受到朱子学与四书学研究的重视。

陈淳心性论研究

曹晶晶（上海师范大学 2019 年，
导师：邓辉教授）

陈淳作为朱子晚年最得力的弟子，对朱子学的传承与发展起到了重要的作用，促使朱子学更广泛的传播，其哲学思想历来被学者认为是"笃守师说"，其晚年对陆九渊的批判，也给世人留下了强烈的"门户之见"的印象。论文以《北溪字义》为中心，结合《北溪大全集》对陈淳心性论进行研究，探讨他对朱熹心性论的发展和朱子学后学中心性论的发展走向。文章包括绪论和正文的三个部

分：绪论部分主要阐述了文章的选题背景，目前学术界对陈淳心性方面的研究成果，和以《北溪字义》为中心研究陈淳心性论的价值以及文章的研究方法。第一部分介绍陈淳生平和其心性论的理论渊源。陈淳生性聪颖，少时表现已不同于同龄人，林宗臣见之授以《近思录》，开启了他对圣人之学的追求。由于陈淳夯实的文献功底，使他在晚年的讲学中能够将选取的每一个哲学范畴进行追本溯源，做到融会贯通，这样的诠释方式一方面有利于学者更全面地理解理学思想，另一方面则有利于探寻陈淳心性论的理论渊源。第二部分是文章的重点及中心论述内容，是对陈淳心性思想以及心性修养工夫的具体阐释。行文首先从"理"、"命"、"性"三个范畴论述陈淳心性的本体依据；再由性之善恶以及心的具体表现分析陈淳心性论中的"性"和"心"；最后探究其"心统性情"和心性修养工夫的具体内容。虽然陈淳心性论是对朱子心性思想的继承，但也具有其创新之处，因此在这一部分，笔者更关注于陈淳在心性思想以及修养工夫方面对其师说的创新与发展处，以探究陈淳心性论对朱子心性学发展的侧重点。第三部分主要分析陈淳心性论的价值和对其心性论进行评价。经过以上几章内容的分析，可以得出陈淳心性论的独特价值和他对朱子心性思想的发展与深化处，在总结这些结论的同时对学界一直以来所争论的陈淳对心的诠释是否有心学倾向的问题给予回应，即陈淳在阐述

"心"与"理"的关系时确实存在着心学倾向。文章以陈淳"心性论"为核心，分析其"工夫论"对"宇宙论"与"心性论"的现实意义，探求陈淳心性理论的现实目标。

真德秀文学思想研究

洪婷婷（上海外国语大学2019年，导师：史伟教授）

南宋后期，真德秀作为一代文宗，既有选本，又有文集，且兼具理学家、政治家的多重身份，而且是所处时代主流学术的代表，对当时的士风与文风有很大的影响力。真德秀文学思想的形成既有横向的同时代的学派、思潮的影响，又有纵向的学术源流的宗法，更有基于文学选本与文学创作基础上的新变，进而能够打破文、理之分野，引领一时学术之风尚，促进有宋一代文化之转型。论文分为五章。绪论部分综述七十年代以来与真德秀相关的研究成果，并对八十年代之后的研究成果作分类整理。第一章对真德秀的文学思想进行梳理，论及其崇古、尚淡、宗经、立德的文学思想，溯流及源，从古与今、工与拙、经与史、文品与人品的关系出发考察其对诗与道的观念。第二章以真德秀为核心，考察其在江湖与魏阙、正统与非正统士子的交游活动中构建人际网络，与江湖士子加固了学术传承上的延续性与学术交流的紧密性；与科举士子探讨文章道学，又

形成政治上的呼应。第三章探讨《文章正宗》与其学养、经历的关系。真德秀对诗、对文大致一视同仁,持论标准大同小异,与朱熹之论诗重艺、论文重道迥然不同。其文章选本《文章正宗》以文学批评的方式展现了理学家复杂的文学观念。第四章围绕科举考试,以考前投业、科考阅卷以及《文章正宗》成为场屋用书,考察真德秀在任知贡举或点检试卷官期间,自身的文学主张与取士原则,对于士风、文风的影响。第五章考察真德秀的诗文创作与《文章正宗》所取法的标准是否一致。考量陶渊明的人格价值与风格特征上之优长与真德秀的审美趣味不谋而合;杜甫之忧患、悲悯、忠爱与历经丧乱的真德秀感同身受,真德秀为文的师绪与路数对宋体四六衍生出了"荆公派"与"东坡派"进行传承与统绪,恰与有宋一代文化之"会通化成"合辙。

程暗《新安学系录》研究

邓　晶(华中师范大学2019年,导师:董恩林教授)

《新安学系录》是第一部勾勒新安理学轮廓的著作,该书通过辑录从宋至明初112位理学家的传记等资料,梳理了徽州地区程朱理学师承脉络,在我国学术思想史研究,尤其是徽州学术文化研究中有重要意义。明朝初期,朱学的统治地位得以确立,并在科举入仕的刺激下不断发展。到了明代中叶,虽仍是统治思想,但是王学崛起,朱学面临巨大冲击。作为"程朱阙里"和"东南邹鲁",徽州具有独特的文化环境,使得这里具有浓厚的尊奉程朱的文化氛围。程暗作为明中叶的徽州学者,面对心学的冲击,通过编写《新安学系录》,梳理从南宋到明朝前期徽州地区程朱理学的师承脉络,总结徽州程朱理学发展史,以期保持程朱理学的正统地位。可以说,梳理脉络、维护程朱,是《新安学系录》的成书宗旨。《新安学系录》成书于明正德年间,共辑录学者112人,大致以时间先后为序,或一人为卷,或数人为卷。收入的人物大致可以分为三类:一是程朱及其同辈学者;二是程朱在徽州的及门弟子和再传弟子;三是弘道有功的书院山长和相关官员。除第十六卷外,每卷的内容构成基本都为碑志传状加遗事,二者结合以述学者言行,这一编纂体例与《伊洛渊源录》极为相似。《新安学系录》以二程和朱熹为宗师,以一套严整的体例贯穿首尾,汇集新安地区宋元时期理学家传记资料于一堂,第一次将新安理学作为一支地方理学流派勾勒出来,记录了新安理学的传承源流。因此,它不仅仅是一部传记资料集,更具有展现地方学术流派的"学案"特征。在《新安学系录》收录的人物中,有11位学者从严格意义上讲,不是徽州籍贯学者,而郑玉、程敏政这两位有重要学术影响力的徽州学者,程暗却未于书中列传,两者联系对比更能发现程暗的尊朱思想。除此之外,程暗描绘的两幅

"新安学系图"不仅展现了徽州学术师承的脉络,还体现了浓郁的家族师承之风。在学系传承中可以发现,新安理学的发展还与北山学派、双峰学派、介轩学派有一定的联系。作为一部总结性的地方文献,《新安学系录》引用的文献有百种之多,具有重要的文献价值,同时在"新安理学"成为地方理学流派的过程中发挥了重要作用。

薛瑄伦理思想探考

邰晓天(辽宁大学 2019 年,
导师:金香花副教授)

元明之际,理学到了时代转型的关节点。薛瑄作为明初朱子学的代表人物,对朱子学进行修正和突破,实现了"理"向"气"的内在转化,其重视自然使然的"复性说",躬行践履、经世致用的思想更是开了明代实学的先声。论文克服以黄宗羲的《明儒学案》为出发点的、对明初朱子学不经反思、取径单一的通行范式,结合哲学伦理学及史学方法,对薛瑄伦理思想展开基于文献的体系性研究,主要包括以下几个方面。首先,薛瑄的思想最为重气,其思想倾向是气本论。薛瑄的气本论是对理本论这一思想的修正,也是明清实学的先声。薛瑄在本体论意义上主张以气为本,在价值论上又提倡以理为本,这种二元论思想正反映了朱子哲学的分化,同时也说明了

理学在明初的转化,一是理气观向气本论的转向,二是修养论由重"道问学"向重"尊德性"的转变。其次,"复性"为宗的伦理思想。薛瑄伦理思想的核心范畴是"心"与"性",明确提出"立心为本"的命题及复性为宗的方法论,心性统一,有着明显的心本体论和泛性论倾向。薛瑄以复性为思想核心,简化了理学理论,恢复了传统修养论,强调实践性。复性说的主要目的是使人复还天命之至善本性,进而达到"人性"与"天命之性"的合而为一,即圣人之"天人合一"境界。最后,考察基于气论基础上的"躬行践履"的伦理实践与实学思想。薛瑄思想虽然在价值论意义上肯定理的逻辑在先,但在认识论上则肯定以气为本、理气合一的宇宙观,从实学层面上看,薛瑄开启河东之学,重气则自然会重视通过后天实践"变化气质",积极带动实学实践,这也有助于去除朱熹理学经几百年的官学化过程中出现的教条化和形式化的积弊,开启了实用的"实学"思想和学风,对明中叶兴起的"实学思潮"起了直接的先导作用,是明代"务实"之风的理论先驱。综上,薛瑄伦理思想既重视以理为本的价值论和复性为宗的方法论,又重视积极的外求实践,求理遍求于身"内"(复性)"外"(实学),展现了其理论的结构。从学术史的意义而言,对薛瑄伦理思想的研究有助于梳理朱子学在明初的发展,对薄弱的明初朱子学的研究也有一定的补充价值。

吴澄哲学思想研究

刘思雯（吉林大学 2019 年，
导师：张连良教授）

　　元代的吴澄作为"和会朱、陆"的代表人物，为推动理学的发展做出了重要的贡献。吴澄从朱陆后学的门户之见入手，提出"朱陆二氏之为教一也"，为"和会朱、陆"提供了理论基础，分析陆九渊的"心学"，认为陆氏的"心学"是传圣贤之道，从而完成了对朱、陆思想的和会。吴澄"和会朱、陆"的思想，对明代心学的崛起有着无可替代的贡献，是陆九渊心学到王阳明心学的过渡环节，对朝鲜的性理学也产生了一定影响。他的"朱陆二氏之为教一也"思想，直接启发了明代学者程敏政作《道一编》。在明代大儒王阳明的思想当中，也不乏吴澄思想的影响。由于吴澄一生著作颇丰，草庐全集浩繁，所以选取明代王蓂编纂的《草庐吴先生辑粹》一书为研究依据，通过对此书的把握，更深入研究吴澄的哲学思想。论文主要分为三个章节对吴澄的哲学思想进行研究：在绪论部分，介绍了创作论文的原因，以及学术界对于吴澄思想的研究概况。论文的第一章，是对吴澄的简介，包括生平和学术创作。第二章，是依据《草庐吴先生辑粹》对吴澄"和会朱、陆"思想的研究。第三章，是吴澄哲学思想的影响，包括对明代心学的影响和对朝鲜性理学的间接影响。

朱子学
年鉴
（2019）

朱子学学界概况

朱子学研究重大课题

宋学源流

2019 年国家社科基金重大项目
（课题编号：19ZDA028）

朱汉民

本项目首席专家为湖南大学岳麓书院、朱子学会副会长朱汉民教授。

"宋学"作为一种"通古今之变"的传统学术形态，它是中国传统学术在一定历史条件下演变和发展的结果。"宋学源流"作为一个学术史研究课题，将全面展开对宋学的学术渊源、形成历史、基本形态、演变发展的研究。

"宋学源流"的总体思路、研究路径包括以下问题：

（一）"宋学的学术渊源"，重点思考和解决的问题是：应该从何处追溯宋学的学术源头？为何陈寅恪会把中国学术演变看作是宋学产生的"大事因缘"？本课题通过对中华学术知识谱系的梳理，对宋学作一溯源式的历史考察。所以本课题重点要追溯宋学的学术渊源，探讨先秦儒家及诸子、两汉经学、魏晋玄学、隋唐佛学等

各种学术形态对宋学的影响，以论证宋学不仅仅是一种宋代兴起的学术思潮，更是中国传统学术的发展高峰与成熟形态。同时，唐代儒学的思想与学术，对宋学的出现和成型也有很大影响。

（二）"宋学的学术旨趣与思想维度"，重点思考和解决的问题是：宋学的内涵与外延究竟如何确立？为什么宋学思潮会在两宋时期形成百家争鸣的局面？本子课题将对宋学丰富的学术内涵与思想维度展开全方位的研究。在唐宋变革的大背景下出现了疑经思潮、三教归一、儒学复兴的历史背景，推动了宋学的兴起和发展。所以，宋学并不等于性理之学，作为中国传统学术发展到新阶段的"宋学"，是古典儒学内圣外王之道的集大成发展，是中国古典学术成熟的典型形态。本课题希望对这一代表中国传统学术重要阶段和主要类型的宋学，实现一个具有纵深感、全方位、多维度的系统性研究，全面揭示宋学的丰富内涵。本课题将重点探讨宋学如何由复兴儒学、重建经学开始，形成了一个以义理诠释经典、创通经义的宋学，并发展出一套性理之学的哲学体系；但是宋学还应包括

疑经辨伪的考据之学、文以载道的辞章之学、革新政令的经济之学等不同学术领域。

（三）"宋学的学统四起与学派林立"，重点思考和解决的问题是：宋学的多元化学术如何演变为传承各异的学派与地域化学统？本课题关注对宋学的学派、学统展开全方位的研究。宋代的学术发展、人才培养不同于汉代的太学及博士制度，而主要是借助于民间师承与书院学统，故而宋学往往呈现为"学统四起"的时空布局。本课题拟将宋学还原为历史形态的学术和地域性的学统，通过不同学派、学统的深入研究，考察宋学在经学、史学、经济之学等方面的学术开拓，以展现宋学兴起和发展的历史过程与学术贡献。本课题将宋学还原为多元化学术与地域性学统，重点研究学术旨趣各异的学派、地域分布不同的学统。

（四）"宋学传衍及汉宋之争"，重点思考宋学在历史传承中出现的许多复杂现象，希望解决的问题包括：究竟如何看待理学的官学化现象？如何理解明清学者对理学的反思与批判？明清时期谁是宋学精神及思想的继承者？本课题认为宋学不仅仅是一种断代学术，同时也是一种义理范式的学术形态与内圣外王之道的学术精神。宋学作为古典学术的典型形态，其经典诠释的开放性及学术文化的历史性，必然导致其学术思想的不断演变发展。

（五）"宋学的现代流变与发展前景"，重点思考和解决的问题是：在中国的现代化大潮中，宋学在现代学术文化中是否还有生命力？宋学精神复兴和"新宋学"建构是否具有可能性？"宋学源流"不仅仅满足于"照着讲"的宋学学术史研究，同时还希望"接着讲"宋学精神与新宋学的建构。由于宋学既坚持和继承了中华学术传统，又善于积极吸收外来思想文化；宋学既有"创通经义"的内圣之道，又有"革新政令"的外王之道；宋学对宇宙、社会与人生的终极依据做出了穷源推本的深刻思考，并建构了一个体现中国传统思维方式、价值信仰的博大精深的哲学体系，最终完成了中华传统学术文化的创新发展。中华文明的现代复兴应该包含着"宋学精神"的复兴与"新宋学"的重建。强调这一宋学精神和"新宋学"，应该就是在新时代背景下，建构以中华民族优秀文化传统为主体，而又能够广泛吸收人类优秀文明的新内圣外王之道。

"宋学"既是"通古今之变"的传统学术形态，体现了中国传统学术历史的源远流长；又是"究天人之际"的深刻哲学理论，体现了中国传统哲学的致广大和尽精微。研究宋学应该将其看作一种哲学形态，以哲学方法研究宋学有益于提升宋学的哲学价值，特别是能够在中西哲学的比较中发现宋学中包含的普遍性哲学意义。本课题将充分运用经典诠释、比较哲学的哲学研究方法，深入探讨、全面总结宋学"究天人之际"的深刻义理，展示中国哲学体现中国文化的特殊形态和解决宇宙与人生的普遍意义，进一步探讨现代中国哲学学科建设的重大理论问题。所以本课题还将运用史学的学科视域和研究方法,以厘清宋学的学术内涵与历史脉络。本课题在考察宋学的相关文献和历史进程的基础上,运用文献诠解、历史分析、内在理路、知识谱系的方法,分析宋学的缘起、产生、繁荣、分化、传衍的历史进程,同时探讨宋学与明清时期不同学术思潮的学术脉络与思想传承。

（作者单位：湖南大学岳麓书院）

元代新安朱子学及其对韩国儒学的影响研究

2019 年国家社科基金项目（课题编号：19BZX0770）

田炳郁

本课题主要研究对象是以胡一桂（1247—1315）、胡炳文（1250—1333）、程复心（1255—1340）、陈栎（1252—1334）为主要代表的元代新安朱子学及其对以李滉（1501—1570）为主要代表的韩国儒学的影响。新安是朱子的祖籍,故新安学者早已成立朱子学的学术群体,而董梦程的介轩学派由饶州德兴到徽州婺源的发展,对元代新安朱子学的发展起到重要的作用。胡一桂、胡炳文、程复心三人同是婺源人,以互不相同的方式建立起当地的朱子学传统,而休宁的陈栎则又以其家学与当地学术传统,与婺源朱子学者抗衡。胡一桂《易附录纂注》、胡炳文《周易本义通释》、胡炳文《四书通》、陈栎《四书发明》都成为明永乐《四书五经大全》的蓝本,作为科举考试的主要教材,在韩国也广泛流行,并对韩国儒学发展起了非常深刻的影响,特别是程复心的《四书章图》为李滉《圣学十图》的核心内容。李滉在其所编的《宋季元明理学通录》中为此四人立传。当前元代新安朱子学的研究,注重于胡一桂、胡炳文、陈栎的学问体系,而对程复心的研究不多,尤其是其对韩国儒学的影响方面更需要进一步的研究。

本课题以元代新安朱子学及其对韩国儒学的影响为主要研究对象,主要包含如下两个方面：1. 元代新安朱子学的文本研究。研究胡一桂、胡炳文的易学方面的著作,并研究胡炳文、程复心、陈栎的《四书集注》诠释著作。程复心的《四书章图纂释》在版本上问题不少,而陈栎的《四书发明》收入在倪士毅《四书辑释》与史伯璿《四书管窥》中,个别内容不同。本课题先进行文本研究。2. 元代新安朱子学的二元论思想研究。程复心《四书章图纂释》等元代新安朱子学有明显的理气二元论倾向。本课题研究元代新安朱子学的二元论哲学思想,揭示其与其他地区朱子学之间的学术异同。3. 元代新安朱子学二元论思想对韩国儒学的影响研究。李滉等韩国儒者受到元代新安朱子学的影响。本课题将研究人心道心说、四端七情说、明德说等韩国儒学的核心哲学论辩与元代新安朱子学二元论思想之间的关系问题。

本课题的框架是,第一章先讨论朱子学与新安朱子学的概况,然后介绍元代新安朱子学传入韩国形成韩国朱子学的路径;第二章先进行元代新安朱子学的文本研究,然后讨论元代新安朱子学的二元论倾向,最后探讨其对韩国儒学发展的影响;第三章通观讨论新安朱子学的理气论与韩国儒学、新安朱子学的人性论与韩国儒学、新安朱子学的修养论与韩国儒学、新安朱子学的伦理论与韩国儒学;第四章各论胡一桂的朱子学思想与韩国儒学、胡炳文的朱子学思想与韩国儒学、程复心的朱子学思想与韩国儒学、陈栎的朱子学思想与韩国儒学;第五章总结其道德形而上学意义、道德心理学意义、修养论意义、伦理学意义。

本课题所要研究的元代新安朱子学著作还需要文献整理,韩国儒学著作范围太广,所以需要采取问题研究与专案研究相结合的研究思路。具体而言,在文献研究方面,程复心《四书章图纂释》最近才重新发现,要梳理文献学上的基本问题,陈栎《四书发明》要从倪士毅《四书辑释》与史伯璿《四书管窥》中重新恢复原形,要解决胡炳文和陈栎之间争论的《四书集注》版本问题。首先把新安四书学著述个案看作一个个整体,探究其思想的哲学来源,梳理新安朱子学的理气二元论思想的发展历程。至于问题研究与专案研究方面,本课题要关注元代新安朱子学的理气二元论倾向与韩国儒学的不同反应。

本课题不仅注重研究元代新安朱子学者对于朱子学的阐扬与发展,还注重研究其在整个元代朱子学中的理论地位和意义;不仅注重元代新安朱子学者代表人物的哲学思想,还注重研究其对韩国儒学思想发展的影响;不仅注重研究其学术思想对元代社会或者朝鲜朝社会的意义,还注重研究其对于现代道德伦理领域的积极作用。

（作者单位：南昌大学人文学院）

宋明理学乡村礼治思想研究

2019 年教育部人文社会科学研究规划基金项目（课题编号：19YJA720006）

冯会明

"宋明理学家之精神,则几全用于教化",实现"化其心,成其俗"的化俗理想,是他们不懈的追求。礼乃教化之具,所谓"礼教衰,则风俗坏",礼乐文明的再造是宋明理学化成天下的主要进路,而中国传统乡村是一个崇尚礼治的乡土社会、熟人社会,实现乡村礼治是宋明理学教化天下的重点。

一、"安上治民,莫善于礼"——乡村社会的礼治特征

以"尊尊亲亲"为核心的礼,是教化民众、敦厚风俗的利器,"道德仁义，非礼不成；教训正俗，非礼不备"。孔子亦曰："安上治民，莫善于礼。"宋明理学家积极地身体力行，发挥"礼顺人情"、"以礼化性"、"变化气质"之功能。二程主张"以礼立教"；张载"以躬行礼教为本"，视礼为"化民易俗之道"；朱熹则明言："礼者，天理之节文，人事之仪则也。"给礼赋予天理之内涵，上升到本体的层面。他们致力于礼的大众化、庶民化，朱熹定《朱子家礼》，规定了冠、丧、婚、祭等仪节，将"贵族之礼"改为"庶民之礼"。

传统乡村社会是由宗法家族组成的熟人社会，是以礼治为代表的民间秩序，依靠的是"规矩"，而非"法治"。宋明理学家们有修齐治平的抱负和惶惶天下的传道热情，致力于乡村社会的治理。程颢的《论十事札子》将乡党置于乡治的重要地位；张载试图以礼化俗，实现"纵不能行之天下，犹可验之一乡"的乡治目标。敦伦化俗成为他们的倾力追求。"风俗者，天下之大事。"朱熹认为礼治教化是国家长治久安的根本，而"化其心，成其俗"则是教化的最佳境界。

二、"一家仁，一国兴仁"——家风是化俗之本，礼治之基

"家是最小国，国是千万家。"家庭是社会的基本单元，家风是化俗之本，礼治之基。要拯救世风就要培育良好家风。修一身，齐一家，渐化一乡，渐化一地。朱熹说："一家仁，一国兴仁；一家让，一国兴让。"家庭是化俗天下之基石，在家庭教化中，要进行五伦之教和规矩的养成，做到"蒙以养正"。其重点在

"孝"，"兴起教化，鼓舞品行，必以孝道为先"。

家训是进行家庭教化的重要文本，陆九韶的《陆氏家规》、孙奇逢作《孝友堂家训》等，使"孝悌为先，忠信为本，惟耕惟读，恩泽子孙"的家训，代代相传，让"一等人忠臣孝子，两件事读书耕田"的理念植根于乡民心中。

三、"谨名分，崇爱敬"——家礼族规可"仪其乡而化其俗"

聚族而居的传统村落，家族、宗族是乡村治理和推行教化可依靠的力量。家礼族规作为家族成员共同遵守的规条，可约束家族成员，凝聚宗族人心，成为敦伦化俗的重要手段。

理学家们重视家礼族规的建设，朱熹印刻了《古今家祭礼》，制定《家礼》，通过规范家族礼仪，唤醒族人"报本反始之心"，来导引、整齐宗族成员的行为，达到"敦化导民"的效果。

在宗族礼教中尤其凸显祠堂的地位，体现尊祖敬宗这一主题。通过祠堂祭祀，使血缘与礼教结合，以类似于宗教的静穆虔诚仪式，强化家族的认同感，祠堂既是向族人灌输族规家法的场所，又是处理不肖子孙的教化讲堂，家礼族规可"仪其乡而化其俗"。

四、"德业相劝，彰善纠恶"——乡约是化俗乡里的善俗之方

乡约是由民间士绅自发组织，以乡民互助和道德劝勉为目的的非官方组织。它弥补了政府在乡村治理

中鞭长莫及的缺憾，是基层治理体系的有效"补丁"。所谓"敷教同风，莫善于乡约"。宋明理学重视乡约彰善纠恶的功用，使其成为化俗乡里的"善俗之方"。

吕大钧的《蓝田吕氏乡约》，其"德业相劝，过失相规，礼俗相交，患难相恤"的宗旨，"使关中化之"，开创了中国古代乡民自治的先河。朱熹修订为《增损吕氏乡约》，将乡约和乡仪合并，详细规定了同约之人造请拜揖、请召迎送、庆吊赠遗等各种礼仪礼节，以彰善纠恶，张栻认为此举"甚有益于风教"；王阳明"参酌《蓝田乡约》，以协和南赣山谷之民"，制定了著名的《南赣乡约》，倡导"同约之民，皆宜孝尔父母，敬尔兄长"，"务为良善之民，共成仁厚之俗"。

明清时期，乡约因官方提倡而进入全盛时期。朱元璋特颁《圣训六谕》，雍正在康熙《圣谕十六条》的基础上，扩充为《圣谕广训》，作为教化民众的统一条规，并设立讲约之所，每月朔望之日，详示开导，"使乡曲愚夫共知鼓舞向善"。通过乡约的旌善惩恶，使伦理道德深入穷乡僻壤，并为民众所内化。

五、"褒崇先贤，德礼化民"——乡村礼治的官方路径

理学家们为官地方，往往以"宣明教化、敦厉风俗"为己任。褒崇地方先贤，宣扬忠臣义士，彰显先贤功德，为其立碑建祠，使地方贤达偶像化，这是化俗乡里的官方路径，可对乡民进行隐性教化，见贤思齐。"欲厚风俗，则莫若崇尚节谊，褒表仁贤。"朱熹知南康时，亲撰《知南康榜文》，"几乎调动了南康一地全部前代有名的忠臣孝子、义夫节妇"，来宣扬教化，敦厉风俗。

六、宋明理学乡村礼治思想对乡村振兴战略的镜鉴

"农，天下之大业也。"只有乡村振兴，国家才美丽，小康才全面。党的十九大提出了"乡村振兴战略"，描绘出"产业兴旺、生态宜居、乡风文明、治理有效、生活富裕"的乡村振兴图景，而"乡风文明"是乡村振兴战略的灵魂。

在市场经济的冲击和多元价值的激荡下，往昔淳朴的乡风呈现多元化，"一切向钱看，道德一边站"，拜金主义、诚信缺失、道德失范等现象在乡村也一定程度存在。在乡村如何富而后教，实现乡村的有效治理？宋明理学的乡村礼治思想，可提供历史的镜鉴。

"求治之道，莫先于正风俗。"在法治的同时，要发挥礼治的作用。要将传统家规家训家风中所蕴涵的孝悌忠信、礼义廉耻、崇德尚美、邻里相助、患难相恤的古风进一步褒扬；建设村史馆，使之传承文化，寄托乡愁，构建精神家园；制定村规民约，规范乡村秩序；设立道德讲坛，调整乡民关系；厚植乡贤文化土壤，培育新乡贤；用人伦道德重塑价值理念，形成公序良俗，倡导文明乡风，实现乡村的有效治理。

（作者单位：上饶师范学院朱子研究所）

熊十力《春秋》学研究

2019 年国家社会科学
基金青年项目
（项目编号：19CZX026）

任新民

《春秋》"上贯二帝三王，而下治万世"，"为万世之准则"，"有国者不可以不知《春秋》"，然而现代学界公认经学已经"瓦解"，只有"重新回到经学，才能深层次地认识历史，在历史中寻找未来的方向"。"（熊十力）其哲学皆从中国哲学内部开展，非将西方思想与经学苟合也。""熊氏的新经学基本上是清末今文经学在现代的延伸"，"熊十力之春秋外王学，与其于《新论》所表达之内圣学乃一以贯之，此内圣外王之学并非只视经典为一死体，从而予以解剥，而是指向自己之存在及全体人类之整体生活世界而言"。"熊十力关于世界意义和人类存在意义的终极思想，至今不失其意义。"然而，目前"对熊十力借助儒家经学建构的外王学体系没有深入阐发，更缺乏对其晚年思想转型的深入剖析"。

本课题的研究对象主要包括三个：第一，熊十力《春秋》学的理论基础；第二，熊十力《春秋》学的发展历程；第三，熊十力《春秋》学的主要内涵，其中包括：熊十力对于《春秋》三传的评价，熊十力《春秋》学与《公羊传》异同，熊十力《春秋》学政治理想，熊十力政治理想与其政治抉择和政治实践的关系。

熊十力《春秋》学的政治理想及其重要性之阐明是理解熊十力政治抉择和政治实践的前提。明确熊十力政治理想对其思想和实践的决定性作用，才能真正理解熊十力政治抉择和政治实践的艰难性、坚定性、一贯性。因此，对于熊十力政治理想及其重要性的阐明是本课题的研究重点。

课题将呈现熊十力《春秋》学发展历程和基本精神，阐明熊十力的政治理想，进一步详细论述熊十力究竟如何以"微言大义阐明自己的政治理想"，厘清其政治理想与其政治抉择、政治实践的关系。同时，期望丰富《春秋》学研究，为后经学时代中国政治哲学研究、中西政治哲学比较研究提供素材。最后，熊十力《春秋》学中制万世法的政治理想可以为人类命运共同体的哲学研究提供一定的学术理论支撑，也可以为中国特色哲学社会科学话语体系研究提供参考。

（作者单位：上饶师范学院
朱子学研究所）

前朱子时期道学话语共同体研究

2019 年教育部人文社会
科学研究青年基金项目
（课题编号：19YJC720001）

包佳道

从道学形成发展看，至张载、二

程及其门人已形成严格意义上的道学话语共同体,后不断发展有朱子学、湖湘学、浙东学等的分野。课题前朱子时期道学话语共同体研究,从道学话语共同体的新视角观照主导近世东亚六百多年宋明理学发生时的前朱子时期道学,探究较之佛老、新学(蜀学)等区别性特征,考察其形成与道学家、社会的关联,揭示与外部诸学及内部而后南宋分野诸学的关系(尤其是朱子学),既对宋明理学乃至整个中国哲学研究有理论价值,又对当前中国特色哲学社会科学话语体系建设有现实意义。

课题研究目标:剖析话语共同体五项区别性特征,清晰呈现前朱子时期道学较之新学(蜀学)、佛老等的总体特征,并关注内部局部差异;考察五项区别性特征内在层次及其对话语共同体的作用,同时揭示前朱子时期道学话语共同体形成的社会条件和道学家参与;检视其历史地位,揭示与外部诸学及内部而后南宋分野诸学的关系(尤其是朱子学),留意其历史演变,并结合现实需求,揭示其当下价值。

课题研究思路和具体内容:课题按"问题界定→理论剖析→地位与价值审视"分三层七方面:1. 问题界定(导论):框定前朱子时期道学话语共同体研究对象。2. 理论剖析:按"公开目的(目的)→知识内容(内容)→交流机制(机制)、专用文体(文体)、专门词汇(词汇)"的逻辑框架解剖五项区别性特征,揭示前朱子时期道学话语共同体总体一致

而局部有别的区别性特征及其内在层次(并考察其形成与道学家主体、社会的关联)。(1)共同公开目的:倡孔孟、辟佛老、排新学(蜀学)、非汉唐公开目的(共同体首要特征);(2)共享知识内容:内圣外王的知识体系(共同体根本特征);(3)通用交流机制:书院讲论、社会教化为中心的社会化适应(共同体关键特征);(4)共占专用文体:以经解(义、说)、语录为主专用文体(共同体重要特征);(5)相类专门词汇:本体、工夫、境界、政治相关专门词汇(共同体门槛特征)。3. 地位与价值审视:检视前朱子时期道学共同体的历史地位与当代启示。

课题研究方法:话语分析法,借用话语分析聚焦话语共同体,从公开目的、知识内容、交流机制、专用文体、专门词汇的分析,揭示前朱子时期道学话语共同体的区别性特征;文献研究法,深入前朱子时期道学话语共同体文本,尽量以材料说话,警惕主观价值判断,客观揭示文本的问题指向和价值旨趣;比较研究法,通过前朱子时期道学话语共同体外部、内部比较考察,揭示其话语共同体共同公开目的、知识内容、交流机制、专用文体和专门词汇的大同与小异。

(作者单位:江南大学人文学院)

文化融突视域下近代湘学的递嬗及其对民族复兴的影响研究

2019 年教育部人文社科
研究青年基金项目
（课题编号：19YJC720052）

周接兵

一、主要内容

本课题针对当前的研究现状，站在学界已有成果的基础上，将湘学的思想特质置于中国近代化进程的历史发展大脉络中加以整体考察，有助于我们系统把握湘学人物对国家前途和民族命运的探索与抉择，对近代学术转型的顺应与抗拒，对湘学义理精神的创造性继承和发展，以及根据时代需要对中国传统学术的批判、整理、重振和时代转换的整体面貌。

在尊重思想史演进逻辑的前提下，从文化冲突与文化融合两个方面展开近代湘学的思想史的梳理。拟从纵横两个维度安排文章架构：纵向上以近代化进程为逻辑主线，有序铺展。横向上从政治、经济、社会、文化多个方面对各时间段的湘学展开思想史梳理和述评，密切关联湘学纵向发展逻辑的连贯以及湘学与同时代其他思想人物和流派的横向比较。

重点把握三个方面：

（1）凸显湘学经世致用的思想特质和敢为天下先的精神特质，以及贯穿其中的强烈的历史批判意识和文化批判精神。重点把握一个核心主题，即湘学在中国近代化变革（近代转型）以及中华文化主体性重构中所做的双重努力。

（2）湘学与其他思想学派的关系问题。如何理清湘学、传统学术、西学三者之间的融突关系以及由此产生的湘学与诸多学派之间的复杂关系，找准湘学与历史、与时代的理论契合点和历史契合点，也是本课题的重点所在。

（3）如何精准把握近代湘学对近代中国政治、社会、文化和精神价值转型的意义和作用。如何从历史发展的整体性和时代性着眼，考察湘学的理性精神、经世特质、人文精神的时代特征及其对近代中国历史进程的影响。

二、研究方法

1. 问题研究与个案研究相结合的方法。本课题改变了以往以人物为中心的研究方法，拟以时代问题为中心，将相关的湘学和湘学人物纳入时代问题之域予以研究。与此同时，在思想史宏大叙事中对湘学人物进行个案研究。

2. 述论结合的思想史研究方法。从思想交互的动态演进与历史进程开展的视角来进行具体而微的研究。在对近代湘学作详细梳理和介绍的基础上，发掘其内在价值，从不同的角度给以恰如其分的评析。特别是对那些其他学者没有很好地解决的问题，予以进一步的探索。

3. 比较研究法。在注重近代湘学内在的演进规律和发展逻辑的同时，注重与同时代其他思想流派和历史人物思想的横向比较,包括比较近代湘学内部各个人物思想的异同、比较近代湘学与同时代其他思想家思想的异同、比较中西文化冲突中湘学与西学的差异。

三、研究意义

1. 梳理和总结近代湘学的发展阶段和演变轨迹,总结先贤探索国家独立富强和民族自由解放,弘扬民族传统文化的经验教训,在中西文化的碰撞和交流中继承与弘扬中华优秀传统文化,实现传统资源的主体性重构、创造性转化和创新性发展,为增强文化自信,提振民族精神,提供可资借鉴的参照系。

2. 为当今世界多元文明的对话与交流提供一定的文化经验与精神资源。

(作者单位:上饶师范学院朱子学研究所)

两宋之际福建经学研究

2019 年教育部人文社会科学研究西部和边疆地区项目(课题编号:19XJC720006)

朱学博

本课题是针对北宋徽宗朝到南宋高宗朝,这近七十年的嬗变期的福建经学研究。两宋之际由于政局波动、思想激荡,经学思想、学派传承发生了诸多变异。而福建经学上承洛学,下启闽学,名家辈出,意义非凡。

但由于政局更迭造成史料缺失和碎片化,此时期的经学研究空白较多。总的来说,目前关于两宋之际福建经学的研究,存在两个亟待解决的问题。

一、研究对象严重不平衡。学界目前研究的重点集中在杨时与道南学派。诚然,此作为二程到朱熹的中间一环,是两宋之交福建儒学、经学的重点。但殊不知,此时期的林之奇、李樗为代表的三山学派、林光朝的红泉学派,还有林栗、余允文等,都对南宋初期的福建经学影响巨大。年轻时代的朱熹、吕祖谦等都曾向林之奇、李樗等问学,至今文集中还保留了不少往来论学的书信。这些重要的学派、学者、学说,目前少有人研究。造成此种不平衡的原因主要是:文献的碎片化和史料的散佚。

二、部分已有研究尚欠深入,关键史料存在误解。上面提及,杨时和道南学派是研究的焦点。但即便在这些研究中,依然有需要深入且事关重大的问题。譬如程子评价杨时的"吾道南矣"一句,此是关乎道南学派开宗立义的重要史语,也是关系宋代道学、经学、思想史的重要论断。但直到 2011 年顾宏义《"吾道南矣"说的文献学考察》一文发表,才辨明此话在杨时生前并未出现,是南宋中期才逐渐产生并传播的。基于此,关于"吾道南矣"的思想史问题就完全可以重新审视。又如,杨时的《三经义辨》,历来被称为抨击王安石新学的重要著作,但散佚已久。笔者重新辑考《三经义辨》,澄清以往存在的误解。其实，关于杨时晚年是否和蔡京父子有牵连，其行状、墓志中隐晦的一些记载，都关系重大而尚未有深入研究。

凡此种种，皆说明"两宋之际福建经学研究"这一选题，大有可为且意义重大。既可填补研究的空白，又将厘清辨明两宋经学史、思想史上的一些疑云。深入细化现有成果和全面梳理文献史料、填补空白，形成微观、宏观并全的研究，亦将是未来发展的必然趋势。

本选题全面深入研究北宋徽宗朝到南宋高宗朝，这近七十年的嬗变期的福建经学，以此探究具有地域性特色的、历史转折时期的福建经学演进，揭示朱子学以前的福建经学，全面厘清目前存在的对游酢、林栗等学术的误解。同时，探讨从北宋洛学，到南宋闽学之间的福建经学风气转变的成因与历史意义。

具体来说，选题的研究内容涉及：（一）杨时与道南学派的经学思想，除了探讨道南学派发展传承与杨时的经学思想外，还重新辑佚了杨时《三经义辨》及其对新学的驳正。（二）游酢生平考辨及其经学思想。特别是有关游酢的生平交游及其在程门谱系中的地位形成，以及南宋中期崇杨抑游现象考论。（三）莆田二郑及其经学研究。包括郑樵、郑厚学术思想，尤其是关于郑厚的研究，此前空白较多。并重点探讨了《六经奥论》研究与郑樵、郑厚的经学旨趣。（四）三山学派产生、发展与传承，三山学派学术特色。（五）林光朝红泉学派考论。包括林光朝经学思想、红泉学派历史意义等。（六）林栗的经学思想。（七）两宋之际福建经学演进与影响。重点介绍两宋之际福建经学风气的地域特色，三山学派、红泉学派对朱熹等人的影响，两宋之际福建经学的历史意义。

（作者单位：重庆大学人文社会科学高等研究院）

朱子学
年鉴
（2019）

朱子学学术动态

厦门（同安）第四届国际朱子文化节

2019 年 3 月 17 日，以"汇通中外，论道同安"为主题，2019 厦门（同安）第四届国际朱子文化节在同安县衙旧址厦门朱子书院召开。本次活动由朱子学会、厦门大学人文学院、厦门朱子书院、厦门篔筜书院以及同安区社会科学界联合会等主办，同安文化旅游发展有限公司承办。来自中国、韩国、越南等海内外专家学者、朱子宗亲代表参与了此次盛会。

活动现场，海内外嘉宾及朱氏宗亲，进行了礼祭朱子的仪式，举行了"朱子家礼与东亚社会"中外学者会讲，8 名来自中国、韩国和越南等东亚文化圈的专家学者结合自己的研究领域和国情，围绕朱子文化对本国的影响以及朱子文化特别是朱子《家礼》的现代价值、现实意义等发表演讲。活动另一重要议程是厦门大学人文学院与韩国退溪研究院、韩国朝鲜大学人文学研究院 WOORI 哲学所、同安朱子书院签订战略合作协议，共同谋求朱子文化的新发展。根据协议，协议各方将对中国哲学与韩国哲学等东亚哲学思想文化进行协同研究，定期交流交换典籍文献等学术资料、共同举办学术研讨会、互派研究人员等。

朱子学与多元文化国际学术研讨会

2019 年 3 月 20—21 日，朱子学与多元文化国际学术研讨会在江西婺源召开，来自韩国、日本、越南、爱沙尼亚等国家的近百名国内外学者齐聚一堂，通过多元文化的思想碰撞，进一步弘扬朱子传统文化。此次会议由朱子学会、中华朱子学会、上饶师范学院、婺源县人民政府主办；江西省 2011 朱子文化协同创新中心、中共婺源县委宣传部、婺源县文化广电新闻出版旅游局承办。

开幕式上展示了朱子"释菜礼"，与会人员诵读了《朱子家训》。此次会议共收到学术论文四十余篇。与会学者围绕"朱子学术诠释"、"海外朱子"、"朱子学术渊源与传播"、"朱子礼仪文化"、"儒家经典诠释"、"多元文化比较"等问题展开了深入讨论。主题发言有：华东师范大学朱杰人教授——"化民成俗——婺源县朱子文化落地工程纪实"、台湾学者朱高正——"从中西文化的比较谈文化自信对新时代全球化的意义"、韩国栗谷学会会长崔英辰教授——"宗教多元主义的朱子学基础"、上饶师范学院朱子学研究所乐爱国特聘教授——"朱熹《论语》学（一）——对'仁'的阐释"、韩国退溪学会会长李光虎教授——"朱熹《大学章句序》与《中庸章句序》的工夫论比较"、朝阳科技大学人文暨社会学院院长刘振维教授——"论朱熹对'仁'的诠释创新与现代意义"、越南河内大学郑文定教授——"'节要''撮要'的传统做法或者是越南儒家的独特选择"、韩国韩中哲学会会长李哲承教授——"李恒与柳馨远哲学中理气观问题"、日本福冈国际大学海村惟一教授——"日本五山禅林的朱子学概观"等。

如何更好地认识和分析朱子学术思想的体系内容，厘清和展示朱子学脉的渊源、形成以及发展状况，把握和整理海外特别是东亚朱子学的流衍背景与理路，发掘和辨别经典诠释的旧含义与新价值，考察和关注多元文化的比较视角与方法，进一步提出富有前瞻性的设想与思路，构成了本次学术会议的主旨。本次研讨会有力推动了朱子思想研究走向深入，为婺源与海内外朱子文化研究学者的交流合作提供了良好机遇，也为婺源文化事业发展注入了"源源活水"。

浙学新视野暨"东南三贤"国际学术研讨会

2019年6月1—2日，"浙学论坛2019：浙学新视野暨'东南三贤'国际学术研讨会"在浙江师范大学举行，来自美国、日本、韩国、中国台湾等国家和地区及内地知名高校、研究机构的百余位学者参加了会议。本次会议由浙江省社会科学界联合会、浙江师范大学共同主办，浙江师范大学江南文化研究中心、浙江省浙学传承与地方治理现代化协同创新中心、湖南大学岳麓书院、上饶师范学院朱子学研究所、《浙江社会科学》杂志社联合承办，《浙江学刊》杂志社、金华市政协协办。

会议围绕浙学的概念内涵、浙学与中国学术话语体系建构、浙学与其他学术之间的互动交流、浙学的现状及未来等议题进行，旨在挖掘浙学内涵及价值、开拓浙学研究新视域。在大会主题报告阶段，来自哈佛大学的包弼德教授借助文本和地理信息系统等手段，从德行、政治、文学等多角度全方位探讨了吕祖谦在宋元婺州学术史中的地位及其思想特征，丰富了吕祖谦研究的内涵和外延。

华东师范大学的杨国荣教授从浙学的概念辨析入手，通过对思想史的脉络分析，结合不同时期浙学代表人物的思想特点，解答了"如何理解浙学"的问题，指出浙学既具有地域性、空间性，又具有其一脉相承的学术风格，即具有鲜明的批判意识，注重理论的思辨、现实的关切和历史观念。

浙江师范大学黄灵庚教授通过扎实的文献考证方法，以宋元之际婺州学者金履祥的郑注《礼记》批注为对象，说明了金履祥作为朱子后学与朱熹之学的异同。

浙江工业大学梅新林教授通过对浙江文化脉络发展演变与浙学精神价值的分析，提出"卧薪尝胆、坚忍不拔"、"实事求是、讲究实效"、"经世致用、义利并举"、"内圣外王、知行合一"、"经史应务、民本启蒙"、"开放包容、通变创新"构成了浙江文化精神的六大基石，其中的核心精神是"经世致用、与时俱进"。

浙江省社科院吴光研究员从浙学的内涵、精神、学派人物等角度，梳理了浙学的内涵和发展脉络，提出了浙学具有实事求是、兼容并蓄等当代价值的基本精神。

华东师范大学严佐之教授从明代归有光《浙省策问对》出发，探讨了明人对"浙中道学之传"这一命题的认识及其体现的文道观。

日本学习院大学东洋文化研究所王瑞来研究员探讨了宋元变革视域下的江南儒学，提出江南儒学在特定场域下有所复兴，其弘扬的道统超越了王朝和族群，奠定了明清儒学的基础。

中国社会科学院陆建德教授从清末民初浙江学人许缄甫的思想特征入手，分析了历史转型期浙江学人在学术思想、方法和观念上的变迁，提出浙学研究要避免"本浙主义"的倾向，须注重浙学的流变和内部的多样性。

会议荟萃老中青三代学者，论题广泛，促进了浙学、朱学、陆学、湖湘学研究的交叉互动，推动了浙学研究的全面、纵深发展，拓展浙学研究的新视野，为下一步浙学发展打下了良好的基础。

八闽文化之旅·第二届港澳台大学生走朱子之路研习营

2019年6月25日，由福建省政协港澳台侨和外事委员会、香港朱子文化交流协会、港区省级政协委员联谊会等联合主办的"八闽文化之旅·第二届港澳台大学生走朱子之路研习营"在福建福州开营，为期7天。省委常委周联清，省政协副主席王惠敏、刘献祥，秘书长陆开锦出席开营式。本届研习营共有46名港澳台学生参加，其中38名首次来闽。研学之路从福州出发，先后参访了福州三坊七巷、朱熹出生地尤溪、南溪书院、三明学院、朱子故里武夷山"五夫"镇等地，最后走进武夷山职业学院举行结业式。活动通过追寻朱子足迹这一实地体验式交流互动方式，旨在打造闽港澳台青年学生交流交往活动品牌，为港澳台青年增进文脉共识、国家认同创造条件，亲近传统文化，结识良师益友，实现心灵契合，携手共圆中国梦。

"阳明学与闽南文化"学术研讨会

2019年6月28—29日，由朱子学会、福建省闽南文化研究会、厦门大学国学院、闽南师范大学闽南文化研究院联合主办的"阳明学与闽南文化"学术研讨会在福建漳州市举行。来自北京、浙江、江西、贵州、山东、陕西、广东、云南、福建、台湾、香港等40多家高校、研究机构、相关文化企事业单位以及韩国、日本等地的100多位专家学者参加会议。会议期间，浙江社科院研究员钱明、韩国成均馆大学儒学大学院院长辛正根、军事科学院战争研究院中国历代军事思想研究室副主任王珏、福建师范大学教授谢重光、日本福冈国际大学名誉教授海村惟一、云南大学教授李煌明、韩国阳明学会会长金世贞、武夷学院教授张品端等专家学者，围绕"阳明学与闽南文化"主题，分别从哲学、军事学、历史学、社会学、文化学等角度展开阐述，作了精彩发言。

东亚礼学与经学国际研讨会暨上海儒学院第三届年会

2019年6月29—30日，"东亚礼学与经学国际研讨会暨上海儒学院第三届年会"在复旦大学召开。本次会议由复旦大学哲学学院、复旦大学上海儒学院、上海市儒学研究会共同主办，来自中、美、日、韩等国和台湾地区的70多位学者参加了会议，共收到60余篇学术论文。大会开幕式由复旦大学上海儒学院执行副院长吴震教授主持，哲学学院院长孙向晨教授、上海市儒学研究会会长朱杰人教授分别致辞。随后，日本关西大学吾妻重二教授及台湾大学叶国良教授分别作了主题报告。在接下来的两天会议中，来自两岸三地及美、日、韩等国的70余位学者围绕"礼学与经学"这一主题从儒家传统礼学思想及东亚地区家礼研究这两个方面，展开了为期两天的学术讨论。

第十二届"朱子之路"研习营

2019年7月15日，第十二届"朱子之路"研习营活动在厦门朱子书院举行，这也是2019厦门（同安）第四届国际朱子文化节的第二阶段活动。本次活动由朱子学会、中华朱子学会、同安区社会科学界联合会、尤溪县朱子文化研究会、婺源县朱子文化研究会联合举办。活动共吸引了来自中国社会科学院、北京大学、复旦大学、中山大学、厦门大学、武汉大学、北京师范大学、韩国成均馆大学、韩国中央大学、德国特里尔大学、台湾政治大学、台湾辅仁大学等 100 余名的朱子学研究者与爱好者参加。本次研习营以同安为起点,途经尤溪、武夷山、婺源等地,为期九天。其间,营员们参访了同安的朱子书院、梵天寺、文公书院、文笔塔、南溪书院、尤溪县朱子文化区、兴贤书院、紫阳楼、考亭书院、寒泉精舍、武夷精舍、鹅湖书院、朱子家庙等朱子文化圣地,举行释菜礼、祭朱文公墓等礼仪活动,此外还有主题报告会与论文研讨会穿插其间,整个"朱子之路"活动精彩纷呈。

2019 年朱子之路

——闽台书院文化之旅

2019 年 7 月 22 日,以"传承中华文明,两岸携手同行"为主题的"2019 年朱子之路——闽台书院文化之旅"活动在泉州开营。此次活动由福建省对外文化交流协会、福建省闽台交流协会、中国闽台缘博物馆、福建省闽台文化交流中心、台湾书院联谊会联合主办,福州、厦门、泉州、三明、南平市对外文化交流协会和福建省闽学研究会协办,中国闽台缘博物馆承办。来自台湾的台湾书院联谊会、象山书院、道东书院、兴贤书院、蓝田书院、磺溪书院、屏东书院、明志书院、大观义学,省内的正谊书院、五凤书院、普霖书院、筼筜书院、丹霞书院、一峰书院、致用书院、开山书院、蒲阳书院、紫阳书院、梁山书院、武夷精

舍、考亭书院等闽台两地书院代表,以及华侨大学青年学生,共计 57 名营员走访参观了中国闽台缘博物馆、泉州开元寺和晋江五店市传统文化街区等,实地考察了同安朱子书院、泉州石井书院、福州鳌峰书院和正谊书院、尤溪南溪书院和开山书院、南平考亭书院、兴贤书院和武夷精舍等书院,并举行了祭拜朱子仪式和闽台书院文化交流活动。7 月 27 日,在武夷学院举行闭营仪式。

"朱子之路——闽台书院文化之旅"活动已经连续举办了三届,旨在进一步推动两岸书院建设与书院文化交流,深化"两岸一家亲"的骨肉之情。活动发起后得到了两岸书院代表的积极响应,为两岸文化交流和发展起到了积极的作用。

两岸四地朱子学
学术研讨会

2019 年 7 月 23—24 日,"两岸四地朱子学学术研讨会"在中国台北召开,来自海峡两岸及韩、日等地 60 位专家学者出席此次会议。大会由台湾朱子学研究协会、安徽省朱子研究会、上饶师范学院朱子学研究所、福建省闽学研究会联合主办,由台湾文德书院、台湾儒商文化协会、台湾健康政策与法律学会、台湾海峡两岸朱子文化交流促进会协办。在为期两天的学术研讨会上,各位学者围绕朱子哲学、朱子学与陆王心学、朱子文

史学思想、朱子后学、朱子学与地域文化、东亚朱子学等议题进行了广泛而深入的研讨。

李退溪在东亚朱子学的地位与影响、李家源在汉语文学译注和整理等方面的贡献作出积极评价。（宋红宝）

"从退溪学到渊民学"国际学术会议

2019年8月2—3日，由韩国渊民学会与上饶师范学院朱子学研究所联合主办的"从退溪学到渊民学"国际学术会议在韩国安东陶山书院举行。一百余位代表参加本次学术会议。渊民学会许卷洙会长、陶山书院金炳日院长、孔子学院研究中心顾问兼韩国孔子研究院院长李毓源、上饶师范学院副校长赖明谷教授分别在开幕式上致辞。赖明谷代表上饶师范学院与渊民学会代表互赠礼物。开幕式上，朱子学研究所徐公喜教授与许卷洙教授签署双方合作协议，就科研合作、学术交流、文化沟通等相关问题达成系列共识。

赖明谷教授、徐公喜教授分别作了"品绎《大学》德育智慧"、"从《韩国汉文学史》看李渊民对韩国学术史特点的认识"的大会主题发言，上饶师范学院任新民博士、翟朋博士和万红副教授分别提交了题为《退溪〈传习录论辩〉分析》、《李家源〈春香歌〉之特色与成就》、《李退溪与朱熹于理气论之异同分析》的学术论文，并作会议发言。中韩两国学者在会议中围绕儒学、朱子学、退溪学以及渊民学等议题展开广泛而深入的讨论，对于

朱子与朱门后学的家国情怀

2019年9月12日，福建晋江安海第三届朱子文化研讨会在安海举行，来自省内外高校和科研机构的专家学者，以及当地文化文史工作者80多人参加了会议。研讨会以"朱子与朱门后学的家国情怀"为主题，由福建省炎黄文化研究会、中共晋江市委宣传部、晋江市文化和旅游局、中共安海镇委员会、安海镇人民政府承办，晋江市安海文化创意发展协会协办。武夷文化研究院院长吴邦才教授指出："安海是朱子最早上学的地方，是朱子三代都讲学过的地方，也是将朱子文化向海外传播的地方，在这特殊的地方交流朱子文化意义特别。"研讨会的成功举办对朱子文化的保护与传承产生了积极影响，对安海传统文化的继承和创新发挥了有力的推动作用。

"朱子文化新时代价值"学术研讨会

2019年9月18日，由福建省社科联主办，南平市社科联、南平市民

俗学会承办的"朱子文化新时代价值"学术研讨会在南平举行,此次研讨会是福建省社科界2019年学术年会26个分论坛之一。省社科联党组成员、副主席陈文章出席会议并讲话。参会的40余名研究朱子文化的专家学者围绕南平市朱子文化讲坛课题"朱子的'理识'与'知行'"开展了研讨,以期继续深耕朱子文化研究,深入挖掘朱子文化的内涵底蕴,加大力度推进朱子文化品牌建设,进一步推动朱子文化研究,推动福建优秀传统文化研究。

中国朱子国学大讲堂第二期暨朱熹诞辰889周年纪念活动

2019年10月5日,第二期中国朱子国学大讲堂暨朱熹诞辰889周年纪念活动在北京中乐六星酒店举行。大讲堂和纪念活动由中国社会艺术协会主办,中国艺协国学委员会承办,中乐汇——名人俱乐部、温州市朱子学术研究会协办。这期大讲堂和纪念活动的宗旨是传承国学,交流联谊,助推发展,来自全国20多个省市的各界人士近100人参加。会议重点听取了中国国防大学朱康有教授的讲座,朱教授围绕"中华优秀传统文化的当代启示"这一题目,引用中华优秀传统文化的内容,针对做人做官做事,深刻阐述了思想内涵境界和标准要求:修身律己,以德为先,

在新时代征程中团结奋斗,创业创新,弘扬优秀文化,践行社会主义核心价值观,为中华民族的伟大复兴作出应有贡献。

第八届东亚书院国际学术研讨会暨2019年中国书院学会年会

2019年10月12日,第八届东亚书院国际学术研讨会暨2019年中国书院学会年会在湖南汨罗市屈子文化园屈子书院召开。东亚书院国际学术研讨会,由中国书院学会、韩国书院学会、湖南大学岳麓书院、韩国岭南大学等组织与大学共同发起。来自韩国岭南大学、韩国延世大学、韩国学中央研究院、韩国成均馆大学、公州教育大学、日本大东文化大学、湖南大学、中国社会科学院、厦门大学、长沙理工大学、中国新闻出版研究院等二十多所国内外高校的专家学者,来自嵩阳书院、鹅湖书院、象山书院、东林书院、厦门篔筜书院、厦门朱子书院、西安白鹿书院、北京七宝阁书院等二十家中国书院学会的副会长单位和理事单位代表参加了此次会议。大会由中国书院学会、韩国书院学会、湖南大学岳麓书院、湖南汨罗屈子文化园管理中心主办,屈子书院、汨罗市文化旅游产业发展有限公司承办。

中国书院学会会长、屈子书院院长、湖南大学岳麓书院教授朱汉民主持开幕式。四位学者做了大会主旨

发言：湖南大学岳麓书院邓洪波教授的"朝鲜王朝移植书院制度的几个问题——以李氏朝鲜书院文献为主的讨论"、韩国学中央研究院金鹤洙教授的"韩国书院的人文性与现代发展"、日本大东文化大学文化部历史文化学科汤城吉信教授的"怀德书院的自然科学——中井履轩对西方实学的关注"、湖南大学建筑学柳肃教授的"中韩书院的祭祀空间比较研究"。

朱汉民教授、李相海教授（韩国）、程方平教授共同探讨了东亚传统书院如何在现代社会得以保护与发展、东亚书院遗产有何重要文化价值、东亚现代教育如何继承书院传统等问题。下午四个分会场的专家学者进行了热烈的讨论。

屈子书院的前身是汨罗书院，始建于宋大中祥符年间（1008—1016年），比岳麓书院只晚建32年。它从诞生起便与屈原和屈子祠结下了不解之缘。此次会议是屈子书院重建后承担的第一个国际性的学术会议，旨在加强中、韩、日等国家书院之间的文化交流与合作，推动书院文化的现代创造性转化与创新性发展，在中国文化复兴的大背景下，承担起传播文化、培育人才的使命。

"良知与认知——从孟荀到朱子、阳明"研讨会

2019年10月17日，由中国人民大学国学院主办，北京大学哲学系、孟子研究院协办的"良知与认知——从孟荀到朱子、阳明"研讨会在中国人民大学召开。来自北京大学、中国人民大学、中国社会科学院、复旦大学、武汉大学、同济大学、台湾"中央研究院"文哲所等二十多所学术机构的专家学者和北京高校的硕博士生100多人参加会议。

儒学有心性、内圣一面，也有政治、外王一面。孔子开创儒学，以仁、礼为基本内容，以内圣外王的贯通为理想旨归，在思想方法上，既重视内在体悟，也强调学习、认知。孔子之后，孟子阐扬仁学，重视良知、良能，荀子发展礼学，提倡征知，主张"有辨合，有符验"。后世儒学循此而发展，至于宋明，朱子主格物穷理以见道，阳明重发明本心以致良知，尊德性与道问学成为学术争论的焦点，某种程度上也是孟、荀分化的新层次展开。从孟、荀到朱子、阳明，是儒学发展的深化，在思想方法上也有新的突破。当代儒学的返本开新，有必要回到"良知与认知"这一孟荀分化的起点同时也是儒学发展的关键点上，以仁礼统一、内外贯通为纲领，重新处理良知与认知的关系，"六经注我"而"我注六经"，重新建构完备的儒学思想体系。

会议的开幕式由梁涛教授主持，孟子研究院党委书记赵永和、中国人民大学国学院教授杨庆中、北京大学哲学系教授张学智分别致辞。本次研讨会共包含"良知、善与伦常"、"中西视域中的良知"、"统合孟荀与良

知、认知"、"良知的诠释与比较"、"孔孟荀新论"、"阳明学派的良知说"等八场专题讨论,意欲从不同观点的交锋与交汇中获得对"良知"与"认知"的新知。专题讨论中,复旦大学哲学学院教授张庆熊、复旦大学哲学学院教授杨泽波、北京大学哲学系教授张学智等分别作了题为"徘徊在康德、黑格尔和马克思之间——评论哈贝马斯的《再论道德与伦常》"、"何为善:儒家生生伦理学的解读"、"王阳明心学中的知识与道德"的发言,引起热烈讨论。台湾"中央研究院"文哲所的李明辉、林月惠研究员分别做的"良知的自我坎陷与穷智见德"、"殊途同归:王阳明与韩儒郑峡谷的良知体用观"发言,也引起了关注。

研讨会围绕孟子、荀子、朱子、阳明的良知认知观和道德与知识关系等议题展开研讨,对进一步厘清良知与认知关系问题具有重要价值。研讨会的召开也有助于进一步探索儒家文化传承发展的新途径,推动儒学在更深层次和更广领域的研究与传播。

"闽学与浙学:以朱子学为中心"学术研讨会

2019 年 10 月 17—19 日,由福建省闽学研究会、浙江省儒学学会主办的首次"闽学与浙学:以朱子学为中心"学术研讨会在福建建阳召开,来自福建、浙江两省的近 60 位专家学者和朱子文化界同仁出席了会议。中华炎黄文化研究会常务副会长张补旺,南平市副市长朱仁秀,建阳区委常委、宣传部长刘寒,福建省闽学研究会会长黎昕出席会议并致辞。论坛围绕闽学与浙学的起源、发展、融合、分歧问题,聚焦于朱子、吕祖谦、叶适、黄震等宋儒间的社会交往和理论关联,旁及明清理学在两地的曲折展开深入交流与探讨。会议期间与会代表还参加了考亭书院重建落成庆典、考察朱子文化遗迹等活动。此次研讨会的召开,借助各位专家学者的"智力"和"影响力",进一步挖掘和弘扬朱子文化思想精华、道德精髓、当代价值,推动朱子思想研究走向深入,也为建阳与海内外朱子文化研究学者的交流合作提供了良好机遇。据悉,由福建闽学研究会与浙江省儒学学会协商建立的"闽学与浙学"文化合作论坛机制,自此将轮流在福建与浙江主办,共同深入研究浙学、闽学的形成历史及其对中国社会历史与学术文化思潮的影响。

无锡首届朱子文化促进论坛

2019 年 10 月 28 日,江苏无锡祠堂文化研究会、无锡朱子学研究委员会联合举办的"无锡首届朱子文化促进论坛"在无锡惠山古镇中国泥人博物馆举行。无锡有不少朱子文化的因子,惠山古镇西神广场照壁上"惠山古镇"四个大字为朱熹的书法体；惠山古镇圣帝殿两侧砖刻朱子书法体"百善孝行先"、"万恶淫为首"；无锡的刘氏、黄氏、李氏、陆氏、杨氏的家谱资料和文献资料里都发现了与朱熹的关联。朱子精神的重要载体惠山古镇紫阳书院也即将开启复建工程。无锡首届朱子文化促进论坛的举行，对深挖朱熹的思想及其当代价值具有重要意义。

"朱熹文献与道统思想"学术研讨会暨四川省朱熹研究会会员代表大会

2019年12月14日，四川省朱熹研究会举办的"朱熹文献与道统思想"学术研讨会暨四川省朱熹研究会会员代表大会在四川师范大学狮子山校区成功召开。近九十位国内知名专家学者出席会议。开幕式由蔡方鹿教授主持，四川师范大学党委常委、副校长王川教授、四川省社科联学会部一级主任科员邓有根、四川师范大学哲学所所长李北东教授分别致辞。学术研讨会交流由西南民族大学哲学研究院杨翰卿教授主持。四川大学詹石窗教授、四川大学古籍所所长舒大刚教授分别作了"朱熹与道家文化"和"杨慎与朱熹"的主题发言。四川省朱熹研究会会员代表大会换届会议由原四川省社科联党组副书记、四川省社科联副主席、四川

省朱熹研究会名誉会长唐永进教授主持。第三届理事会会长蔡方鹿教授作了本届理事会工作汇报，秘书长四川大学尹波教授作了本届理事会财务工作汇报，并通过了代表大会的审议和会计师事务所的审计。会议选举产生新一届即第四届四川省朱熹研究会理事会，四川大学郭齐教授任会长，四川师范大学杨燕教授任秘书长兼法人代表。

安徽省朱子研究会会员代表大会暨2019年年会

2019年12月28日，安徽省朱子研究会会员代表大会暨2019年年会在合肥召开，安徽各高校、研究机构相关学者及朱子后裔会员代表和理事等一百多人参加了会议，诸伟奇会长主持会议。诸伟奇会长介绍了研究会历届会长对研究会的贡献和关怀，以及研究会发展历程。周晓光副会长作安徽省朱子研究会五年工作报告，详细介绍了研究会五年来取得的成就，其中发表专著二十多部、论文二百多篇、多次荣获省社科院集体和个人荣誉，以及组织和参加国内外及两岸四地的各种活动、学术报告及研究、社科院课题发表等，研究会荣获全国社科联先进学会。工作报告中，列出了2020年研究会的工作计划：积极推进朱子学、朱子学和新安理学的研究，深化研究课题；积极配

合徽州学院、合肥学院、安徽大学学报，发表相关报道及论文；加强朱子学和儒学的实践活动，组织安徽的朱子之路，加强朱子后裔的联谊，宣传朱子家训等儒家传统思想的当代价值；加强组织建设，加强宣传发展会员；办好网站，更好地宣传研究会的形象。朱传龙副秘书长汇报了 2019 年走访全省各地及开展朱子文化之旅等活动，对民族传统文化继承，对朱子文化传播起到促进作用。会议产生了新一届朱子研究会的会长、副会长、常务理事、理事。随后开展了学术研讨，丁怀超先生就朱子《四书章句集注》进行了专题发言，徐道彬教授作了"研究朱子为学、学习朱子为人"的发言，方利山教授建议积极推进朱子文物保护，刘仲林教授指出将科学创造精神与朱子优秀理学精神融合，建设文理会通的中华新文化。

朱子学研讨会综述

"东亚礼学与经学国际研讨会暨上海儒学院第三届年会"综述

2019年6月29日至30日，"东亚礼学与经学国际研讨会暨上海儒学院第三届年会"在复旦大学召开。

大会开幕式由复旦大学上海儒学院执行副院长吴震教授主持。在开幕致辞中，哲学学院院长孙向晨教授指出，本次会议以"礼学与经学"为题，将从事文史哲不同学术专业的学者汇聚一堂，共同研讨东亚礼学的文化传统，表明由儒学所构建的"东亚文明"具有打通近代学科设置的可能性，同时也表明在人文学科领域文史哲三家的未来发展具有进一步增进了解、加强沟通的巨大潜力。上海市儒学研究会会长朱杰人教授在致辞中则指出，所谓礼教，不是宗教，而是关于礼的教育，今天讨论东亚礼学，离不开对朱子礼学的研究，而朱子礼学思想具有化民成俗的现实关切，如何使礼学和礼教重新回到中国人的生命意识和社会意识中来，这是当今复兴传统文化的一项时代课题。

本次会议围绕"礼学与经学"这一主题，开幕式大会报告环节由复旦大学哲学学院徐洪兴教授主持，吾妻重二、叶国良分别做了题为"佐藤一斋《哀敬编》初探——日本阳明学者的儒教丧祭书"和"论《仪礼》中的几席位向"的主题报告。在其次的分组报告中，与会学者分别从"儒家传统礼学研究"、"东亚《家礼》研究"、"其他儒学与经学研究"三个方面展开了为期两天的学术讨论。

一、儒家传统礼学研究

在有关儒家传统礼学的主题下，梁满仓梳理了《礼记·礼运》文本，指出民惟邦本以及由此衍生的爱民、富民、利民主张是封建国家构建社会保障制度的理论依据。吕友仁指出经学今日已是"绝学"，而礼学则是"绝学"中的冷门。杨华针对"礼崩乐坏"问题，提出礼的内涵分为形而下和形而上两个层次，形而上的礼义具有从未中断的连续性，这正是中华礼乐传统得以连续和传承的文化基础。叶国良指出，就《仪礼》全书论，仅关涉人事之礼及与神魂有关之礼，认为凌廷堪《礼经释例》所概括之礼例，杂论人、神，不可据信，指出其中涉及的几席位向应该分别讨论和定位。刘丰将《礼记·儒行》与《荀子·儒效》作对比，厘清了战国儒学发展的脉络及更加重视政治品性的转向。吴飞讨论了程瑶田礼学的心性学基础，指出其所强调的恕、让、厚、和四德，都是礼学上强调接人待物之法的德性基础。

礼的哲学解读是传统礼学研究的重要组成部分。陈赟探讨了亲亲与尊尊作为周礼的原则与后世儒家所理解的人道的基本规定的"仁义"之间的关联，指出仁义的原则是对丧服、宗法精神的提炼与纯化。朱承讨论了《礼记》中的生活规范与政治秩序，并指出礼仪和风俗制度形成的"差异性"等级秩序，是儒家规范性政治的主要表现。

对古礼的考辨是传统礼学研究的艰深之处。陈壁生讨论了郑玄对圆丘礼的建构，指出圆丘祭天之礼是一个郑玄解经方式的典型问题，经过郑玄，圆丘祭天礼进入中国传统政治，塑造了政治的基本价值，也进入了后世的周代史写作。罗新慧以西周铭文回应《礼记》"支子不祭"问题，认为小宗可察其父，但在未与大宗分族之前，不能祭祀大宗之祖。陈徽讨论了禘、祫问题，认为作为大祭，禘礼三年一举，它审定的不仅是死者之间的昭、穆之序和尊卑、亲疏之伦，实则亦是通过此法以厘定、规范生者之间的伦理关系，维护相应的宗法政治秩序。古礼的具体仪文是儒家礼学原理的应用。吴丽娱梳理了关于唐代明堂礼的文献，指出礼制的变化是不同理论和意识形态长期斗争与相互

混融的结果，也是高宗、武则天时代皇权不断加强的体现。朱溢介绍了南宋大礼卤簿制度的制定及制约因素，曾亦讨论了汉儒关于宗庙迭毁争论中的亲亲与尊尊问题，认为祭祀之意本在于亲亲，然格于文帝为太宗、武帝为世宗之政治现实，以宗尊而不毁，又与亲亲原则相违矣。黄铭指出，晋代反向过继中的妾母服制作为非礼之礼，体现了皇权对礼学原则的入侵。陆敏珍在对宋代焚黄仪式的观察中指出，一个礼仪的仪式并不只具有意义模式，它也是一种社会互动的形式。韩国学者金镇佑则分析了朝鲜后期庶孽宗法地位的弱化事例及其原因。

此次会议中，学者们还关注了对传统礼学文本的重新诠释问题。夏微指出宋代《周礼》学开元、明、清批评郑玄《周礼注》之先导，开创以义理解《周礼》的新方法，并推动了《周礼》辨疑之风的拓展与深入。潘斌考察了清人"三礼"诠释，指出其校勘、礼图、礼例等方面的研究皆有集成特点。唐明贵讨论了郑玄《中庸注》兼采今古文的注释特色。胡文丰透过宋儒李觏《礼论》检视其在经学上的造诣，以及一生论述的理序基础。张涛则复原出宋儒魏了翁《周礼要义》的部分类目，为讨论其经学思想，提供了新的材料。

二、东亚《家礼》研究

朱子《家礼》是朱子礼学思想的代表性著作，它不仅是南宋以来影响最为广泛的一部礼书，而且对日本、朝鲜、韩国和越南也都产生了广泛而

深远的影响。此次会议，日本学者吾妻重二和韩国学者张东宇分别率领日韩两国《家礼》研究团队共约二十五人参加会议，就东亚《家礼》学问题做了专题性学术报告。在大会报告中，日本学者吾妻重二指出，《家礼》中的丧礼和祭礼在日本尤为引起关注，佐藤一斋的《哀敬编》重视丧礼中"哀"的感情和祭礼中"敬"的感情，是考察《家礼》在日本接受与变化的重要文献。《哀敬编》结合了日本国情和习惯，从《家礼》出发，探寻出儒教丧祭礼仪的新发展。韩国张东宇指出，为使《家礼》适应16世纪之后的朝鲜，朝鲜知识分子为修订《家礼》做出了诸多努力，在对变礼做出明确规定的著述中，《礼疑类辑》是朝鲜时代最具代表性的作品。

对文本的考辨分析是《家礼》研究的基础。徐渊通过对《家礼》与《士丧礼》及《书仪》的比较研究，指出宋代理学是通过礼仪革新达到文化保守的目标。王志阳以筐和幂尊疏布巾为例，讨论了朱子礼学的可行性与有效性。

在《家礼》面世后，历代学者的承袭与回应同样值得关注。顾宏义考证出元后期钱塘人应本为最先对朱熹撰述《家礼》之说提出质疑的学者，其辨析《家礼》之说，当载录于《三家礼范辨》内。苏正道指出明代以来流行的《家礼》及其改编本存在问题，清初学者主张习礼、考礼，回归《仪礼》研究。王献松则指出，汪绂《六礼或问》以"明礼意"为思想宗旨，对朱子《家礼》有所发展，在清代礼学史上的

学术价值值得重视。孙致文则介绍了近代上海学者姚文枬会通古今丧礼的研究，及其对《家礼》的承袭与检讨。

《家礼》是具有实践意义的礼书。徐到稳指出，实践礼学是私家编写、以儒家精神指导民间礼仪的学问，在明后期达到极盛，清前期开始衰落，明清礼学转型在于从实践礼学走向考证礼学。姚永辉梳理了以《家礼》为本的实践礼书明儒丘濬所著《文公家礼仪节》的文本生成理路，陈媛进一步介绍了该书在中韩两国的传播及特点。何淑宜以明清易代之际浙西士人为中心，探讨他们对明末清初政治、社会剧变下，士风、习俗变化的回应及礼仪实践。徐道彬分析了清初徽州的《茗洲吴氏家典》对朱子《家礼》的继承，并指出其对乡野礼仪续绝存亡，开辟新径的贡献。

在小组讨论中，田世民进一步探讨了江户期的知识人兼顾日本的制度与习俗，对《家礼》的礼文仪节的诠释与实践。日本学者榧木亨梳理了江户时期朱子学者中村惕斋《慎终疏节通考》及《追远疏节通考》中，对《家礼》未提及的丧祭礼仪用"乐"的论述。松川雅信介绍了在佛教主导殡葬仪式的背景下，近世日本崎门派的"家礼"实践。韩淑婷考察了日本幕末时期佐久间象山的《丧礼私说》对《家礼》的接受及运用，并指出其对调和丧礼中儒佛矛盾的贡献。越南学者佐藤瑞渊从在儒家思想指导下编纂的越南《家训》中揭示出越南古礼

的传统家庭伦理观念。

来自韩国的学者着重介绍了《家礼》在朝鲜的传播与发展。韩国学者郑现贞介绍了朝鲜本《家礼》之形成及其特征，朴润美指出《家礼》在朝鲜初期国家仪礼整备中被用作提供礼之原则的主要根据，韩在壎以《家礼辑览》为中心介绍了朝鲜中期对《家礼》的考证及补正。李俸珪以《国朝丧礼补编》与《林园经济志》为中心，讨论了朝鲜后期士大夫与朝鲜朝廷对《家礼》的活用，金允贞以《四礼便览》为例，讨论了朝鲜后期冠昏丧祭四礼的实践。崔然宇则以传统丧礼中服饰及织物为媒介，考察古礼及《家礼》在朝鲜时期的实践及变用。全圣健进一步以实现朝鲜王朝家礼体制改革的《四礼家式》为主，介绍了朝鲜后期代替《家礼》的新定式。

三、其他儒学与经学研究

在大会报告中，虞万里介绍了唐文治先生年谱长编的序言，指出蔚芝先生集德业、功烈、著述于一身，读经而润身立德，读经而求圣传道，读经而经世济民，实乃一等之人品文品学行。美国学者周启荣重新解读《论语》文本中"攘羊"的语境涵义，进而论证"攘羊"只是一种非礼杀牺牲的"违礼"行为而不是触犯"刑律"的行为。

此外，韩国学者徐大源考辨了孟子人、物性同异，陈畅介绍了阳明后学管志道易学形而上学及其意义，日本学者尾崎顺一郎介绍了陆陇其的《三鱼堂四书大全》编纂与四书学，张天杰进一步讨论了吕留良、陆陇其的

《四书》学与清初的"尊朱辟王"思想运动，谷继明报告了南朝经师刘瓛年谱及其《易疏》补笺，肖永奎考察了王安石的性善论说，陈峴澄清了朱熹对《周易》先天学的改造及其影响，陈晓杰梳理了阳明后学的"克己复礼"论，何益鑫疏解了竹简《性自命出》章句问题。

吴震教授作闭幕致辞，指出礼是中国传统文化的重中之重，近年来，越来越多的专家学者特别是新生代的年轻学者开始关注礼学传统的经学研究和思想研究，出现了令人欣喜的传统文化研究新动向，此次会议力图打破文史哲学科之间的壁垒，推动礼学研究的跨学科对话，取得了丰富的研究成果，未来还将继续努力，加深国际化协同合作的力度，为进一步推动"东亚文明"领域内的礼学研究与交流做出应有的贡献。

（转载"澎湃新闻"）

会通朱陆　传承理学

——"纪念陆九渊诞辰880周年会讲"综述

张品端

由福建省社会科学院、中国社会科学院哲学研究所宋明理学研究中心和台湾鹅湖月刊社主办，武夷学院朱子学研究中心、江西省抚州市社会科学联合会和金溪县人民政府共同承办的"会通朱陆 传承理学——'纪

念陆九渊诞辰 880 周年会讲'"活动，于 2019 年 9 月 6—8 日先后在朱子学的发祥地福建省武夷山和陆九渊的故里江西省金溪举行。来自海峡两岸部分高校和科研机构的 70 多位专家学者参加了这次会讲，共同围绕"会通朱陆，传承理学"这一主题展开了交流与探讨。

开幕式上，中国社会科学院哲学研究所副所长张志强研究员在致辞中说："今天我们对朱陆问题的探讨，就是在新时代条件下，通过朱陆之间虽相反实相成的会通视野，来把握中国思想和文明演进的动力枢机，通过对中国思想和文明演进枢机的把握，来自觉完成对中华优秀传统文化的传承和创新，自觉实现中华优秀传统文化的创造性转化和创新性发展，并以此来促进中华文明的更化发展，再铸中华文化的新辉煌。"

1. 关于"会通朱陆"的新诠释

朱陆思想的异同，是南宋以来一直被争论的问题，这次会讲则从会通的角度对朱陆思想进行了讨论。上海同济大学朱义禄教授认为，朱陆都有强烈的怀疑意识和自得精神，这是会通朱陆思维方式的新视域。从思维方式的角度看，怀疑后有质问，质问后须反思，反思后又会萌生一些自身独有的心得体会，这就是自得精神。此种思维方式是朱陆开展学术文化创造活动的重要途径，也是他们留给中华民族的精神，可为中华文化的传承与创新提供思想资源。台湾"中央大学"杨祖汉教授以牟宗三对朱陆哲学思想的评析为例，从本体与工夫两方面对朱陆思想之异同作了深入的分析，认为朱陆乃是两个不同的义理形态：朱熹对道德之理的理解和实践走的是"道问学而后尊德性"之路，而陆九渊走的是"尊德性而后道问学"之路。故两者的会通，并不是以其中一系涵容另一系，而必须从自己走向对方才能够互相补充以完成自己。

一些学者将"会通朱陆"的视域扩展到东亚儒学。中国社会科学院哲学研究所龚颖研究员就日本江户时代儒者对"朱陆之辩"的接受与转化作了详细考察：日本江户时代的儒家学者藤原惺窝、林罗山和中江藤树等，通过对"朱陆之辩"相关问题的讨论，加深了对宋明理学思想实质的理解；同时，他们在寻求融会朱陆的过程中表达出一些独特的思想主张，如他们吸纳了与陆学有共通性的朱子学相关论述来建构新的思想框架。

2. 关于朱熹理学思想内涵的阐释

与会部分学者对朱熹思想进行了深入探讨。武夷学院张品端研究员认为，朱熹以理、气为宇宙论的理论构架，以心性论为人生哲学的中心内容，而他所用的是理性分析的思维方式，这与传统的纯直觉内向观照方式不同，显出其哲学构思的创新与理论思维的发展。中国社会科学院哲学研究所赵金刚副研究员对朱熹的"浩然之气"进行了讨论，认为朱熹特别强调后天"养气"工夫的重要性。朱熹对"浩然之气"、"配义与道"的诠释，突出了"浩然之气"的实践向度，展现了"浩然之气"在道德实践中的积极作用。

朱熹的礼学思想是这次会议的一个突出内容。中国社会科学院哲学研究所刘丰研究员分析了宋代礼学的特征，认为宋代礼学以道学家为主体，形成了礼学中的义理派礼学。而朱熹从整体上扭转了儒学重仁轻礼、对礼的解释重内在而轻外在的倾向，并将传统儒家的礼与天理论贯通起来，极大地提升了"礼"在儒学中的地位，使"礼"具有了本体论的意义。安徽大学徐道彬教授则对明清古徽州礼学生态文化进行了深入考察，认为明清时期徽州礼学思想的转型与建构引领了古徽州的地域观念与民众的价值取向。特别是徽州作为朱子的桑梓之邦，《朱子家礼》使徽州地区形成了一种普遍的礼仪生活方式。武夷学院王志阳副教授认为，朱熹在礼学观念上，以礼为天理的表现和现实社会的最高行为准则，具体的礼仪则应"随时而变"；在礼学实践上，朱熹以礼为修身的原则，注重遵循礼的具体行为规范。

3. 关于陆九渊思想内涵的阐释

一些与会学者对陆九渊思想展开了讨论。山东省社会科学院涂可国研究员指出，陆九渊的心学呈现出某种儒家责任伦理思想的意蕴，即正心、存心、养心、自反的责任。而履行这种责任，又包括自醒自觉、自反自成、自立自强等。故陆九渊重视每个人的为己之学，把学以自道、学以明理确定为终身的责任。华南理工大学杜文曦副教授将陆九渊经学诠释学思想与西方诠释学互鉴，并用施莱尔马赫的"心理诠释学"原则对陆九渊的经学诠释学思想进行了解释。这种中西诠释学的对话是研究陆九渊思想的一个新范例，可为中西哲学比较研究提供新视野。江西师范大学邓庆平教授对陆九渊"克己复礼"的工夫论作了分析，认为"克己"是为学的关键，"恢复本心"是为学的目的，"克己复礼"不只是一个日常生活中的道德修养工夫，而且代表了一种崭新的具有普遍性的为学之道。华南理工大学袁君煊副教授认为，陆九渊"先立乎其大者"的为学工夫论，提倡发挥人的主体意识和自觉能动性，对于坚持价值理性对理论理性的优先地位有着重要意义。

总之，本次会讲的成果不仅体现于"继往"，更重要的乃在于"开来"。通过这次"会通朱陆，传承理学"会讲，我们对宋明理学的研究得到了拓展与深化，并为中国特色哲学知识体系的建设提供了更坚实的基础。

（原载《哲学动态》2019 年第 11 期，作者单位：武夷学院朱子学研究中心）

学术·历史·心灵：朱子学溯源之旅
——第十二届"朱子之路"研习营活动纪实

何　浩　王凯立

2019 年 7 月 15—22 日，第十二届"朱子之路"研习营全体成员齐聚福建、江西两省，共同溯源朱子理学，寻找圣贤之道。本届"朱子之路"研习营活动由朱子学会、中华朱子学会、厦门市同安区社会科学界联合会、尤溪县朱子文化研究会、婺源县朱子文化研究会联合举办，共吸引了来自中国社会科学院、北京大学、复旦大学、中山大学、厦门大学、武汉大学、北京师范大学、韩国成均馆大学、韩国中央大学、德国特里尔大学、台湾政治大学、台湾辅仁大学等的100余名朱子学研究者与爱好者参加。

一、同安始业

7月16日上午8：30，本次"朱子之路"始业式（释菜礼）在同安朱子书院正式开始。同安朱子书院原为同安老县衙，亦是朱子在同安时所居住的"高士轩"旧址，在这里举行本次"朱子之路"活动的始业式，意义重大。

全体营员诵读《朱子家训》，在朗朗的诵读声中完成释菜礼。"第十二届'朱子之路'研习营"总顾问朱杰人教授向全体营员致辞指出，第十二届"朱子之路"是一个新纪元，一是因为本届研习营是历届活动中国际化水平最高的一届；二是因为本次"朱子之路"扩大到了同安和婺源，是最完整的一次"朱子之路"。同时，朱杰人教授为营员们介绍了朱子在同安的经历和功绩，并希望青年学者不但要研究形上学，更要关心现实，关心世道人心。同安区社会科学界联合会林永福主席发言，指出同安作为朱子首仕之地具有丰富的朱子文化资源，值得深入开发。在国家"一带一路"

战略背景下，举行"朱子之路"研习营活动具有践行社会主义核心价值观的积极意义。全体营员齐唱"朱子之路"主题歌《走在朱子之路上》，始业式落下帷幕。

之后，《朱子文化》期刊主编方彦寿作了题为"歌声中，寻找我们的朱子"的报告，他从多个方面描述了朱子之路的意义，将朱子之路概括为一个鲜明的文化主题、一个明确的教育目标、一种活泼的教学形式、一种开放的讲学结构，并详细为大家介绍了《走在朱子之路上》歌词的来源和具体含义。复旦大学社会发展与公共政策学院谢遐龄教授向营员作了题为"从《仪礼经传通解·祭礼》看朱子学的宗教维度"的报告，他认为中国人的宗教信仰受到现代话语体系的误导，中国人实质上是具有宗教信仰的，这种宗教信仰有别于基督教、伊斯兰教、佛教等传统意义上的宗教，是一种宗法制的宗教。谢遐龄教授还对朱子《仪礼经传通解·祭礼》部分进行了较为详细的分析，以此说明中国这种宗法制宗教所具有的信仰天、信仰祖先的特征。

本次活动首次从朱子首仕之地同安开营。同安作为厦门文化原点、闽学文化源头，拥有丰富的朱子文化资源。可以说，朱子的足迹几乎遍布同安山村海角，在同安的修行实践奠定了朱子一生的学术思想基础。朱子勤政爱民，兴学育才，采风问俗，以礼导民，让偏于一隅的同安成为家传户诵的"海滨邹鲁"，紫阳过化的功绩被百姓传送至今。本次朱子之路研习营将以同安为起点，途经尤溪、武夷山、婺源等地，为期九天，历时最长。其间，营员们还将参访南溪书院、尤溪县朱子文化区、兴贤书院、紫阳楼、考亭书院、寒泉精舍、武夷精舍、鹅湖书院、朱子家庙等朱子文化圣地，举行释菜礼、祭朱文公墓等礼仪活动，此外还有主题报告会与论文研讨会串插其间，整个"朱子之路"活动精彩纷呈。

二、尤溪探源

7月17日，第十二届"朱子之路"研习营来到了朱子出生地尤溪县。是日全体营员来到朱子文化园区，参观尤溪博物馆、南溪书院，了解朱子出生时的点点滴滴以及朱子之于尤溪的影响。之后，聆听了两场精彩的学术报告。韩国同德女子大学朱光镐老师为营员们分享了他对"朱子格物致知的阐释学解释"的相关思考，朱光镐老师认为，朱子论工夫的目的，并不是"本体体验"，而是以成熟人格善处日常生活。朱子的格物致知，也不是理论型认识或内面道德本性的实习，而是通过对象的关心而达成内外圆融的关系。此外，朱子的理想人格并不是避免现实世界而还原到主体内面的独立存在，在这个意义上，我们说没有内圣的外王是很危险的，而没有外王的内圣也是很盲目的。朱光镐老师指出，朱子的哲学思想不仅是道德形而上学，还包含了四书学、经学、社会学、政治学、经济学等丰富的内容。第二场讲座题为"朱子《诗》说与《诗序》异同研究之检讨"，主讲人为台湾政治大学中文系

的车行健老师。车行健老师详细比较了十五家对朱子《诗》说与《诗序》异同问题的研究成果，指出其中有九家为"主同说"，有六家为"主异说"，而十五位学者研究所得的数据无一是相同的。另外，这十五家的研究成果也显示出了地域差异，港台学者更倾向于"主同说"，而大陆学者更倾向于"主异说"。车行健老师强调，量化统计的科学方法并不足以成为判别《诗》说与《诗序》之异同的根据，有时文本间更为本质的结构性差异虽然数据量小，却更为重要。

三、五夫寻访

7月18日，第十二届"朱子之路"研习营全体营员参观了被誉为"山中理窟"的桂峰古民居、朱子故居紫阳楼、兴贤书院、五夫古街等。其中，紫阳楼对朱子一生的成长与思想发展有着重要意义：绍兴十三年（1143年，时朱子14岁），朱子父亲朱松委托刘子翚抚养并教育朱子，而紫阳楼正是刘子翚当年与朱子生活过的地方，在此期间，刘子翚"不远复"三字诀、"一为心法"等观念，对朱子的思想成长产生了重要作用。在参观完紫阳楼后，营员们品尝了朱子灵泉（据当地人说，喝灵泉能使人变得聪明），并走过了朱子进入五夫镇的第一巷——朱子巷，深刻感受到了朱子故里浓厚的文化气息。

四、黄坑祭拜

7月19日上午，第十二届"朱子之路"研习营全体营员首先前往建阳黄坑举行了祭拜朱文公仪式。之后，参访考亭书院。考亭书院背负青山，

三面环水,景色清幽。宋绍熙三年(公元1192年)朱子承父志建"竹林精舍",后更名"沧州精舍"(考亭书院)。在宋代四方学子不远千里负笈到考亭求学问道,群贤毕至,形成学术史上具有重大影响的"考亭学派"。朱子在考亭书院授徒讲学八年,于庆元六年(1200年)病殁。宋理宗时,程朱理学备受重视,淳佑四年(1244年)诏为考亭书院,理宗皇帝赵昀御书匾额褒崇之。考亭书院因年湮代远,风雨侵蚀而倾圮,于今仅存有明嘉靖十年(1531年)御史蒋昭创修的石牌坊,建阳市政府于1998年兴建朱子文公祠一座屹立在考亭玉枕山之巅。当今考亭书院已成为海内外朱子后裔及朝圣者的"阙里"。下午,全体营员来到了建阳寒泉精舍祝夫人墓,祭拜朱子的母亲祝夫人。寒泉精舍位于建阳市马伏天湖之阳,为朱子创办的第一所书院。当时地属崇泰里后山铺东,旧名"寒泉坞"。1170年正月,朱子葬母于寒泉林天湖之阳;同年,在墓旁构筑精舍,匾曰"寒泉",守孝治学。

五、武夷畅游

7月20日上午,第十二届"朱子之路"研习营全体营员来到了武夷山九曲溪畔,乘竹筏顺流而下,亲身领略朱子《九曲棹歌》所描绘的人间仙境。下午,师生们参观了武夷精舍。武夷精舍位于九曲溪畔,是朱子于宋淳熙十年(1183年)所建,为其著书立说、倡道讲学之所。

六、鹅湖问道

7月21日上午,第十二届"朱子之路"研习营全体营员参访了鹅湖书院。鹅湖书院位于上饶铅山县鹅湖镇鹅湖山麓,为古代江西四大书院之一,占地8000平方米。鹅湖书院曾是一个著名的文化中心,为了纪念朱子与陆九渊在鹅湖寺举行的那场影响深远的论辩而建。全体营员在鹅湖书院聆听了两场精彩的讲座,亲身体验了古圣先贤在书院求道问学的情景。两场讲座均由本届"朱子之路"总顾问朱杰人教授主持,第一场讲座的主讲人是陕西师范大学哲学系许宁教授,讲座题目为"鹅湖之会的文化意义"。许宁教授首先简单介绍了鹅湖之会的基本情况,进而从薄与约、繁与简、道问学与尊德性三方面总结了朱陆异同问题,总体来说,朱子与陆九渊学问的不同是为学方法上的不同,即朱子强调格物致知,而陆九渊则强调发明本心。许宁教授认为,朱陆之辩有三方面的文化意义:其一是理学文化意义,即朱陆之辩上承儒学性与天道的展开,下贯后世儒学发展的动力;其二是三教文化意义,即朱陆之辩在三教发展的历史进程中起到了促进三教相互融通的作用;其三是世界文化意义,即朱陆之辩体现出了中国哲学特有的内在超越向度,奠定了中国人的精神世界并回响今日。

第二场讲座由本次研习营总领队朱人求教授带来,主题为"朱子静坐工夫论"。在讲座开始,朱人求教授探讨了中国哲学中"工夫"的含义:工夫最早指工程、夫役,后来引申为花时间、花精力的身心修炼,是一种与西方哲学完全不同的理论视域和实践视域。在工夫论的视域下,朱人求教授介绍了张载、二程、王阳明、刘宗周等人对静坐的论述,并注意辨明儒家静坐与释道静坐的区别。就朱子而言,静坐不是去除一切思虑,而是可以专注于对天理的思考,在这个意义上,静坐与读书是相互促进的,即所谓"半日静坐,半日读书",朱子并非以静坐废弃读书。就静坐与穷理的关系而言,朱子认为静坐摆脱私心杂念,从而明得圣人之心与天地之理。就静坐与涵养的关系而言,静坐是一种涵养工夫,静中体验未发之中,从而能够涵养本源、涵养本心。就静坐与主敬的关系而言,由静发展到敬,意味着静坐工夫真正意义上的儒家化,朱子认为敬则自静,敬通贯动静。在讲座最后,朱人求教授详细介绍了朱子静坐的方法,并让营员们进行了十分钟的静坐体验。

七、婺源结业

7月22日,第十二届"朱子之路"研习营营员们前往婺源县感受朱子文化,参观了朱子家庙、朱子故居的虹井以及朱子命名的廉泉等。之后,营员们在婺源县紫阳书院聆听本届"朱子之路"总顾问朱杰人教授的精彩讲座。讲座开始之前,韩国延世大学的李光虎教授、韩国成均馆大学李天承教授向紫阳书院赠送了韩国朱子学方面的珍贵图书,并举行了简单的赠书仪式。在讲座中,朱杰人教授为同学们讲述了朱子画像的流传,展示中、日、韩各国传统古籍及画卷当中的朱子画像,并澄清现在流传的伪

朱子像问题。朱杰人教授最后呼吁,坚决抵制朱子伪像的使用与流传。晚上,第十二届"朱子之路"研学营在婺源举行隆重的闭营式。中共婺源县委书记吴曙,县委常委、宣传部长俞春旺,县人大常委会副主任詹显华,县人民政府副县长江细兰等出席仪式并为营员们颁发结业证书。俞春旺在致辞中讲到,朱子文化是婺源最富有特色的地方文化品牌,近年来,县委、县政府把朱子文化保护开发融入了社会发展的各领域。研习营总领队、厦门大学教授朱人求总结了本届"朱子之路"取得的可喜成就,将本届朱子文化的溯源之旅总结为:学术溯源之旅、历史溯源之旅、心灵溯源之旅。韩国团领队崔英辰教授从韩国儒学的视域谈了自己对于本届朱子之路的感想,中国台湾团领队冯晓庭教授从朱子学的包容性、朱子之路的持之以恒等方面谈论了自己对本届"朱子之路"的感受。优秀学员代表李毅、江佳凤、吴真率(韩国)、陈峰、郭荧銮等相继发言,分享了自己在本次活动过程中的所思所悟。

自2008年以来,"朱子之路"历经十二届,已培养了1200多名朱子学研究后继。目前,"朱子之路"已成为知名文化品牌,为青年朱子学者提供了一个交流思想的平台和一次祭拜先贤的机会,是一次求学之旅、求道之旅、寻根之旅,为朱子学的承传与创新注入活力。

(作者单位:厦门大学哲学系)

朱子学
年鉴
（2019）

资料辑要

2019 年部分朱子学新书目录

[1] 卞东波编校：《朱子感兴诗中日韩古注本集成（上下）》，上海：上海古籍出
版社，2019 年 11 月。

[2] 曾海军点校：《宋元孝经学五种》，北京：中国社会科学出版社，2019 年
8 月。

[3] 查洪德注译：《近思录》，郑州：中州古籍出版社，2019 年 8 月。

[4] 陈立胜著：《宋明儒学中的"身体"与"诠释"之维》，北京：商务印书馆，
2019 年 1 月。

[5] 程水龙撰：《〈近思录〉集校集注集评（修订本）》，上海：上海古籍出版社，
2019 年 11 月。

[6] 冯　兵著：《朱熹礼乐哲学思想研究》，北京：社会科学文献出版社，2019
年 4 月。

[7] 福建省文物局、福建省文物鉴定中心编：《朱子福建史迹图集》，福州：福
建教育出版社，2019 年 10 月。

[8] 顾旭明著：《宋元时期的东阳理学》，杭州：浙江工商大学出版社，2019 年
12 月。

[9] 洪　琦、米豆豆著：《少年朱熹》，北京：现代出版社，2019 年 7 月。

[10] 黄家鹏著：《黄榦传》，北京：团结出版社，2019 年 3 月。

[11] 孔凡青著：《朱熹〈家礼〉制度伦理研究》，北京：人民出版社，2019 年 3 月。

[12] 李宁宁、黎　华著：《白鹿洞书院揭示诠解》，南昌：江西高校出版社，2019
年 4 月。

[13] 刘金桥编：《理学集大成者朱熹》，长春：吉林出版集团股份有限公司，
2019 年 1 月。

[14] 罗彩媚主编：《朱子诗文字帖》，长春：东北师范大学出版社，2019 年 3 月。

[15] 潘牧天著：《朱子语录文献语言研究》，上海：上海人民出版社，2019 年
12 月。

[16] 彭卫民校注：《和刻本〈家礼〉校注》，成都：巴蜀书社，2019 年 9 月。

[17] 彭卫民著：《朱熹〈家礼〉思想的朝鲜化》，成都：巴蜀书社，2019 年 5 月。

[18] 朴晋康著：《朝鲜"两班"及其文化特征研究》，延吉：延边大学出版社，
2019 年 1 月。

[19] 钱　穆著：《宋代理学三书随札》，北京：九州出版社，2019 年 4 月。

[20] 邱蔚华著：《朱熹文学与佛禅关系研究》，北京：中国社会科学出版社，2019 年 7 月。

[21] 邵凤丽著：《朱子家礼与传统社会民间祭祖礼仪实践》，北京：中国社会科学出版社，2019 年 5 月。

[22] 申淑华著：《〈四书章句集注〉引文考证》，北京：中华书局，2019 年 8 月。

[23] 四川大学复性书院编：《宋五子书》，扬州：广陵书社，2019 年 9 月。

[24] 王　霞著：《朱熹自然观研究》，合肥：合肥工业大学出版社，2019 年 10 月。

[25] 王　宇著：《师统与学统的调适　宋元两浙朱子学研究》，北京：社会科学文献出版社，2019 年 4 月。

[26] 吴　甿著：《目的与存在》，杭州：中国美术学院出版社，2019 年 4 月。

[27] 吴伯雄编：《真德秀全集》，北京：北京燕山出版社，2019 年 7 月。

[28] 徐公喜主编：《世纪之交的朱子学（上中下）》，南昌：江西人民出版社，2019 年 3 月。

[29] 杨东胜主编：《南宋朱熹城南唱和诗卷》，北京：中国书店，2019 年 12 月。

[30] 杨东胜主编：《南宋朱熹行书翰文稿》，北京：中国书店，2019 年 12 月。

[31] 杨丽丽主编：《大学选读　四书章句集注》，北京：红旗出版社，2019 年 9 月。

[32] 杨儒宾著：《从〈五经〉到〈新五经〉》，上海：上海古籍出版社，2019 年 12 月。

[33] 杨天石著：《朱熹：孔子之后第一儒》，北京：东方出版社，2019 年 1 月。

[34] 姚进生主编：《朱子十讲》，福州：福建教育出版社，2019 年 12 月。

[35] 殷　慧著：《礼理双彰——朱熹礼学思想探微》，北京：中华书局，2019 年 3 月。

[36] 于本明著：《〈周易本义〉解读》，北京：中国工人出版社，2019 年 3 月。

[37] 张　红著：《江户前期理学诗学研究》，长沙：岳麓书社，2019 年 8 月。

[38] 张京华导读注译：《近思录》，长沙：岳麓书社，2019 年 9 月。

[39] 张品端著：《朱子学在海外的传播与影响》，北京：中国社会科学出版社，2019 年 12 月。

[40] 朱杰人编著：《朱教授讲朱子（修订本）》，上海：华东师范大学出版社，2019 年 8 月。

[41] 朱晓雪编著：《朱子福建题刻集释研究》，保定：河北大学出版社，2019 年 8 月。

[42]《朱子文化大典》编委会编：《朱子文化大典》，福州：福建教育出版社，2019 年 10 月。

[43]《朱子学刊》编委会编：《朱子学刊》，合肥：黄山书社，2019 年 6 月。

[44] 朱子学会、厦门大学国学研究院编：《朱子学年鉴(2018)》，北京：商务印书馆，2019 年 10 月。

[45] [朝鲜] 李　珥辑：《圣学辑要》，镇江：江苏大学出版社，2019 年 10 月。

[46] [美] 田　浩著：《朱熹的思维世界(增订版)》，南京：江苏人民出版社，2019 年 5 月。

[47] [日] 岛田虔次著，蒋国保译：《朱子学与阳明学》，济南：山东人民出版社，2019 年 6 月。

[48] [南宋] 朱　熹著，[南宋] 张洪、齐熙编，刘天然译注：《朱子读书法》，北京：线装书局，2019 年 1 月。

[49] [南宋] 叶　采集解，程水龙校注：《近思录集解》，北京：中华书局，2019 年 6 月。

[50] [宋] 朱　熹集注：《孟子》，上海：上海古籍出版社，2019 年 5 月。

[51] [宋] 朱　熹集注，[东汉] 王逸章句：《楚辞五卷》，成都：巴蜀书社，2019 年 5 月。

[52] [宋] 朱　熹著：《童蒙须知》，福州：福建教育出版社，2019 年 7 月。

[53] [宋] 朱　熹著：《童蒙须知》，北京：民主与建设出版社，2019 年 11 月。

[54] [宋] 朱　熹著，郭齐、尹波编校：《朱熹文集编年评注》，福州：福建人民出版社，2019 年 12 月。

[55] [宋] 朱　熹注，赵长征点校：《中华国学文库　诗集传》，北京：中华书局，2019 年 2 月。

[56] [宋] 朱　熹、吕祖谦撰，斯彦莉译注：《近思录》，北京：中华书局，2019 年 6 月。

[57] [宋] 朱　熹撰，陈峰点校：《大同集》，厦门：厦门大学出版社，2019 年 8 月。

[58] [宋] 胡方平、[元] 胡一桂著，谷继明点校：《易学启蒙通释　周易本义启蒙翼传》，北京：中华书局，2019 年 8 月。

[59] [明] 来知德撰，郑同整理：《周易集注》，北京：九州出版社，2019 年 11 月。

[60] [明] 来知德撰，王丰先点校：《周易集注》，北京：中华书局，2019 年 11 月。

[61] [明] 蔡　清著：《太极图说》，厦门：鹭江出版社，2019 年 6 月。

[62] [明] 蔡　清著：《虚斋看河图洛书说》，厦门：鹭江出版社，2019 年 8 月。

[63] [清] 吕留良撰，何善蒙点校：《吕晚村先生四书讲义》，北京：九州出版社，2019 年 8 月。

2019 年部分朱子学论文索引

［1］巴壮壮：《鲜明生动的朱子之路》，《朱子文化》，2019 年第 3 期。

［2］白　贤：《朱熹"法者、天下之理"辨析》，《华夏文化》，2019 年第 1 期。

［3］白子超：《"自明"》，《思维与智慧》，2019 年第 22 期。

［4］毕　游：《20 世纪以来关于朱、陆、王之异同的比较研究综论》，《中国史研究动态》，2019 年第 4 期。

［5］毕　游：《从求和存异到求同去异——简论元明清时期的朱陆异同之辩》，《国学学刊》，2019 年第 1 期。

［6］蔡骋骏：《刘子翚的伦理思想研究》，湖南师范大学，2019 年硕士论文。

［7］蔡方鹿：《朱熹思想的当代价值》，《四川师范大学学报（社会科学版）》，2019 年第 4 期。

［8］蔡家和：《王船山对程朱学派〈论语·予欲无言〉诠释的批评》，《船山学刊》，2019 年第 3 期。

［9］蔡　杰：《性还是心：理学视域中的好恶定性》，《绍兴文理学院学报（人文社会科学）》，2019 年第 6 期。

［10］蔡少辉：《行与思在朱子之路上》，《朱子文化》，2019 年第 4 期。

［11］蔡振丰：《由丁茶山的儒学诠释论东亚伦理学的发展》，《外国问题研究》，2019 年第 3 期。

［12］曹晶晶：《陈淳心性论研究》，上海师范大学，2019 年硕士论文。

［13］常　新：《"得君行道"：朱熹政治取向与实践中的权利张力问题》，《国学学刊》，2019 年第 1 期。

［14］陈　澄、周怀宇：《论朱子的二程学研究》，《合肥学院学报（综合版）》，2019 年第 6 期。

［15］陈　冲：《朱松及其诗歌研究》，辽宁大学，2019 年硕士论文。

［16］陈逢源：《朱熹与张栻之义理辨析与学脉建构——中和·仁说·道统》，《四川师范大学学报（社会科学版）》，2019 年第 4 期。

［17］陈桂蓉：《理学的继往与开来——朱子之路断想》，《朱子文化》，2019 年第 1 期。

［18］陈国代：《杨龟山"救世修身本无二道"之探讨》，《武夷学院学报》，2019 年 10 月。

［19］陈　进：《〈庄子〉〈论语〉会通的一种新路径——兼与朱子诠释之比较》，

《重庆广播电视大学学报》,2019 年第 1 期。

[20] 陈　来：《张栻〈太极图说解义〉及其与朱子解义之比较》,《周易研究》,2019 年第 1 期。

[21] 陈立胜：《宋明儒学中的"身体"与"诠释"之维》,《博览群书》,2019 年第 4 期。

[22] 陈立胜：《"以心求心""自身意识"与"反身的逆觉体证"——对宋明理学通向"真己"之路的哲学反思》,《哲学研究》,2019 年第 1 期。

[23] 陈　林：《主敬涵养与格物穷理何者为先？——关于朱子工夫论的一个问题》,《南昌大学学报(人文社会科学版)》,2019 年第 1 期。

[24] 陈龙山、林晓蓉：《两岸书院福建泉州开启文化之旅探寻"朱子之路"》,《台声》,2019 年第 14 期。

[25] 陈美容：《朱子〈大学章句〉哲学诠释学探析》,《莆田学院学报》,2019 年第 1 期。

[26] 陈　明：《朱子思想转折的内容、意义与问题——文化政治视角的考察》,《北京大学学报(哲学社会科学版)》,2019 年第 6 期。

[27] 陈佩辉：《朱子与王阳明"诚意"思想之异同——以二者对〈大学〉"诚意"章的解释为中心》,《平顶山学院学报》,2019 年第 1 期。

[28] 陈其祎：《简论李光地〈诗所〉对朱熹"淫诗说"的修正》,《文学教育(下)》,2019 年第 8 期。

[29] 陈乔见：《朱子对孟子性善论的"哥白尼倒转"及其伦理学差异》,《杭州师范大学学报(社会科学版)》,2019 年第 6 期。

[30] 陈清春、李　彤：《朱熹〈大学〉"正心"工夫研究》,《山西高等学校社会科学学报》,2019 年第 11 期。

[31] 陈双珠：《"性"与"善"二分的诠释——试比较戴震与朱子语言逻辑进路的异同》,《东南学术》,2019 年第 1 期。

[32] 陈王婧璟：《宋明理学影响下的茶文化发展研究》,《福建茶叶》,2019 年第 5 期。

[33] 陈　薇、王晓春：《问渠哪得清如许,为有源头活水来——哲理诗教学策略探究》,《小学教学参考》,2019 年第 34 期。

[34] 陈文庆：《"下学而上达"：评丘濬〈朱子学的〉之编撰旨趣》,《学术评论》,2019 年第 2 期。

[35] 陈晓杰：《朱熹鬼神论的理论张力——以〈中庸〉"体物而不可遗"的诠释为例》,《孔子研究》,2019 年第 5 期。

[36] 陈晓隽、吴光辉：《从水户学的"尊王攘夷"到福泽谕吉的"脱亚论"——试论朱子学在近代日本的命运》,《福州大学学报(哲学社会科学版)》,2019 年第 3 期。

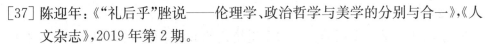

[37] 陈迎年：《"礼后乎"脞说——伦理学、政治哲学与美学的分别与合一》，《人文杂志》，2019 年第 2 期。

[38] 陈永宝：《从"Virtue"的中译本看亚里士多德与朱熹思想的融通》，《邵阳学院学报（社会科学版）》，2019 年第 3 期。

[39] 陈永宝：《论朱熹的"辟佛"思想》，《上饶师范学院学报》，2019 年第 1 期。

[40] 陈永宝：《论朱熹"理"学思想的历史缘起》，《福建江夏学院学报》，2019 年第 1 期。

[41] 陈永宝：《殊途同归：论朱熹与严复救世思想的儒学回归》，《吉林师范大学学报（人文社会科学版）》，2019 年第 5 期。

[42] 陈支平、冯其洪：《徽学视阈下的新安朱熹》，《安徽师范大学学报（人文社会科学版）》，2019 年第 6 期。

[43] 陈志杰：《从朱子之路到朱子之道》，《朱子文化》，2019 年第 1 期。

[44] 程　楷：《五百年手泽如新——〈募刻朱子全集类编启〉读后》，《朱子文化》，2019 年第 1 期。

[45] 程利田：《朱子学在日本的传播和发展》，《海峡教育研究》，2019 年第 1 期。

[46] 程利田：《朱子学在越南的传播》，《海峡教育研究》，2019 年第 3 期。

[47] 程　荣、吴长庚：《〈瀛奎律髓〉对朱熹诗歌的选录与评价》，《集美大学学报（哲学社会科学版）》，2019 年第 3 期。

[48] 程水龙、曹　洁：《论东亚"近思之学"的文献构建与价值》，《苏州大学学报（哲学社会科学版）》，2019 年第 4 期。

[49] 池雪凤：《朱子之路　甘之如饴》，《朱子文化》，2019 年第 3 期。

[50] 崔轶凡、王庆国：《论宋明理学"理一分殊"对张介宾辨证观的影响》，《中国中医基础医学杂志》，2019 年第 9 期。

[51] 崔　壮：《章学诚"浙东学术"新论》，《历史教学问题》，2019 年第 4 期。

[52] 代　亮：《清初诗学思想与程朱理学》，《社会科学文摘》，2019 年第 10 期。

[53] 代　亮：《清初诗学思想与程朱理学》，《文学遗产》，2019 年第 4 期。

[54] 单虹泽：《朱熹理学对庄子思想的援引与改造》，《上饶师范学院学报》，2019 年第 4 期。

[55] 单正齐：《宋明儒学与佛教——基于心性论视域中的比较》，《求索》，2019 年第 1 期。

[56] 邓　晶：《程瞳〈新安学系录〉研究》，华中师范大学，2019 年硕士论文。

[57] 邓庆平：《儒学门人研究模式刍议——以朱子门人研究为例》，《河南教育学院学报（哲学社会科学版）》，2019 年第 3 期。

[58] 邓庆平：《朱子门人与朱子学》，《中国哲学史》，2019 年第 2 期。

[59] 邓杨婷：《〈楚辞集注·九歌〉所录古今字研究》，《文教资料》，2019 年第

12 期。

[60] 丁四新：《张力与融合——朱子道统说的形成与发展》，《中州学刊》，2019
年第 2 期。

[61] 丁为祥：《宋明理学的三种知行观——对理学思想谱系的一种逆向把握》，
《学术月刊》，2019 年第 3 期。

[62] 东方朔：《"反其本而推之"——朱子对〈孟子·梁惠王上〉"推恩"问题的理
解》，《复旦学报（社会科学版）》，2019 年第 3 期。

[63] 东英寿：《新发现欧阳修书简与周必大、朱熹关于范仲淹神道碑铭的论
争》，《华南师范大学学报（社会科学版）》，2019 年第 1 期。

[64] 窦海元、刘 伟：《金石之交：朱熹与蔡元定》，《上饶师范学院学报》，2019
年第 4 期。

[65] 段重阳：《"诚意"与"正心"：致良知工夫的两种路径》，《中国哲学史》，
2019 年第 6 期。

[66] 段重阳：《作为人格存在的良知：王阳明论未发已发——兼论与朱子中和
说之区别》，《贵阳学院学报（社会科学版）》，2019 年第 6 期。

[67] 多卷本《宋明理学史新编》，《复旦学报（社会科学版）》，2019 年第 1 期。

[68] 樊智宁：《经权思想的汉宋之别及其规范性来源》，《烟台大学学报（哲学社
会科学版）》，2019 年第 6 期。

[69] 范 扬：《朱熹诗〈春日〉》，《艺术品》，2019 年第 2 期。

[70] 方爱龙：《学书当学颜：南宋士夫陆游与朱熹的书法观——兼谈论题思考
的书法史基点》，《书法研究》，2019 年第 2 期。

[71] 方旭东：《猪肉与龙肉——朱熹与道教丹学的一段公案》，《世界宗教研
究》，2019 年第 5 期。

[72] 方彦寿：《"源头活水"与"艨艟巨舰"》，《朱子文化》，2019 年第 4 期。

[73] 方彦寿：《真德秀〈政经〉及其廉政思想的影响》，《朱子文化》，2019 年第
1 期。

[74] 方彦寿：《走在朱子之路上（歌词修订版）》，《朱子文化》，2019 年第 5 期。

[75] 方 遥：《朱熹的社会经济思想及其实践》，《中国社会经济史研究》，2019
年第 2 期。

[76] 丰俊青：《刍议南宋书家对苏轼的接受——以陆游、朱熹、范成大为例》，
《书法赏评》，2019 年第 6 期。

[77] 风 叔：《"克己复礼"的含义》，《朱子文化》，2019 年第 4 期。

[78] 付 佳：《朱熹〈诗集传〉刊刻与流传新探——以二十卷本系统为研究对
象》，《文学遗产》，2019 年第 2 期。

[79] 高春棋、马岳勇、庞 瑜：《朱熹与康德人性论思想之比较及对德育的启
示》，《江西广播电视大学学报》，2019 年第 2 期。

［80］高海波：《道德实践的动力问题——以东亚的性理学为例》，《道德与文明》，2019 年第 5 期。

［81］高令印：《注重实地考察的治学方法和朱子学的学术追求（上）》，《朱子文化》，2019 年第 1 期。

［82］高令印：《注重实地考察的治学方法和朱子学的学术追求（下）》，《朱子文化》，2019 年第 2 期。

［83］高玮谦：《走朱子之路　传朱子之道》，《朱子文化》，2019 年第 1 期。

［84］高　蔚：《感悟朱子的智慧与心路》，《朱子文化》，2019 年第 2 期。

［85］高　悦：《江户日本学者的徂徕学批判：以"礼乐"和"功利"为中心》，《历史教学问题》，2019 年第 3 期。

［86］高　悦：《近世日本徂徕学的"礼乐"思想研究》，东北师范大学，2019 年博士论文。

［87］耿芳朝、王振钰：《从〈中庸章句〉引注看朱熹经典诠释的原则》，《安徽师范大学学报（人文社会科学版）》，2019 年第 1 期。

［88］龚　颖：《林罗山理气论的思想特色》，《日本学刊》，2019 年第 S1 期。

［89］古周瑜：《朱子和合思想探微》，江西师范大学，2019 年硕士论文。

［90］顾宏义、刘向培：《道统之传：南宋南剑州书院与闽学的传播》，《湖南大学学报（社会科学版）》，2019 年第 3 期。

［91］顾宏义：《朱陆之争与朱熹陆九渊往来书信的佚缺》，《中原文化研究》，2019 年第 4 期。

［92］管　琴：《行状文本书写与历史真实的显隐——以朱熹〈张浚行状〉为例》，《文艺研究》，2019 年第 12 期。

［93］管仁杰：《台湾藏宋刊〈反离骚〉为嘉定十年本〈楚辞集注〉残卷考——兼论嘉靖袁裘本〈楚辞集注〉出自嘉定十年本》，《文献》，2019 年第 6 期。

［94］桂方海：《以创新性转化回应时代关切——〈宋明理学史〉（修订版）正式出版》，《华夏文化》，2019 年第 1 期。

［95］郭安岐：《理学视阈下的杨时诗歌研究》，沈阳师范大学，2019 年硕士论文。

［96］郭红全、柳悦霄：《朱熹艺术哲学中的书法美学本体论》，《中国书法》，2019 年第 24 期。

［97］郭敬东：《惟王尽制与惟圣尽伦——朱熹政治伦理思想及其当代意蕴》，《安徽师范大学学报（人文社会科学版）》，2019 年第 2 期。

［98］郭矩铭：《朱熹视野中的道统传承——以〈孟子集注〉为中心》，《衡水学院学报》，2019 年第 6 期。

［99］郭美华：《道德存在的普遍性维度及其界限——朱熹对孟子道德哲学的"转戾"与"曲通"》，《哲学动态》，2019 年第 6 期。

［100］郭慭荔：《北山四先生文学研究》，山西大学，2019 年硕士论文。

［101］郭晓东：《因小学之成以进乎大学之始：浅谈朱子之"小学"对于理解其〈大学〉工夫的意义》，《中国哲学史》，2019 年第 4 期。

［102］郭园兰：《论朱熹学术的工夫论倾向——以〈论语〉"为仁"诠释为中心》，《中国哲学史》，2019 年第 6 期。

［103］哈　磊：《朱熹所读禅宗典籍考》，《宗教学研究》，2019 年第 3 期。

［104］韩　雪：《写在朱子之路后》，《朱子文化》，2019 年第 1 期。

［105］韩延波：《从政治到文学：〈将仲子〉解读》，《大众文艺》，2019 年第 22 期。

［106］韩章训：《明清尤溪县〈南溪书院志〉编纂考辨》，《福建史志》，2019 年第 2 期。

［107］韩章训：《谈司马光、朱熹对志界影响》，《新疆地方志》，2019 年第 4 期。

［108］何　浩、王凯立：《学术·历史·心灵：朱子学溯源之旅——第 12 届朱子之路研习营活动纪实》，《朱子文化》，2019 年第 5 期。

［109］何　浩：《朱子之路随感》，《朱子文化》，2019 年第 4 期。

［110］何　俊：《朱子学的研究要素与浙学开拓》，《浙江社会科学》，2019 年第 2 期。

［111］何　玮：《朱熹陈淳思想的承传与创新——第四届海峡两岸朱熹陈淳学术研讨会综述》，《闽台文化研究》，2019 年第 1 期。

［112］何　玮：《走朱子之路　感朱子之道——第 12 届朱子之路研习营有感》，《朱子文化》，2019 年第 5 期。

［113］宏格尔珠拉：《朱熹格物致知的哲学研究》，《佳木斯职业学院学报》，2019 年第 9 期。

［114］洪　军：《四端七情之辨——朝鲜朝前期朱子学研究》，《中国哲学史》，2019 年第 1 期。

［115］洪婷婷：《真德秀文学思想研究》，上海外国语大学，2019 年硕士论文。

［116］洪亚勇、朱汉民：《朱熹知识论建构的学术文化背景探析》，《怀化学院学报》，2019 年第 9 期。

［117］洪亚勇：《朱熹成才观与当代德育借鉴》，《闽南师范大学学报（哲学社会科学版）》，2019 年第 4 期。

［118］侯美欣：《论李朝后期从朱子学到"实学"的嬗变》，《孔子研究》，2019 年第 4 期。

［119］胡长海：《"朱熹思想的当代价值"国际学术研讨会综述》，《社会科学研究》，2019 年第 2 期。

［120］胡长海：《朱熹"异端"观探微》，《四川师范大学学报（社会科学版）》，2019 年第 4 期。

［121］胡建红、刘晓玲：《影视传播中朱子的形象建构与文化认同》，《黄山学院

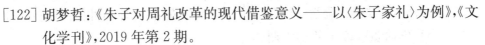

学报》,2019 年第 1 期。

[122] 胡梦哲:《朱子对周礼改革的现代借鉴意义——以〈朱子家礼〉为例》,《文化学刊》,2019 年第 2 期。

[123] 胡　宁:《从朱、吕之辩看诗经学诠释体系的转变》,《中州学刊》,2019 年第 4 期。

[124] 胡荣明:《"常理"与"非常理":朱熹死亡观念的一个侧面》,《孔子研究》,2019 年第 5 期。

[125] 荒木见悟、路浩宇:《陈北溪与杨慈湖》,《贵阳学院学报(社会科学版)》,2019 年第 5 期。

[126] 黄蔼荻:《游八闽天地　悟先贤之道——第二届八闽文化之旅·港澳台大学生朱子之路研习营有感》,《朱子文化》,2019 年第 5 期。

[127] 黄建聪:《弘一法师倡复泉州朱熹文物》,《朱子文化》,2019 年第 5 期。

[128] 黄俊杰:《朱子学核心价值的 21 世纪新意义》,《深圳社会科学》,2019 年第 4 期。

[129] 黄　琳:《朱熹的"气质"与"恶"思想简析》,《社会科学辑刊》,2019 年第 5 期。

[130] 黄　琳:《朱熹与孟子理气、性情观:比较哲学的观点》,《学海》,2019 年第 4 期。

[131] 黄胜凡:《朱熹〈春日〉诗》,《文史杂志》,2019 年第 3 期。

[132] 黄玉顺:《前主体性诠释:主体性诠释的解构——评"东亚儒学"的经典诠释模式》,《哲学研究》,2019 年第 1 期。

[133] 贾杰雯:《〈孟子章句〉与〈孟子集注〉释词比较研究》,宁夏大学,2019 年硕士论文。

[134] 贾文娟:《从朱熹的家庭教育思想反思当今的小学教育》,《中国校外教育》,2019 年第 19 期。

[135] 贾争慧、庞雪晨、杨小明:《安清翘"矩"哲学体系解析》,《自然辩证法通讯》,2019 年第 8 期。

[136] 贾智鹏:《真德秀蒙学思想研究》,西北民族大学,2019 年硕士论文。

[137] 姜广辉、唐陈鹏:《论理学家的经学著作成功的根本原因——以二程、朱熹的相关著作为范例》,《哲学研究》,2019 年第 8 期。

[138] 姜家君:《康雍乾时期台湾儒学对朱子学的继承与发展》,《东南学术》,2019 年第 5 期。

[139] 姜名赫:《元儒陈栎处世及其学术思想研究》,内蒙古大学,2019 年硕士论文。

[140] 焦德明:《克己与主敬:朱子晚年的工夫抉择》,《中州学刊》,2019 年第 12 期。

[141] 焦德明：《朱子的〈敬斋箴〉》，《中国哲学史》，2019 年第 2 期。

[142] 金春峰：《宋明新儒学论纲（二）——牟宗三先生〈心体与性体〉评述》，《社会科学动态》，2019 年第 1 期。

[143] 金静文：《元刻本〈四书管窥〉考述》，《图书馆研究与工作》，2019 年第 8 期。

[144] 金　美：《朱熹福建题刻的发掘整理与朱子学研究》，《汉字文化》，2019 年第 21 期。

[145] 金世贞：《从生态哲学角度看朱熹之理生态主义》，《贵阳学院学报（社会科学版）》，2019 年第 5 期。

[146] 金　婷、张品端：《朱子学与新加坡现代化》，《朱子文化》，2019 年第 5 期。

[147] 康　茜：《礼学——朱子学研究的新方向》，《湖北社会科学》，2019 年第 1 期。

[148] 赖区平：《论儒家修身工夫的三种进路——从〈中庸〉戒、惧、慎独三义说起》，《哲学研究》，2019 年第 11 期。

[149] 赖文斌、温湘频：《19 世纪朱子学在英语世界的译介考略》，《中国文化研究》，2019 年第 4 期。

[150] 兰宗荣：《朱子的饮食之道》，《三明学院学报》，2019 年第 5 期。

[151] 乐爱国：《关于〈论语〉"民可使由之、不可使知之"的诠释——以何晏、朱熹、刘宝楠的解读为中心》，《南京社会科学》，2019 年第 10 期。

[152] 乐爱国：《〈论语〉"未知、焉得仁"：朱熹的解读与现代的转向》，《社会科学研究》，2019 年第 3 期。

[153] 乐爱国：《生态在于人心：朱熹对"致中和"的诠释》，《中共宁波市委党校学报》，2019 年第 4 期。

[154] 乐爱国：《"孝弟"："仁之本"还是"为仁之本"——以朱熹对〈论语〉"孝弟也者、其为仁之本与"的诠释为中心》，《安徽大学学报（哲学社会科学版）》，2019 年第 1 期。

[155] 乐爱国：《朱熹的"天地之心"：对万物的尊重与保护》，《华侨大学学报（哲学社会科学版）》，2019 年第 4 期。

[156] 乐爱国：《朱熹对"唯女子与小人为难养也"的诠释及其意蕴》，《江淮论坛》，2019 年第 4 期。

[157] 乐爱国：《朱熹解〈论语〉"无为而治"》，《中州学刊》，2019 年第 3 期。

[158] 乐爱国：《朱熹论性情、爱情与人情——兼论李泽厚以"情本体"对朱熹的批评》，《南京大学学报（哲学·人文科学·社会科学）》，2019 年第 4 期。

[159] 乐爱国：《朱熹〈孟子集注〉解"尽心知性"与"格物致知"——兼论牟宗三的误解》，《西南民族大学学报（人文社科版）》，2019 年第 1 期。

[160] 黎　昕：《道南文化研究》，《集美大学学报（哲学社会科学版）》，2019 年第 3 期。

[161] 李阿康：《〈江村洪氏家谱〉所载朱熹序文考辨》，《中国地方志》，2019 年第 3 期。

[162] 李爱华、蔡　宏、孙　赫：《朱熹〈伊洛渊源录〉版本研究》，《辽东学院学报（社会科学版）》，2019 年第 1 期。

[163] 李　兵：《朱熹悼亡诗研究》，《合肥学院学报（综合版）》，2019 年第 6 期。

[164] 李秉宸：《理学与宋代服饰文化关系的探究》，北京服装学院，2019 年硕士论文。

[165] 李德锋：《论朱熹的史学表现及其影响》，《史学月刊》，2019 年第 4 期。

[166] 李晗晖：《分析〈朱子家训〉的当代价值》，《智库时代》，2019 年第 31 期。

[167] 李翰琳：《从〈孟子集注〉浅析朱熹的儒学思想》，《文化学刊》，2019 年第 1 期。

[168] 李豪坤：《朱熹道德教育思想对新时代高校思想政治教育的启示》，《开封教育学院学报》，2019 年第 10 期。

[169] 李家林：《悬灯相约　坐而论道——朱熹与蔡元定穷研理学的故事》，《炎黄纵横》，2019 年第 10 期。

[170] 李健芸：《朱子对〈孟子〉"尽心""知性"诠释中的心性论问题》，《船山学刊》，2019 年第 5 期。

[171] 李敬峰：《明代朱子学的羽翼、修正与转向——以昌枬〈四书因问〉为中心》，《中国哲学史》，2019 年第 3 期。

[172] 李　讷：《〈朱子语类〉易学思想研究》，河北大学，2019 年硕士论文。

[173] 李鹏飞：《论人与文的接受和传播——以朱子形象为中心》，《朱子文化》，2019 年第 2 期。

[174] 李茜茜：《八闽文化之旅·第二届港澳台大学生走朱子之路研习营活动剪影》，《朱子文化》，2019 年第 4 期。

[175] 李茜茜：《近期朱子文化活动剪影》，《朱子文化》，2019 年第 5 期。

[176] 李茜茜、南　风：《南平"中华优秀传统文化与朱子理学在新时代的创新与转化"学术报告会暨遗址遗存调研活动剪影》，《朱子文化》，2019 年第 4 期。

[177] 李　俏：《尊德性与道问学：朱陆工夫论进路》，《文化创新比较研究》，2019 年第 8 期。

[178] 李润芳：《蔡模〈孟子集疏〉研究》，南昌大学，2019 年硕士论文。

[179] 李润芳：《探寻先贤足迹　感悟朱子文化》，《朱子文化》，2019 年第 1 期。

[180] 李　涛、马斗成：《谨人心之"几"：诚意视角下的朱子慎独工夫论》，《孔子研究》，2019 年第 5 期。

[181] 李文逸：《朱熹〈武夷棹歌〉对棹歌体的继承与发展》，《闽台文化研究》，2019 年第 2 期。

[182] 李 旭：《从"以政立教"到"以教导政"——从经曲之辨看汉、宋礼学的秩序理路嬗变》，《暨南学报（哲学社会科学版）》，2019 年第 10 期。

[183] 李亚东：《朱子理气论视域下的生死与祭祀问题》，华侨大学，2019 年硕士论文。

[184] 李毅婷：《异姓不可为后：法制沿革史视域下的陈淳立嗣观》，《福建师范大学学报（哲学社会科学版）》，2019 年第 1 期。

[185] 李永杰：《纪念朱熹诞辰 888 周年学术研讨会在厦门华侨大学举行》，《朱子文化》，2019 年第 1 期。

[186] 李 瑜：《"朱子读书法"对培养中学生历史阅读能力的启示》，陕西师范大学，2019 年硕士论文。

[187] 李 瑜：《朱子心论研究》，中央民族大学，2019 年硕士论文。

[188] 李育富：《邵雍先天易学探析——兼论朱熹对邵雍先天易学的别解》，《周易研究》，2019 年第 3 期。

[189] 李栅栅：《吕留良的遗民认同及其理学思想研究》，浙江大学，2019 年博士论文。

[190] 李照斌：《追寻朱子足迹 感悟先贤魅力——记 2019 年朱子之路·闽台书院文化之旅》，《朱子文化》，2019 年第 5 期。

[191] 栗竹君：《以朱子学院为鉴、传中华传统文化》，《朱子文化》，2019 年第 5 期。

[192] 连长生：《朱熹的书法义理观与书法艺术创作刍议》，《宜春学院学报》，2019 年第 1 期。

[193] 连 凡：《周敦颐〈太极图说〉哲学阐释的三条路径——以朱熹、黄宗羲、伊藤仁斋为代表》，《衡水学院学报》，2019 年第 2 期。

[194] 廖 斌：《朱子文化的创新转化与高校实践育人体系建构研究》，《文化学刊》，2019 年第 8 期。

[195] 廖春阳：《太极三分：朱子太极哲学的意象诠释》，《上饶师范学院学报》，2019 年第 2 期。

[196] 廖春阳：《心统性情：朱子心性论的意象诠释》，《山东农业大学学报（社会科学版）》，2019 年第 4 期。

[197] 林安九：《秀美九曲 见识朱子》，《朱子文化》，2019 年第 5 期。

[198] 林滨梅：《朱子之路初体验》，《朱子文化》，2019 年第 1 期。

[199] 林存阳、李文昌：《方东树理学观新论》，《安徽史学》，2019 年第 1 期。

[200] 林泓竹：《朱熹对二程文论的继承与发展分析》，《智库时代》，2019 年第 14 期。

[201] 林书汉:《今朝试卷孤篷看、依旧青山绿树多——戊戌季夏·朱子之路天气晴》,《朱子文化》,2019 年第 4 期。

[202] 林淑美:《朱子之路 丰盛之旅》,《朱子文化》,2019 年第 2 期。

[203] 林 亭:《南平举办"中华优秀传统文化与朱子理学在新时代的创新与转化"学术报告会暨遗址遗存调研活动》,《朱子文化》,2019 年第 4 期。

[204] 林 亭:《世界朱氏联合会会长朱钢权参访朱子文化杂志社》,《朱子文化》,2019 年第 5 期。

[205] 林晓青:《苏轼与朱熹教育思想比较研究》,《湖北开放职业学院学报》,2019 年第 6 期。

[206] 林孝斌:《主敬与尚诚:比较视域下朱熹与王阳明的童蒙教育观》,《贵阳学院学报(社会科学版)》,2019 年第 6 期。

[207] 林阳华:《〈瀛奎律髓〉对朱熹诗歌的评点传播论辩》,《佳木斯大学社会科学学报》,2019 年第 1 期。

[208] 林元昌:《朱子文化 VR 技术传播的路径研究》,《朱子文化》,2019 年第 5 期。

[209] 林振礼:《从泉州两则碑记看李光地与朱子学》,《朱子文化》,2019 年第 4 期。

[210] 刘东江:《基于地域文化传承的隐性思政教育研究——以闽北朱子文化传承为例》,《武夷学院学报》,2019 年第 2 期。

[211] 刘 飞:《朱熹对佛教"空"的解读》,《法音》,2019 年第 5 期。

[212] 刘 昊:《四十年来中国大陆宋明理学研究的典范——陈来教授的宋明理学研究》,《贵州文史丛刊》,2019 年第 1 期。

[213] 刘克兵:《朱熹知识论建构的社会背景探析》,《邵阳学院学报(社会科学版)》,2019 年第 6 期。

[214] 刘 倩、张品端:《朱熹的官德思想简论》,《武夷学院学报》,2019 年第 7 期。

[215] 刘思雯:《吴澄哲学思想研究》,吉林大学,2019 年硕士论文。

[216] 刘思宇:《朱熹经学的审美阐释》,《江西社会科学》,2019 年第 7 期。

[217] 刘 通:《〈名公书判清明集〉宋慈判词与〈朱子语类〉词汇的比较研究》,《朱子文化》,2019 年第 4 期。

[218] 刘伟男:《朱熹读书法对提升高中语文学科核心素养的启示》,集美大学,2019 年硕士论文。

[219] 刘小红:《朱熹"权"说论辩》,《太原理工大学学报(社会科学版)》,2019 年第 4 期。

[220] 刘晓南:《朱熹音叶全浊清化再论》,《语文研究》,2019 年第 1 期。

[221] 刘晓南:《朱熹语音浊上变去字次考》,《汉字汉语研究》,2019 年第 2 期。

[222] 刘　艳：《会通朱熹与王阳明如何可能？——以王阳明〈朱子晚年定论〉为中心》，《南昌大学学报（人文社会科学版）》，2019 年第 1 期。

[223] 刘遥阳：《天道事天与孝道事亲：朱熹与王船山注解〈西铭〉比论》，《衡阳师范学院学报》，2019 年第 4 期。

[224] 刘颖昭：《从朱子往来信札看朱子与刘崇之的师友关系（上）》，《朱子文化》，2019 年第 2 期。

[225] 刘颖昭：《从朱子往来信札看朱子与刘崇之的师友关系（下）》，《朱子文化》，2019 年第 3 期。

[226] 刘　育：《浅析〈诗集传〉的儒教思想》，《西安石油大学学报（社会科学版）》，2019 年第 1 期。

[227] 刘芷妤：《朱子之路心得分享》，《朱子文化》，2019 年第 3 期。

[228] 刘仲林、周　丽：《朱熹与科学：一理开二门——理学对科学的双重意蕴》，《中国人民大学学报》，2019 年第 2 期。

[229] 龙　兴：《“学以为己”：朱熹课程思想研究》，华东师范大学，2019 年博士论文。

[230] 卢朝升：《朱熹与独峰书院》，《新阅读》，2019 年第 9 期。

[231] 卢　兴：《论牟宗三朱子研究的诠释方法》，《现代哲学》，2019 年第 5 期。

[232] 鲁　进：《理学概念“志”与“意”的认知解读——以〈朱子语类〉语料为例》，《上饶师范学院学报》，2019 年第 5 期。

[233] 陆妍旭：《知识如何化为德性——退溪哲学中的心与道德建构》，《道德与文明》，2019 年第 6 期。

[234] 吕　欣：《得望颜色而喜慰——朱子之路行后记》，《朱子文化》，2019 年第 2 期。

[235] 栾祖香：《朱熹生态伦理思想研究》，锦州医科大学，2019 年硕士论文。

[236] 马　慧：《吴澄易学研究》，山东大学，2019 年博士论文。

[237] 马来平：《格物致知：儒学内部生长出来的科学因子》，《文史哲》，2019 年第 3 期。

[238] 马　卓：《朱熹经济思想要义述论》，《皖西学院学报》，2019 年第 1 期。

[239] 马子木：《十八世纪理学官僚的论学与事功》，《历史研究》，2019 年第 3 期。

[240] 毛朝晖：《朱子的〈大学〉诠释及其“四书”体系的建构》，《孔子研究》，2019 年第 1 期。

[241] 米文科、刘学智：《儒佛之辨与王阳明三教思想的变化》，《哲学研究》，2019 年第 7 期。

[242] 苗　圃：《朱熹解〈易〉法之理一分殊——兼与程颐解〈易〉方法比较》，《福建江夏学院学报》，2019 年第 2 期。

[243] 苗　圃：《朱熹解〈易〉方法之"理一分殊"》，《南昌师范学院学报》，2019年第2期。

[244] 闵永军：《朱子故事的流传及文化内涵研究》，《天中学刊》，2019年第6期。

[245] 敏　北：《读〈大学衍义〉有感（一）——〈大学衍义〉表并劄子》，《朱子文化》，2019年第4期。

[246] 莫天成：《论朱子对欲望的肯定与安顿》，《哲学动态》，2019年第8期。

[247] 南　窗：《如沐春风里》，《走向世界》，2019年第15期。

[248] 南　风：《八闽文化之旅·第二届港澳台大学生走朱子之路研习营在福建举行》，《朱子文化》，2019年第4期。

[249] 南　风：《南平举办"朱子文化的新时代价值"研讨会》，《朱子文化》，2019年第5期。

[250] 南朱会：《南平举办2019年朱子敬师礼》，《朱子文化》，2019年第5期。

[251] 南朱会：《宁德市朱子文化团到南平考察》，《朱子文化》，2019年第1期。

[252] 南朱会：《"朱子婚礼"在全国摄影大赛亮彩》，《朱子文化》，2019年第4期。

[253] 南朱会：《朱子婚礼在延举行》，《朱子文化》，2019年第1期。

[254] 聂　威：《论朱子的用敬思想》，《三明学院学报》，2019年第5期。

[255] 聂　威：《三种格物思想的再考察》，《九江学院学报（社会科学版）》，2019年第1期。

[256] 钮则圳：《朱子"道心人心说"新探——与孟子"人禽之辨"比较》，《商丘师范学院学报》，2019年第1期。

[257] 钮则圳：《朱子对"明道论性章"的理解与诠释》，《江海学刊》，2019年第6期。

[258] 潘牧天：《文献异文与核心语素"同步构词"初探——以"贴—帖""逊—让"异文词语类聚为例》，《辞书研究》，2019年第3期。

[259] 潘　爽：《白鹿洞书院教育模式及其对当代语文教学的启示研究》，信阳师范学院，2019年硕士论文。

[260] 潘贤杰：《浅探朱子与古琴——从琴律、琴曲、琴器、琴铭、琴诗、琴学思想说起》，《艺术研究》，2019年第6期。

[261] 彭蓝君：《朱子学与现代国家治理》，《佳木斯职业学院学报》，2019年第6期。

[262] 彭玲慧：《走在第11届朱子之路上》，《朱子文化》，2019年第3期。

[263] 彭卫民：《太山遍雨：明清时期东亚国家"家礼"文献的刊刻与影响》，《深圳大学学报（人文社会科学版）》，2019年第3期。

[264] 彭卫民：《中国传统礼法关系的一个新解释——以朱熹"天理民彝"思想

为中心的考察》，《福建师范大学学报（哲学社会科学版）》，2019 年第
1 期。

[265] 彭卫民：《朱子〈家礼〉思想在日本江户时代的传播与影响》，《国际汉学》，
2019 年第 4 期。

[266] 齐吉泉：《朱子吟》，《朱子文化》，2019 年第 3 期。

[267] 钱汝平：《朱熹门人廖俣家世生平考——以新见诸暨出土廖氏家族圹志
为中心》，《延安大学学报（社会科学版）》，2019 年第 3 期。

[268] 秦延军：《朱子读书法对中职语文阅读教学的启发和应用研究》，河北师
范大学，2019 年硕士论文。

[269] 秦燕春：《朱熹论读书》，《秘书工作》，2019 年第 7 期。

[270] 丘山石：《简论程朱陆王之会通（上）》，《朱子文化》，2019 年第 2 期。

[271] 丘山石：《简论程朱陆王之会通（下）》，《朱子文化》，2019 年第 3 期。

[272] 邱蔚华：《朱熹涉佛序跋文艺观探微》，《闽江学院学报》，2019 年第 1 期。

[273] 戎章榕：《感悟朱子文化　厚植家国情怀》，《海峡教育研究》，2019 年第
3 期。

[274] 阮雪清：《纪念蔡尚思武夷题诗三十周年——蔡尚思的朱熹缘、武夷情》，
《朱子文化》，2019 年第 3 期。

[275] 申　权、王晓云：《论朱熹的生态智慧思想与当代中国的生态文明建设》，
《武夷学院学报》，2019 年第 7 期。

[276] 申淑华：《〈四书章句集注〉征引姓氏考》，《中国哲学史》，2019 年第 3 期。

[277] 申祖胜：《陆世仪"穷理"说之特色及其时代意义》，《中国哲学史》，2019
年第 4 期。

[278] 沈丽萍、沈贵鹏：《〈朱子家训〉的现代德育解读》，《大众文艺》，2019 年第
1 期。

[279] 沈祺人：《朱子之路心得》，《朱子文化》，2019 年第 4 期。

[280] 沈顺福、张　恒：《论理学的实践意义》，《东岳论丛》，2019 年第 12 期。

[281] 沈顺福：《朱熹哲学的内在矛盾》，《江西社会科学》，2019 年第 3 期。

[282] 施荣怀：《第二届港澳台大学生走朱子之路研习营开营仪式致辞》，《朱子
文化》，2019 年第 4 期。

[283] 石　磊：《论朱熹"物死气灭"说下的鬼神祭祀观》，《井冈山大学学报（社
会科学版）》，2019 年第 1 期。

[284] 史连祥：《置于历史脉络中的教育史研究——读〈朱熹的历史世界〉有
感》，《汉字文化》，2019 年第 14 期。

[285] 史萌萌：《朱子读书法及其对高中历史阅读教学的启示》，河南大学，2019
年硕士论文。

[286] 宋大琦：《牟子近朱远王论——从一个心性学的视角》，《孔子研究》，2019

年第 5 期。

[287] 宋梅菲：《〈朱子家训〉伦理思想探析》，《西安文理学院学报（社会科学版）》，2019 年第 1 期。

[288] 宋雅娴：《宋代"元亨利贞"解说考论》，山东大学，2019 年硕士论文。

[289] 宋野草：《陈琛哲学思想初探》，《商丘师范学院学报》，2019 年第 7 期。

[290] 苏颖智：《从圣经看"朱子治家格言"（上）》，《天风》，2019 年第 6 期。

[291] 苏颖智：《从圣经看"朱子治家格言"（下）》，《天风》，2019 年第 7 期。

[292] 孙传玲：《贝原益轩对朱子学的继承与批判——朱子学的一种"日本化"模式》，《合肥学院学报（综合版）》，2019 年第 6 期。

[293] 孙传玲：《日本近世初期神话解释中的朱子学思想——以山崎暗斋对"天神七代"神话的解释为例》，《东疆学刊》，2019 年第 2 期。

[294] 孙惠欣、宫　官：《朝鲜文人李植的文道观及其理学指向——以〈大家意选批评〉为中心》，《东疆学刊》，2019 年第 3 期。

[295] 孙鹏程、罗诗嘉、张淼淼：《浅析伊藤仁斋古学思想的渊源与内涵》，《名作欣赏》，2019 年第 12 期。

[296] 孙庆丰：《夜读朱子》，《朱子文化》，2019 年第 3 期。

[297] 孙武军：《"立体学案"助力深度学习——以"宋明理学"一课为例》，《中学历史教学参考》，2019 年第 16 期。

[298] 孙逸超：《今本〈大学或问〉考略》，《中国哲学史》，2019 年第 5 期。

[299] 邰晓天：《薛瑄伦理思想探考》，辽宁大学，2019 年硕士论文。

[300] 谭清洋：《从〈南岳唱酬集〉看理学家的山水记游》，《南华大学学报（社会科学版）》，2019 年第 6 期。

[301] 谭升元：《朱熹诗"穷"字义涵探析》，《贵州师范学院学报》，2019 年第 1 期。

[302] 唐纪宇：《事与理——朱子〈小学〉概说》，《中国哲学史》，2019 年第 1 期。

[303] 唐　琳：《朱熹〈周易本义〉的学术思想特色》，《江汉论坛》，2019 年第 2 期。

[304] 唐青州：《东亚儒学视域下的古学派之仁礼观探析》，《理论界》，2019 年第 7 期。

[305] 唐文明：《朱子论天地以生物为心》，《清华大学学报（哲学社会科学版）》，2019 年第 1 期。

[306] 陶政欣：《陈荣捷的〈近思录〉翻译及其朱子学著述研究》，《开封教育学院学报》，2019 年第 11 期。

[307] 田炳郁：《朱子人心道心论的渊源与发展》，《哲学分析》，2019 年第 6 期。

[308] 田　浩、徐　波：《宋代思想史的再思考》，《复旦学报（社会科学版）》，2019 年第 1 期。

[309] 涂可国:《"心"与"事":朱子心学责任伦理》,《求索》,2019 年第 5 期。

[310] 土田健次郎、刘　珉:《朱熹的帝王学》,《复旦学报(社会科学版)》,2019年第 1 期。

[311] 万丽莉:《从〈大和小学〉探析山崎闇斋的早期思想》,《国际汉学》,2019年第 4 期。

[312] 王　晨、雷世斌:《论朱熹对"郑风淫"与"郑声淫"的解读与朱熹故意误读说》,《三峡论坛(三峡文学·理论版)》,2019 年第 2 期。

[313] 王　晨:《朱子之路行记》,《朱子文化》,2019 年第 2 期。

[314] 王　成、Wang Keyou:《朝鲜李植对儒学思想的接受及其意义》,《孔学堂》,2019 年第 4 期。

[315] 王德荣、包文运:《新见朱熹撰文〈太学程君正思墓表〉考》,《中国书法》,2019 年第 20 期。

[316] 王　东:《朱熹科学教育思想及其对当代人才培养的启示》,《福建广播电视大学学报》,2019 年第 3 期。

[317] 王佳琦:《许衡〈鲁斋心法〉思想研究》,吉林大学,2019 年硕士论文。

[318] 王　佳:《走在朱子之路上——记第 11 届朱子之路研习营》,《朱子文化》,2019 年第 1 期。

[319] 王建成:《朱熹的重要学友——李吕》,《朱子文化》,2019 年第 2 期。

[320] 王杰栋:《朱子人性论中"恶"的根源问题探究》,华侨大学,2019 年硕士论文。

[321] 王　堃:《"理"在工夫过程中的柔性化诠释》,《周易研究》,2019 年第 3 期。

[322] 王立斌:《东南三贤与鹅湖之会》,《新阅读》,2019 年第 5 期。

[323] 王利民:《濂洛风雅的主潮及其余波流衍》,《中国文化研究》,2019 年第 1 期。

[324] 王　琳:《朱熹〈孟子精义〉研究》,重庆师范大学,2019 年硕士论文。

[325] 王　青:《朱子学在江户时代的一种"日本化"模式——以安东省庵为例》,《日本学刊》,2019 第 S1 期。

[326] 王升平:《朱熹行政哲学思想的三重视域》,《齐鲁学刊》,2019 年第 6 期。

[327] 王　薇:《临民治吏:黄榦州县治理思想研究》,河北大学,2019 年硕士论文。

[328] 王向清、周　攀:《朱熹治学思想论析》,《常州大学学报(社会科学版)》,2019 年第 2 期。

[329] 王心竹:《理一分殊何以重要——以程、朱的观点为视角》,《东岳论丛》,2019 年第 4 期。

[330] 王新宇:《时运与天命:"历史世界"中的圣人——基于朱子学意义的考

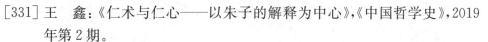

察》,《吉林师范大学学报(人文社会科学版)》,2019 年第 4 期。

[331] 王　鑫:《仁术与仁心——以朱子的解释为中心》,《中国哲学史》,2019 年第 2 期。

[332] 王雪卿:《唐君毅的朱子学——以"心"概念的理解为核心》,《宜宾学院学报》,2019 年第 11 期。

[333] 王　岩、李逸津:《论朱熹与伊藤仁斋对〈孟子〉阐释之异同——以〈孟子〉"不动心"章为中心》,《天津师范大学学报(社会科学版)》,2019 年第 4 期。

[334] 王耀辉:《略论宋儒的非老思想》,《史学月刊》,2019 年第 7 期。

[335] 王旖玫:《浅论朱子学在江户时期的传播与发展》,《才智》,2019 年第 13 期。

[336] 王　桢:《朱子之路　蕴义绵长》,《朱子文化》,2019 年第 3 期。

[337] 王　正:《朱熹六劾唐仲友新考》,《台州学院学报》,2019 年第 4 期。

[338] 王志俊:《试论朱子的礼俗观——以〈家礼·昏礼〉为例》,《宁波大学学报(人文科学版)》,2019 年第 6 期。

[339] 王志阳、黎晓铃:《弘一法师应对社会批判佛教的策略——以朱子的批判为中心》,《江南大学学报(人文社会科学版)》,2019 年第 4 期。

[340] 王志阳:《论闽北与闽南民间传说朱子形象的异同及其成因》,《福州大学学报(哲学社会科学版)》,2019 年第 3 期。

[341] 王志阳:《论印光大师对朱熹等理学家辟佛思想的回应》,《法音》,2019 年第 11 期。

[342] 王志阳:《论漳泉朱子民间形象异同及成因——以〈青蛙带枷镶环翠〉和〈断蛙池〉为中心》,《闽江学院学报》,2019 年第 1 期。

[343] 王志阳、曾文娟:《论朱子阴阳和谐思想在政治实践中的价值——以朱子施政与当代两岸关系为例》,《太原理工大学学报(社会科学版)》,2019 年第 4 期。

[344] 王志阳、周璇璇:《漳州民间传说中朱熹的良吏形象及其成因》,《天中学刊》,2019 年第 1 期。

[345] 王志阳:《朱子论立志的内涵及其功能》,《朱子文化》,2019 年第 4 期。

[346] 王子赫:《由"尊德性"与"道问学"浅析道学之辩》,《人文天下》,2019 年第 14 期。

[347] 魏敦全:《建筑室内装饰设计与施工问题探讨——基于朱子理学文化》,《四川建材》,2019 年第 3 期。

[348] 魏后宾:《从"生""仁"互通看〈易传〉对宋明理学的影响》,《西北大学学报(哲学社会科学版)》,2019 年第 4 期。

[349] 文碧方、洪明超:《张栻早期、中期与晚期工夫论之演变》,《湖南大学学报

（社会科学版）》，2019 年第 4 期。

[350] 文　脉：《朱子文化厦门研究推广中心成立》，《朱子文化》，2019 年第 3 期。

[351] 文　之：《朱子说"仁"》，《朱子文化》，2019 年第 2 期。

[352] 邬龄惠：《朱熹的哲学观对培育和践行社会主义核心价值观的借鉴意义》，《福建省社会主义学院学报》，2019 年第 3 期。

[353] 吾妻重二、彭卫民：《朱熹〈家礼〉的和刻本》，《济南大学学报（社会科学版）》，2019 年第 5 期。

[354] 吴东泽：《论朱熹对程颐、苏辙"思无邪"观点的扬弃》，《上饶师范学院学报》，2019 年第 1 期。

[355] 吴　飞：《〈中庸大义〉与唐蔚芝汉宋兼采之学》，《首都师范大学学报（社会科学版）》，2019 年第 1 期。

[356] 吴吉民：《天理在人，终有明处》，《朱子文化》，2019 年第 4 期。

[357] 吴　婕：《朱子之路行记》，《朱子文化》，2019 年第 1 期。

[358] 吴　宁：《朱熹论画卦原理》，《现代哲学》，2019 年第 4 期。

[359] 吴瑞荻：《朱子学研究的多元化与全球化——纪念朱子诞辰 888 周年暨朱子学与全球化国际学术研讨会综述》，《孔子研究》，2019 年第 1 期。

[360] 吴　涛：《新时代　新作为——〈朱子文化〉受到省报刊审读机构好评》，《朱子文化》，2019 年第 3 期。

[361] 吴亚楠：《朱熹哲学中"自然"概念的内涵和角色》，《现代哲学》，2019 年第 4 期。

[362] 吴　瑶：《从〈性理精义〉卷十"理气"部分看程朱一系对理气关系的论述》，《平顶山学院学报》，2019 年第 6 期。

[363] 吴　瑶：《王阳明"格物致知"思想析论——兼论朱、王之别》，《西部学刊》，2019 年第 16 期。

[364] 吴　震、Wang Xiaonong：《朱子思想研究如何回归文本与问题？——〈朱子思想再读〉自序》，《孔学堂》，2019 年第 1 期。

[365] 吴　震：《东亚朱子学研究的回顾与反思》，《杭州师范大学学报（社会科学版）》，2019 年第 1 期。

[366] 吴　震：《东亚朱子学：中国哲学的丰富性展示》，《哲学动态》，2019 年第 1 期。

[367] 吴　震、金　瑞：《宋代新儒学与经典世界的重建》，《浙江社会科学》，2019 年第 11 期。

[368] 吴　震：《宋明理学视域中的朱子学与阳明学》，《哲学研究》，2019 年第 5 期。

[369] 吴　震：《朱子学理气论域中的"生生"观——以"理生气"问题为核心》，

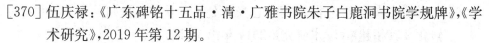

《清华大学学报(哲学社会科学版)》,2019 年第 6 期。

[370] 伍庆禄:《广东碑铭十五品·清·广雅书院朱子白鹿洞书院学规牌》,《学术研究》,2019 年第 12 期。

[371] 席文杰:《朱熹〈训蒙绝句〉研究》,贵州师范大学,2019 年硕士论文。

[372] 乡　叔:《蔡尚思赞朱熹四句诗的由来》,《朱子文化》,2019 年第 2 期。

[373] 向世陵:《"沦于空寂"与"滞于形器"——朱熹对吕学与陆学的批评》,《社会科学战线》,2019 年第 4 期。

[374] 向世陵:《闻见与德性——朱子、阳明"知"论辨析》,《复旦学报(社会科学版)》,2019 年第 1 期。

[375] 肖建新、谭书龙:《朱熹审计监察的思想和实践》,《中国经济史研究》,2019 年第 1 期。

[376] 肖　溱:《朱子哲学体系中的道家、道教思想渊源》,《武夷学院学报》,2019 年第 5 期。

[377] 谢贵安:《义理下的史学:朱熹对〈史记〉的认识与评价》,《安徽史学》,2019 年第 2 期。

[378] 谢　辉:《朱子易学在南宋后期的流传与发展》,《历史教学(下半月刊)》,2019 年第 2 期。

[379] 谢　辉:《朱子易学著作宋刻考略》,《古籍整理研究学刊》,2019 年第 1 期。

[380] 谢桃坊:《论学辩难　穷理致知——试析张栻与朱熹关于理学观念的讨论》,《天府新论》,2019 年第 6 期。

[381] 谢遐龄:《从〈仪礼经传通解·祭礼〉看朱子学的宗教维度》,《复旦学报(社会科学版)》,2019 年第 2 期。

[382] 徐　峰:《朱熹〈子衿〉淫诗说的训诂探析》,《绍兴文理学院学报(人文社会科学)》,2019 年第 6 期。

[383] 徐凉玉:《朱熹美学教育思想对小学生美术教育的影响》,《亚太教育》,2019 年第 9 期。

[384] 徐　忻:《浅论朱熹对"孔颜之乐"的三点诠释及其现实意义》,《福建茶叶》,2019 年第 8 期。

[385] 徐　雁:《从苏轼到朱熹:"选精读熟"观的方法论探析》,《图书馆杂志》,2019 年第 4 期。

[386] 许家星:《"〈近思录〉,四子之阶梯"说之重思》,《中国哲学史》,2019 年第 1 期。

[387] 许家星:《〈四书集注〉"改易本文"述作精神发微》,《哲学研究》,2019 年第 11 期。

[388] 许家星:《"羽翼朱子而有功于圣门"——论〈四书纂笺〉述朱与订朱兼具

的学术特色》,《南昌大学学报(人文社会科学版)》,2019 年第 3 期。

[389] 许家星:《知得它是非,方是自己所得处——从三重批判论朱子学的自我转化及其超越》,《学术研究》,2019 年第 12 期。

[390] 许家星:《朱子的道统世界》,《江汉论坛》,2019 年第 7 期。

[391] 许家星:《朱子学的治学方法、精神及其当代意义——以朱子、勉斋〈论语精义〉之辨为中心》,《哲学动态》,2019 年第 10 期。

[392] 许　倩:《清代洛学史撰述中的"汉宋之争"与"朱陆之辨"》,《烟台大学学报(哲学社会科学版)》,2019 年第 6 期。

[393] 延　玥、Wang Xiaonong:《涵养持敬与儒家的价值选择——以朱子"中和"问题为中心》,《孔学堂》,2019 年第 4 期。

[394] 闫　云:《赵岐、朱熹〈孟子〉注"仁义"说之比较》,《理论月刊》,2019 年第 11 期。

[395] 岩　叟:《〈家礼〉宋刻本》,《朱子文化》,2019 年第 5 期。

[396] 岩　叟:《宋刻本〈楚辞集注〉》,《朱子文化》,2019 年第 3 期。

[397] 岩　叟:《宋咸淳元年建安书院刻本〈晦庵先生朱文公文集〉》,《朱子文化》,2019 年第 2 期。

[398] 岩　叟:《朱子〈诗集传〉宋刻本》,《朱子文化》,2019 年第 1 期。

[399] 晏建怀:《朱熹的读书六法》,《秘书工作》,2019 年第 1 期。

[400] 杨阿敏:《绝学何能忘——朱子与白鹿洞书院》,《书屋》,2019 年第 12 期。

[401] 杨　超、朱汉民:《船山于荆公、朱子"礼理之辩"互斥模式的辨正》,《中国哲学史》,2019 年第 5 期。

[402] 杨　帆:《走在朱子之路、追寻先哲脚步》,《朱子文化》,2019 年第 4 期。

[403] 杨国荣:《何为理学——宋明理学内在的哲学取向》,《武汉大学学报(哲学社会科学版)》,2019 年第 2 期。

[404] 杨国宜:《两宋之际理学的境遇和演变》,《河北大学学报(哲学社会科学版)》,2019 年第 4 期。

[405] 杨　华:《朱熹与宋代的乡饮酒礼变革——兼论礼典设计对地方官僚政治的回应》,《武汉大学学报(哲学社会科学版)》,2019 年第 3 期。

[406] 杨　静、林忠军:《存天理、亦存人情——朱熹理学视域下情礼关系辨析》,《东岳论丛》,2019 年第 4 期。

[407] 杨立华:《所以与必然:朱子天理观的再思考》,《深圳社会科学》,2019 年第 1 期。

[408] 杨瑞荣:《朱子后裔的武夷情怀》,《统一论坛》,2019 年第 5 期。

[409] 杨天石:《朱熹:孔子之后第一儒》,《博览群书》,2019 年第 4 期。

[410] 杨　曦:《2018 年朱子之路杂记(上)》,《朱子文化》,2019 年第 1 期。

[411] 杨　曦：《2018 年朱子之路杂记(下)》,《朱子文化》,2019 年第 2 期。

[412] 杨　曦：《义理不纯与文辞华妙——论朱熹对苏轼著述的批判及其原因》,《新疆大学学报(哲学·人文社会科学版)》,2019 年第 2 期。

[413] 杨小霞：《胜日寻芳朱子路　正心诚意悟绝学》,《朱子文化》,2019 年第 4 期。

[414] 杨　英：《近四十年来宋元明清朱子〈家礼〉、乡约及民间家礼文献研究》,《孔子研究》,2019 年第 5 期。

[415] 杨　雨：《朱张会讲——八百年前的一场学术盛事》,《中国纪检监察》,2019 年第 15 期。

[416] 杨祖汉：《再论程朱、陆王二系的会通》,《杭州师范大学学报(社会科学版)》,2019 年第 5 期。

[417] 叶丽楠：《南平市朱子文化研究会召开一届四次常务理事会》,《朱子文化》,2019 年第 2 期。

[418] 叶丽楠：《南平市朱子文化研究会第一届常务理事会第五次会议召开》,《朱子文化》,2019 年第 3 期。

[419] 叶丽楠：《"朱子四礼"获批省级非遗项目》,《朱子文化》,2019 年第 4 期。

[420] 叶　勤：《从道德哲学的角度看朱、陆分歧》,《社会科学论坛》,2019 年第 4 期。

[421] 银　晴：《朱熹南岳诗的思想意蕴》,《职大学报》,2019 年第 3 期。

[422] 尹　波：《新发现朱熹书信发覆》,《文学遗产》,2019 年第 3 期。

[423] 于静滢：《宋代理学家的礼教思想研究》,东北师范大学,2019 年硕士论文。

[424] 余若澜：《以朱子之法》,《朱子文化》,2019 年第 4 期。

[425] 余贤伟：《朱子社仓与闽北乡绅义行刍议》,《朱子文化》,2019 年第 1 期。

[426] 余　燕：《社会符号学视角下〈朱子家训〉的言内意义与审美功能》,《名作欣赏》,2019 年第 5 期。

[427] 余　燕：《〈朱子家训〉文化诠释与翻译——以田浩译本为例》,《名作欣赏》,2019 年第 8 期。

[428] 岳娇娇：《陈亮、朱熹"成人"之辩研究》,南京大学,2019 年硕士论文。

[429] 曾令巍：《推阐朱门道统、发掘朱学新视域——读邓庆平〈朱子门人与朱子学〉》,《朱子文化》,2019 年第 2 期。

[430] 曾　亦：《经史之别：程颐与朱熹〈春秋〉学之歧异》,《社会科学辑刊》,2019 年第 1 期。

[431] 翟奎凤：《"主静立人极"断章取义源流考论》,《中国哲学史》,2019 年第 2 期。

[432] 张呈涵：《朱熹诗学对李晬光的影响研究》,延边大学,2019 年硕士论文。

[433] 张翅飞：《朱子与陆王的人格教育思想及其比较》，《连云港师范高等专科学校学报》，2019 年第 3 期。

[434] 张翠艳：《发展期中日朱子学传播方式的比较研究》，内蒙古大学，2019年硕士论文。

[435] 张　健：《义理与词章之间：朱子的文章论》，《北京大学学报（哲学社会科学版）》，2019 年第 3 期。

[436] 张　洁：《在"中华优秀传统文化与朱子理学在新时代的创新与转化"报告会上的发言》，《朱子文化》，2019 年第 5 期。

[437] 张锦枝：《论朱子思想中人"心"之定位》，《中国哲学史》，2019 年第 3 期。

[438] 张　蕾、张品端：《朱熹官德教育思想简论》，《集美大学学报（哲学社会科学版）》，2019 年第 3 期。

[439] 张立新：《宋明儒学分派研究衡论》，《贵州文史丛刊》，2019 年第 4 期。

[440] 张陆源：《朱熹的保密观》，《保密工作》，2019 年第 1 期。

[441] 张美英：《〈总目〉"近思录文献"八种提要释考》，温州大学，2019 年硕士论文。

[442] 张　猛：《陆陇其"尊朱辟王"思想与实践研究》，《嘉兴学院学报》，2019年第 2 期。

[443] 张宁璐：《朱子之路随想》，《朱子文化》，2019 年第 1 期。

[444] 张培培：《从接受角度看屈原形象的转变》，湖北师范大学，2019 年硕士论文。

[445] 张品端：《会通朱陆　传承理学——"纪念陆九渊诞辰 880 周年会讲"综述》，《哲学动态》，2019 年第 11 期。

[446] 张品端：《朱子〈近思录〉在韩国的传播及其影响》，《朱子文化》，2019 年第 3 期。

[447] 张品端：《朱子〈近思录〉在日本的流传及其影响》，《朱子文化》，2019 年第 2 期。

[448] 张岂之：《在〈宋明理学史〉（修订版）发行仪式上的发言》，《华夏文化》，2019 年第 2 期。

[449] 张倩茹：《余祐〈性书〉批判与明代正、嘉年间朱子学的转型》，《中国哲学史》，2019 年第 5 期。

[450] 张桥英：《无边落木萧萧下、不尽繁华朵朵开——2018 朱子之路有感》，《朱子文化》，2019 年第 4 期。

[451] 张清修：《宋代士大夫社会理想及其时代性》，青岛大学，2019 年硕士论文。

[452] 张天杰：《从张履祥到祝洤——清初朱子学在浙西的传承及其特点》，《浙江社会科学》，2019 年第 3 期。

[453] 张天杰：《吕祖谦与张栻交游详考——兼谈南宋初年"东南三贤"之由来》，《湖南大学学报（社会科学版）》，2019 年第 4 期。

[454] 张天明、赵海红：《宋代书院的历史教学思想与方法——以朱熹的教学理念为中心》，《历史教学（下半月刊）》，2019 年第 10 期。

[455] 张小琴：《论王阳明对朱熹的三重解构——以海德格尔现象学为视角》，《唐都学刊》，2019 年第 4 期。

[456] 张新国：《朱子〈西铭解〉的哲学建构》，《福建师范大学学报（哲学社会科学版）》，2019 年第 1 期。

[457] 张　兴：《从"积累""脱然贯通"到"推类"——论朱子"格物"说的内涵与工夫》，《理论学刊》，2019 年第 4 期。

[458] 张　瑜：《朱熹诚信思想及现代价值》，《鄂州大学学报》，2019 年第 1 期。

[459] 张　钰、蒋海岭：《基于符号学视角下朱子文化动画造型的构建》，《雕塑》，2019 年第 5 期。

[460] 张　钰、蒋海岭：《探讨新媒体动漫对朱子文化的活化机制研究》，《美术大观》，2019 年第 5 期。

[461] 张　钰：《论新媒体动漫在朱子文化遗产保护与传承中的优势和价值》，《北京印刷学院学报》，2019 年第 11 期。

[462] 张　云：《论朱子修正〈大学〉文本的依据及意义》，《东岳论丛》，2019 年第 4 期。

[463] 赵　聘：《试论〈昌黎先生集考异〉创作的理学目的》，《西南石油大学学报（社会科学版）》，2019 年第 3 期。

[464] 赵　聘：《朱熹文章学及其理学特点》，《西华大学学报（哲学社会科学版）》，2019 年第 4 期。

[465] 赵广美：《书法欣赏　〈朱子家训〉》，《中国粮食经济》，2019 年第 1 期。

[466] 赵金刚：《朱熹的历史观：天理视域下的历史世界》，《中国哲学史》，2019 年第 1 期。

[467] 赵敏俐：《为有源头活水来》，《中学语文教学》，2019 年第 10 期。

[468] 赵　伟：《从岳麓到鹅湖——追寻朱子探求真理的足迹》，《朱子文化》，2019 年第 2 期。

[469] 赵曜曜、周　欣：《〈韩国礼学丛书〉所含朝鲜时代礼经述略》，《大众文艺》，2019 年第 22 期。

[470] 赵正泰：《简析朱子"敬"论——兼及朱子对程门后学工夫论的承继与反思》，《山东社会科学》，2019 年第 3 期。

[471] 郑晨寅：《黄道周论朱王异同——以〈王文成公碑〉等三文为中心》，《贵阳学院学报（社会科学版）》，2019 年第 6 期。

[472] 郑华敏、陈淑梅：《基于朱子文化内涵的武夷学院校园景观改造设计》，

《武夷学院学报》,2019 年第 11 期。

[473] 郑　娟:《朱熹〈小学〉的德育思想研究》,安徽大学,2019 年硕士论文。

[474] 郑小红:《南宋庶民理学家陈淳与地方社会治理》,《文史天地》,2019 年第 1 期。

[475] 郑旭平:《家国情怀:〈朱子家训〉的内涵与当代价值》,《朱子文化》,2019 年第 3 期。

[476] 钟小明:《朱熹哲学中的"仁者爱之理"思想》,《赣南师范大学学报》,2019 年第 5 期。

[477] 衷鑫恣:《宋以来道学人士的心疾问题》,《文史哲》,2019 年第 2 期。

[478] 衷鑫恣:《朱子的"三纲五常"与角色间的有限尊卑》,《孔子研究》,2019 年第 4 期。

[479] 衷鑫恣:《朱子死亡哲学的四条要义》,《朱子文化》,2019 年第 1 期。

[480] 周虹云、林元昌:《论〈朱子家训〉的传统美德思想和时代价值》,《武夷学院学报》,2019 年第 5 期。

[481] 周　佼:《朱熹"敬畏"思想的美学意义》,浙江工业大学,2019 年硕士论文。

[482] 周琳璐:《用朱子读书法提升中职学生语文阅读能力》,《科学大众(科学教育)》,2019 年第 12 期。

[483] 周　攀:《朱熹治学思想研究》,湘潭大学,2019 年硕士论文。

[484] 周天庆、彭　倩:《核心价值观生活化的历史经验——以〈朱子家礼〉为例》,《衡阳师范学院学报》,2019 年第 5 期。

[485] 周元侠:《论朱熹的读经观》,《朱子文化》,2019 年第 5 期。

[486] 周元侠:《朱子〈家礼〉的特质——基于社会教化的视角》,《中国哲学史》,2019 年第 1 期。

[487] 朱锋刚:《"统合孟荀"与重建道统的现代思考——从"朱熹是荀学"说起》,《天府新论》,2019 年第 3 期。

[488] 朱光磊:《朱子之理的"活动"问题——兼论朱子格物说》,《哲学动态》,2019 年第 1 期。

[489] 朱汉民:《〈四书〉学与蒙学教育》,《孔子研究》,2019 年第 3 期。

[490] 朱汉民:《宋学的内圣转向与〈四书〉学身心工夫》,《中国文化》,2019 年第 2 期。

[491] 朱　浩:《"中和旧说"前后朱子哲学中的"居敬"工夫》,《中共宁波市委党校学报》,2019 年第 4 期。

[492] 朱　琳、陈耿锞:《从"形神之辩"到"理气之争"——中国哲学的话语转向》,《枣庄学院学报》,2019 年第 6 期。

[493] 朱美珍:《闽北朱子后裔联谊会 2019 年常务理事会在武夷山召开》,《朱

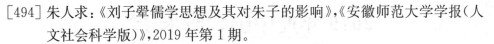

子文化》,2019 年第 2 期。

[494] 朱人求：《刘子翚儒学思想及其对朱子的影响》,《安徽师范大学学报（人文社会科学版）》,2019 年第 1 期。

[495] 朱盛柏：《人有正、方是字——浅究朱熹之书法与其品性的关系》,《文艺生活（艺术中国）》,2019 年第 3 期。

[496] 朱　说：《为有源头活水来　记八闽文化之旅·第二届港澳台大学生走朱子之路研习营》,《政协天地》,2019 年第 7 期。

[497] 朱　熹、顾志珊、方彦寿：《朱子家训》,《朱子文化》,2019 年第 1 期。

[498] 朱祥林：《杭州孤山朱公祠小考》,《朱子文化》,2019 年第 4 期。

[499] 朱　向：《在第二届港澳台大学生走朱子之路研习营开营式上的讲话》,《朱子文化》,2019 年第 4 期。

[500] 朱燕涛：《美丽的五夫　缱绻的乡愁　朱子〈忆潭溪故居〉品读》,《政协天地》,2019 年第 2 期。

[501] 朱　勇：《略议朱子与其后学王阳明》,《朱子文化》,2019 年第 3 期。

[502] 紫　菡：《南平市建阳区朱子文化研究会成立大会召开》,《朱子文化》,2019 年第 2 期。

[503] 邹建英：《论兴化军玉湖陈氏与朱子理学的关系》,《集美大学学报（哲学社会科学版）》,2019 年第 3 期。

[504] 邹其昌：《朱子礼学诠释学美学体系论》,《美育学刊》,2019 年第 1 期。

[505] 邹全荣：《宋人的两首"广告诗"》,《群言》,2019 年第 3 期。

[506] 左　清：《涵养须用敬、诚意可致知——记第 11 届海峡两岸朱子之路》,《朱子文化》,2019 年第 1 期。

[507]《〈朱子文化大典〉　福建教育出版社发行》,《朱子文化》,2019 年第 4 期。

[508]《江西省 2011 朱子文化协同创新中心》,《上饶师范学院学报》,2019 年第 1 期。

[509]《近期朱子文化活动剪影》,《朱子文化》,2019 年第 1 期。

[510]《近期朱子文化活动剪影》,《朱子文化》,2019 年第 2 期。

2019 年度中国台湾朱子学
研究成果目录

刘宣妘

　　本文列出 2019 年中国台湾所出版与朱子学相关之研究成果,有专书 5 本,期刊论文 44 篇,学位论文 8 篇。兹列如下:

一、专书

[1] 朱　熹著:《四书集注》,台北:世界书局,2019 年 1 月。

[2] 林庆彰、田　浩、蒋秋华著:《朱子经学及其在东亚的流传与发展》,台北:万卷楼,2019 年 1 月。

[3] 衷鑫恣著:《敌道学史——从北宋到二十世纪》,台北:万卷楼,2019 年 1 月。

[4] 张文朝著:《日本江户时代古学派对朱熹〈诗〉观之批评》,台北:"中央研究院"中国文哲研究所,2019 年 10 月。

[5] 陈永宝著:《朱熹的理学世界》,台北:翰芦图书出版有限公司,2019 年 5 月。

二、期刊论文

[1] 王文生:《让朱子走进校园——大陆中小学朱子文化教材的分析与思考》,《国文天地》,2019 年第 35 卷 4 期总号 412,第 66～73 页。

[2] 王婷玉:《"格物致知"与"致知格物"——朱熹与王阳明关于"大学之道"的不同诠释》,《孔孟月刊》,2019 年第 58 卷 3/4 总号 687/688,第 39～47 页。

[3] 史甄陶:《许衡"气服于理"思想研究》,《当代儒学研究》,2019 年第 27 期,第 139～163 页。

[4] 史甄陶:《论中村惕斋〈笔记诗集传〉对朱熹的继承与发展——以"兴"体诗为中心》,《台湾东亚文明研究学刊》,2019 年第 16 卷 2 期总号 32,第 87～113 页。

[5] 安载晧:《奇大升之朱子学管窥》,《哲学与文化》,2019 年第 46 卷 12 期总号 547,第 103～116 页。

[6] 朱汉民:《朱熹〈中庸〉学对中庸之道的拓展》,《哲学与文化》,2019 年第 46 卷 7 期总号 542,第 101～114 页。

[7] 何　玮:《当代朱子学研究与推广之典范——朱杰人先生〈朱子学论集〉述》,《国文天地》,2019 年第 35 卷 7 期总号 415,第 124～128 页。

［8］吕政倚：《韩儒鱼有凤与李显益的"人性、物性同异"之辩》，《鹅湖学志》，2019年第63期，第107～167页。

［9］李名媛：《黄节〈诗旨纂辞〉及其〈诗序〉作者观探析》，《彰化师大文学院学报》，2019年第19期，第79～95页。

［10］李长远：《易图象数学与宋元之际士人之亲道、入道》，《台大历史学报》，2019年第63期，第83～135页。

［11］李　彬：《戴震论"理"与"心"之关系——兼与荀子的一个比较》，《孔孟月刊》，2019年第58卷3/4总号687/688，第48～55页。

［12］李善庆：《朝鲜儒学关于朱熹〈易学启蒙〉的理解——以退溪学派和栗谷学派的〈易学启蒙〉太极论为中心》，《哲学与文化》，2019年第46卷11期总号546，第177～191页。

［13］李丽珠：《试论中西学界对朱子太极问题的理解——以牟宗三和Joseph Adler说法为例》，《哲学与文化》，2019年第46卷10期总号545，第139～152页。

［14］卓夕又：《汪绂〈苏轼论〉评议》，《有凤初鸣年刊》，2019年第15期，第63～78页。

［15］青山君：《天禄遗珍——乾隆皇帝御题〈朱文公校昌黎先生集〉》，《国文天地》，2019年第35卷5期总号413，第77～83页。

［16］姜龙翔：《戴君仁治〈易〉之哲学义理思路析探》，《高雄师大国文学报》，2019年第29期，第127～180页。

［17］洪素香：《清代福建朱子学东传台湾与本土士子之接受探析》，《高雄科技大学学报》，2019年第1期，第15～33页。

［18］洪增宏：《从"易程传""阴阳四卦"看"郑卫之音"的人文思维——古代经书中对情爱之正面诠释》，《彰化师大国文学志》，2019年第37/38期，第27～50页。

［19］徐公喜：《传统朱熹小学教育观辨正》，《鹅湖月刊》，2019年第45卷5期总号533，第15～24页。

［20］马永康：《康有为的"论语注"与"发明孔教"——以对朱子的批评为线索》，《哲学与文化》，2019年第46卷9期总号544，第145～159页。

［21］区建英：《丸山真男对中国现代性的看法》，《台湾东亚文明研究学刊》，2019年第16卷1期总号31，第189～219页。

［22］康凯淋：《永嘉学派与〈春秋〉世变——以陈傅良〈春秋后传〉为例》，《东华汉学》，2019年第30期，第165～199页。

［23］张文朝：《山本章夫的二〈南〉诗观——以朱熹为主的比较研究》，《汉学研究》，2019年第37卷3期总号98，第233～271页。

［24］张万民：《日本古学派对朱熹"淫诗"说的批评与接受》，《国文天地》，2019

年第 35 卷 5 期总号 413,第 46～50 页。

[25] 陈永宝:《论朱熹辟佛的背景与使命》,《鹅湖月刊》,2019 年第 44 卷 9 期总
号 525,第 18～27 页。

[26] 陈佳铭:《从罗钦顺、王廷相及刘宗周论明代气学的思想型态》,《清华学
报》,2019 年第 49 卷 1 期,第 87～123 页。

[27] 陈明义:《刘玉汝〈诗缵绪〉对朱熹〈诗集传〉的阐释与推拓——以论比兴为
例》,《东海大学图书馆馆刊》,2019 年第 43 期,第 39～56 页。

[28] 陈威瑨:《日本近世初期禅僧朱学思想厘探:以萨南学派南浦文之为例》,
《国文学报》,2019 年第 65 期,第 265～293 页。

[29] 陈 超:《继往与开新——读邓庆平先生〈朱子门人与朱子学〉》,《国文天
地》,2019 年第 35 卷 7 期总号 415,第 129～135 页。

[30] 陈庆德:《朱熹"人心道心说"义理矛盾之探析——以李滉〈心学图〉与李珥
〈人心道心图说〉为例》,《韩国文化教育研究》,2019 年第 4 期,第 203～
218 页。

[31] 黄启方:《温、良、恭、俭、让的意涵和体现》,《孔孟月刊》,2019 年第 57 卷
5/6 总号 677/678,第 1～9 页。

[32] 黄 鹤:《经学向理学转变中的〈诗经〉——以黄佐〈诗〉学为例》,《鹅湖月
刊》,2019 年第 44 卷 10 期总号 526,第 44～54 页。

[33] 杨子春:《朱熹的太极、天脉络下的"天帝"观念探究》,《宗教哲学》,2019
年第 89 期,第 97～110 页。

[34] 杨自平:《论二程及朱子思想中的颜子形象》,《孔孟月刊》,2019 年第 57
卷 5/6 总号 677/678,第 35～46 页。

[35] 廖晓炜、朱燕玲:《崇礼与性善——清儒程瑶田义理思想探析》,《哲学与文
化》,2019 年第 46 卷 6 期总号 541,第 141～154 页。

[36] 刘 涛:《朱子学说何以根植于闽南海洋社会新探——环中国海视阈中朱
熹的海洋渊源及其影响考》,《宗教哲学》,2019 年第 89 期,第 111～
131 页。

[37] 蔡至哲:《吾道之东——朝鲜儒者对"后朱子时代"道统系谱的建构》,《台
湾东亚文明研究学刊》,2019 年第 16 卷 2 期总号 32,第 43～85 页。

[38] 赖区平:《"心是灵气"作为道学共识——基于道学史的考察》,《哲学与文
化》,2019 年第 46 卷 4 期总号 539,第 141～155 页。

[39] 赖慧融:《从认识论探析明代气本论形下思想发展》,《台北教育大学语文
集刊》,2019 年第 35 期,第 185～212 页。

[40] 霍明琨:《卫三畏〈中国总论〉中的朱熹——美国早期朱子学管窥》,《朝阳
人文社会学刊》,2019 年第 17 卷 1 期,第 17～25 页。

[41] 谢定纮:《"帝魏"与"抑曹"——从诗歌重探北宋时期的三国史观》,《中国

文学研究》,2019 年第 48 期,第 111~163 页。

[42] 谢淑熙:《从〈朱子语类〉探析朱子〈论语〉思想》,《孔孟月刊》,2019 年第 57 卷 9/10 总号 681/682,第 1~12 页。

[43] 钟永兴:《朱熹"静坐观"中的两个转折点与区别》,《哲学与文化》,2019 年第 46 卷 2 期总号 537,第 167~181 页。

[44] 钟永兴:《论朱熹读书工夫及其荀学特质》,《哲学与文化》,2019 年第 46 卷 7 期总号 542,第 115~130 页。

三、学位论文

[1] 王素琴:《蔡清及其〈四书蒙引〉研究》,台中教育大学,2019 年博士论文。

[2] 金　玟:《朱熹与丁若镛"道心人心论"之比较研究》,台湾大学,2019 年博士论文。

[3] 陈永宝:《朱熹主敬伦理思想的历史传承与理论建构》,辅仁大学,2019 年博士论文。

[4] 陈秀绒:《朱熹〈四书章句集注〉对孝的诠释与影响》,台北市立大学,2019 年博士论文。

[5] 蔡至哲:《中、韩儒者的秩序追求——以朝鲜朱子学儒者为中心的观察》,台湾大学,2019 年博士论文。

[6] 徐雅玲:《朱子庄学研究》,东海大学,2019 年硕士论文。

[7] 张逸弘:《宋明格物致知义涵之转变析论》,中兴大学,2019 年硕士论文。

[8] 黎雅诺:《朱熹〈仪礼经传通解〉注音研究》,辅仁大学,2019 年硕士论文。

(作者单位:台湾东海大学哲学系)

2019 年度日本朱子学研究
成果目录(一)

殷晓星

一、对中国朱子学相关典籍的注解与翻译

[1] 中岛谅、福谷彬译注:《〈陈亮集·增订本〉抄译(一)——"勉疆行道大有功"译注》(『陳亮集·增訂本』抄訳(一)——「勉疆行道大有功」訳注),《论丛亚洲的文化与思想》,2019 年第 27 期,第 62～92 页。

[2] 水野实、阿部光麿、大场一央、松野敏之译注:《〈论语私存〉译注(十一)》(『論語私存』訳注(十一)),《论丛亚洲的文化与思想》,2019 年第 27 期,第 93～155 页。

[3] 二松学舍大学宋明资料轮读会公冶长篇班译注:《〈朱子语类〉卷二六～卷二九译注(14)》(『朱子語類』卷二六～卷二九訳注(14)),《阳明学》,2019 年第 29 期,第 21～28 页。

[4] 二松学舍大学宋明资料轮读会公冶长篇班译注:《〈朱子语类〉卷二六～卷二九译注(13)》(『朱子語類』卷二六～卷二九訳注(13)),《阳明学》,2019 年第 29 期,第 29～56 页。

[5] 本间次彦译注:《〈朱子语类〉卷六十四"中庸三"译注(1)》(『朱子語類』卷六十四「中庸三」訳注(1)),《明治大学教养论集》,2019 年第 539 期,第 37～79 页。

[6] 中岛谅译注:《南宋包恢的陆九渊评价——〈旌表陆氏门记〉精读》(宋包恢の陸九淵評価——「旌表陸氏門記」精読),《实践女子大学 CLEIP 学报》,2019 年第 5 期,第 45～60 页。

[7] 中岛谅译注:《南宋包恢的陆九渊评价——〈三陆先生祠堂记〉精读(下)》(南宋包恢の陸九淵評価——「三陸先生祠堂記」精読(下)),《实践女子大学人间社会学部纪要》,2019 年第 15 期,第 127～135 页。

[8] 市来津由彦:《〈朱子语类〉卷九十五"程子之书一"译注稿(4)》(『朱子語類』卷九十五「程子之書一」訳注稿(4)),《东洋古典学研究》,2019 年第 47 期,第 135～149 页。

[9] 福冈《朱子语类》研讨会译注:《〈朱子语类〉卷百九"论取士"译注(2)》(『朱子語類』卷百九「論取士」訳注(2)),《东洋古典学研究》,2019 年第 47 期,第 151～161 页。

[10] 垣内景子译注：《朱子语类译注(23)》(『朱子語類訳注』(23))，《汲古》第75 期，2019 年 6 月，第 21～28 页。

[11] 恩田裕正、伊东贵之、林文孝、松下道信译注：《〈朱子语类〉卷四"性理"篇一译注(2)25 条～36 条》(『朱子語類』卷四「性理」篇一訳注(2)25 条～36 条)，《中国哲学研究》，2019 年第 30 期，第 150～164 页。

[12] 恩田裕正译注：《〈朱子语类〉卷八"总论为学之方"篇译注(7·完)140 条～159 条》(『朱子語類』卷八「總論為學之方」篇訳注(7·完)140 条～159 条)，《中国哲学研究》，2019 年第 30 期，第 165～184 页。

[13] 二松学舍大学宋明资料轮读会公冶长篇班译注：《〈朱子语类〉卷二六～卷二九译注(11)》(『朱子語類』卷二六～卷二九訳注(11))，《中国哲学研究》，2019 年第 30 期，第 185～238 页。

[14] 本间次彦译注：《〈朱子语类〉卷六十四"中庸三"译注(2)》(『朱子語類』卷六十四「中庸三」訳注(2))，《明治大学教养论集》，2019 年第 543 期，第 39～84 页。

[15] 末永高康译注：《礼记注疏译注稿(11)曾子问第七(5)》(『礼記注疏訳注稿』(11)曾子問第七(5))，《东洋古典学研究》2019 年第 48 期，第 45～64 页。

[16] 望月勇希、渡部雄之、市来津由彦译注：《〈朱子语类〉卷九十五"程子之书一"译注稿(5)》(『朱子語類』卷九十五「程子之書 一」訳注稿(5))，《东洋古典学研究》，2019 年第 48 期，第 65～80 页。

[17] 文教大学目录学研究会译注：《章学诚校雠学论文译注(二)〈和州志艺文书序例〉(下)》(章学誠校雠学論文訳注(二)「和州志藝文書序例」(下))，《文教大学文学部纪要》，2019 年第 33－1 期，第 140～154 页。

[18] 本间次彦译注：《〈朱子语类〉卷六十四"中庸三"译注(3)》(『朱子語類』卷六十四「中庸三」訳注(3))，《明治大学教养论集》，2019 年第 545 期，第 1～50 页。

[19] 中纯夫、岩本真利绘、王孙涵之、白崎蓝、臧鲁宁、陈佑真、福谷彬、松宫贵之译注：《〈朱子语类〉卷一四～一八译注(11)》(『朱子語類』卷一四～一八訳注(一一))，《京都府立大学学术报告 人文》，2019 年第 71 期，第 105～218 页。

[20] 田中有纪译注：《〈朱子语类〉译注(24)》(『朱子語類』訳注(24))，《汲古》，2019 年第 71 期，第 31～34 页。

[21] 孙路易译注：《〈论语集注〉(朱熹撰)的日译(八佾第三)(前半)——以〈论语集注〉为主的朱子〈论语〉解释》(『論語集注』(朱熹撰)の日本語訳(八佾第三)(前半)——『論語集注』を主とする朱子の『論語』解釈)，《冈山大学大学院社会文化科学研究科纪要》，2019 年第 48 期，第 1～17 页。

二、学术专著

[1] 福谷彬著：《南宋道学的展开》(南宋道学の展開)，京都：京都大学学术出

版会,2019 年 3 月。

［2］土田健次郎著：《朱熹的思想体系》（朱熹の思想体系），东京：汲古书院,
2019 年 12 月。

三、学术论文

［1］津坂贡政：《"新意"与"尚法"——从书的评价看北宋欧阳修、苏轼与南宋
朱熹的时代观与美学意识》（「新意」と「尚法」——書の評価にみる北宋欧
陽修・蘇軾と南宋朱熹の時代観と美意識），《七隈史学》,2019 年第 21
期,第 95～108 页。

［2］黒田祐介：《宋代的"赤子之心"解释——以朱熹的解释为中心》（宋代にお
ける「赤子の心」解釈について——朱熹の解釈を中心に），《白山中国
学》,2019 年第 25 期,第 1～22 页。

［3］辻井义辉：《朱熹哲学中的智藏说——贞・冬・智的关联构造》（朱熹哲学
における智藏説——貞・冬・智の連関構造），《白山中国学》,2019 年第
25 期,第 23～43 页。

［4］种村和史：《献给篡夺者的赞歌——与类淫诗说相关的朱熹、严粲和戴震、
翁方纲的关系》（篡奪者に献げる讃歌——類淫詩說を廻る朱熹・嚴粲と
戴震・翁方綱との關係），《中国研究》,2019 年第 12 期,第 25～77 页。

［5］张瀛子：《关于王懋竑〈荀子存校〉——清初的考证学与朱子学》（王懋竑の
『荀子存校』について——清初の考証学と朱子学），《中国哲学研究》,
2019 年第 30 期,第 1～20 页。

［6］山本健太郎：《宋代经典解释学中的迁都论》（宋代の経典解釈学における
遷都論），《中国哲学研究》,2019 年第 30 期,第 27～53 页。

［7］新田元规著：《濮译评价的转变——从理想君主论到民间继承论》（濮議に
対する評価の転換——理想君主論から民間継承論へ），《中国哲学研
究》,2019 年第 30 期,第 54～99 页。

［8］种村和史：《即使如此他也还算不错……——诗经解释中对局部赞美认识
的诸相》（それでも彼のほうがまだましだから…——詩経解釈における
部分的賛美についての認識の諸相），《人文科学》,2019 年第 34 期,第
344～309 页。

［9］新田元规：《黄宗羲〈明夷待访录〉中"原君"的君主政体起源论》（黄宗羲
『明夷待訪録』「原君」における君主政体の起源論），《中国——社会与文
化》,2019 年第 34 期,第 81～101 页。

［10］种村和史：《面向诗篇的难解性——从与戴震的比较看翁方纲诗经学的特
征》（詩篇のわからなさに向き合って——戴震との比較から見た翁方綱
詩経学の特徴），《中国——社会与文化》,2019 年第 34 期,第 239～

268 页。

[11] 水口拓寿：《阴宅风水的"发现"与死者认识——以司马光、程颐、朱熹为中心的考察》（陰宅風水の「発見」と死者認識——司馬光・程頤・朱熹を中心とする考察），《中国——社会与文化》，2019 年第 34 期，第 121～140 页。

[12] 新田元规：《丧礼"祔祭""迁庙"的解释论——以郑玄与朱熹诸说为中心》（喪礼における「祔祭」「遷廟」の解釈論——鄭玄と朱熹の所説を中心として），《人间社会文化研究》，2019 年第 27 期，第 38～80 页。

[13] 福谷彬：《〈通鉴纲目〉研究的现状与〈纲目〉初稿的意义——聚焦吕祖谦〈大事记〉》（『通鑑綱目』研究の現状と『綱目』初稿の意義：呂祖謙『大事記』に注目して），《东方学报》，2019 年第 94 期，第 143～171 页。

四、书评

[1] 大野圭介评：《种村和史著〈诗经解释学的继承与变容——以北宋诗经学为据〉》（種村和史著『詩經解釋學の繼承と變容——北宋詩經學を中心に据えて』），《中国文学报》，2019 年第 92 期，第 127～144 页。

[2] 菊池孝太郎评：《跳出凝固的朱子学——吾妻重二著〈朱子学的新研究〉》（凝り固まった朱子学からの脱却——吾妻重二著『朱子学の新研究』），《中国研究集刊》，2019 年第 6 期，第 82～93 页。

（作者单位：日本立命馆大学）

2019 年度日本朱子学研究
成果目录（二）

〔日〕福谷彬

一、专书

［1］山村奖著：《近代日本与阳明学的转变》（《近代日本と変容する陽明学》），东京：法政大学出版局，2019 年 9 月。

［2］武田祐树著：《林罗山的学术形成及其特点》（《林羅山の学問形成とその特質》），东京：研文出版，2019 年 2 月。

［3］中村春作著：《徂徕学的思想领域》（《徂徕学の思想圈》），ぺりかん社，2019 年 8 月。

［4］板东洋介著：《从徂徕学派到国学——作为表现的主体》（《徂徕学派から国学へ：表現する人間》），ぺりかん社，2019 年 3 月。

［5］中嶋英介著：《近世武士道理论：山鹿素行与大道寺友山的"武士"教育》（《近世武士道論：山鹿素行と大道寺友山の「武士」育成》），仙台：东北大学出版会，2019 年 11 月。

二、论文

［1］田尻祐一郎：《本居宣长与垂加神道》（《本居宣長と垂加神道》），第 3～22 页。

［2］志水义夫：《神学、天学、日本学：从山崎闇斋到谷重远的系谱小考》（《神学、天学、日本学：垂加翁から谷重遠への学譜小攷》），第 23～43 页。

［3］西冈和彦：《垂加神道流天孙降临考》，第 44～77 页。

［4］松本丘：《在闇斋学派中的"神儒兼学"的开展："妙契"与"习合"》（《闇斎学派に于ける神儒兼学の展開：妙契と習合と》），第 78～98 页。

［5］江头庆宣：《山崎闇斋的祭祀论与朝仪复兴》（《山崎闇斎の祭祀論と朝儀復興》），第 99～135 页。

［6］斋藤公太：《从"唯一神道"到"垂加神道"的历程：关于概念的历史的考察》（《「唯一神道」から「垂加神道」へ：概念の歴史をめぐる試論》），第 136～165 页。

［7］久保隆司：《"敬义内外说"与"神儒兼学"之关联性与闇斋神学的构造理解》（《「敬义内外」说と「神儒兼学」との関係性における闇斎神学の構造的理解について》），第 166～205 页。

［8］大贯大树：《关于竹内式部〈靖献遗言讲义〉卷三〈陶渊明〉的考察：从"祖国一体"到"君臣合体"》（《竹内式部『靖献遺言講義』卷之三〈陶淵明〉について：「祖国一体」から「君臣合体」へ》），第 206～241 页。

［9］细谷惠志：《〈文会笔录〉所见之薛敬轩与闇斋的思想》（《『文会笔录』に見る薛敬軒と闇斎の思想》），第 242～272 页。

［10］庄野启太：《特集资料 山崎家系图 附：黑谷金戒光明寺墓所》，第 273～291 页。

［11］大番彩香：《特集资料 山崎闇斋先生年谱》，第 292～309 页。

［12］久保隆司、大贯大树、丹一信：《特集资料 山崎闇斋先行研究文献目录》，第 310～343 页。

［13］凤早康惠、岛冈昇平、大贯大树：《特集资料 山崎闇斋著作翻刻文献目录》，第 344～355 页。

（以上都论文收入《艺林》（68），《特集 山崎闇斋生诞四百年记念》，2019 年 10 月）。

［14］宫川康子：《伊藤仁斋的古义学的革命性："有鬼"与"无鬼"的系谱》（《仁斎古義学の革命性：有鬼と無鬼の系譜》），《京都产业大学日本文化研究所纪要》，2019 年第 25 期，第 1～26 页。

［15］平手贤治：《托马斯主义自然法理论与朱子学的自然法理论：自然法的本质与普遍性》（《トマス主義自然法論と朱子学的自然法論：自然法の本質と普遍性》），《法政论丛》2019 年，第 55 期 1 号，第 75～93 页。

［16］石桥贤太：《关于林罗山对于山鹿素行的演讲：国文学研究资料馆所藏的山鹿文库〈大学论语等闻书〉为中心》（《林羅山による山鹿素行への講義について：国文学研究资料馆藏山鹿文库『大学论语等闻书』を中心として》），《国文学研究资料馆纪要.文学研究篇》，2019 年第 45 号，第 159～181 页。

［17］内山宗昭：《山鹿素行的教育论与其"日本化"的问题：以〈中朝事实〉所见的教育论的解释为中心》（《山鹿素行の教育論と「日本化」の問題：『中朝事実』の教化論の解釈を中心に》），《工学院大学研究论丛》（56－2），2019 年 2 月，第 85～70 页。

［18］中嶋谅：《南宋袁甫的"朱陆折衷"论》（《南宋袁甫の「朱陸折衷」論》），《日本儒学会报》，2019 年第 3 期，第 13～25 页。

［19］孙路易：《〈周易本义〉与朱子哲学》（《『周易本义』と朱子哲学》），《文化共生学研究》，2019 年第 18 期，第 80～100 页。

［20］江俊亿：《山崎闇斋与朱子的"心"论比较研究：以心性论、理气论为中心》，《历史评论》，2019 年第 825 号，第 345～359 页。

［21］须川英德：《朝鲜国王世宗的苦恼：关于朱子学在朝鲜的扎根》（《国王世宗の苦悶：朝鲜への朱子学定着をめぐって》），《韩国朝鲜文化研究：研究

纪要》，2019 年第 18 号，第 1～41 页。

[22] 前田勉：《书评 板东洋介著〈从徂徕学派到国学——作为表现的主体〉》，（《書評 板東洋介『徂徠学派から国学へ：表現する人間』》），《日本思想史学》，2019 年第 51 号，第 168～173 页。

[23] 尾崎顺一郎：《在陆陇其的学问中的朱子的思想历程》（《陸隴其の学問における朱子の思想遍歷について》），《立命馆文学》，2019 年第 664 号，第 689～701 页。

[24] 津坂贡政：《"新意"与"尚法"：在书法评价中所见的北宋欧阳修、苏轼与南宋朱熹的时代观与美感》（《「新意」と「尚法」：書の評価にみる北宋欧陽修・蘇軾と南宋朱熹の時代観と美意識》），《七隈史学》，2019 年第 21 期，第 95～108 页。

[25] 吾妻重二：《长尾雨山与儒葬：朱熹〈家礼〉实践》（《長尾雨山と儒葬：朱熹『家礼』の実践》），《书论》，2019 年第 45 期，第 62～74 页。

[26] 高崎骏士：《郑风溱洧篇解释史考——从汉唐诗经学到朱熹的淫诗说》（《鄭風溱洧篇解釋史考——漢唐詩經學から朱熹の淫詩說までを中心に—》），《东北大学中国语学文学论集》，2019 年第 24 期，第 19～35 页。

[27] 副岛一郎：《古文复兴论的分支：关于"古文辞"讨论的荻生徂徕・太宰春台・堀景山的论争》（《文章復古論の分岐：「古文辭」をめぐる荻生徂徠・太宰春臺・堀景山の論争》），《日本宋代文学学会报》，2019 年第 6 期，第 72～99 页。

[28] 王　鑫、榧木亨訳：《复古中的激进：聚焦伊藤仁斋的〈孟子古义〉》（《復古の中に見られる急進性：伊藤仁斎『孟子古義』を中心として》），《东アジア文化交渉研究》，2019 年第 12 期，第 377～390 页。

[29] 土田健次郎：《仁斋学的特点：与明代的气论进行对比》（《仁斎学の性格：明代の気の思想との対比から》），《斯文》，2019 年第 134 号，第 16～32 页。

[30] 阿部光麿：《书评 丸谷晃一著〈伊藤仁斋的古义学：从初稿来看的形成过程与构成〉》（《書評 丸谷晃一著『伊藤仁斎の古義学：稿本からみた形成過程と構造』》），《日本思想史学》，2019 年第 51 号，第 163～168 页。

[31] 小川和也：《书评 田中秀树著〈朱子学的时代：形成统治者的"主体"的思想〉》，《历史评论》（《書評 田中秀樹著『朱子学の時代：治者の〈主体〉形成の思想』》），《历史评论》，2019 年第 825 号，第 83～87 页。

三、译著、影印

[1] 吾妻重二编著：《家礼文献集成　日本篇 八》，吹田：关西大学出版部，2019 年 3 月。

（作者单位：日本京都大学人文科学研究所）

2019 年度美国朱子学研究成果目录

戚轩铭

［1］Cheung，Hiu Yu，The Way Turning Inward：An Examination of the "New Learning" Usage of Daoxue in Northern Song China［J］，*Philosophy East and West*，2019，69(1)：86 – 107.

［2］Ivanhoe，Philip J. Ed，*Zhu Xi: Selected Writings*［M］，New York：Oxford University Press，2019.

［3］Adler，Joseph A. Trans，*The "Original Meaning" of the Zhou Changes: Commentary on the Scripture of Change*［M］，New York：Columbia University Press，2019.

［4］Walker，Matthew D.，Knowledge，Action，and Virtue in Zhu Xi［J］，*Philosophy East and West*，2019，69(2)：515 – 534.

［5］Yang，Shao-yun，*The Way of the Barbarians: Redrawing Ethnic Boundaries in Tang and Song China*［M］，Seattle：University of Washington Press，2019.

（作者单位：美国亚利桑纳州立大学国际语言与文化学院）